Hildegard Rust

Vorrat halten

Einkauf
Kühlen, Gefrieren
Sterilisieren und Pasteurisieren
Milchsäuregärung
Alkoholische Gärung
Frischlagern
Trocknen und Dörren
Einsalzen, Pökeln, Räuchern

Mit bewährten Rezepten zur
Gemüse-, Obst-, Milch- und
Fleischverarbeitung

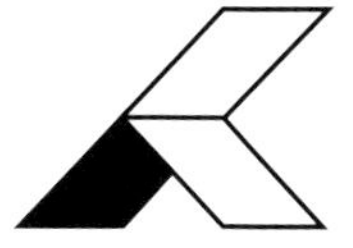

Alois Knürr Verlag
München

CIP-Kurztitelaufnahme der Deutschen Bibliothek
Rust, Hildegard:
Vorrat halten
Einkauf, Kühlen, Gefrieren, Einmachen, Einlegen, Frischlagern, Trocknen und Dörren,
Einsalzen, Pökeln, Räuchern, Alkoholische Gärung, Milchsäuregärung
Mit alten Rezepten zur Gemüse-, Obst-, Milch- und Fleischverarbeitung

Alois Knürr Verlags und Medien GmbH ISBN 978-3-928432-47-4

(aktualisierte und erweiterte Ausgabe des Buches »Praktische Vorratshaltung zu Hause« von H. Rust)
Alois Knürr Verlags und Medien GmbH, Münchener Straße 17/1, 85540 Haar bei München
Tel. 0 89/43 76 61 00 Fax 0 89/4 39 29 86
e-mail: knuerr-verlag@t-online.de
Internet: www.knuerr-verlag.de
Gestaltung: Corporate by Ron Imelauer, München
Grafik: Maria Ploskow
Satz und Repro: Franzis' print & media GmbH, München
Druck und Bindung: FINIDR S.r.o. Cz.

Die Autorin

Hildegard Rust
www.h-rust.org

Hildegard Rust

studierte Haushalts- und Ernährungswissenschaft an der TU – München – Weihenstephan.
Sie hat in der Bayerischen Landwirtschaftsverwaltung in Schule und Verbraucherberatung Generationen von Landfrauen ausgebildet und Klienten aus Stadt und Land in Verbraucherfragen beraten. Dabei waren ihr die grundsätzliche Stärkung der Verbraucherbildung und der Ausbau der Verbraucherberatung in Bayern ein besonderes Anliegen. Die Verbesserung der Verpflegungsangebote in Kindertageseinrichtungen und Schulen und die besondere Unterstützung der jungen Eltern/Familien waren Schwerpunkte ihrer beruflichen Tätigkeit. Sie arbeitete im Gesundheits- und Verbraucherschutzministerium und zuletzt im Bayerischen Staatsministerium für Ernährung, Landwirtschaft und Forsten in München.

Verheiratet mit einem praktizierenden Landwirt kennt sie die Produktionsbedingungen für gesunde Nahrungsmittel unter ökologisch nachhaltiger Praxis mit dem Ziel, den Familienbetrieb zu erhalten. Heute ist der Hof an einen ihrer Söhne übergeben. In der Mehrgenerationenfamilie mit Großeltern und drei Kindern, konnte sie zusätzlich wertvolle Erfahrungen sammeln.

Durch ihren 10-jährigen Aufenthalt in einer kleinen Dachgeschosswohnung während ihrer beruflichen Tätigkeit in München kennt sie die Probleme der Vorratshaltung unter städtischen Verhältnissen. Ihre ganze praxisbezogene Erfahrung steckt in diesem Buch – verknüpft mit dem Wissen der Lebensmittel-Wissenschaft. Ein profunder Rat zu gesunder Ernährung.

Abkürzungen

mg = Milligramm
g = Gramm
kg = Kilogramm
ml = Milliliter
l = Liter
EL = Eßlöffel
TL = Teelöffel
Msp = Messerspitze
kJ = Kilojoule
kcal = Kilokalorie

Inhalt

Vorwort

Früher wurden Wohnhäuser selten ohne Vorratsräume für Lebensmittel gebaut. Es war kein guter Architekt am Werk, wenn Speisekammer und ebenerdige Vorratsräume nicht Richtung Norden zeigten oder ein kühler Kellerraum »übersehen« wurde, geschweige denn, wenn in einer kleinen Küche nur wenig Platz für den Vorrat eingeräumt wurde.

Die Wertschätzung für Lebensmittel war früher ungleich höher. Es mussten optimale Bedingungen geschaffen werden, damit »nichts verderben« konnte. Das war der Wunsch des Bauherrn.
Heute werden zwar Wohnhäuser auch mit Kellern ausgestattet, aber sie dienen anderen Anforderungen und sind für eine Lebensmittellagerung nicht mehr geeignet. Die hohen Grundstücks- und Baupreise erfordern knappe Kalkulationen. Der Wert einer optimalen Lebensmittellagerung wird oft nicht mehr als notwendig gesehen. Es ist Tatsache, in Frankreich, Österreich und der Schweiz haben die »Mittel zum Leben« einen höheren Stellenwert. Dort zeigt sich dies auch noch heute im privaten Wohnungsbau.

Wertvorstellungen, Geschmacksvorlieben und Essverhalten werden in der frühen Kindheit geprägt. In Deutschland waren die Jahre von 1960 bis 1990 von einer Generation bestimmt, die zwei Notzeiten während der Weltkriege in ihren Kindheitserinnerungen gefestigt hatte. Essen war zwar ein Grundbedürfnis, aber es gab in den Jahren des Aufbaus noch mehr wichtige Grundbedürfnisse. Das geflügelte Wort von der »Essensdurft« kam aus Amerika zu uns. Die gute deutsche Küche des 19. Jahrhunderts war in der Stadtbevölkerung zu Beginn des deutschen Wirtschaftswunders nicht mehr im Gedächtnis. Überwiegend Bäuerinnen hatten das Bedürfnis nach einer hauswirtschaftlichen Ausbildung vor ihrer Einheirat in einen Bauernhof. Sie pflegten die Traditionen und die damit verbundene Esskultur. Vielleicht trug dies dazu bei, dass wir heute die Rezepte unserer Großmütter begierig abschreiben und wir deren Kochkunst nacheifern.

Dies ist zwar eine gewagte Hypothese, aber wo sollte es herkommen, wenn in Deutschland der überwiegende Teil der Konsumenten nur den günstigen Preis als Entscheidungskriterium für den Lebensmitteleinkauf gelten lässt. Soziologen sollten die Gründe für dieses extreme, eigentlich unverständliche Verhalten erforschen und auf den Tisch legen, denn eine Ernährung mit frisch zugekauften und selbst zubereiteten Grundnahrungsmitteln ist meistens preisgünstiger, gesünder und mit moderner Küchentechnik auch zeitsparend herzustellen.

Vorwort

Ein heute billig eingekauftes Essen geht nicht selten in vielfältiger Weise auf Kosten unserer nachkommenden Generationen. Hans-Peter Dürr schreibt in seinem Buch *Warum es ums Ganze geht*, dass Nachhaltigkeit nicht in der genauen Befolgung bestimmter Rezepte erreicht wird, sondern durch eine »offene, aufmerksame, umsichtige, flexible, kreative, einfühlende und liebende Lebenseinstellung«. Es geht darum, dass für eine neue gesellschaftliche Orientierung verantwortungsbewusste, kundige und mutige Menschen gebraucht werden – und zwar direkt vor Ort. Dieses Buch möchte diese Menschen ermuntern und unterstützen.

»Liebe geht durch den Magen«, ein vielfältig wahrer Spruch! Nicht nur auf den Partner/In trifft dies zu, auch für die Entwicklung der Kinder ist die Aussage bedeutsam. In dieser Lebensweisheit steckt ein enormes Potenzial. Essen und Trinken können maßgeblich zur Zufriedenheit jedes einzelnen Familienmitgliedes beitragen. Rituale in diesem Bedürfnisfeld prägen besonders intensiv. Sie können Zusammengehörigkeit stärken, Aggressivität dämpfen, Geselligkeit stiften, Quellen kreativer Aktivitäten sein, die in Erinnerung bleiben. Auch bei niedrigem materiellen Wohlstand bleiben die Erinnerungen für den Rest des Lebens an die Gepflogenheiten, die von Mutter, Vater und Großeltern »abgeschaut« wurden.

Bezogen auf die tägliche »Versorgung« der Familie gehört der größte Teil der früheren Frauenrolle heute der Vergangenheit an. Mit der »Erleichterung für die Frauen« ist auch die eigentlich kreative Arbeit der Vorratshaltung und des Kochens auf ein Minimum reduziert worden. Das ist schade. Aber es ist erfreulich, dass alte Rezepte und Vorgehensweisen in der Vorratsbereitung und das Kochen am heimischen Herd derzeit wiederentdeckt werden. Etwas anders als früher, als sogenannte »Eventerlebnisse«, aber lobenswert!

Das Buch gibt viele Anregungen, die Kultur eines fürsorglichen Gastgebers/In mit neuem Leben zu erfüllen. Heute werden die Freunde per Facebook via Internet eingeladen, es wird gemeinsam gekocht, Probeessen werden ausgerichtet usw. – so wie früher zum »Kesselfleischessen« am Schlachttag geladen wurde.

Ist das verfügbare Einkommen für Essen und Trinken knapp bemessen, kann viel mit einem bewussten und haushälterischen Umgang mit Lebensmitteln ausgeglichen werden. Dabei kann alles noch schmackhafter und gesünder als zugekauft sein. Es gibt Studien aus England und USA, wonach ein Viertel bis ein Drittel der nach allen Regeln der industriellen und individuellen Kunst produzierten Lebensmittel im Müll landen. Dies ist eine absolut unverantwortliche Verschwendung von Ressourcen. Ursache dafür ist oft pure Gedankenlosigkeit. Sicher sind es auch die unregelmäßigen Tagesabläufe und Arbeitszeiten der Familienmitglieder, die die Planung von Einkauf und Essenszubereitung erschweren. Aber noch viel mehr sind es die Unsicherheiten von Müttern und Vätern, wie der praktische Alltag im Lebensumfeld und innerhalb des heutigen Lebensstils bewältigt werden soll. Immer weniger Verantwortliche im Haushaltsgeschehen wissen heute, wie man Lebensmittel richtig aufbewahrt, aus Resten wieder etwas Gutes zaubert und auf den Tisch bringt.

Menschen sind in ihrem Handeln von ihrer jeweiligen Situation abhängig. Die Präsentation einer Botschaft ist ausschlaggebend, ob konsequentes Handeln ausgelöst wird. Der Begriff »tipping point« bedeutet Umkipp-Punkt und wird vorzugsweise in der Diskussion über ökologische Probleme verwendet. Die Überforderung durch Ereignisse, für die es keine historischen Vorbilder gibt, bringt Bewegungen in Gang. Wir wollen mit den uns vertrauten Grundmustern unsere Nachkommen vor den Auswirkungen der globalen Industriegesellschaft schützen. Deshalb besinnen wir uns auf die Einfachheit eines Lebensstils, der uns in einer gewissen Ehrlichkeit auf die Probleme in unserer Gesellschaft reagieren lässt. Fundierte Ernährungs- und Verbraucherbildung ermöglicht dies und schützt vor Manipulation im täglichen Marktgeschehen. Für alle veranwortungsvollen Verbraucher und Verbraucherinnen enthält das Buch praktisches Basiswissen.

Das vorliegende Buch ist das Nachfolgewerk des seit 1986 im Handel befindlichen Titels *Praktische Vorratshaltung zu Hause*. Es ist in allen Kapiteln umfassend überarbeitet. Kriterien zur Lebensmittelqualität, der Lebensmittelkennzeichnung zu Herkunft und Zusammensetzung sind neu aufgenommen und nach derzeitigem Erkenntnisstand ausführlich dargestellt. Ebenso die Aspekte zum vorsorgenden Klimaschutz. Anregungen zur Gestaltung einer Einladung von (gleich gesinnten!) Freunden zur Kostprobe von selbst bereiteten Spezialitäten finden sich am Ende des Buches.

Tradition ist nicht das Bewahren der Asche, sondern das Weitergeben des Feuers! Ich wünsche Ihnen viel Freude mit diesem Buch!

Ihre
Hildegard Rust

Einführung – Vorrat halten

Begriffserklärungen

Vorratshaltung umfasst alle Arbeiten, die mit Einkauf und Lagerung von Vorräten zusammenhängen.
Vorratswirtschaft beinhaltet Planung, Beschaffung, Herstellung und Lagerung von Vorräten. Der Inhalt des Buches entspricht der Definition Vorratswirtschaft.
Arbeitsaufwand ist die Zeit, die eine Person für die Erledigung einer bestimmten Arbeit benötigt hat.
Arbeitsbedarf ist die Zeit, die eine Person für die Erledigung einer bestimmten Arbeit voraussichtlich benötigen wird.
Im Buch wurden die vom Kuratorium für Technik und Bauen in der Landwirtschaft, 64289 Darmstadt-Kranichstein, ermittelten Arbeitsbedarfszahlen verwendet.

Ursprünglich diente der in Privathaushalten gelagerte Vorrat zur Sicherung des Lebensbedarfs für Zeiten, in denen nicht alle Nahrungsmittel zur Verfügung standen. Heute, da das ganze Jahr über alles angeboten wird und die Lagerbedingungen in kleinen Wohnungen häufig unzureichend sind, stellt sich die prinzipielle Frage, welches Ziel mit einer individuellen Vorratswirtschaft in Privathaushalten erreicht werden soll.

Vorrat halten – für ein gesundes und geschmackvolles Essen

Es ist eine Kunst und erfordert Geschick von den Verantwortlichen für das Haushaltsgeschehen in der Familie, theoretisches Wissen und neue Erkenntnisse der Wissenschaft in geschmackvolle Zubereitungen zu verwandeln und sie so auf den Tisch zu bringen, dass sie von allen Familienmitgliedern gerne gegessen werden. Bedarfsgerechtes Essen stärkt die Gesundheit und Leistungsfähigkeit, das ist unumstritten. Dies für Kinder und Erwachsene gleichermaßen zu erreichen erfordert Bewusstheit und Entscheidungsfähigkeit. Erschwerend ist, dass

- die Geschmacksvorlieben in der Schwangerschaft und in den ersten Jahren am Familientisch geprägt werden und bei Erwachsenen die Entscheidungen steuern,
- wir heute in der Erwerbsarbeit und in der Freizeit andere Anforderungen an unser Essen stellen, als es früher der Fall war,
- bei jetzigen Erwachsenen Essgewohnheiten geprägt wurden, als generell noch mehr körperliche Arbeit geleistet werden musste,
- heute unser tägliches Essen im Dschungel eines verlockenden Lebensmittelangebotes ausgewählt werden kann, das in Angebot und Nachfrage den Gesetzen eines global agierenden Wachstumsmarktes untergeordnet ist.

Tipp: Praktische Anweisungen zur Umsetzung von gesundem Essen:
Den theoretischen Empfehlungen für ein gesundes Essen werden Wochenspeisepläne zugrunde gelegt, die an den individuellen Vorlieben der Haushaltsmitglieder orientiert und durch eine realistische arbeitswirtschaftliche und finanzielle Planung, Einkauf und Zwischenlagerung zu Hause praktikabel sind.

Deutsche, österreichische und schweizerische Ernährungsgesellschaften veröffentlichten gemeinsam im Jahr 2000 Referenzwerte für eine gesunde Ernährung – siehe **www.dge.de**. Durch die Möglichkeit der Entschlüsselung des menschlichen Genoms, veröffentlicht im Jahr 2003, erhält die Ernährungswissenschaft die Möglichkeit, die individuellen Stoffwechselpotenziale des Menschen zu erforschen und individuelle Ernährungsempfehlungen zu geben, die vielleicht herkömmliche Aussagen infrage stellen. Das zeigt, »gesunde Ernährung« ist ein Wissenskonstrukt mit direkter Einbeziehung der individuellen Veranlagung und des individuellen Verhaltens in der Praxis. Der menschliche Körper ist in der Lage, ein gewisses Maß an »Fehlern« in der Ernährung auszugleichen – aber nur ein gewisses Maß und nur über einen gewissen Zeitraum.

Basisregeln für den Wochenspeiseplan

- Abwechslungsreich kombinieren – nach Lebensmittelauswahl und Zubereitungsart.
- Heimisches Gemüse (einschl. Salate), Getreideprodukte und Obst sind die tragenden Mauern im »Essensgebäude«.
- Fisch, Fleisch, Käse, Kräuter und Gewürze sind wertvolle Gestaltungselemente.
- Wasser ist absolut lebensnotwendig! Und deshalb das wichtigste Getränk.
- Milch und Säfte sind Nahrungsmittel, die dem Körper wertvolle Inhaltsstoffe liefern, z. B. für Wachstum.
- Zuckerhaltige und alkoholische Getränke sind Genussmittel und als solche gelegentlich zu akzeptieren.
- Esskultur und familiäre Rituale sind als Gerüst zu sehen, die die Familiengemeinschaft festigen, z. B. die regelmäßigen gemeinsamen Mahlzeiten.

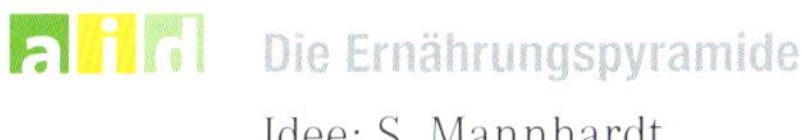

Idee: S. Mannhardt

Prinzipielle Aspekte

- ▷ Der Arbeitszeitaufwand für die hauswirtschaftlichen Tätigkeiten ist heute vorrangig von den Vorlieben der Familienmitglieder gekennzeichnet und in Abhängigkeit vom verfügbaren Einkommen zu sehen. Hilfskräfte sind selten geworden, und die zunehmende Berufstätigkeit der Frauen außer Haus zwingt zu einer rationellen Zeiteinteilung. Dazu gehört es auch, Zeit und Kraft für Einkauf und Zubereitung der Lebensmittel optimal zu nutzen. Häufig müssen Verantwortliche innerhalb der Familie unter erschwerten Bedingungen einkaufen, z. B. mit Kleinkindern, pflegebedürftigen Familienangehörigen, bei mangelnden Fahrgelegenheiten. Genaue Planung des Großeinkaufes erleichtert das Haushalten.
- ▷ Besonders 1- und 2-Personen-Haushalte erfordern eine ausgeklügelte Vorratswirtschaft, sonst steigen die Kosten für Verpflegung unverhältnismäßig. Der Anteil der Lebensmittel, die in Privathaushalten verderben und in den Abfall gegeben werden, ist ein Gradmesser für haushälterisches Handeln. Statistisch liegt der monetäre Verlust pro Monat in 2-Personen-Haushalten bei 20–50 Euro.
- ▷ Die Nahrungsmittelindustrie weckt ständig neue Bedürfnisse durch die Entwicklung neuer Angebote. Mit Produkten in Vakuumverpackungen, die sich gut für die mittelfristige Lagerung im Haushalt eignen, lassen sich Zeit und Geld sparen.
- ▷ Moderne Techniken tragen zur Erhaltung der wertvollen Inhaltsstoffe in den Lebensmitteln bei und erleichtern das optimale Bevorraten.
- ▷ Ziel kann es auch sein, mit durchdachter Vorratswirtschaft die Angebote der Lebensmittel, speziell derer aus der Region, ganzjährig zu nutzen. Auf diese Weise kann auch ein wesentlicher persönlicher Beitrag zum globalen Klimaschutz geleistet werden.
- ▷ Für viele steht der Aspekt, Geld zu sparen, im Vordergrund. Kreative Hausfrauen sparen, indem sie Lebensmittelvorräte selbst erzeugen. Sie tragen durch diese Arbeitsleistung erheblich zur Entlastung des Haushaltsbudgets bei.
- ▷ Auch in der heutigen Zeit können Versorgungsstörungen große Probleme bringen. Katastrophenfälle irgendwo auf der Welt, z. B. tagelange Schneefälle, Vulkanausbrüche, Überschwemmungen usw., können zu Versorgungsengpässen führen. Internationale Krisen können den globalen Gütertransport stören. Für den Katastrophenfall liegen zwar Pläne bereit, es ist aber kalkuliert, dass sich im Ernstfall jeder Haushalt bis zu 14 Tagen selbst versorgen kann.

Tipp: Jede Familie sollte mindestens so viel Vorrat ständig bereithalten, dass für jedes Mitglied (und für Haustiere) der Bedarf an Nahrung und Getränken (Wasser!) für 14 Tage gedeckt werden kann.

Gegenwärtig gibt es im deutschsprachigen Raum folgende Systeme zur Bewertung der Nachhaltigkeit in der landwirtschaftlichen Produktion:

das DLG-Zertifizierungssystem »Nachhaltige Landwirtschaft«: **www.nachhaltige-landwirtschaft.info**

das Kriteriensystem nachhaltige Landwirtschaft der Thüringer Landesanstalt für Ernährung: **www.thueringen.de/de/tll/oekologie/nachhaltige_landwirtschaft/**

das Schweizer System »Response-Inducing Sustainability Evaluation« der Hochschule für Landwirtschaft, Bern: **www.shl.bfh.ch**

Vorrat halten – für eine Nachhaltige Ernährung

Regional und global haben die unterschiedlichen Ernährungsweisen der Menschen entsprechende Auswirkungen auf Ökologie, wirtschaftliche und gesellschaftspolitische Gegebenheiten sowie auf die Gesundheit. Unter dem Leitbild der »Nachhaltigkeit«, das bei der UNO-Konferenz für Umwelt und Entwicklung 1992 in Rio de Janeiro weltweit vereinbart wurde, wird eine maßvolle Bedürfnisbefriedigung der jetzigen Generation verstanden, die die Entwicklungspotenziale kommender Generationen nicht gefährdet. Bei einer Nachhaltigen Ernährung werden neben den Aspekten der Umwelt-, Wirtschafts- und Sozialverträglichkeit auch Auswirkungen auf die Gesundheitsverträglichkeit einbezogen.
In Deutschland beträgt z. B. der Anteil der Ernährung am Gesamtausstoß von Treibhausgasen ca. 20%. Mit der Bevorzugung von z. B. ökologischen Produktionsweisen für die Lebensmittel, Änderung unseres Ernährungsmusters hin zu mehr pflanzlichen Produkten, der Einschränkung von individuellen Einkaufsfahrten sowie überlegte, energiearme Lagerung und Zubereitung der Lebensmittel

In Deutschland bezieht sich die Diskussion zum Thema Nachhaltigkeit auf vier Dimensionen:

www.nachhaltigeernaehrung.de

Quelle: Koerber Kv., Männle T., Leitzmann C.: Vollwert-Ernährung – Konzeption einer zeitgemäßen und nachhaltigen Ernährung. 10. Auflage, Haug Verlag, Stuttgart 420 S., 2004

könnten erhebliche Mengen an CO_2-Äquivalenten in der Summe der verantwortungsvoll handelnden Konsumenten gespart werden. Besonders effizient ist die Bevorzugung von regionalen Produkten aus ökologischem Landbau. Saisonales Gemüse und Obst aus dem Freiland und frische, gering verarbeitete Lebensmittel sind weniger klimabelastend als verarbeitete Produkte. Die globalen Lebensmitteltransporte – besonders Flugtransporte – tragen ebenfalls entscheidend zur Klimabelastung bei. Sie haben u. a. auch deshalb zugenommen, weil Konsumenten jederzeit alle Lebensmittel verfügbar haben wollen, häufig der niedrige Preis Hauptkriterium für den Einkauf ist und durch Spezialisierung der Hersteller in den Verarbeitungsschritten Kosten gespart werden können. Deshalb werden auch Lebensmittel weltweit für einzelne Produktionsschritte transportiert. Die Konsequenzen der Verbraucherwünsche, hochwertige Lebensmittel möglichst billig zu bekommen, spielen auch hier eine entscheidende Rolle. Bei einer »klimaoptimierten« Ernährung werden für gesundes Essen bedeutende Zusatzeffekte erzielt. In der Summe können die einzelnen Privathaushalte mit einem zielgerichteten Einkauf und einer sinnvollen Vorratswirtschaft erheblich zur Entlastung der Klimabilanz beitragen.

Vorrat halten – unter dem Aspekt von Lebensmittelallergien und Lebensmittelunverträglichkeiten

Zutaten, die allergische oder andere Unverträglichkeitsreaktionen auslösen können:

- Glutenhaltige Getreide (d. h. Weizen, Roggen, Gerste, Hafer, Dinkel, Kamut)
- Krebstiere
- Weichtiere
- Eier
- Fische
- Erdnüsse
- Sojabohnen
- Milch
- Schalenfrüchte (d. h. Mandeln, Haselnüsse, Walnüsse, Kaschunüsse, Pekannüsse, Paranüsse, Pistazien)
- Sellerie
- Senf
- Sesamsamen
- Schwefeldioxid, Sulphite
- Lupinen

Allergien breiten sich in Europa und in USA epidemisch aus. Sie haben zugenommen, ohne dass die Ursachen hierfür wissenschaftlich fundiert erklärt werden können. Die Prävalenz, also die Häufigkeit von Allergien und Lebensmittelunverträglichkeiten, wird auf 30% der Bevölkerung geschätzt, mit steigender Tendenz. Der Begriff Allergie beschreibt die Überempfindlichkeitsreaktion, die als Antwort des menschlichen Körpers gegen sonst harmlose Stoffe, z. B. in der Nahrung, ausgelöst werden. Eine Nahrungsmittelunverträglichkeit, die nicht über eine Lebensmittelvergiftung ausgelöst wurde, beruht seltener auf einer allergischen Reaktion. Meist stehen dahinter Enzymdefekte (z. B. Laktose, Fruktose, Histamin, Gluten), pharmakologisch aktive Stoffe (z. B. Glutamat, Koffein, bestimmte Amine) oder Konservierungsstoffe, Farbstoffe, Emulgatoren, Sulfite usw., die sogenannte Pseudoallergien auslösen, die den Allergien im klinischen Bild gleichen.
Lebensmittelunverträglichkeiten sind nicht einfach das Ergebnis falscher Ernährung. Sie hängen mit einer unnormalen Reaktion des Körpers auf Nahrungsmittel zusammen, die unter gewissen Umständen eintreten können. Säuglinge, Kleinkinder und ältere Menschen sind überproportional betroffen.
Vorbeugung und Therapie bestehen im Weglassen der verantwortlich gemachten Inhaltsstoffe des täglichen Essens. Wichtig ist, die problematischen, individuell betroffenen Nahrungsmittel und deren Austauschmöglichkeiten zu kennen, damit es auf Dauer gelingt, mit der Unverträglichkeit zu leben.
In der eigenen Küche gestaltet sich der Verzicht auf einzelne Lebensmittel einfach. Zum Beispiel: Der Laktoseintoleranz kann begegnet werden, indem Milch und Milchprodukte aller Art nicht verwendet werden. Komplizierter gestaltet sich der Einkauf von verarbeiteten Lebensmitteln wie Brot, Wurst, Käse oder Fertiggerichten mit Saucen, Fleisch, Fisch, Gemüse und ausländischen Spezialitäten. Bei verpackten Lebensmitteln kann die Zutatenliste Auskunft geben. Die Kennzeichnung der 14 hauptsächlich Allergie auslösenden Lebensmittel oder Zutaten ist EU-weit seit 2005 geregelt. Nicht so bei unverpackter Ware. Das scheitert bislang an der Praktikabilität in Industrie und Handwerk. Die handwerkliche Herstellung von Lebensmitteln ist derzeit weniger standardisiert als die industrielle Fertigung. Das wechselnde Angebot und die kleinen Einheiten, die das Lebensmittelhandwerk und Gastronomiebetriebe so liebenswert auszeichnen, entstehen durch den Reiz der individuellen Herstellung. Das erschwert den Allergikern die Transparenz.

Die Verantwortung für ein Produkt, das in den Verkehr gebracht wird, trägt der Hersteller. Der Hinweis »kann Spuren von ... enthalten« ist eine Formulierung, die die Produkthaftung der Hersteller ausschließt und für Allergiker nichts bringt. Allergiker haben keine Sicherheit in Bezug auf unbeabsichtigte Spuren und Kreuzkontaminationen. In der Schweiz werden Schwellenwerte (Grenzwert 0,1%) für bestimmte Stoffe auf verpackten Lebensmitteln angegeben. Das ist sicher vorteilhafter. Für Allergiker wäre es aber notwendig, 0,01–0,001% als Schwellenwert verbindlich zu machen. Dies stellt sowohl Handwerker wie Industrie vor nicht zu bewältigende Hindernisse.

Aktuelle Antworten zu den wichtigsten Fragen im Themenfeld Nahrungsmittelallergien und -unverträglichkeiten – Verbraucherschutz: **www.bmelv.bund.de**/Allergien und Gesundheit: **www.bmg.bund.de**

Wenn in Familien ein Mitglied von Lebensmittelallergien oder -unverträglichkeiten betroffen ist, gestaltet sich das tägliche Essen kompliziert. Prophylaktisch kann in der Säuglings- und Kleinkinderernährung und in der Ernährung des älteren Menschen viel getan werden, damit eine Veranlagung zur Unverträglichkeit nicht zum Ausbruch kommt. Die Auswahl der Lebensmittel, die in der Region erzeugt werden und deren Zutaten bei der Zubereitung selbst bestimmt werden können, ist ein wesentlicher Beitrag zur Vorsorge.

Detail aus dem Ölgemälde von F.S. Merz, 1821: Schrannenbetrieb auf dem ▶ Theresienplatz Straubing.

Vom Mittelalter bis Anfang des 20. Jahrhunderts hatte der Getreidemarkt in der Kornkammer Bayerns eine zentrale Bedeutung. Jeden Samstag brachte die »Schranne« reges Treiben in das Stadtzentrum.
Seit 1997 wird von der Solidargemeinschaft Schranne e.V., immer an einem Sonntag Mitte September, der »Schrannenmarkt« am gleichen Ort in Straubing durchgeführt. Es ist ein Erlebnismarkt, der neben den jahreszeitlichen Spezialitäten bäuerlicher Vermarkter und den kulturellen Angeboten aus Stadt und Land ein wertvolles und bedeutendes Kommunikationsforum für gemeinsame Anliegen bietet.
www.schranne-straubing.de

Vorratsplanung

Tipp: Wird Vorratswirtschaft nicht sorgfältig geplant, nicht auf den tatsächlichen Speiseplan abgestimmt und wird am wirklichen Bedarf vorbei eingekauft, ist Vorratswirtschaft ein teures und verlustreiches Hobby!

Art und Menge des ständigen Vorrats sind von den Bedingungen im einzelnen Haushalt abhängig. Sind diese nicht optimal gegeben, kann Vorratshaltung teuer werden. Ein individueller Vorrat sollte aus Grundnahrungsmitteln entsprechend den Vorlieben der Familienmitglieder angelegt sein, die variabel zubereitet werden können. Die Frage: »Was sollte in meinem Haushalt niemals ausgehen?« ist Grundlage der Planung. Es ist konsequent darauf zu achten, dass nur solche Lebensmittel in den Vorrat aufgenommen werden, die bei der üblichen Mahlzeitenzusammenstellung turnusgemäß mit einbezogen werden können. Wenn z. B mehr Kartoffeln als Teigwaren oder mehr Reis als Kartoffeln gegessen werden, müssen diese Produkte entsprechend der Häufigkeit ihrer Verwendung und in entsprechender Menge im Vorratsplan vertreten sein. Auch sollte eine gewisse Menge an Gemüse, Hülsenfrüchten, Gewürzen und Kräutern verfügbar sein. Ebenso ist an einfache Gerichte zu denken, die Kinder gerne mögen und selbst zubereiten können. Kommt überraschend Besuch, ist ein Vorrat an Kuchen und Fertiggerichten (eingefroren oder sterilisiert) immer nerven- und kraftschonend. Mit Planung und Notizen über gemachte Erfahrungen wird ein maßgeschneiderter Vorrat nach den individuellen Bedürfnissen zusammengestellt werden können, der in unvorhergesehenen Situationen Sicherheit vermittelt und zur Zufriedenheit der Familienmitglieder beiträgt. Es entwickelt sich das Gefühl »so wie bei Muttern!«, das Erwachsene gerne mit ihrer Kindheit verknüpfen.

Ermitteln der Vorratsmengen

Systematische Vorratsplanung bringt viele Vorteile. Durch den Kauf größerer Mengen, besonders zu saisonbedingten Niedrigpreisen, durch Ausnützen von Sonderangeboten und Aktionswochen kann Geld gespart werden. Der Vorrat ist richtig geplant, wenn im vorgesehenen Haltbarkeitszeitraum die preisgünstig eingekaufte Menge verbraucht werden kann, d. h. wenn der/die Verantwortliche für das Haushaltsgeschehen nicht zu viel, aber auch nicht zu wenig bevorratet hat.

Das Auseinandersetzen mit den Mengenangaben bringt nebenbei auch ein »Gespür« für Verbrauch und Preise.

Vorratsplanung erfordert, dass der Speiseplan im Voraus geplant wird. Dabei werden auch weniger gesunde, aber lieb gewordene Ernährungsgewohnheiten aufgedeckt und Bewusstsein für den Ausgleich geschaffen.

Die Gesellschaften für Ernährung in Deutschland, Österreich und der Schweiz (DGE, ÖGE, SGE) geben entsprechend den veränderten

Arbeitsbedingungen die Ratschläge für eine bedarfsgerechte Ernährung. Die wichtigsten Änderungen im Vergleich zu früheren Empfehlungen sind: weniger Energie/Kalorien, Fett und Eiweiß, mehr ballaststoffhaltige Lebensmittel (Gemüse und Kartoffeln), mehr Vitamine A, B und C (Gemüse und Obst).
Es werden Lebensmittel mit hoher Nährstoffdichte besonders empfohlen. Das sind Produkte, die weniger Kalorien, aber viel Mineralstoffe und Vitamine enthalten, z. B. Gemüse, die meisten Obstsorten, Milchprodukte und ausgewählte Fischarten. Diese Empfehlungen zur richtigen Ernährung sollen bei der Aufstellung des Versorgungsplanes einbezogen werden. Sie sind über die Internet-Homepages der angegebenen wissenschaftlichen Fachgesellschaften abrufbar.
Die Mengen für einen individuellen Lebensmittelvorrat können nach folgender Formel ermittelt werden. Sie orientiert sich an den Empfehlungen zum Notvorrat des Bundesamtes für Bevölkerungsschutz und Katastrophenhilfe:

Formel für die Ermittlung der Vorratsmenge

Durchschnittlich verzehrte Lebensmittelmenge pro Person und Tag[1]	X	Anzahl der Verpflegspersonen[2]	=	Täglicher Bedarf[3]	X	Häufigkeit pro Woche[4]	=	Wöchentlicher Bedarf[5]	X	Anzahl der zu bevorratenden Wochen[6]	=	Vorratsmenge für den Versorgungszeitraum[7]

[1] Die täglich verzehrte Lebensmittelmenge richtet sich nach Alter, Geschlecht, körperlicher Tätigkeit u. a. In der Tabelle Seite 22 sind Beispiele für Portionsgrößen nach unterschiedlicher Energiemenge angegeben.

[2] Bei der Anzahl der Verpflegspersonen müssen die berücksichtigt werden, die bestimmte Lebensmittel ablehnen oder »Außer-Haus« verpflegt werden.

[3] Der tägliche Bedarf wird für solche Lebensmittel errechnet, die täglich oder mehrmals wöchentlich eingekauft werden, z. B. Milch, Wurst.

[4] Die Häufigkeit pro Woche richtet sich nach dem Speiseplan und den Verzehrgewohnheiten. Dabei sollten die Empfehlungen der DGE berücksichtigt werden: 3–4 Fleischmahlzeiten, einmal Seefisch, Vollkornprodukte, Kartoffeln, täglich Gemüse und Obst, Rohkost, bis zu ½ l Milch oder Milchprodukte pro Tag.

[5] Der wöchentliche Bedarf wird für kurzfristig lagerfähige Lebensmittel errechnet, z. B. Milchprodukte, Fleisch, Brot.

[6] Die Anzahl der zu bevorratenden Wochen richtet sich nach der Häufigkeit des Großeinkaufs, nach den Lagerungsmöglichkeiten in den Wintermonaten usw.
Es betrifft langfristig lagerfähige Produkte.

Gewichtsschwund während der Lagerung

Bei der Aufbewahrung von frischen Produkten, besonders von Obst und Gemüse, ändern sich während der Lagerdauer die äußere Beschaffenheit, die Größe, das Gewicht und die Inhaltsbestandteile. Ein Gewichtsverlust zeigt sich durch Welkwerden und Schrumpfen. Allgemein gilt: je niedriger die Lagertemperatur und je höher die Luftfeuchtigkeit, desto niedriger der Gewichtsschwund. Der Lagerabfall und der Verlust durch Fäulnis müssen zusätzlich berücksichtigt werden.

Portionsgrößen nach unterschiedlicher notwendiger Energiemenge für eine Tagesverpflegung

Lebensmittel	Leichte körperliche Tätigkeit		Frau 65 Jahre	Kind 6 Jahre 20 kg Körpergewicht 115 cm Körpergröße
	Frauen	Männer		
	2200[1] kcal/ 9240 kJ	2500[1] kcal/ 10500 kJ	1800[1] kcal/ 7960 kJ	1600[1] kcal/ 6780 kJ
1. und 2. Frühstück				
Brot	150 g	200 g	80 g	40 g
Käse oder Wurst	30 g	40 g	25 g	
Butter oder Margarine	10 g	15 g	5 g	10 g
Marmelade/Konfitüre	15 g	15 g	15 g	5 g
Milch	250 ml	250 ml	250 ml	250 ml
Obst	200 g	200 g	200 g	100 g
Mittagessen				
Kartoffeln	250 g	300 g	200 g	100 g
(Reis oder Teigwaren)	(75 g)	(100 g)	(60 g)	(30 g)
Gemüse	200 g	200 g	200 g	100 g
Fleisch oder Fisch	100 g	125 g	80 g	60 g
(Ei oder Hülsenfrüchte)	(70 g)	(90 g)	(60 g)	(40 g)
Fette, Öle	10 g	15 g	5 g	5 g
Nährmittel	15 g	15 g	15 g	10 g
Milch, Quark	100 ml/ 100 g	100 ml/ 100 g	100 ml/ 100 g	100 ml/ 100 g
Zwischenmahlzeit und Abendessen				
Brot	100 g	150 g	100 g	30 g
(Reis, Haferflocken oder Teigwaren)	(60 g)	(90 g)	(50 g)	(40 g)
Butter oder Margarine	l0 g	10 g	5 g	5 g
Käse, Schinken oder Wurst	30 g	40 g	30 g	20 g
Gemüse oder Salat	50 g	75 g	50 g	50 g
Öl	5 g	5 g	5 g	5 g
Alkoholfreie Getränke (Mineralwasser, Säfte u. a.)	1,5 l	1,5 l	1,5–2 l	2 l
Süßigkeiten, Kuchen, Gebäck, Zucker	50 g	50 g	50 g	50 g

[1] Der genaue Bedarf für eine gesunde Ernährung nach Zielgruppen und die entsprechenden Lebensmittelmengen können nach den Internetangaben der **http://www.dge.de** und des **http:// www.aid.de** berechnet werden. Der individuelle Notvorrat für 14 Tage – ohne elektrische Kühlung – kann mithilfe des »Vorratskalkulators« **http://www.ernaehrungsvorsorge.de/de/private-vorsorge/empfehlungen-tipps/soviel-nahrung-brauchen-sie-taeglich/kalkulator** ermittelt werden.

Beispiel eines Versorgungsplans für einen 4-Personen-Haushalt

(1 Person isst mittags in der Kantine – monatlich Großeinkauf)

Lebensmittel	Menge pro Person/ Tag	X	Verpflegspersonen	=	Täglicher Bedarf	X	Häufigkeit pro Woche	=	Wöchentlicher Bedarf	X	Anzahl der Wochen	=	Jährliche Vorratsmenge
Milch	250ml		3		750 ml		3		2250 ml				
Käse	70 g		4		280 g		4		1120 g				
Fleisch	150 g		3		450 g		3		1350 g		12[1]		ca. 16 kg
Wurst	80 g		4		320 g		2		640 g				
Obst, frisch	100 g		4		400 g		7		2800 g		50[3]		ca. 35 kg
Obst, Konfitüre	25 g		4		100 g		7		700 g				
Obst, Lagervorrat	100 g		4		400 g		7		2800 g		30[2]		ca. 100 kg
Obst, Kompott	200 g		3		600 g		1		600 g		50[3]		ca. 30 kg
Gemüse, frisch	250 g		3		750 g		2		1500 g				
Gemüse, Lagervorrat	200 g		3		600 g		1		600 g		30[2]		ca. 25 kg
Gemüse, Tiefkühlkost	150 g		3		450 g		2		900 g		4		ca. 3 kg
Essiggemüse	70 g		4		280 g		7		1960 g		4		ca. 8 kg
Kartoffeln	250 g		3		750 g		5		3750 g		30[2]		ca. 130 kg
Zucker	40 g		4		160 g		7		1120 g		4		ca. 5 kg
Brot (Misch- und Vollkornbrot)	250 g		4		1000 g		7		7000 g				
Teigwaren	60 g		3		180 g		2		360 g		4		ca. 1,5 kg
Streichfett	30 g		4		120 g		7		840 g		4		ca. 3,5 kg
Kochfett	20 g		3		60 g		7		420 g		4		ca. 2 kg
Alkoholfreie Getränke usw.	1 l		4		4 l		7		28 l		4		ca. 112 l = 9–10 Kisten

[1] Gefriervorrat für 3 Monate
[2] Wintermonate + 20% für Schwund + Abfall
[3] Selbst hergestellter Jahresbedarf
Nach diesem Schema kann ein Plan für jede gewünschte Mengenangabe und Personenzahl errechnet werden.

Luftdicht verschließbare Vorratsdosen.
Bezugsquelle: **www.bodum.com**

Energiesparen beim Essen: Reste auf dem Teller vermeiden (Pressemitteilung aid): Wer den Teller leer isst, dem wird schönes Wetter versprochen – wenn man einer alten Volksweisheit Glauben schenkt. Doch nun haben US-amerikanische Wissenschaftler herausgefunden, dass ein leer gegessener Teller auch erheblich zur Einsparung von Energie beitragen kann. Eine aktuelle Studie, die in der Zeitschrift »Environmental Science and Technology« vorgestellt wurde, schätzte den Energiegehalt der Gesamtheit aller Essensreste ein, die in den USA im Müll landen. Die Wissenschaftler kamen zu dem Schluss, dass nicht leer gegessene Teller eine riesige Energieverschwendung sind, denn sie machten rund 2 Prozent des gesamten jährlichen Energieverbrauchs der USA aus. 1995 warfen die Konsumenten in den USA etwa 27 Prozent essbare Lebensmittel in den Müll. Berücksichtigt wurden in der Studie auch die Energie aus der landwirtschaftlichen Erzeugung der Lebensmittel, der Energieverbrauch für Transport und Verpackung wie auch für Vertrieb, Lagerung und Zubereitung. Unterschieden nach den einzelnen Lebensmittelgruppen sei zwar die Erzeugung von Fleisch, Geflügel und Fisch am energieintensivsten, jedoch finde die größte Energieverschwendung in der Gruppe »Milchprodukte« und »Gemüse« statt. Dieser Effekt sei darauf zurück zu führen, dass in Relation zu den anderen Lebensmittelgruppen mehr Milchprodukte- und Gemüsereste in der Tonne landeten als das bei Fleisch, Fisch und Geflügel der Fall sei. Die Wissenschaftler weisen in ihrer Studie darauf hin, dass in der Vermeidung von Essensabfällen ein viel höheres Energieeinspar- bzw. -gewinnungspotenzial liege als in manchen anderen Maßnahmen – wie beispielsweise die Gewinnung von Ethanol aus Getreide oder die Gewinnung von Erdöl durch Tiefseebohrungen.
Friederike Heidenhof, **www.ble.de**
▲

Siehe Aktionen zur Reduzierung des Lebensmittelabfalls:
www.foodwaste.ch
www.kern.bayern.de

Vörrate mit längerer Haltbarkeit in luftdicht abgeschlossene Behälter umfüllen. ▶

HUILE D'OLIVE
JAMES PLAGNIOL
MARSEILLE
PURE OLIVE OIL
16 FL. OZ
(1 PINT)

Notvorrat

Tipp: Nach diesem Muster eine Liste fertigen, mit den eigenen Ernährungsgewohnheiten ergänzen, im Vorratsraum aufhängen und die Haltbarkeitsdaten laufend kontrollieren.

Als »eiserne Reserve« sollte immer ein gewisser Grundvorrat vorhanden sein. Die folgende Tabelle zeigt, was eine erwachsene Person durchschnittlich in 14 Tagen braucht. Es wurden hauptsächlich Dauerwaren ausgesucht, weil das Gefriergerät ausfallen kann.

Sondervorräte für Säuglinge, Diätbedürftige und eventuell für Haustiere dürfen nicht vergessen werden! Besser ist es, Säuglings- und Diätkost für einen längeren Zeitraum immer im Hause zu haben, weil in diesen Fällen Ernährungsumstellungen problematisch sind. Zum Notvorrat gehört neben Mineralwasser auch eine Tonne für Regenwasser oder normales Trinkwasser.

Notvorrat Wochenpaket

Starterpaket mit 12.500 kcal die ideale Notration für kurze Engpässe. Enthält 3,7 kg hochwertige Nahrungsmittel. Garantiert die sichere Versorgung für 1 Person während 7 Tagen:

100 g Volleipulver (entspricht ca. 7 Eier), 250 g Vollmilchpulver (ergibt 2 Liter), 250 g Linsen, 250 g Kichererbsen, 500 g Risotto-Reis, 500 g Spaghetti, 250 g Dinkelflocken, 2 x 500 g NRG-5 (4 Tagesrationen), 500 g Tafelsalz, 100 g Zucker

3,7 kg in einer Kartonkiste (24x24x36cm)

Bezugsquelle:
www.sichersatt.ch

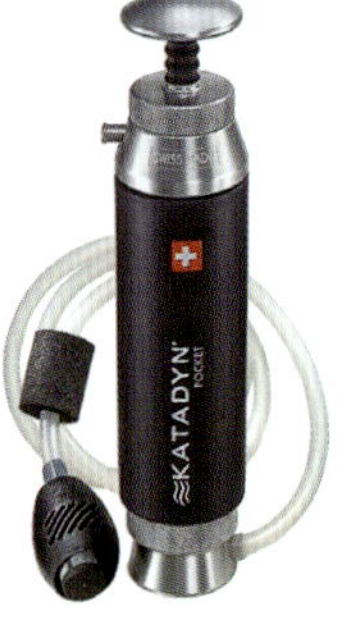

Wasserfilter

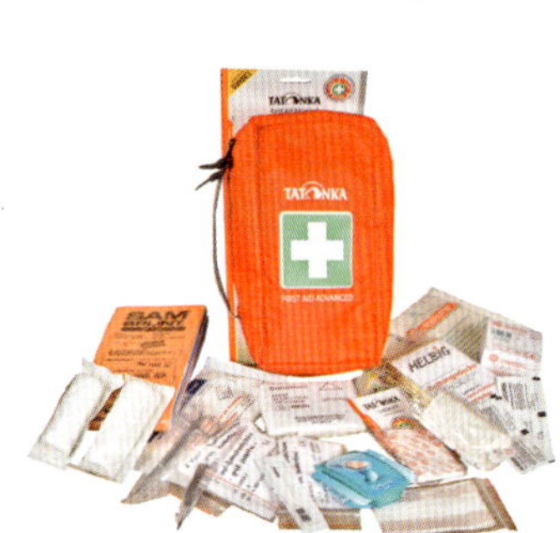

Erste-Hilfe-Paket

Getreidemühle

Notkocher

Beispiel eines Notvorrats für einen Erwachsenen für 14 Tage

Lebensmittel	Menge pro Person	Haltbarkeit	Verpackung/Lagerung
Trockenvorräte			
Vollkornbrot in Dosen	1000 g	12 Monate	In Blechdosen kühl und trocken lagern.
Knäckebrot	1000 g	12 Monate	
Zwieback/Hartkekse	250g	12 Monate	
Haferflocken	500 g	6–12 Monate	
Teigwaren	500 g	12 Monate	
Reis	250 g	2 Jahre	
Kartoffeltrockenprodukte	500 g	6 Monate	
Hülsenfrüchte	500 g	12 Monate	
Trockensuppen (Pakete für je ½ l Flüssigkeit)	5 Pakete	6 Monate	
Zucker	500 g	Unbegrenzt	
Dauerkonserven			
Fleischkonserven	1200 g	12 Monate	Dosenkonserven bevorzugen.
Wurstkonserven	1000 g	12–24 Monate	
Fischkonserven	400 g	12–24 Monate	
Fertiggerichte (z. B. Eintopfgerichte)	1600 g	12–24 Monate	Glaskonserven vor Licht und Strahlung schützen.
Gemüsekonserven	1600 g	12 Monate	
Sauerkonserven	220 g	12 Monate	
Obstkonserven	1600 g	12 Monate	
Fruchtsaft	1 l	12 Monate	
Konfitüre/Honig	450 g	12 Monate	
Milch und Milchprodukte			
H-Milch	1½ l	Etwa 6 Wochen	
Kondensmilch	340 g	12 Monate	
Magermilchpulver[1]	250 g	12 Monate	
Schmelz- oder Hartkäse	750 g	6–9 Monate	In Vakuumfolienverpackung und Blechdosen lagern.
Fette			
Speiseöl	¼ l	6–12 Monate	Vor Licht und Strahlung schützen.
Plattenfett	250 g	6–12 Monate	
Streichfett	250 g	3–4 Monate	
Lebensmittel	Menge pro Person	Haltbarkeit	Verpackung/ Lagerung
Tafel- oder Mineralwasser			
(davon für Aufgussgetränke ca. ¾ l pro Tag, für Speisenzubereitung ca. 4 l pro Woche)	19 l	6–12 Monate	Dem Wasservorrat besondere Aufmerksamkeit schenken!
Sonstiges			
Kaffee	Nach Bedarf	12 Monate	In Vakuumdosen oder Blechdosen kühl und trocken lagern.
Tee	Nach Bedarf	36 Monate	
Kakao	Nach Bedarf	6 Monate	
Schokolade	Nach Bedarf	6 Monate	
Nüsse/Mandeln/Rosinen	Nach Bedarf	2 Monate und länger	
Salz	150 g	Unbegrenzt	

[1] Magermilchprodukte sind in geringer Menge im Handel selten erhältlich, deshalb wird ersatzweise Kleinkinderkost empfohlen.

Der individuelle Notvorrat für 14 Tage – ohne elektrische Kühlung – kann mithilfe des »Vorratskalkulators« **http://www.ernaehrungsvorsorge.de/de/private-vorsorge/empfehlungen-tipps/soviel-nahrung-brauchen-sie-taeglich/kalkulator** ermittelt werden.

Der Wettbewerb im Lebensmitteleinzelhandel verschärft sich seit Jahren. Die Einkaufsgewohnheiten der Verbraucher tendieren auch bei frischen Grundnahrungsmitteln mit zunehmendem Anteil zu den Verbrauchermärkten und Discountern. Diese wiederum erweitern ihr Angebot um Produkte aus den ökologischen Anbauverfahren aus aller Welt und mit Regionalmarken. Ziel ist derzeit, das Image von guter Produktqualität und Verantwortung für die Umwelt darzustellen. Deshalb ist ein genereller Trend zu »Aus der Region – für die Region« festzustellen. Für den Konsumenten ist es aber zunehmend schwerer, gute Informationen von Werbung zur Absatzförderung zu unterscheiden. Die Stiftung Warentest, Öko-Test, Verbraucherverbände, Foodwatch e. V. und andere wollen die Kaufentscheidungen mit ihren Urteilen objektivieren, können aber nicht alle unterschiedlichen Verbraucherinteressen abdecken.

Aspekte der Lebensmittelqualität

Der Begriff »Lebensmittelqualität« umfasst die Gesamtheit aller Wert gebenden Eigenschaften und Bestandteile eines Lebensmittels. Eine Beschreibung ist immer sehr komplex und beinhaltet vor allem die unterschiedlichen Erwartungen und Forderungen der Verbraucher.

Lebensmittel-Produktqualität

Sie wird über die gesetzlich vorgeschriebene Qualität »sicher« gestellt, d. h. die im Markt angebotenen Lebensmittel sind frei von Stoffen, die die Gesundheit gefährden. Dies schließt die ernährungsphysiologische oder auch »innere Qualität« insoweit mit ein, als sie über die Nährwertkennzeichnung erklärbar wird. Die wissenschaftlichen Erkenntnisse über Auswirkungen auf die Gesundheit von natürlich vorhandenen oder angereicherten bioaktiven Stoffen können über »Health Claims« ausgelobt bzw. als »functional foods« bezeichnet werden, wenn entsprechende Nachweise vorliegen. Für den Genusswert sind viele individuelle Prägungen ausschlaggebend, die Eltern ihren Kindern weitergeben und damit individuelle Genießbarkeit und Ungenießbarkeit festlegen. Außerdem beeinflussen genetische und soziale Gegebenheiten sowie das verfügbare Einkommen Lebensmittelpräferenzen. Zusätzlich spielt der Eignungswert bzw. Verarbeitungswert auch im Privathaushalt eine Rolle. Der ideelle Wert ist bei der Qualitätsbestimmung für viele Verbraucher von erheblicher Relevanz und entscheidet indirekt über die Bekömmlichkeit von Lebensmitteln.

Lebensmittel-Prozessqualität

Essen macht Politik! Verbraucher können über bewusste Auswahl der »Mittel zum Leben« die Gesundheits-, Agrar-, Umwelt- und Klimapolitik, die Arbeitsmarkt- und Wirtschaftspolitik mitgestalten. Eltern geben durch ihr praktisches Verhalten entsprechende Wertvorstellungen an die Kinder weiter.

Empfehlenswerte Beispiele:

www.ipsuisse.ch

www.neuland-fleisch.de

www.fairtrade-deutschland.de

www.msc.org/de

Die Lebensmittel-Prozessqualität wird durch die Produktions- und Verarbeitungsverfahren bestimmt. Dabei spielen die Aspekte der Nachhaltigkeit eine zunehmend größere Rolle, z. B. der Verbrauch an fossiler Energie und Wasser, der bei Produktion und Verarbeitung entsteht, sowie der Ressourcenverbrauch für Verpackungen und für die Verwertung von Bioabfall. Die Art der landwirtschaftlichen Erzeugung ist bei Kaufentscheidungen bedeutend. Nachhaltige Landwirtschaft soll neben der gesteigerten Produktivität auch die Berücksichtigung der Biodiversität in der Natur und der artgerechten Tierhaltung einbeziehen. Auf europäischer Ebene wird derzeit erwogen, ein Tierschutzlabel einzuführen. Dies kann nur erfolgreich sein, wenn die Konsumenten die Anstrengungen der Erzeuger und des Handels auch honorieren. Den Nachweis über eine insgesamt Nachhaltige Ernährung sollten Ökobilanzen erbringen, die die landwirtschaftliche Produktion einschließlich Fischfangmethoden, Verarbeitung und Konservierung, Vermarktung und Handel, Transportmaßnahmen zwischen den Prozessstufen und des Endproduktes, Zubereitung und Verzehr sowie die Entsorgung von Verpackung, Resten usw. einschließen. Weil neutral erstellte Öko- und Klimabilanzen auf diesen umfangreichen Ausgangsbedingungen basieren sollten, sind sie nur schwer zu erstellen und sehr kostenintensiv. Bei den Labels, mit denen der Handel selbst die Produkte kennzeichnet, mangelt es an Transparenz und Vergleichbarkeit. Verbraucher, deren ausschließliches Kriterium der Preis beim Lebensmitteleinkauf ist, sollten bedenken, dass es viele Ansatzpunkte gibt, ein Lebensmittel billig zu machen. Über Züchtung und Produktion des Urproduktes sowie über die Verarbeitung mit Zusatzstoffen und entsprechender Technologie, Auslagerung lohnintensiver Arbeitsschritte in Billigländer und gnadenlosen Konkurrenzkampf innerhalb des Handels wird diesem Verbraucherwunsch entsprochen. Die Konsequenzen dieses Verhaltens werden dabei den nachwachsenden Generationen aufgebürdet.

Tipp: Technik-Freaks können per Handy-Internet während des Einkaufs Produkt- und Prozessqualität der auszuwählenden Lebensmittel abrufen. Erzeuger und Handel stellen sich darauf ein.

Marken und Zeichen

Marken und sogenannte »Premium-Qualitäten« werden vom Hersteller oder vom Handel kreiert, um eine Alleinstellung eines Produktes zu erreichen. Die Kriterien werden vom Unternehmen selbst festgelegt und kontrolliert. Für den Konsumenten gewährleisten Marken eine gleichbleibende Qualität.
Verpackte und lose Waren können mit Qualitätszeichen, Prüfzeichen, Umweltzeichen und Zeichen für die Herkunft ausgewiesen werden.
Gütezeichen sind mit einer Qualitätsaussage verbunden, die von herstellerunabhängigen Institutionen oder vom Hersteller bzw. von Verbänden kontrolliert werden.
Gesetzlich geschützte *Herkunftszeichen* auf EU-Ebene sollen verhindern, dass Namen von Spezialitäten missbräuchlich verwendet werden. Nach Meinung der EU-Kommission sollten die unterschiedlichen einzelstaatlichen Schutzverfahren in ein einheitliches Konzept gebunden werden. Gemeinschaftliche Rahmenvorschriften ermöglichen ein einheitliches Vorgehen und gleiche Wettbewerbsbedingungen. Der Verbraucher darf »offiziell« in keiner Region aufgefordert werden, heimische Produkte anstelle von Erzeugnissen aus anderen Mitgliedsstaaten zu kaufen.
Herkunftszeichen bedienen per se den Lokalpatriotismus. Sie müssen mit Kriterien zur Nachhaltigkeit hinterlegt sein, wenn sie nicht zur Verbrauchertäuschung führen sollen. Besonders irritierend ist die Herkunftsdeklaration bei zusammengesetzten Lebensmitteln. Die Zutaten können weltweit zusammengeführt werden. Im Codex Alimentarius ist definiert, dass die letzte Verarbeitungsstufe als Herkunftsland für die Kennzeichnung anzugeben ist. Sofern für europäische Verbraucher ein höheres Schutzniveau festgelegt wird, bedarf es der wissenschaftlichen Begründung, die nicht im Bereich der Lebensmittelsicherheit und ernährungsphysiologischen Qualität, sondern nach den Prinzipien der Nachhaltigen Ernährung zu finden sein wird.
In der EU wird derzeit ein neues Label für die Tierschutzkennzeichnung erarbeitet. In Deutschland wurde in Zusammenarbeit mit der Bundesregierung vom Deutschen Tierschutzbund die freiwillige Tierschutzkennzeichnung als zweistufiges Label entwickelt (Einstiegsstufe, Premiumstufe). Es wird nach und nach für alle landwirtschaftlich genutzten Tiere erarbeitet und soll letztlich die gesamte Produktionskette erfassen.

Der Codex Alimentarius (lat. für Lebensmittelkodex) ist eine Sammlung von Normen für die Lebensmittelsicherheit und -produktqualität, die von der Ernährungs- und Landwirtschaftsorganisation und der Weltgesundheitsorganisation der Vereinten Nationen erstmals 1963 herausgegeben wurde.

Siehe: **http://de.wikipedia.org/wiki/Codex_Alimentarius**

EU-Gütezeichen, AOC und IGP in der Schweiz

http://ec.europa.eu/, www.aoc-igp.ch

Diese EU Gütezeichen gibt es derzeit:

Geschützte Ursprungsbezeichnung (g.U.)
Lebensmittel mit dieser Bezeichnung werden in einem bestimmten geografischen Gebiet nach einem anerkannten und festgelegten Verfahren erzeugt, hergestellt und verarbeitet. Gleichwertige Bezeichnungen sind das französische A.O.C, das italienische D.O.C. sowie das schweizerische AOC.

Beispiele

Altenburger Ziegenkäse, Lüneburger Heidschnucke, Allgäuer Emmentaler, Allgäuer Bergkäse, Wachauer Marille, Siegsdorfer Petrusquelle, Tiroler Graukäse, Odenwalder Frühstückskäse.
AOC: Berner Alpkäse, Emmentaler, Berner Hobelkäse, Sbrinz, Gruyère, Walliser Raclette, Walliser Roggenbrot

Geschützte geografische Angabe (g.g.A.)
Bei dieser Angabe reicht es aus, wenn nur ein Verarbeitungsschritt, z. B. die Endzubereitung, in dem genannten Gebiet erfolgte, und es handelt sich um ein Erzeugnis mit einer besonderen Tradition, z. B. Lübecker Marzipan. Gleichwertige Bezeichnung ist das schweizerische IGP.

Beispiele

Nürnberger Lebkuchen, Lübecker Marzipan, Bayerisches Rindfleisch, Bayerisches Bier, Münchner Bier, Nürnberger Rostbratwürste, Schrobenhausener Spargel, Bayerischer Merrettich, Bündnerfleisch.
IGP: St. Galler Kalbsbratwurst, Walliser Trockenfleisch

Garantiert traditionelle Spezialität (g.t.S.)
Diese Bezeichnung bezieht sich nicht auf die Herkunft. Die Erzeugnisse können überall in der Europäischen Union hergestellt oder verarbeitet werden. Die Produkte zeichnen sich entweder durch eine traditionelle Zusammensetzung aus oder durch ein traditionelles Herstellungsverfahren.

Beispiele

Mozzarella, Serrano Schinken

Die Namen der geschützten Bezeichnungen sind unter **http://europa.eu.inticommlagriculture/foodqual/quali1_de.htm** zu finden. Beispiele sind auch abrufbar über **www.food-from-bavaria.de**, **www.aoc-igp.ch**, **www.lfl.bayern.de**, **www.traditionelle-lebensmittel.at**.
Die DOOR-Datenbank enthält die als g.U., g.g.A. oder g.t.S. eingetragenen Produktbezeichnungen. E_BACHUS ist eine Datenbank der geschützten geografischen Angaben für Weine aus Mitgliedsstaaten und Drittländern.

Tipp: Grundnahrungsmittel aus der Region sind für den Menschen in der Region gesundheitsverträglicher und sorgen letztlich für mehr Arbeitsplätze und mehr Umweltschutz in der Heimat.

Beispiele für Gütezeichen und Regionalmarken

Sowohl in Deutschland, Österreich, Frankreich, anderen EU-Ländern und in der Schweiz, gibt es viele Initiativen. Sie wurden als Regionalmarken gegründet. Unter welchen Voraussetzungen die Siegel vergeben werden, kann auf den Hompages nachgelesen werden.

Staatliche Behörden und Landwirtschaftskammern:

www.regionalfenster.de
www.regionales-bayern.de
www.alp-bayern.de

www.gq-bayern.de **www.gutes-aus-hessen.de** **www.gutesvombauernhof.at**

Bauernverbände und Marketinggemeinschaften

www.Einkaufen-auf-dem-Bauernhof.com **www.Bauernmärkte-in-Bayern.de**

www.ama-marketing.at

www.vomhof.ch

Wirtschaftsgetragenes Prüfsystem für Lebensmittel

www.qs-prüfsystem.de
www.q-s.de

Lebensmitteleinzelhandel

www.sutterluety.at

Beispiele für Regionalinitiativen und Landwirtschaftliche Erzeugergemeinschaften, die selbst vermarkten oder den Einzelhandel beliefern.

www.regionalbewegung.de
www.artenreiches-land.de
www.tag-der-regionen.de

www.unserland.info

www.region-aktiv-18.de

Die Produktions- und Verarbeitungsrichtlinien werden von den Initiativen selbst festgelegt, teilweise selbst oder über unabhängige Kontrolleinrichtungen überwacht. Die Homepages der Regionalinitiativen dokumentieren die Schwerpunkte.
QS existiert seit 2001 und ist eine stufenübergreifende Qualitätssicherung vom Landwirt bis zur Ladentheke.
In Bayern steht »Geprüfte Qualität Bayern« für die gesamte Produktionskette zur Verfügung. In anderen Ländern bestehen ähnliche Einrichtungen. Dies stellt für den Landwirt ein freiwilliges Eigenkontrollsystem dar und eine Informationsplattform. Dahinter steht eine Datenbank, in der alle Anforderungen von bedeutenden Qualitätssicherungssystemen zusammengestellt sind. Für den Landwirt eine Erleichterung, für das Handwerk und den Lebensmitteleinzelhandel eine dokumentierte Qualitätssicherung der Urproduktion. Sinnvoll wäre es, wenn diese Qualitätssicherungssysteme mit erhöhten Standards zur nachhaltigen Produktion, Tierschutz usw. weiterentwickelt würden.

www.original-regional.info

www.die-regionaltheke.de

www.regionaltheke.de

www.q-regio.de

Öko – Bio – Produkte
Ökologische Bewirtschaftungsformen in der landwirtschaftlichen Urproduktion haben sich im Zuge der Umweltbewegung (Ende 19. Jahrhundert) als naturnahe Alternative zur konventionellen Landwirtschaft entwickelt. Bio-Lebensmittel werden ohne Pestizide, Gentechnik und Bestrahlung in der Vorratshaltung der Ernteerzeugnisse hergestellt. Der Begriff »Nachhaltigkeit« entspricht der ökologischen Kreislaufwirtschaft, die auch artgerechte Tierhaltung einfordert. Der Ökolandbau bringt im Vergleich zu anderen Produktionsmethoden Vorteile im Bereich Klimaschutz, für die Bodenfruchtbarkeit, die Artenvielfalt und das Grundwasser.
Die ökologische Land- und Ernährungswirtschaft unterliegt prinzipiell umfangreichen Regelungen. Die EG-Öko-Verordnung 834/2007 »Verordnung über die ökologische/biologische Produktion und Kennzeichnung von ökologischen/biologischen Erzeugnissen« ist seit 2009 in Kraft. Vorher war der Bereich Ökolandbau über eine Verordnung aus dem Jahr 1991 geregelt. Die seit 2009 gültige ergänzt die Verordnung 889 von 2008. Beide legen EU-einheitliche Mindeststandards fest.

Importermächtigungen: EU-VO 508/2012 Änderung vom 20.6.12 gibt Auskunft über die anerkannten Drittländer mit entsprechenden Kontrollstellen

Öko-Produkte aus Ländern, die nicht zur EU gehören, dürfen nur eingeführt werden, wenn gleichwertige Standards vorliegen. Sie werden über das EU-Ökolabel (grünes Blatt) ausgelobt. Zum Kontrollsystem gehört neben der Verwaltung einer Datenbank mit den Meldungen aller Unternehmen, die sich den Kontrollanforderungen der EG-Öko-Verordnung unterstellt haben, auch die Überwachung der Tätigkeit der privaten Öko-Kontrollstellen in rechtlicher und fachlicher Hinsicht (siehe: **www.lfl.bayern.de**).

Beispiele für Güte- und Ökolabels

Kennzeichnung nach EU-Landwirtschaft und Nicht-EU-Landwirtschaft. Freiwillig können bei Monoprodukten Aufkleber mit Herkunftsangaben zusätzlich ergänzt werden. Beispiel: „Organic Peru“

Die Bezeichnungen Öko und Bio sind EU-rechtlich geschützt.

Gemeinschaftszeichen der EU seit Juli 2010

Staatliches Biosiegel in Deutschland seit September 2001

Zeichen von deutschen Anbauverbänden

Regionale Gütezeichen

Biozeichen Baden-Württemberg

Biozeichen Hessen

Europäische Zeichen

Österreich

Schweiz

Frankreich

Niederlande

USA

Beispiele für Öko-Handelsmarken

EU-VO 834/2007
Art. 32-34 ist bei Einfuhr von Bio-Produkten aus Drittländern zu beachten.

EU-VO 271/2010
ist für die Verwendung des EU-Biosiegels zu beachten.

In den Mitgliedsstaaten der EU steht seit 2011 das EU-Biosiegel auf verpackten Lebensmitteln.
Wenn 98% der Komponenten aus einem Land stammen, kann dieses als Herkunftsland angegeben werden.
Lange vor 1991 hatten sich Biobauern in Anbauverbänden organisiert, die nach ihren Vorstellungen Regeln aufstellten und über (teils verbandseigene) Kontrollstellen überprüft werden. Insgesamt über 750 Verbände, Forschungsunternehmen sowie Unternehmen der ökologischen Lebensmittelwirtschaft und Öko-Landwirte haben sich 1972 zum weltweiten Öko-Dachverband IFOAM (International Federation of Organic Agricultural Movements) zusammengeschlossen. Die IFOAM hat Basisrichtlinien für Mindestanforderungen erlassen. Sie dienen weltweit den Produzenten als Orientierung. Die Richtlinien der europäischen Anbauverbände flossen zwar in die Beratungen zu den EU-Verordnungen ein, gehen aber in der Realität teilweise deutlich über die EU-Kriterien hinaus. Besonders in der Verarbeitung bestehen eigene Regelungen, die in vielen Fällen die handwerkliche Herstellung schwieriger und teurer gestalten.
Deutschland ist nach einer Studie der Gesellschaft für Konsumforschung (GfK) von 2007 der größte Biomarkt Europas. Der Bio-Boom, ausgelöst durch die akute Verbrauchernachfrage, hat den Bio-Gedanken den Gesetzen des Marktes unterworfen. Deshalb sind die Probleme der Biobauern mittlerweile ähnlich denen der konventionell wirtschaftenden Bauern. Ökologische Anbauverfahren sind lohnintensiv, deshalb nimmt die Wirtschaftlichkeit in Deutschland ab, wenn nicht finanzstarke Verbraucher heimische Produkte honorieren. Die Lebensmittelhersteller und die Handelsketten kaufen dort Bio-Lebensmittel global ein, wo sie billiger zu produzieren sind, denn den ökologischen Landbau nach den im Codex Alimentarius (siehe Seite 31) festgelegten Kriterien gibt es mittlerweile auf der ganzen Welt.
Laut einer Zusammenstellung der ökologischen Anbauverbände gab es 2007 weltweit 31 Millionen Hektar Anbaufläche in 138 Ländern, davon in Asien 13% (2,3 Millionen Hektar in China), Lateinamerika 20%, Australien 39%. Die Produktionsstandards müssen denen der EU gleichwertig sein, wenn die Produkte auf den europäischen Markt kommen, oder ein Zertifizierer aus der EU muss vor Ort sein. Leider enthalten die Richtlinien auf der ganzen Welt keine sozialen Standards und keine Regelungen zum Wasserverbrauch. Dadurch kann es auch auf Biofeldern Ausbeutung geben, denn der ursprüngliche Vertrauensmarkt entwickelt sich weltweit zum Massenmarkt. Viele Konsumenten kaufen Öko-Produkte, weil diese gesünder sind und sie geschmackvoller essen wollen. Ob das stimmt, kann nicht

so leicht beantwortet werden. Neben den Wert gebenden und mindernden Inhaltsstoffen spielen vielfältige Aspekte bei der Qualitätsbestimmung eine Rolle. Entscheidend ist, dass Grundnahrungsmittel, die vorgegebene ökologische Produktionskriterien erfüllen, eine »Extra«-Qualität für die Umwelt mitbringen. Dass aber die Lagerung, Transport und Zubereitung usw., die handwerkliche und industrielle Verarbeitung, die Bereitstellung von Fertiggerichten für die Gemeinschaftsverpflegung und für den Privathaushalt in der Erhaltung der Vorteile eine wichtige Rolle spielen, muss bei Bewertungen über die gesundheitliche und ökologische Besserstellung einfließen.

Allgemeine Ratschläge für einen guten Einkauf

Tipp: Die Verbraucherberatungsstellen geben produktunabhängige Auskunft – direkt oder über ihre Homepages.

www.verbraucherzentrale-bayern.de
www.verbraucherservice-bayern.de
www.dhb-netzwerk-haushalt.de

Grundlage für einen guten Einkauf ist ein überlegter Speiseplan. Die Versorgung der Haushaltsmitglieder wird immer teurer und schnell einseitig, wenn der Speiseplan »aus dem Kopf«, vor der Gefriertruhe oder dem Kühlschrank, unter Zeitdruck im Geschäft improvisiert wird.

Vor dem Einkauf sollte man sich genau informieren. Angebote und Marktberichte können schon zu Hause studiert werden. Informationen erhält man aus der Tageszeitung, aus Anzeigenblättern, über Rundfunk, Fernsehen oder übers Internet. Besonders die Informationen zur Prozessqualität können über die Homepages der Herstellerfirmen abgefragt werden.

Frische Lebensmittel können direkt beim Erzeuger erworben werden. Bei bäuerlichen Direktvermarktern können »ursprüngliche« und »ehrliche« Qualitäten erwartet werden. Neben den für alle Lebensmittelanbieter geltenden gesetzlichen Vorschriften verbürgt sich ein Direktanbieter »mit seinem Gesicht« für die Qualität seiner Erzeugnisse.

Sonderangebote bringen nur dann Vorteile, wenn man selbst genau über Preise und benötigte Mengen Bescheid weiß. Nicht alles, was als Sonderpreis ausgezeichnet ist, ist wirklich preiswert. Große Plakate, Wühlkörbe, auffallende Stapel an engen Stellen vermitteln den Eindruck einer guten Gelegenheit. Ob es aber wirklich so ist, muss der kritische Verbraucher selbst erkennen.

Die Lebensmittel müssen nach dem Verwendungszweck ausgewählt werden. Dies ist sehr wichtig bei Fleisch, Fisch, Obst, Wein. Größere Einkäufe an ruhigeren Tagen, an denen die Belastung durch andere Arbeiten gering ist, vor allem nicht hungrig, durchführen. Anfang des Monats und am Wochenende sind die Preise häufig höher. Dies sollte der Verbraucher bei der Planung berücksichtigen und seinen Einkaufsrhythmus darauf abstellen.

Preiswerte *Großpackungen* sind teuer, wenn ein Teil der Menge verdirbt. Nicht alle Großpackungen sind wirklich günstiger - Preisvergleiche sollten vorgenommen werden, sind aber nicht das alleinige Auswahlkriterium.

Nach den Ergebnissen der Stiftung Warentest wurden nur zwei Drittel der jeweils teuersten Produkte auch qualitativ am besten beurteilt. Etwa ein Drittel der Produkte mit den besten Beurteilungen sind billiger als die schlechter beurteilten. D. h., ein hoher Preis bedeutet nicht immer gute Qualität.

Das *Mindesthaltbarkeitsdatum* ist kein Verfallsdatum. Die Ware darf auch nach dem angegebenen Datum noch verzehrt werden. Bis zum angegebenen Zeitraum oder Datum garantiert der Hersteller die Haltbarkeit, später muss der Händler diese kontrollieren. Er kann die Ware billiger abgeben, muss es aber nicht. Bei sehr leicht verderblichen Lebensmitteln ist das *Verbrauchsdatum* (»zu verbrauchen bis ...«) angegeben. Zum Beispiel Hackfleisch, Geflügelfleisch usw. sollten nach Überschreitung des Verbrauchsdatums nicht mehr verzehrt werden, weil eine Gesundheitsgefährdung nicht auszuschließen ist.

Aus Sicht des Konsumenten ist zur Beurteilung der Qualität der Lebensmittel letztlich ausschlaggebend, dass sie

- »die Mittel zum Leben« in gesundheitlicher Hinsicht sind,
- hygienisch einwandfrei hergestellt wurden,
- frei sind von schädlichen Stoffen aller Art,
- die Erwartungen hinsichtlich Frische, Genusswert, küchentechnischer Eignung usw. zu akzeptablem Preis erfüllen.

Achten Sie auf das Etikett!

Die Gesetzgeber im EU-Raum sind besorgt wegen der zunehmenden Fehlernährung in den Mitgliedsstaaten. Vor allem deshalb will das EU-Recht dem Konsumenten eine »gesundheitsbewusste Lebensmittelauswahl« ermöglichen. Diesem Ziel dient prinzipiell das Kennzeichnungsrecht. Die gesetzlichen Regelungen und deren Überwachung ist die eine Seite. Aber nur wer die Angaben richtig lesen und für sich selbst bewerten kann, kann eine Entscheidung für oder gegen den Verzehr eines bestimmten Lebensmittels begründet treffen. Dies setzt eine entsprechende grundsätzliche Ernährungs- und Verbraucher-Basisbildung und dafür interessierte Konsumenten voraus. Das ist die andere, genauso wichtige Seite. Nicht nur der Staat, auch der eigenverantwortliche Verbraucher ist entscheidend.

Weltweit haben sich Erzeuger und Lebensmittelindustrie im Codex Alimentarius (siehe Seite 31) auf Mindeststandards zur Lebensmittelqualität geeinigt. Basierend darauf und weiterentwickelt ist das Lebensmittelrecht in der Europäischen Union vereinheitlicht und weitgehend harmonisch. Die Grundlage bildet die EG-Basisverordnung zum Lebensmittelrecht Nr. 178/2002. Zusätzlich gelten in Deutschland Regelungen zur Herstellung und zum Verkehr mit Lebensmitteln nach dem Lebensmittel- und Futtermittelgesetzbuch (LFGB).

Die EG-Etikettierungsrichtlinie sorgt in Europa für konforme Lebensmittelkennzeichnung. In der Lebensmittel-Kennzeichnungsverordnung (LMKV) wurde die Richtlinie umgesetzt. Beispielsweise enthält sie Rechtsvorschriften in der Fertigpackungsverordnung, Nährwert-Kennzeichnungsverordnung, Claims-Verordnung (Nährwert- und gesundheitsbezogene Angaben), Kennzeichnungsverordnung gentechnisch veränderter Lebens- und Futtermittel, Verordnung über den ökologischen Landbau u. a.. Zusätzlich gibt es Rechtsvorschriften für bestimmte Lebensmittel, z. B. Nahrungsergänzungsmittel-Verordnung, Käse-, Konfitüren-, Diätverordnung sowie für die Vermarktung von Obst und Gemüse oder Eiern.

Tipp: Für einen guten Einkauf müssen die Angebote nach Preis und Qualität, Aspekte der Kriterien zur Nachhaltigen Ernährung einbezogen, verglichen und die richtige Menge ausgewählt werden.

Ein Aufruf der Homepage **www.was-wir-essen.de** informiert über den neuesten Stand der staatlichen Präventionsmaßnahmen, die über gesetzliche Regelungen erreicht werden sollen. Der Verbraucher entscheidet mit seiner Wahl beim Einkauf der Produkte. Alle Anstrengungen des Staates und der Hersteller von Lebensmitteln »müssen« über die Entscheidung der Konsumenten beim Einkauf honoriert werden, sonst verschwinden die Produkte aus dem Lebensmittelregal der Einkaufsstätte.

Seit November 2005 werden in Europa die 14 häufigsten Lebensmittelallergene, auch wenn sie nur in kleinsten Mengen als Zutat in der Zutat verwendet werden, auf den Etiketten angegeben. Das ist ein guter Anfang, aber für die betroffenen Lebensmittelallergiker noch nicht ausreichend. Sie können sich derzeit nur wirklich verlassen, wenn sie aus den Grundnahrungsmitteln selbst das Essen zubereiten.

Frische, Geschmack und Preiswürdigkeit

In fast allen Studien zum Einkaufsverhalten in Lebensmittelgeschäften stehen als oberste Priorität für den Verbraucher Frische, Geschmack und Preis als Entscheidungskriterien. Dies ist seit Jahren so und deshalb, haben die Handelsunternehmen die Ziele diktiert, was Erzeuger und Lebensmittelwirtschaft tun müssen, damit die Konsumenten zufrieden sein können.

Ein wesentlicher Forschungsschwerpunkt der letzten Jahre war deshalb, die Transport- und Lagerfähigkeit der Produkte kostengünstig zu optimieren. Dies kann z. B. über die Züchtung von neuen Sorten geschehen, die die Transport- und Lagerfähigkeit verbessern. Ergebnis ist beispielsweise, dass dickere Schalen bei Bananen, Tomaten und Zitronen den Transport und die Lagerung vereinfachen. Häufig verschlechtert sich jedoch der Geschmack bei diesen selektiven Zuchtverfahren – auch da kann wieder geholfen werden, z. B. durch zugesetzte natürliche und naturidentische Aromen.

Ein Aussehen »wie gemalt« und gleichzeitig eine längere Lagerzeit kann mit Schutzgas-Verpackungen erreicht werden. Längere Lagerzeiten verursachen in der Regel höhere Verluste an licht- und wärmeempfindlichen wertvollen Inhaltsstoffen. D. h. mit den herkömmlichen Vorstellungen kann Frische, mit der man einen hohen Wert von empfindlichen Stoffen verbindet, nicht mehr zuverlässig erkannt werden.

Um über eine scheinbar billige Ware Verbraucher zu locken, gibt es viele Tricks. Grundsätzlich wichtig ist es für den Verbraucher, das 100 g- bzw. das kg-Gewicht in Bezug auf Preisangabe und Nährwertangaben zu vergleichen. Mogelpackungen können dann keine Wirkung mehr erziehlen.
Sonderangebote animieren zum Kauf größerer Mengen. Es ist erwiesen, dass insgesamt 30 bis 40% der Lebensmittel bei der Herstellung, in Geschäften, in Groß- und Privathaushalten nicht gegessen werden, sondern im Biomüll landen. Diese Ressourcenvergeudung könnte im Sinne von Klima-, Umweltschutz und von eigenem gutem Geld durch ein sparsames Haushalten am effizientesten vermieden werden.

Tierische Lebensmittel einkaufen

Lebensmittel tierischen Ursprungs sind Fleisch und Fleischerzeugnisse, Milch und Milcherzeugnisse, Honig, Eier und Eiprodukte, Fisch und Fischerzeugnisse, Krebse und Weichtiere. Sie sind mit einer Veterinärkontrollnummer, Genusstauglichkeitszeichen bzw. mit einem Identitätskennzeichen im Handel. Der Verbraucher kann erkennen, in welchem Staat und Bundesland das Erzeugnis zuletzt bearbeitet oder verpackt wurde. Dadurch sind Rückschlüsse auf die Transportwege möglich. Die Herkunft der Rohstoffe ist daraus jedoch nicht abzuleiten. Das Bundesamt für Verbraucherschutz und Lebensmittelsicherheit bietet in Deutschland Listen der Firmen mit ihren Zulassungsnummern: **www.bvl.bund.de**. – ebenso die österreichische Agentur für Gesundheit und Ernährungssicherheit GmbH **www.ages.at**. Betriebe, die so erfasst sind, erfüllen hohe internationale Hygienestandards bei Produktion und Verarbeitung. Sie sind EU-weit zugelassen und dürfen ihre Produkte in den gesamten EU-Raum liefern. In der Schweiz übernimmt diese Aufgabe das Bundesamt für Gesundheit **www.bag.admin.ch**.
Weitere Informationen zur Kennzeichnung in Deutschland: **www.bmelv.bund.de**.

Tipp: Fleisch wird als anonyme Massenware oder als Markenfleischprodukt mit besonderen Siegeln und Zeichen angeboten. Es lohnt sich, als Einkäufer Bescheid zu wissen. Mit dem Fleischeinkauf wird über die Qualität der Mahlzeit entschieden! Qualität und Preis müssen bei Fleisch immer mit der Zubereitungsart verbunden entschieden werden. Aspekte der Nachhaltigkeit und des Tierschutzes einbeziehen!

Schweinefleisch

Gute Qualität hat eine rosa Farbe, eine feine Marmorierung, d. h., zarte Fettadern sind im Muskelfleisch erkennbar. Zartheit, Geschmack und innere Qualität, Herkunft und tiergerechte Haltung sind am zugeschnittenen Fleischstück nicht erkennbar. Es sollte bis zu 48 Stunden reifen.

Blasses, sehr mageres, schwammiges Schweinefleisch, das einen starken Saftaustritt an der frischen Anschnittstelle zeigt, feucht glänzende Rückenkoteletts und Schinkenteilstücke hat, ist von minderer Qualität. Der Saftverlust beim Zubereiten ist groß.

Verwendung der Fleischstücke

Zum Kurzbraten: Filet, Schnitzel, Kotelett vom Nacken, Kotelett vom Stielkotelettstück, Kotelett vom Lummer-Stück.
Für Schnitzel: Oberschale, Unterschale, Nuss, Rücken, ausgelöst, Dicke Schulter.
Zum Braten: Hüfte (Schinkenspeck), Unterschale, Bug (Schulter, ohne Knochen), Nuss, Oberschale, Rollbraten vom Schinken, Rollbraten vom Rücken, Rollbraten von der Schulter, Rollbraten vom Nacken, Hals, Eisbein, frisch.
Zum Kochen: Eisbein, Bauch, Dicke Rippe, Schälrippe, Pökelrippchen, Kasseler Rippenspeer (geräuchert), Spitzbeine (Pfoten), Schwänze.

Preisrelationen bei Schweinefleisch

Bezeichnung/Preis in % des Filetpreises (Filet = 100%) ca.

1 = Kopf mit Backe	12
2 = Nacken (Hals, Kamm)	60
3 = Brust (Bruststpitze)	46
4 = Schulter (Bug)	68
5 = Kotelettstück (Karree, Karbonade)	65
mit Lende oder Filet	100
6 = Bauch (Wammerl)	46
7 = Schlegel (Schinken, Keule, Oberschale, Unterschale, Nuss)	86
8 = Vordereisbein (Haxe) bzw.	43
Schinkeneisbein (Haxe)	46
9 = Füße	9

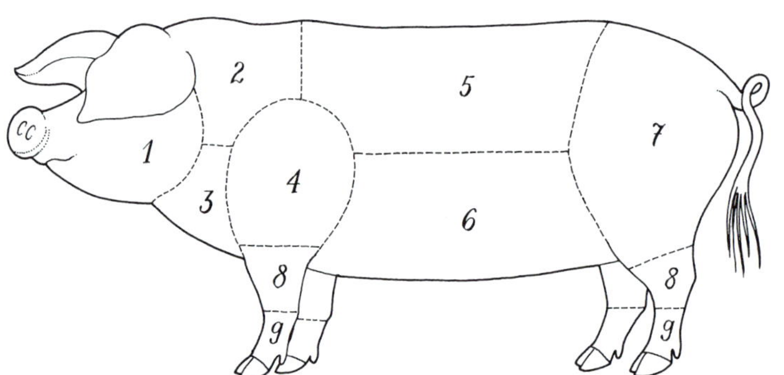

Rindfleisch

Ist ein Sammelbegriff für Fleisch von unterschiedlich alten, weiblichen oder männlichen Tieren und unterschiedlichen Rassen:
Die Rinderrassen unterscheiden sich prinzipiell nach ihrer Nutzung (überwiegend Milch und/oder Fleisch) und in der Zeit, die sie zum Erreichen ihres Mastendgewichtes brauchen. Zu den frühreifen Rassen gehören beispielsweise Angus, zu den spätreifen Rassen Charolais und Limousin.
Kalbfleisch stammt von bis zu 8 Monate alten Tieren.
Jungrindfleisch stammt von noch nicht ausgewachsenen Tieren (8 bis 12 Monate alt), wird häufig direkt vom Bauern als »baby beef« angeboten, ist feinfasrig, zart und kräftiger als Kalbfleisch im Geschmack.
Jungbullenfleisch und Bullenfleisch stammt von nicht kastrierten männlichen Tieren, meist aus intensiver Bullenmast. Die Fleisch-

Durch die Rindfleischetikettierung wird die Herkunft von Rindfleisch transparent gemacht. Auf dem Etikett ist das Land der Geburt, der Mast, der Schlachtung und Zerlegung des Tieres angegeben.

faser ist je nach Rasse mittelfein bis kräftiger, die Farbe ist hell bis dunkelrot.

Färsen- (früher Kalbinnen-) fleisch stammt von weiblichen Tieren, die noch kein Kalb geboren haben. Dieses Fleisch ist von feinen Fettäderchen durchzogen und deshalb besonders zart und saftig. Es hat eine kräftige rote Farbe und feine Fasern.

Ochsenfleisch stammt von kastrierten männlichen Tieren, das Fleisch ist rot, kräftig im Aroma, feinfasrig und von hellen Fettadern durchzogen.

Älteres Rindfleisch ist gekennzeichnet durch eine dunklere Farbe, eine mittlere bis starke gelbe Fettauflage und eine gute Marmorierung. Wenn dieses Fleisch als Braten- und Kurzbratstück verwendet werden soll, muss es 14 Tage reifen, als Kochfleisch 6 Tage.

Färsen und Ochsen kommen in der Regel nach zwei Weidemastperioden zur Schlachtung. Sie liefern beste Fleischqualität.

Preisrelationen bei Rindfleisch

Bezeichnung/Preis in % des Filetpreises (Filet = 100%) ca.

Bezeichnung	Preis
1 = Kopf	–
2 = Hals	38
3 = Kamm, Fehlrippe	38
4 = Blattrippe	33
5 = Brust	38
6 = Wamme	33
7 = Schulter (Bug)	38
Falsches Filet	44
8 = Hochrippe	44
9 = Roastbeef, Rostbraten	72
9a = Filet	100
10 = Hüfte	50
11 = Lappen, Dünnung	33
12 = Keule, Schlegel, Kugel, Blume	50
13 = Hinter-, Vorderhesse, Beinscheiben	30
14 = Füße	–
15 = Ochsenschwanz	25

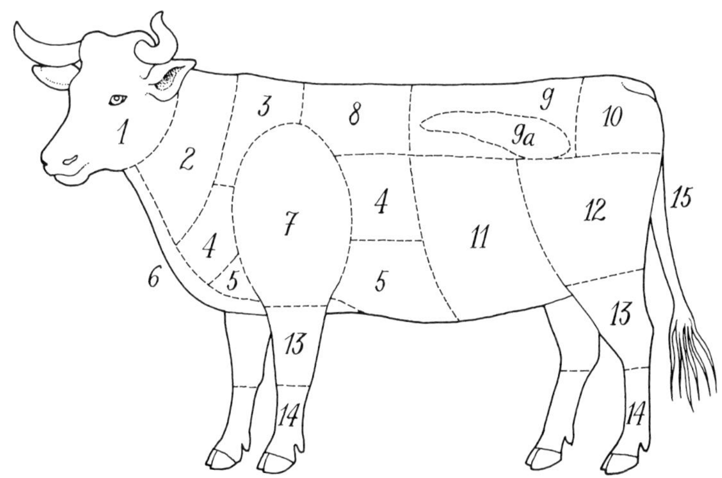

Verwendung der Fleischstücke

Zum Kurzbraten: Filet, Roastbeef, Hüfte (Steaks, Fleischfondue).

Für Rouladen: Oberschale, Unterschale, Kugel.

Zum Braten: Filet, Roastbeef (Rostbraten), Oberschale, Unterschale, Kugel, Hüfte, Dicker Bug, Fehlrippe, Hochrippe.

Für Sauerbraten: Schaufelstück, Falsches Filet.

Zum Kochen oder Braten: Falsches Filet, Schaufelstück, Hochrippe, Fehlrippe.

Zum Kochen: Beinscheiben, Spannrippe, Fehlrippe, Brust (Pökelbrust), »Tafelspitz«, Hüfte.

Gulaschfleisch: Besonders gut geeignet ist Ochsen- und Färsenfleisch, »Filetgulasch«, »Bratengulasch« aus Bratenfleischstücken, Fettanteil nicht über 20%.

Steak-Spezialitäten
Beefsteak: 2-3 cm dick; 200-300 g aus der Keule.
Entrecote: 2-3 cm dick; 200-250 g aus dem Roastbeef.
Rumpsteak: 2-3 cm dick, mit Fettrand, aus der Hüfte.
Filetsteak, Filetbeefsteak: 2 cm dick, 150-200 g, aus dem dickeren Ende des Filets.
Chateaubriand: Ein doppeltes Filetsteak, aus der Filetmitte.
Tournedo: Ca. 100 g schwer, aus der Filetspitze (klein, rund).
Porterhouse-Steak: 700-1000 g, aus dem Roastbeef mit Filet und Knochen.
T-Bone-Steak: Etwas kleiner, aus dem gleichen Stück, aber mehr zum Vorderviertel hin geschnitten. Es eignet sich auch eine schöne Hochrippe.

Lamm-, Hammel-, Schaffleisch

Entsprechend den Altersstufen der Schafe können die Bezeichnungen im Handel variieren: Als Lammfleisch wird das Fleisch von Tieren bezeichnet, die jünger als 1 Jahr sind; Milchlämmer sind unter 6 Monate alt und haben noch kein Grünfutter bekommen; Hammelfleisch stammt von weiblichen oder männlichen Tieren, die jünger als 2 Jahre sind; und Schaffleisch stammt von über 2 Jahre alten Tieren.

Verwendung der Fleischstücke
Zum Kurzbraten: Rücken, Keule.
Zum Braten: Keule, Schulter, Haxen.
Zum Kochen bzw. für Eintöpfe: Nacken, Brust, Schulter, Dünnung.

Bezeichnung der Fleischteile

1 = Keule
2 = Rücken, Koteletts
3 = Hals, Nacken
4 = Brust
5 = Blatt, Schulter
6 = Dünnung

Wildfleisch

Tipp: Wildfleischkauf ist Vertrauenssache. Ein Wildgewinnungsbetrieb kauft global die vom Verbraucher oder vom Gastronomiebetrieb gewünschten Teilstücke ein. Bei einem Revierinhaber, Förster oder Jäger kann das Wild im Haar- oder Federkleid nach dem Alter des Tieres beurteilt werden.

Tiere in freier Wildbahn ernähren sich naturgemäß entsprechend dem jahreszeitlichen Rhythmus. Im Lebensmitteleinzelhandel sind die Wildarten tiefgefroren das ganze Jahr verfügbar. Es sind vor allem Teilstücke von Reh, Hirsch, Hase, Damwild, Wildschwein, Fasan und Wildenten sowie Strauß, Bison, Gamswild, Wachteln, Antilopen und Gazellen u. a.. Um die Nachfrage nach Wildfleisch zu decken, werden einzelne Tierarten inzwischen auch in Farmen gezüchtet. Frisches Wildbret gibt es nur zu den festgelegten Jagdzeiten. Fleisch von männlichen Tieren, die in der Brunftzeit erlegt wurden, hat einen geschlechtsspezifischen unangenehmen Geruch, der eventuell durch mehrmonatige Gefrierlagerung gemildert werden kann. Beim männlichen Wildschwein (Keiler) kann dieser Geruch in der Paarungszeit weder durch Tiefgefrieren noch durch Gewürze bei der Zubereitung geändert werden. Dieses Fleisch ist genussuntauglich.
Unangenehmer Geruch ist meist das Resultat eines durch Fäulnisbakterien verursachten Zersetzungsprozesses (Hautgout). Die richtige Fleischreifung führt zu einem angenehmen, leicht säuerlichen Geruch und zu einem wildarttypischen Eigengeschmack.
Ein Jäger und Revierinhaber ist Lebensmittelunternehmer im Bereich Wildfleischgewinnung und darf die »Strecke eines Jagdtages« ohne die bei Schlachttieren vorgeschriebene amtliche Fleischuntersuchung an Endverbraucher, Gastronomie und Einzelhandel verkaufen – Ausnahme: Trichinenschau bei Wildschweinen, EU-Verordnung 178/2002.
Die erforderliche Reifezeit (Abhängen in kühlem Raum) ist bei Wildbret besonders wichtig, um eine gute Qualität zu erhalten. Fleisch von Tieren aus freier Wildbahn ist kernig, fettarm, aromatisch im Geschmack. Es sollte nie roh – z. B. als Carpaccio oder Hack – verzehrt werden. Erreger verschiedenster Art können sich schnell vermehren.

Geflügelfleisch

Die Fleischreifung von Geflügel ist nach 24 Stunden abgeschlossen. Das ist im Vergleich zu Rind und Schwein sehr schnell. Deshalb ist die Beachtung des angegebenen Verbrauchsdatums sehr wichtig. Frischgeflügel erkennt man am frischen Geruch, an der gleichmäßig hellen bzw. maisgelben Hautfarbe und am biegsamen Brustbein. Für junge Tiere ist fettarmes, zartes, helles, feinfasriges Fleisch charakteristisch. Alte Tiere können sehr zäh sein!

Fleischerzeugnisse

Dazu gehören Teilstücke des Tierkörpers, die durch Bearbeitungsverfahren haltbar gemacht wurden, z. B. Schinken, Bratenfleischerzeugnisse und sogenannte Gemenge wie Rohwürste, Brühwürste und Kochwürste.
Gesetzlich geschützte EU-Ursprungsbezeichnungen (g. U.) gewährleisten die Herstellung nach einem anerkannten und festgelegten Verfahren in einem bestimmten geografischen Gebiet. Dazu werden die Zutaten aus dieser Region verwendet.
Die Zutaten für alle übrigen Erzeugnisse können global und günstig erworben und als Spezialitäten ausgelobt werden. Bei den verpackten Produkten gibt die Zutatenliste Aufschluss über die Zusammensetzung und das Mindesthaltbarkeitsdatum bzw. das Verbrauchsdatum.
Kennzeichen für Frische ist überwiegend ein angenehmer Geruch, Kennzeichen für die Preiswürdigkeit liefert die Zutatenliste. Im Deutschen/Österreichischen/Schweizer Lebensmittelbuch sind die Rezepturen festgelegt. Die Hersteller sind angehalten, die Rezepturen zu befolgen, die Lebensmittelüberwacher ermitteln das histologische Bild. Dabei werden Grenzwerte überprüft. Der Kollagenwert und kollagenfreies Eiweiß geben Auskunft über die zugesetzten Bindegewebe, das Wasser-Eiweiß-Verhältnis über die Menge des mit Bindemitteln schnittfest gemachten Wassers.
Schutzgas- und Vakuumverpackungen sind mit dem Haltbarkeitsdatum gekennzeichnet. An der Ladentheke in Vakuum verpackte Produkte sollten kühl gelagert und bald verzehrt werden.

Fische

Wie lange ein ganzer Fisch frisch bleibt, hängt von vielen Faktoren ab:

- von der Fischart, wobei Meeresfische länger als Süßwasserfische frisch bleiben,
- von der Jahreszeit, denn im Winter ist das Fangwasser kälter,
- von der schonenden Behandlung beim Fang,
- von der Lagertemperatur bzw. Kühlkette.

Sie sollten immer nach dem Verwendungszweck ausgesucht werden. Kennzeichen für frisches Fischfilet ist für den Laien ausschließlich der Geruch, für das geschulte Auge auch die Farbe. Fangfrisch eingefroren und gefrostet transportiert bringt viele Vorteile, aber manche Fische bzw. Fischfilets schmecken besser, wenn sie vor dem Frosten ein paar Stunden gelagert wurden.
Der Einkäufer kann die Frische ganzer Fische an zwei Merkmalen feststellen:

- an den vorgewölbten, glänzenden, tiefschwarzen Augen, vom Kauf abzuraten ist bei eingesunkenen grauen Augen;
- an den leuchtend roten, glänzenden Kiemen mit runden Konturen, vom Kauf abzuraten ist bei farblich veränderten oder mit flockigem Schleim bedeckten Kiemen.

Ist eine deutliche Gelb- oder Braunfärbung im Bauchraum zu sehen oder stehen die Gräten heraus, weil sich das Fischfleisch abgelöst hat, ist dies ein sicheres Zeichen, dass der Fisch nicht mehr frisch ist. Nach dem Fang und bei der Schlachtung entwickeln sich Verderbnis erregende Keime, die über den Geruch frühzeitig wahrgenommen werden können. Deshalb gilt immer dieser Grundsatz: Je intensiver ein Fisch riecht, desto älter ist er.

Milch und Milchprodukte

Im Handel darf als »Milch« nur Milch von Kühen bezeichnet werden. Bei Milch von anderen Säugetieren muss die Tierart, z. B. Ziegen, Schafe, Pferde, Kamele, Büffel usw. mit angegeben werden. Die Behandlung durch die Molkerei ermöglicht die Verlängerung der Haltbarkeit. Milch ist sehr geschmacksempfindlich. Lichtdurchlässige Verpackungen begünstigen den sogenannten »Lichtgeschmack« und erhöhen die Verluste der in der Milch zahlreich vorhandenen fettlöslichen Vitamine während der Lagerzeit. Undurchsichtige Verpackungen, z. B. dunkle Glasflaschen bzw. Kartons, sind deshalb zu bevorzugen.
Das Thema Milch und Milchprodukte wird aus gesundheitlicher Sicht konträr diskutiert. Unbestritten ist, dass Milch ein wertvolles Nahrungsmittel (kein Getränk!) ist, das dem Körper leicht resorbierbares Calcium und andere Mineralstoffe, Eiweiß, Fett und Vitamine liefert. In der Wachstumsphase ist sie besonders wertvoll. Bei Vorliegen einer Laktoseintoleranz kann Frischmilch zu Verdauungsproblemen führen. Bei Milcheiweißallergie müssen auch Milchprodukte gemieden werden.

www.milchland-bayern.de

Im Handel erhältliche Kuhmilcharten

Bezeichnung im EU-Raum	Behandlung	Dauer	Vitamin- u. Geschmacksveränderungen	Haltbarkeit in lichtgeschützter Verpackung
Rohmilch[1] »Milch ab Hof« (beim Bauern) *Vorzugsmilch* (verpackt)	Unbehandelt			Gekühlt 2–3 Tage
Frischmilch – traditionell hergestellt	Pasteurisierung 72–75 °C	Meist 15–30 Sekunden	ca. 10%	Gekühlt, ungeöffnet 6–10 Tage geöffnet 2–4 Tage
ESL-Milch (extended shelf life) Länger haltbare Frischmilch	Pasteurisierung 123–127 °C oder Trennung von Rahm und Magermilch Mikrofiltrierung der Magermilch Rahm 72–75 °C erhitzen und wieder vermischen		ca. 20–30% [2]	Gekühlt, ungeöffnet ca. 3 Wochen, geöffnet 2–4 Tage
H-Milch (Ultrahocherhitzte Milch)	Ultrahocherhitzung 135–150 °C	Mind. 2 Sekunden, meist 4 Sekunden	ca. 20%	Ungekühlt mindestens 6–8 Wochen

[1] Rohmilch vor dem Verzehr immer aufkochen.
[2] Vitamin- und Geschmacksverluste müssen getrennt bewertet werden. Das Max-Rubner-Institut differenzierte in einer Studie mit 30 Milchproben die Vitamin- und Geschmacksverluste. Danach sind kaum Unterschiede im Vitamingehalt zu pasteurisierter Frischmilch erkennbar, wohl aber Geschmacksveränderungen in Abhängigkeit der Verfahren und zum Zeitpunkt der Verwendung.
Quelle: Wikipedia »Milch« 2011

Die auf allen Produkten angegebene Identitätsnummer gibt nur Auskunft über die Abpackstation. Es lohnt sich, die Homepages der Firmen zu studieren.

Bei den Milchprodukten, die durch Zusätze von Aromen, Zuckerarten und Beimischung von Stärkeprodukten entstehen, ist das genaue Studieren der Zutatenliste dringend zu empfehlen. Z. B. bedeutet »fettarm« nicht immer »kalorienarm«.
Die Haltbarkeit kann durch Erhitzen verlängert werden, die Zugabe von Bindemitteln verhindert ein Absetzten der Molke auf der Oberfläche. Dadurch erscheinen die Joghurts frischer. Sie benötigen dann auch kein Kühlregal im Verkaufsraum und sind kostengünstig.
Das Futter und die tägliche Mengenleistung der Kuh bestimmen die Qualität der Milch. Es gibt Studien aus der Schweiz und von Forschungseinrichtungen des ökologischen Landbaus, wonach Milch von Weidetieren eine gesundheitlich günstigere Zusammensetzung aufweist als die von mit Kraftfutter im Stall versorgten Tieren. Kleinkinder sollten an die hochwertige Milch, ohne die den Geschmack verfälschenden Zusätze, gewöhnt werden.

Käse

Käsekauf ist Vertrauenssache! Um Käse wirklich genießen zu können, muss die Qualität stimmen. Eine kompetente Beratung ist im internationalen Angebot und bei seltenen Spezialitäten wichtig. Augen, Nase, Ohren, Tastsinn und Gaumen sollten eingesetzt werden, denn Aroma, Teigqualität, Reifegrad und Rinde sind die Anhaltspunkte.

Sehen: Sorgfältige Herstellung hat im Ergebnis eine ebene Oberfläche, weder aufgebläht noch eingefallen, eine geschlossene Rinde, keine Risse und Falten. Oberflächenschimmel sollte nicht von der charakteristischen Farbe abweichen.
Hören und Fühlen: Geübte kennen den Ton, der beim Klopfen auf den Laib eines relativ harten, ideal gereiften und sorgfältig gepflegten Käses entsteht. Beim Weichkäse kann man per Fingerdruck auf die Rinde die Reife erkennen. Je elastischer, desto frischer. Je mehr die Rinde dem Druck nachgibt, umso gereifter ist der Käse.
Riechen und Schmecken: Die Aromen können sich nur entfalten, wenn der Käse nicht zu kalt serviert wird. Man unterscheidet zwischen angenehmen, frischen, milchsäuerlichen und süßlichen Aromen sowie kräftige bis ammoniakalische Richtungen. Auf jeden Fall sollte man noch erkennen können, ob Kuhmilch, Ziegen- oder Schafmilch ursprünglich das Ausgangsmaterial war. Erst auf der Zunge wird Käse zum komplexen Geschmackserlebnis.
Am sinnvollsten kauft man Käse am Stück. Er trocknet nicht so leicht aus und hält sich besser als Scheiben, wenn die Verpackung geöffnet ist. Fetter Käse ist nicht so fett, wie es die Prozentzahl als Fett i. Tr. angibt. Je nach Wassergehalt (Frischkäse bis Hartkäse) kann ein Viertel bis zwei Drittel von der angegebenen Zahl als absoluter Fettgehalt angenommen werden.
Nicht jeder Bergkäse ist auf der Alp/Alm hergestellt. Bergkäse wird während des ganzen Jahres in den Käsereien im Tal produziert. Je nach Käseart wird die Milch auch pasteurisiert. Alpkäse wird nur im Sommer, direkt in den Alpsennereien hergestellt. Die Kräuter des Futters ergeben eine würzige Rohmilch, die ohne Transportwege verarbeitet wird.

Fett i. Tr.:
Fett in Trockenmasse. Nachdem das Wasser von der Käsemasse abgezogen wurde, verbleibt die Trockenmasse. Der Fettgehalt dieser Trockenmasse ist maßgeblich für die Zuordnung zu den Fettgehaltsstufen, z. B.:
60–87% Fett i. Tr. = Doppelrahmstufe
50–59% Fett i. Tr. = Rahmstufe
45–49,9% Fett i. Tr. = Vollfettstufe
40–44,9% Fett i. Tr. = Fettstufe
30–39,9% Fett i. Tr. = Dreiviertelfettstufe
20–29,9% Fett i. Tr. = Halbfettstufe
10–19,9% Fett i. Tr. = Viertelfettstufe
< 10% Fett i. Tr. = Magerstufe

Herkunftsnachweise: Über die Hälfte der Alpkäse aus den Alpen tragen das Siegel der geschützten Ursprungsbezeichnung der EU (g.U.) bzw. AOC - Siegel in der Schweiz. Auf europäischer Ebene tragen derzeit 41 Käsesorten die Anerkennung als geschützte Ursprungsbezeichnung, ein transparenter und verlässlicher Schutz für die Qualität. In Frankreich trat der gesetzliche Schutz, die Appellation d`Origine Contrôlée (AOC), für den »Camembert de Normandie« schon 1919 in Kraft.
Enttäuschend für Käseliebhaber ist es, wenn das Rohmaterial für die Käsespezialitäten der geschützten geografischen Angabe (g.g.A.) und der garantiert traditionellen Spezialität (g.t.S.) nur nach den Rezepturen, nicht nach den Zutaten aus der Region kommt, für die sie werben. Auch das ist ein Zugeständnis der Hersteller der Spezialitäten an den gewünschten billigeren Preis.

Pflanzliche Lebensmittel einkaufen

Die Landwirtschaft ist wie kein anderer Bereich der Wirtschaft innerhalb der EU seit 1957 geregelt. Dadurch hat sie sich in den letzten Jahrzehnten mehr verändert als in Jahrhunderten zuvor. Die kleinbäuerlichen Familienbetriebe sind zwar idyllisch, für den Fremdenverkehr anziehend, aber für die Erwirtschaftung eines erträglichen Einkommens nicht ausreichend. Die Landtechnik ermöglicht rationelles Arbeiten auf großen Feldern. Die Agrarchemie und -forschung will weltweit große Erträge erwirtschaften, um die Weltbevölkerung zu ernähren.
Die pauschale Verteufelung dieser Entwicklung und die viele Jahre auf Konfrontation ausgehende Diskussion um alternative und konventionelle Landwirtschaft hat eine Angleichung des konventionellen Landbaus gebracht: Integrierter und kontrollierter Anbau im pflanzlichen Bereich geht heute von Ressourcenschonung aus und hat das Gleichgewicht von Umweltschonung und Wirtschaftlichkeit zum Ziel.
Damit sind die konventionellen Anbaumethoden nicht konform zu den Richtlinien der Öko-Anbauverbände, aber viele traditionell wirtschaftende Bauern würden den Vorgaben des EU-Siegels entsprechen. Sie beantragen es nicht, weil aus innerer Überzeugung gute bäuerliche Praxis seit Generationen ihre Richtschnur ist.

Obst und Gemüse

Jede Obst- und Gemüsesorte hat ihre spezifische Wachstums- und Haupterntezeit. Wird das Lebensmittel in dieser Zeit herangezogen, wächst es unter gesünderen Bedingungen als im Treibhausklima. Rückstände von Düngemitteln und Schädlingsbekämpfungsmitteln wurden in Freilandgemüse seltener festgestellt, besonders dann nicht, wenn Sonneneinstrahlung, Bodenverhältnisse und Ausreifung optimal waren. Güteklassen (Extra, I, II, III) geben Auskunft über die Mindestanforderungen an die äußere Qualität, z. B. gesundes, sauberes und frisches Aussehen, Fehlen von fremdem Geruch, Geschmack und übermäßiger Feuchtigkeit. Sie lassen aber nicht auf die innere Qualität schließen. Die innere Qualität, d. h. Freisein von schädlichen Stoffen, gute Lagerfähigkeit und hoher Gehalt an Mineralstoffen und Vitaminen, ist für den Verbraucher jedoch wichtiger.
Die Lagerfähigkeit sowie der Mineralstoff- und Vitaminanteil sind sortenabhängig. Nach Untersuchungen enthalten Äpfel je nach Sorte 3–25 Milligramm Vitamin C je 100 Gramm rohem Frucht-

fleisch. So enthalten Berlepsch 23 Milligramm; Ontario 20 Milligramm; Goldparmäne 18 Milligramm; Kanada-Renette 17 Milligramm; Boskop 16 Milligramm. Arm an Vitamin C sind die überwiegend erhältlichen Sorten Jonathan, Golden Delicious, Gravensteiner, James Grieve und Morgenduft.

Beim Einkauf von Obst und Gemüse ist es deshalb ratsam, weniger das Aussehen zu bewerten, als auf Sorten und auf Merkmale, die auf die innere Qualität schließen lassen, zu achten:

Festigkeit – nicht aufgetriebene, schwammige Konsistenz;
typische Farbe – nicht blass (Tomaten) oder bläulich (Blumenkohl);
entsprechende Größe – keine übergroßen Früchte oder Gemüse.

Der Verbraucher sollte prinzipiell sortenbewusst wählen und entsprechend der Sorte die Verarbeitung beim Kochen ausrichten. Einheimisches Gemüse in der spezifischen Vegetationszeit zu verwenden bringt Vorteile.

Das EU-Recht ist im Bereich der Pflanzenbehandlungsmittel nicht harmonisiert. Deshalb können derzeit noch immer unterschiedliche Wirkstoffe und Mengen innerhalb der EU-Länder verwendet werden. Weltweit können Pflanzenbehandlungsmittel wie Medikamente über Internet eingekauft werden. Das führt zu Beanstandungen. Es lohnt sich, die Veröffentlichungen und Jahresberichte der Überwachungsbehörden auf deren Homepages im Internet nachzulesen und danach beim Einkauf die Angaben zum Ursprungsland zu berücksichtigen.

Bei der Erzeugung von Obst und Gemüse im eigenen Garten ist Sachverstand gefragt. Es müssen ebenfalls die Grundsätze für die Erzeugung von gesunder Nahrung angewendet werden. Auch mit organischem Dünger kann zu viel eingebracht werden, kleine Mengen von Schädlingsbekämpfungsmitteln sind schwer gleichmäßig zu verteilen, und die ubiquitäre Belastung der Umwelt spielt in Kleingartenanlagen in Industriezentren ebenfalls eine Rolle.

Speisepilze

(in Österreich und Bayern »Schwammerl«, in der Schweiz auch »Schwümm« genannt)

Eine Sonderrolle nehmen die begehrten Trüffeln ein, die im heutigen Pilzangebot nicht mehr so selten sind.

Die Pilz-Vielfalt im Lebensmittelangebot nimmt ständig zu : Austernseitlinge, Champignons, Enoki, Goldkäppchen, Kräuterseitling, Limonenseitlinge, Pfifferlinge, Pom pom blanc, Rosenseitling, Samthaub, Shiitake, Shimeji und verschiedene Trüffeln sind u. a. derzeit im Handel.

Frische Steinpilze nach dem Vergnügen, sie zu sammeln. ▶

Mit der Zunahme der vegetarischen Ernährungsmuster ist die Nachfrage nach frischen Pilzen enorm gestiegen.

Speisepilze entsprechen den heutigen Anforderungen an eine bedarfsgerechte Ernährung. Sie sind im Allgemeinen kalorienarm, eiweiß-, mineralstoff- und ballaststoffreich. Das stützende Zellgerüst besteht aus Chitin, das verantwortlich ist für die teils schwere Verdaulichkeit.

Speisepilze müssen möglichst frisch auf den Tisch kommen, das wasserhaltige Eiweiß zersetzt sich schnell.

Im Sommer und Herbst kommen aus den Wäldern Ost- und Südosteuropas frische Waldpilze in den Handel. Die Qualitätsanforderungen sind in den Leitsätzen für Pilze und Pilzerzeugnisse festgelegt. Danach dürfen »frische Pilze« nicht überreif, nicht alt, nicht übermäßig wässrig, nicht schimmlig und von Madenfraß befallen sein. Die Kriterien für Frische sind in den Bildtafeln des Landesamtes für Gesundheit beschrieben. (**http://www.lgl.bayern.de/lebensmittel/pilze**). Mit zunehmender Lagerzeit bilden sich aus den Eiweißstoffen biogene Amine, die Unverträglichkeiten begünstigen.

Zuchtpilze sind wenig mit Schadstoffen (Schwermetallen und radioaktiven Isotopen) belastet, was beim Suchen im Wald und an exponierten Stellen im Freien (Straßenränder, Innenstadtbereich usw.) nicht immer der Fall ist. Zuchtpilze kommen überwiegend aus Holland und Polen. Sie sind das ganze Jahr über verfügbar.

Derzeit ist es nicht gesetzlich vorgeschrieben, Pilze im Handel mit einem Mindesthaltbarkeitsdatum bzw. Verbrauchsdatum auszuzeichnen. Nur wenn Pilze in frischen Gemüsemischungen verarbeitet sind, kann der Verbraucher eine Orientierung bekommen.

Weil Pilze so schnell einem Alterungsprozess unterliegen, lohnt es sich, Champignons im Paket in einem Kellerraum oder im Garten zu ziehen (z. B. Austernseitlinge auf Birkenbaumstumpf). Die erforderlichen Pilzkulturen und Arbeitsanleitungen gibt es im Fachhandel und in Gartengeschäften.

Tipp: Champignons können auch selbst gezogen werden.

Im Handel erworbene Pilze sollten möglichst rasch verarbeitet werden. Ist dies nicht möglich, muss zur Zwischenlagerung die Folienverpackung geöffnet werden, die Lagerung sollte kühl, trocken, dunkel und luftig erfolgen. Die maximale Haltbarkeit beträgt ca. 1-2 Tage im Haushaltskühlschrank.

Pilze – überlagert und nicht mehr verzehrsfähig

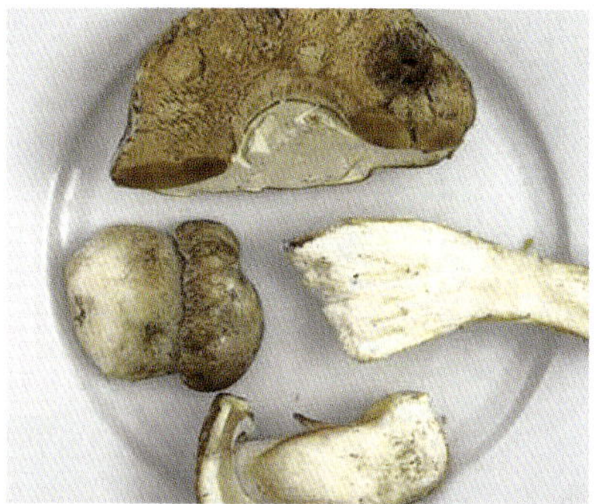

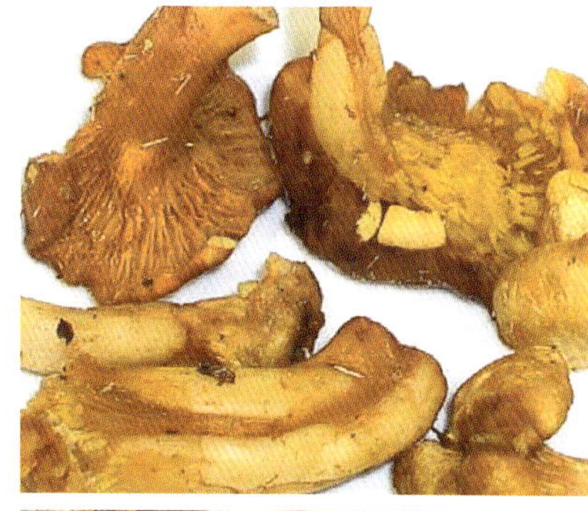

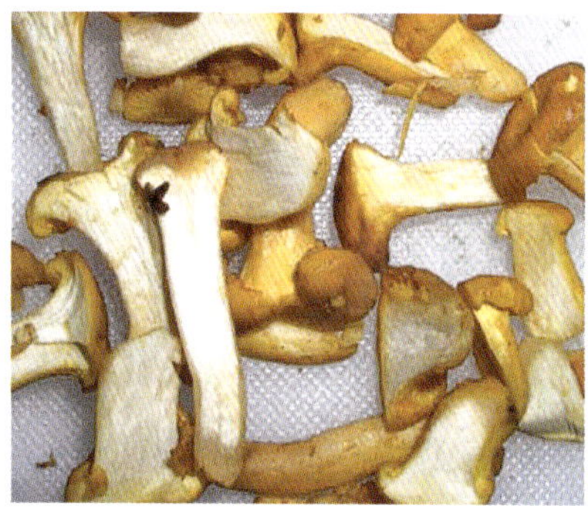

Steinpilze
- Fleisch weich, wässrig, schmierig
- Röhren braun
- bleibende Druckstellen

Pfifferlinge
- schmierig, feucht, wässrig
- teilweise braun verfärbt

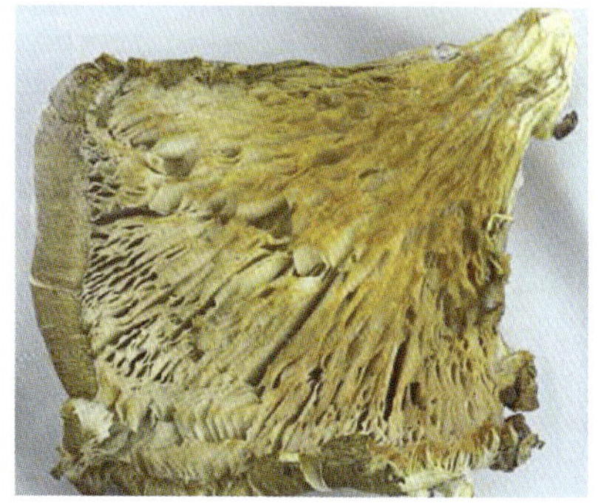

Champignons
- braungelbe bis dunkle Verfärbungen
- bleibende Druckstellen
- dunkelbraune Lamellen

Austernseitlinge
- Lamellen gelb bis braun verfärbt
- wässrig, schmierig
- eingetrocknet, eingerollte Ränder

Quelle: Leitfaden Pilze, Bayerisches Landesamt für Gesundheit und Lebensmittelsicherheit „Frische-Zustand von Pilzen im Handel – 2008 bis 2010" **www.lgl.bayern.de**

Schwarze und Weiße Trüffeln

Trüffeln: Als Trüffeln werden unterirdisch wachsende knollige Pilze bezeichnet. Trüffeln der Gattung *Tuber* gehören zu den kulinarisch wertvollsten und teuersten Exemplaren. Sie werden über ihren Geruch von Schweinen, Hunden, Katzen oder technischen Geräten (tragbare Gasspektrometer) im Waldboden gesucht. Sie sind in der ganzen Welt verbreitet. Entscheidend für das Wachstum sind der pH-Wert des Bodens und die Niederschlagsmenge.

Die Perigord-Trüffel (*Tuber melanosporum* – Schwarze Trüffel) und die Weiße Albatrüffel oder Piemont-Trüffel *(Tuber magnatum)* sind als Speisetrüffel besonders begehrt und teuer. Es gibt aber ein vielfältiges Angebot an Winter- und Sommertrüffeln, an Weißen und Schwarzen Chinesischen Trüffeln usw.. Die weltweit größten Mengen kommen aus Frankreich und Neuseeland. Die Gourmets, die bei Auktionen in Alba/Italien die höchsten Preise bezahlen können, kommen aus Asien und Europa. Neue Anbieterländer expandieren, beispielsweise Spanien, Deutschland, China, Australien.

Trüffeln werden als würzende Zutat verwendet. Es braucht eine Menge von 5–8 g pro Person, um den Geschmack (erdig, moschusähnlich, süßlich) gut zu spüren, das Geruchsempfinden muss trainiert werden. Die Weiße Trüffel wird roh verarbeitet, weil sie bei Wärme das Aroma schnell verliert (deshalb wird sie z. B. über eine Speise gehobelt). Die Schwarze Trüffel soll, auch wenn sie als Belag auf einem Butterbrot vorgesehen ist, vorher erwärmt werden (bis höchstens 80 Grad).

Aus Frankreich kommen die makellosen Schwarzen Trüffeln in den Frischtransport; kleine, weiche oder beschädigte Exemplare werden verarbeitet (Wurst, Öle, Fertiggerichte) oder konserviert. Weiße Trüffeln verlieren schnell den kennzeichnenden Geruch, sie können nicht gut verarbeitet werden, sie müssen möglichst alle in den Frischtransport. Die Aromen sind im Konservierungsprozess nicht gut haltbar. Schwarze Trüffeln halten im Allgemeinen länger, weil sie mehr Geschmack als Geruch zu einer Speise beitragen.

Beim Erwerb von Trüffeln auf Festigkeit, keine Erdhaftungen, keine Löcher von Maden und eine möglichst runde Form achten. Werden größere Mengen gekauft, sollte ein kleines Stück vorher erworben und angeschnitten die Qualität geprüft werden. Die Aufbewahrung im Privathaushalt (2–3 Tage) geschieht am besten mit Seidenpapier in einem fest verschlossenen Behältnis. Das Seidenpapier sollte täglich erneuert werden. Eine Aufbewahrung in Reis ist dann gut, wenn daraus Trüffel-Risotto zubereitet wird. Besser ist es, Trüffeln schnell vorläufig zu verarbeiten. Das geschieht durch Einlegen in Butter oder Öl, die auch bei der Zubereitung mit verwendet werden können. Gut ist es auch, jede Trüffel einzeln in Alufolie zu wickeln, die ganze Menge nochmals in einen fest verschließbaren Behälter

Trüffeln aufbewahren
Oben: in Seidenpapier im verschlossenen Glas.
Mitte: in zerlassener Butter.
Unten: in trockenem Reis, der dann als Risotto zubereitet wird.

und diesen in der Gefriertruhe möglichst ins Schockgefrierfach zu legen. So hält die Trüffel bis zur nächsten Saison ihren Geschmack. In Verarbeitungsprodukten (Leberwurst, Teigwaren usw.) werden häufig Trüffelarten minderer Kategorien verwendet.

Tiefkühlkost einkaufen

Industriell eingefrorene Lebensmittel werden als Tiefkühlkost angeboten. Die Tiefkühlkette ist vom Hersteller bis zum Einzelhandelsgeschäft bzw. bis zur Lieferung frei Haus (Heimdienst) durchorganisiert. In den Transportfahrzeugen ist gewährleistet, dass -18 °C eingehalten werden. Verarbeitet werden nur frische, erstklassige Waren. Wenn im Haushalt die Kühlkette nicht unterbrochen wird, bleiben alle wertvollen Inhaltsstoffe erhalten. Tiefkühlkost wird kochfertig angeboten. Es entstehen im Haushalt keine Abfälle, z. B. bei Spinat, Erbsen, Bohnen, Fisch.
Das Sortiment wird ständig erweitert und für bestimmte Personengruppen speziell zusammengestellt, z. B. »Essen auf Rädern« für Senioren oder Verpflegung für Ganztagsschulen. Tiefkühlkost wird wie frische Ware zubereitet. Als Beilage werden im Allgemeinen 125–150 g Gemüse gerechnet, als Hauptgericht 200 g. Auf der Packung steht die Arbeitsanleitung.

Für die Praxis

▷ Vor der Entnahme aus der Gefriertruhe im Geschäft sollte man einen Blick auf das Thermometer und auf die Markierung der Ladelinie werfen. Die Temperatur muß mindestens -18 °C betragen. Oberhalb der Markierung ist diese Mindesttemperatur nicht immer gegeben. Es genügt nicht, dass sich die Ware fest anfühlt. Über -18 °C gelagerte Ware hat je nach Lagerdauer höhere Vitamin- und Geschmacksverluste.

▷ Keine Ware aus Gefriertruhen entnehmen, die unordentlich zu Wühlbergen aufgehäuft ist. Es entstehen dadurch Temperaturschwankungen, die die Qualität der Ware mindern.

▷ Tiefkühlkost nur in unbeschädigter Originalverpackung kaufen, in beschädigten Packungen könnte sich Gefrierbrand gebildet haben (durch Kälte ausgetrocknete Stellen, die im zubereiteten Lebensmittel noch erkennbar sind, unangenehmer, strohig-trockener Geschmack). Außerdem ist es unhygienisch, wenn die beschädigte Ware schon häufiger angefasst wurde.

▷ Schneebildung und glatt gefrorenes Eis, bei Fleisch und Geflügel rötlich gefärbt, deuten darauf hin, dass das Gefriergut schon einmal angetaut war – Qualitätsminderung ist die Folge.

Tipp: Tiefkühlkost ist nach den Aspekten des Klimaschutzes nur akzeptabel, wenn
- verantwortlich die Werterhaltung der gesundheitsfördernden Inhaltsstoffe im Produkt angestrebt wird,
- die Gefriergeräte nicht zu groß angeschafft werden, damit sie immer gefüllt sind, denn auch leer stehender Gefrierraum verbraucht Energie,
- sie im Haushalt gut gepflegt werden. Z. B. 1 cm Reifschicht im Gerät erfordert einen 100% höheren Energieverbrauch – und das 24 Stunden pro Tag!

- Tiefkühlkost, die noch am Tage des Einkaufs zubereitet werden soll, benötigt für den Weg nach Hause keine zusätzliche Isolierung. Speiseeis und alle zur Lagerung bestimmten Güter sollten in Isoliertaschen transportiert werden.
- Beim Einkauf von fetthaltigen Lebensmitteln in Sichtpackungen sollte man darauf achten, dass sie in den Kühl- und Gefriervitrinen nicht direkt an den Leuchten anliegen. Abstand ist notwendig, besonders wenn die Packung lichtdurchlässig ist.
- Das Haltbarkeits- bzw. Herstellungsdatum sollte beachtet werden. Bei Überlagerung verdirbt Tiefkühlkost nicht gleich mikrobiell, sondern es kommt zu Qualitätsverlusten. Geringfügige Überschreitung des Haltbarkeitsdatums kann akzeptiert werden, wenn das Gefriergut baldmöglichst verzehrt wird.
- Tiefkühlkost-Fertiggerichte sollten nicht in Polyethylenbeutel ohne Papierhülle verpackt sein, weil sich wegen der Aroma-, Sauerstoff- und Lichtdurchlässigkeit der Beutel schon innerhalb eines Monats beim Gefriergut Geschmackseinbußen zeigen können.

Konserven einkaufen

Die Lebensmittel verarbeitende Industrie bemüht sich, durch Verträge mit den Landwirten, durch moderne Verarbeitungsmethoden und durch optimale Lagerbedingungen die Qualität der sterilisierten Konserven zu verbessern und zu erhalten. Häufig weisen industriell hergestellte Obst- und Gemüsekonserven höhere Vitamin- und Mineralstoffgehalte auf als im Haushalt bereitete Vorräte.
Viele Verbraucher meinen, sterilisierte Produkte seien ewig haltbar; dies gilt jedoch nur in Bezug auf den mikrobiologischen Verderb. Chemische und biochemische Veränderungen (Vitaminverluste, Aromaverluste, Farbveränderungen) laufen im Inneren der Dosen während der Lagerzeit weiterhin ab, und zwar bei Raumtemperatur 2–3-mal schneller als bei einer Temperatur von etwa 10 °C. Deshalb müssen auch sterilisierte Gläser, Dosen und Flaschen kühl gelagert und nach 1 Jahr Lagerzeit verbraucht werden. Zuweilen kommt es zu Wechselwirkungen zwischen Füllgut und Dosenmaterial.

Veränderungen an der Dose

Bombage: Äußerlich erkennbare Vorwölbung von Deckel und Boden oder verzogene Nahtstellen. Ursache kann das Wachstum von Mikroorganismen *(Clostridium botulinum)* sein, oder es laufen chemische Veränderungen ab (z. B. wegen Überdüngung des Gemüses), die zur Gasbildung führen. Es gibt auch Scheinbombagen,

Praktische Hinweise:
- Sonderangebote von Dosenkonserven kritisch prüfen. Zuerst nur eine Dose kaufen, zu Hause öffnen; dann erst eine Entscheidung treffen.
- Verbeulte Dosen nicht kaufen. Die Wölbung könnte die Dosenauskleidung beschädigt haben.
- Sauerkonserven nur in Glasbehältern oder in mit einer Kunststoffschicht ausgekleideten Dosen kaufen.
- Für Fruchtsäfte sind dunkle Glasflaschen oder gewachste Papierpackungen mit einer Innenauskleidung ideal, weil darin die Vitamine am besten lichtgeschützt erhalten werden.

die aufgrund eines zu hohen Luftraumes entstehen können. Der Inhalt von bombierten Dosen sollte sicherheitshalber nicht mehr verzehrt werden.

Veränderungen an der Doseninnenwand

Marmorierung: Aus den Eiweißbestandteilen des Füllgutes entstehen mit Zinn und Eisen aus der Blechdose neue, unschädliche Verbindungen, die besonders in Fleisch-, Spargel- und Hülsenfruchtdosen die Doseninnenwand gelb bis violett-schwarz verfärben.
Ablösung der Zinnverkleidung: Sie zeigt sich durch gleichmäßig mausgraue Verfärbung. Dies kommt häufig bei Tomatenmark, Spinat, Bohnen und sauren Inhalten, z. B. Zitrussaft, vor. Die zulässige Zinnmenge (250 mg/kg Lebensmittel) wird in solchen Fällen häufig überschritten – der Inhalt ist genussuntauglich.
Lochfraß: Punktartige Metallzerstörung führt bei sauren Füllgütern und Pökelerzeugnissen aus dem gleichen Grund wie bei der Ablösung der Zinnverkleidung zu Geschmacksveränderungen bis zur Genussuntauglichkeit.

Veränderungen am Füllgut

Ranzig- und Talgigwerden von Fett: Tritt u. a. bei Pökelschinken auf. Metallischer oder Medizingeschmack bei Kondensmilch führt besonders dann zur Genussuntauglichkeit, wenn die Dosen nicht ordentlich verarbeitet sind. Verfärbungen von hellem Obst und Gemüse sind nicht gesundheitsschädlich.

Einkochdosen
▼

Um die Qualität frischer Lebensmittel zu erhalten und ihre Haltbarkeit zu verlängern, ist es gut zu wissen, was zum Verderb führt, wenn sie länger gelagert werden.

Ursachen des Lebensmittelverderbs

Lebensmittelunternehmen arbeiten nach dem HACCP-Konzept (Hazard Analysis and Critical Control Point).

Ergebnisse über die Zahl der Krankheitsausbrüche, die von Lebensmitteln ausgelöst werden, sind über **www.bfr.bmd.de** zu finden. Die Dunkelziffer der in privaten Haushalten ausgelösten Erkrankungen ist hoch.

Frische pflanzliche und tierische Lebensmittel sind nicht »tot«, sondern es laufen verschiedene, anfangs z. T. erwünschte, in der Mehrzahl aber unerwünschte Vorgänge ab. Die meisten dieser Vorgänge werden von Mikroorganismen verursacht. Mikroorganismen verderben Lebensmittel und verursachen Vergiftungen. Der Verderb zeigt sich durch Fäulnis bei eiweißhaltigen Lebensmitteln, durch Gärung und Säuerung bei zuckerhaltigen Stoffen, Ranzigkeit bei Fetten und Schimmelbildung auf fast allen Lebensmitteln wenn die entsprechenden Bedingungen gegeben sind. So verdorbene Produkte sind ekelerregend, weil Aussehen, Festigkeit, Geruch und Geschmack der Produkte verändert werden. Sie führen meist nicht sofort zu Erkrankungen des Menschen. Problematischer sind »verdorbene« Lebensmittel, deren gefährliche Inhaltsstoffe mit den menschlichen Sinnesorganen nicht erkannt werden, z. B. das Vorhandensein von Staphylokokken, Salmonellen, Botulinus-Bazillen, Schimmelpilzgiften und abgebauten Eiweißbestandteilen (biogenen Aminen), aus denen einige Bakterienarten Giftstoffe erzeugen können. Man unterscheidet physikalische, chemische bzw. biochemische und mikrobiologische Veränderungen.

Physikalische Veränderungen

Darunter fallen Vorgänge, die durch Temperatur, Licht und mechanische Beanspruchung ausgelöst werden.
Dies sind z. B.:

- Gewichtsverluste durch Schrumpfung und Austrocknung.
- Wasseraufnahme durch Quellung.

Chemische bzw. biochemische Veränderungen

Diese Vorgänge werden z. T. durch lebensmitteleigene oder durch Mikroorganismen gebildete Enzyme beschleunigt. Enzyme sind Eiweißstoffe in lebenden Zellen. Sie beschleunigen die chemischen Vorgänge im Stoffwechselgeschehen der Zelle.
Chemische bzw. biochemische Vorgänge sind z. B.:

- Die Spaltung von Zucker und Stärke bei Süßwaren.
- Das Altbackenwerden von Backwaren.
- Die Spaltung der Fette, die zum Ranzigwerden von Butter, Margarine und Ölen führt.

Die Spaltung von Eiweiß ist unter kontrollierten Bedingungen erwünscht, bei der Bierherstellung, bei der Fleischreifung, bei der Fermentierung von Tee, Tabak und Kakao, führt aber bei zu langer Lagerung zum Verderb.

Die Maillard-Reaktion ist eine nichtenzymatische Bräunung, die durch Reaktionen zwischen Eiweiß- und Zuckerbestandteilen in Lebensmitteln beim Verarbeiten, Sterilisieren, Trocknen usw. auftreten kann. Es kann dabei die Verwertbarkeit und die Verdaulichkeit von Eiweiß vermindert werden.

- Klebereiweißveränderung bei der Lagerung von Teigen.
- Veränderungen von Farbe, Aroma und Haltbarkeit bei Obst- und Gemüsesäften und Fetten durch die Einwirkung von Luftsauerstoff.
- Reaktionen, die unter Einfluss von Luftsauerstoff, Licht, Temperatur, Säuregehalt im Laufe der Lagerzeit ablaufen und zur Zerstörung von fett- und wasserlöslichen Vitaminen führen.
- Nachreifen von Obst und Gemüse und evtl. negative Beeinflussung bei gemeinsamer Lagerung.

Mikrobiologische Veränderungen

Durch die Tätigkeit von Mikroorganismen (Kleinstlebewesen, auch Mikroben oder Keime genannt) wird das Lebensmittel verdorben. Zu den Mikroorganismen gehören Bakterien, Hefen und Schimmelpilze. Mikroorganismen kommen überall in der Natur vor und sind mit dem bloßen Auge nicht zu sehen.
Unter Lebensmittelkonservierung im engeren Sinne versteht man ein Haltbarmachen durch Verfahren, die die Mikroorganismen abtöten oder deren Umweltbedingungen so verändern, dass kein oder nur ein verlangsamtes Wachstum möglich ist. Dies ist auch das Ziel der Vorratsbereitung im Haushalt.
Sind Krankheitserreger unter den Mikroorganismen, kommt es zu Lebensmittelinfektionen, z. B. Salmonellose. Es kann aber auch zu Lebensmitteltoxikationen kommen, z. B. durch Botulinus-Toxin, Aflatoxin. Hierbei sind nicht die Keime selbst, sondern die im Lebensmittel gebildeten Stoffwechselprodukte (Toxine = Gifte) gesundheitsschädigend.
Für den Ablauf mikrobiologischer Vorgänge sind immer bestimmte Voraussetzungen notwendig:

- vorhandene Mikroorganismen;
- günstige Lebensbedingungen, d. h. verfügbare Nährstoffe, saures oder neutrales Milieu, verfügbares Wasser, An- oder Abwesenheit von Sauerstoff, optimale Temperatur;
- lange Lagerzeit.

Lebensmittel verderbende Mikroorganismen

Bakterien

Bakterien (Keime) sind einzellige Lebewesen, die sich durch Teilung vermehren. Wenn Sie genügend Nahrung und eine günstige Temperatur vorfinden, können sich z. B. manche Bakterienarten alle 11 Minuten teilen. Coli-Bakterien teilen sich alle 20 Minuten.

Bakterien in der Petrischale.

Beispiel für die Vermehrung von Keimen

Teilung	Dauer	Anzahl der Keime
0	0	1
1	20 Min.	2
2	40 Min.	4
3	60 Min.	16
4	80 Min.	256
5	100 Min.	65536
6	120 Min.	4294967296

Enthalten Lebensmittel von Anfang an viele Keime, so sind sie im Allgemeinen nur kurzfristig haltbar. Durch hygienische Verarbeitung kann die Haltbarkeit erheblich verlängert werden, weil der Anfangskeimgehalt niedrig gehalten wird.
Bakterien sind mit dem Auge nicht sichtbar. Wenn die Umweltbedingungen es verlangen, können die Bakterien der Gattungen *Bazillus* und *Clostridium* extrem hitzeverträgliche Sporen bilden, die auch widerstandsfähig gegen Austrocknen, hohes Vakuum, radioaktive Strahlen und auch gegen viele Desinfektionsmittel sind. Sporen können Jahrhunderte überdauern und dann bei günstigen Wachstumsbedingungen wieder auskeimen.

Hefen

Erwünscht sind Hefen bei der Teiglockerung aller Hefegebäckarten, bei der Bierherstellung, Weinbereitung und Rohwurstreifung.

Hefen vermehren sich durch Sprossung und sind etwa um das Zehnfache größer als Bakterien. Einige Hefen können auch Sporen bilden, die aber bei feuchter Hitze (60 °C) leicht abzutöten sind. Die meisten Hefen ernähren sich von Zuckerstoffen, die sie abbauen oder, wenn wenig oder kein Sauerstoff vorhanden ist, vergären. Kahmhefen und viele andere sogenannte »wilde« Hefen verschlechtern Geschmack und Aroma bei Sauerkraut, Essiggemüse und Wein.

Schimmelpilze

Schimmelpilze sind sehr genügsam und wachsen auf fast allen Lebensmitteln. Sie bestehen aus Fäden, die sich auf oder im Lebensmittel verbreiten. Die Fäden werden Hyphen genannt; die Gesamtheit der Hyphenmasse ist das Myzel. Schimmelpilze können zweierlei Sporen bilden: die Konidien und Ascosporen.
Schimmelpilze, die bei der Lebensmittelkonservierung eine Rolle spielen, gehören zu den Gattungen:
Köpfchenschimmel *(Mucor)*: Findet sich auf faulenden Früchten und Schwarzbrot.
Gießkannenschimmel *(Aspergillus)*: siedelt auf Brot, Früchten, Konfitüren, Erdnüssen, Fleisch usw.

Verschimmeltes Vollkornbrot

Das beim Wachstum des Schimmelpilzes *Aspergillus flavus* gebildete Aflatoxin kann Leberkrebs und eine Schädigung der Gallenblase hervorrufen. Die krebserregende Wirkung des Aflatoxins ist um das Hundertfache höher als das anderer, wissenschaftlich bekannter Leberkrebs fördernder Stoffe.
Pinselschimmelarten *(Penicillium)* werden zur Aromabildung bei der Herstellung von Camembert, Briekäse und Edelpilzkäsen verwendet und sind nicht schädlich.

Beispiele für lebensmittelbedingte Erkrankungen, verursacht durch Mikroorganismen

Siehe Anhang Seite 304 – Hygienekonzept für den Privathaushalt

Lebensmittelbedingte Erkrankungen können infektiösen oder toxischen Ursprung haben. Sie haben in Europa an Bedeutung zugenommen und treten zunehmend auch in Privathaushalten auf. Nach dem 2001 in Kraft getretenen Infektionsschutzgesetz (IFSG) sind bestimmte Erkrankungen meldepflichtig. Die tatsächlichen Erkrankungsfälle sind mit Dunkelziffern hochzurechnen. Der volkswirtschaftliche Schaden in Form von Arbeitsausfällen, Krankenkosten usw. ist enorm und könnte durch Hygienemaßnahmen jedes Einzelnen verhindert werden.

Übersicht Lebensmittelvergifter

Mikroorganismenart	Unschädlich durch Erhitzen bei	Krankheitserscheinungen	Ursachen, häufige Träger
Bakterielle Infektionen			
Verschiedene Salmonellenarten *Campylobacter* (aus der Gruppe der Zoonoseerreger)	70 °C/ 10 Minuten	Salmonellose: Fieber, Erbrechen, Durchfall, Bauchschmerzen, Komplikationen können zum Tod führen.	Nicht durchgegartes Geflügel, Fleisch, Eier, Sprossen, Gemüse, Übertragung bei der Lebensmittelzubereitung auf Salate, Saucen, rohes Obst.
Bakterielle Intoxikationen (Bakteriengifte) *Bacillus cereus* *Clostridium perfringens*	80 °C/ 10 Minuten Sporen können überstehen!	Durchfall, Leibkrämpfe, mittelschwere Erkrankung.	Gekochter Reis, Spaghetti, Pudding, Bratkartoffeln, Fertiggerichte mit Fleisch und Geflügel, Geflügelsalat.
Escherichia (E.) coli	80 °C/ 10 Minuten	Können die Darmschleimhaut durchdringen und Entzündungen hervorrufen (EHEC, HUS – insbesondere bei Kindern).	Schmier- und Schmutzinfektionen.
Yersinien *Y. enterocolitica*	Können sich bei 0 °C vermehren!	Durchfall, Übelkeit, Erbrechen, Komplikation Gelenkentzündungen.	Verunreinigte Lebensmittel: rohes Hackfleisch, Hühnerfleisch, Rohmilch, Salat und Trinkwasser, Überträger: Schwein, Hund und Katze.
Staphylococcus aureus	100 °C/ 10 Minuten	Unwohlsein, Erbrechen, Durchfall, Kollaps nach 1–6 Stunden möglich, mittelschwere Erkrankung.	Schinken, Fleisch, Geflügelzubereitungen, Fertiggerichte, Saucen, Milch, Käse.
Clostridium botulinum	121 °C/ 3 Minuten	Botulismus: Nervengift, Störung des Zentralnervensystems, Sehstörungen, Atemnot kann zum Tod führen. Sehr schwere Erkrankung.	Fehlerhafte Sterilisierung, rohe und geräucherte Fische, mangelnde Pökelung im häuslichen Bereich. Warme Lagerung vakuumverpackter Produkte. Konserven mit Bombagen.
Listeria (L.) monocytogenes	Bei 4–45 °C überlebensfähig 80 °C 10 Minuten	Listeriose: geschwächte Immunabwehr, Blutvergiftung, Hirnhautentzündung.	Ubiquitär (allgegenwärtig) in der Natur vorhanden. Kontaminierte Nahrung (Silage!) für die Tiere – daraus nicht erhitzte Lebensmittel (z. B. Rohmilch). Produkte in Vakuumverpackung, die im Kühlschrank lagern (Erreger ist anaerob/aerob).

Fortsetzung Übersicht Lebensmittelvergifter

Mikroorganismenart	Unschädlich durch Erhitzen bei	Krankheitserscheinungen	Ursachen, häufige Träger
Viren			
Noroviren	Bei -20 °C bis +60 °C überlebensfähig	Darminfektionen, Komplikationen bei geschwächten Menschen.	Kontaminierte Speisen: Salat, Fisch, Muscheln, unsauberes Wasser. Kontaminierte Gegenstände: Spielzeug, Kleidung, Türgriffe.
Hepatitis A	Erhöht temperaturresistent	Akute Leberentzündung. Gehört zu den häufigsten Reisekrankheiten.	Übertragung fäkal-oral, Kontakt- und Schmierinfektion, unsauberes Trinkwasser, ungenügend gegarte Lebensmittel, Muscheln, fäkaliengedüngtes Gemüse.
Parasiten/ Einzeller			
Trichinellen	Abtötung der Larven bei 65 °C, Gefrieren kann abtöten	Trichinenkapseln setzen sich in Lymphbahnen und in den arteriellen Gefäßen fest. Trichinenschau! Wildschweintrichinen sind nicht verkapselt, deshalb nicht auffindbar.	Trichinellose – Übertragung durch nicht durchgegartes Schweinefleisch. Nicht in allen osteuropäischen Ländern ist Trichinenschau Pflicht!
Toxoplasma gondii		Toxoplasmose Lymphknotenschwellungen, Fieber, Gelenk und Muskelschmerzen.	Endwirt sind Katzen, wird über den Fäzes ausgeschieden. Übertragung durch rohes Fleisch.
Dinoflagelatten		Schwere Muschelvergiftung, führt zum Tode.	Das Gift wird in den Kiemen und der Darmdrüse der Muscheln gespeichert.
Schimmelpilzgifte			
Aspergillus flavus/Aflatoxin	121 °C/ 30 Minuten	Aflatoxine: akute Leberentzündung. Langzeitwirkung führt zu Leberkrebs, Schädigung der Gallenblase.	Erdnüsse, Erdnussbutter, Sesam, Paranüsse, Pistazien, Haselnüsse, Walnüsse, Getreideprodukte, Müsli, Persipan und Marzipan.
Penicillium expansum	Nach 15 Minuten bei 100 °C noch nicht zerstört	Patulin: krebsfördernde Wirkung.	Obst mit Faulstellen.
Mutterkornpilze	Durch Kochen bzw. Backen nicht zerstörbar	Kopfschmerzen, Erregungs- und Verwirrungszustände, Augenmuskelstörungen. Früher: Gewebe- oder Knochenbrand, führt zum qualvollen Tod.	Roggen und andere Getreidearten.

Lebensbedingungen der Mikroorganismen

Nahrung

Mikroorganismen brauchen zum Wachsen Nahrung. Lebensmittel bieten gute Nährböden. Die meisten Hefen ernähren sich von Zucker und bilden dabei Kohlendioxid und Alkohol (Gärung). Bakterien entwickeln sich besonders in eiweißreichen tierischen Lebensmitteln mit einem Wassergehalt von mindestens 20% (Fäulnis, Säuerung; Ranzigkeit und Eiweißabbau zu Giftstoffen). Schimmelpilze und Hefen wachsen vor allem auf Obst und Gemüse.

Wasser

Wasser ist eines der wichtigsten Lebenselemente für Mikroorganismen. Nicht der Gesamtwassergehalt eines Lebensmittels ist jedoch für die Entwicklungsmöglichkeit ausschlaggebend, sondern der Anteil des frei verfügbaren Wassers. Diesen Anteil bezeichnet man als Wasseraktivität (Maßeinheit ist der aW-Wert). Die Wasseraktivität wird herabgesetzt durch Zugabe von chemischen Konservierungsmitteln oder Geliermitteln, aber auch durch Trocknen, Salzen, Zuckern, Säuern, Kühlen und Gefrieren.
Dabei ist zu beachten, dass manche Mikroorganismen besonders in schwach salzigem Nährboden gedeihen, z. B. Kahmhefen und »wilde« Hefen bei der Sauerkraut- und Salzgurkenzubereitung.
Die Wasseraktivität im Lebensmittel wird während der Lagerung von der Luftfeuchtigkeit beeinflusst. Werden trockene Lebensmittel zu feucht gelagert, beginnt das Wachstum der Mikroorganismen wieder; ist die Luftfeuchtigkeit zu niedrig, trocknet das Lebensmittel aus.

Milieu (pH-Wert)

Der pH-Wert ist ein Maß für die Wasserstoffionenkonzentration einer Lösung. Bei pH 14 liegt eine sehr starke Lauge vor, die Lösung reagiert alkalisch (basisch). Bei pH 7 ist die Lösung neutral. Eine sehr starke Säure hat den Wert pH 1.

Die meisten Mikroorganismen benötigen für ihr Wachstum ein schwach saures bis neutrales Milieu (pH 4,5–7), wie es in Milch, Fleisch, Geflügel, Fisch, Möhren, Kartoffeln, Erbsen, Bohnen usw. vorhanden ist.
In sauren Produkten (pH unter 4,5), z. B. Äpfeln, Birnen, Orangen, Tomaten, entwickeln sich nur wenige Bakterien. Hefen und Schimmelpilze wachsen bei einem pH-Wert von 4–5 optimal.
Sehr saure Produkte (pH 2,5–3,5), z. B. Zitronen, Rhabarber, Beerenobst, Sauerkraut, werden selten von Mikroorganismen verdorben. Bei der Sauerkrautbereitung unterdrücken die Milchsäurebakterien die Entwicklung anderer Keime. Um das Einsäuern und Marinieren erfolgreich durchzuführen, muss entweder eine sehr saure Lösung (Zitronensaft zeigt einen pH-Wert von etwa 2,0) verwendet werden, oder es ist eine zusätzliche Konservierungsmethode, z. B. Pasteurisieren oder Sterilisieren, notwendig.

Temperatur

Tipp: Es gibt gefährliche Keime, die in Kühltemperaturen ohne Sauerstoff wachsen können, d. h. vorsichtig mit Lebensmitteln in Vakuumverpackung und fest verschlossenen Vorratsdosen umgehen, wenn kein Mindesthaltbarkeits- oder Verbrauchsdatum angegeben ist.
Bei Schmierigwerden oder unangenehmem Geruch das Lebensmittel entsorgen!

Es ist von der Temperatur abhängig, ob in oder auf einem Lebensmittel Keime wachsen und um welche Arten es sich handelt.
Kälte liebende (psychrophile) Mikroorganismen wachsen noch bei Temperaturen unter 0 °C. Auch noch bei -3 bis -12 °C vermögen einige Hefen und Schimmelpilze sich langsam zu vermehren. Sprossende Hefezellen sind sehr empfindlich gegen Gefriertemperaturen. (Deshalb müssen Teige sehr schnell gefroren werden.) Die meisten Vertreter dieser Gruppe vermehren sich bei Kühl-

schranktemperatur langsamer und bei Raumtemperatur optimal. Es ist nicht möglich, ein Lebensmittel durch Gefrieren keimfrei zu machen.
Mittlere Temperaturen liebende (mesophile) Mikroorganismen wachsen zwischen 15–40 °C. Zu diesen Mikroorganismen gehören die meisten Darmbakterien, Wasserbakterien, Hefen und Schimmelpilze.
Wärme liebende (thermophile) Mikroorganismen benötigen mindestens 40 °C und stellen bei 65 °C ihr Wachstum ein. Zu dieser Gruppe gehören die Milchsäurebakterien, aber auch einige Lebensmittelvergifter, die in tropischen Zonen beheimatet sind.
Wird das Wachstumsoptimum überschritten, verarmen die Mikroorganismen rasch an Nährstoffen, sodass sie in einen Ruhezustand übergehen bzw. Sporen bilden. Lebensmittel verderbende Mikroorganismen und hitzeempfindliche Sporen werden bei Temperaturen über 70 °C, die mindestens 1 Minute andauern, abgetötet. Kräftiges Kochen führt zur Abtötung aller wachsenden Keime. Sporen von *Clostridium botulinum* werden bei 121 °C in 3 Minuten abgetötet. Die meisten Bakteriengifte (Toxine) werden bei 80 °C in 10 Minuten zerstört.
Das gefährliche Aflatoxin wird bei 121 °C nach 30 Minuten unschädlich.

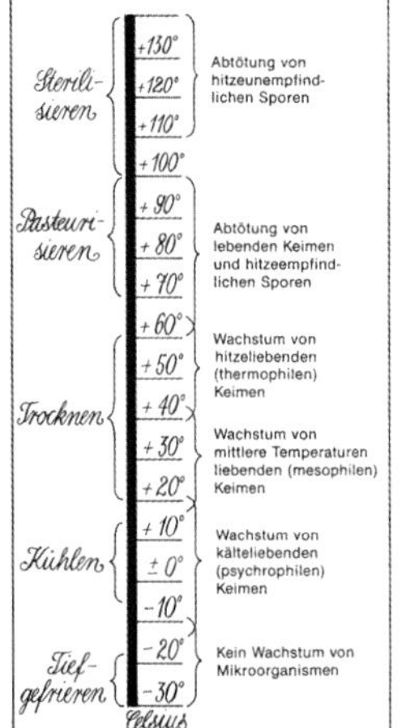

Einfluss der Temperaturen auf das Wachstum der Mikroorganismen.

Sauerstoff

Für die meisten Bakterien und für alle Schimmelpilze ist Luft zum Leben unentbehrlich. Sie sind aerob und wachsen hauptsächlich auf der Oberfläche der Lebensmittel. Durch eine vollständige Vakuumverpackung kann man sich vor ihnen schützen (Kunststoffbehälter, Vakuumfolienschweißgerät) .
Es gibt aber auch Mikroorganismen, die besonders gut wachsen, wenn kein Sauerstoff vorhanden ist. Sie sind anaerob und können tief in Fleisch, Käse und Konserven wachsen. Zu dieser Gruppe gehören die *Botulinus*-Bazillen. Dies bedeutet, dass eine Vakuumverpackung den Kühlschrank nicht ersetzen kann und dass sich auch in fest verschlossenen Behältern und in Vakuumverpackungen gefährliche Krankheitserreger bilden können.
Alle Hefen und manche Bakterien können sowohl bei An- als auch Abwesenheit von Sauerstoff wachsen. Zu dieser Gruppe gehören die Salmonellen.
Ohne Sauerstoff findet eine Gärung statt. Hefen vergären Zucker in Alkohol, Bakterien bilden Gase, die dann zu Bombagen führen können. Bombierte Dosen enthalten immer verdorbene Lebensmittel und sind für den menschlichen Genuss nicht mehr geeignet, auch wenn es sich nicht um den gefährlichen Botulismuserreger handelt.

Für die Praxis

Das Ziel einer hygienischen Verarbeitung ist es, Kontaminationsrisiken während der Lagerung und Vorbereitung zum Haltbarmachen möglichst auszuschließen. Deshalb sollten während des gesamten Produktionsprozesses alle Prinzipien der persönlichen Hygiene sowie der Arbeitsmittel- und Lebensmittelhygiene eingehalten werden!

- Oberstes Gebot bei der Vorratshaltung ist Sauberkeit, um von Anfang an den Keimgehalt so niedrig wie möglich zu halten. Bei der Verarbeitung Geräte und Hilfsmittel immer mit Reinigungsmittellösung säubern und mit klarem Wasser nachspülen.
- Handtücher, Küchengeräte, Schneidebretter sind häufig die Überträger von Keimen. Besonders gefährlich ist es, wenn ein vorher gekochtes Lebensmittel infiziert wird.
- Waschen in sauberem Wasser verringert bei roh verzehrtem Obst und Gemüse die Oberflächenbesiedlung mit Mikroorganismen erheblich. Allerdings lassen sich die Mikroorganismen nicht restlos beseitigen, vor allem nicht, wenn biologisch gedüngt wurde.
- Bei der Vorratsbereitung Begleitstoffe verwenden, die Mikroorganismen hemmen, z. B. Kräuter, ätherische Öle, Alkohol, Zitronensaft, Essig, Zimt, Senf und Nelken.
- Der Verzehr von rohem Fleisch, Fisch sowie Muscheln und Austern ist immer riskant, besonders wenn sie aus unsauberen Gewässern stammen.
- Rohes Geflügel nicht mit bereits gebratenem in Berührung bringen. Hände und Küchengeräte sorgfältig säubern. Rohes Geflügel ist häufig mit Salmonellen infiziert. Durch gutes Durchbraten werden diese zwar abgetötet, es könnte aber eine Übertragung auf roh verzehrte Speisen erfolgen.
- Beim Auftauen von Gefrierkost bei Raumtemperatur kann sich, je nach Ausgangskeimgehalt, im Tropfwasser ein idealer Nährboden für Krankheitserreger bieten.
- Langsames Abkühlen, ausgehend von der Brattemperatur im Inneren des Fleisches, kann Krankheitserreger, die ihre beste Wachstumstemperatur bei 3 °C haben, sehr begünstigen. Deshalb Fleisch nicht am Tag vor der Verwendung anbraten; Aufwärmen vermeiden; wenn nötig, stark erhitzen.
- Lagerbedingungen überwachen: Luftfeuchtigkeit und Temperatur so niedrig wie möglich halten!
- Auf festen Marmeladen mit gleichem Frucht-Zucker-Gehalt, in Puddingpulver, Gelatine, vakuumverpacktem Fleisch, raffiniertem Speiseöl und Bier sind bei wissenschaftlichen Unter-

suchungen keine Schimmelpilzgifte entdeckt worden. Nach dem Entfernen des Schimmelrasens können diese Lebensmittel zum menschlichen Verzehr verwendet werden.

- Bei verschimmelten Pfirsichen, Tomaten, Birnen und anderen weichen und wasserreichen Früchten genügt es nicht, die befallenen Stellen auszuschneiden. *Penicillium expansum*, ein Pilz, der die Lagerfäule von Äpfeln verursacht, bildet das Gift Patulin, das sich im ganzen Fruchtfleisch von weichen Früchten ausbreitet.
- Erdnüsse, Paranüsse, Haselnüsse, Walnüsse, Mandeln, Getreideprodukte, Fleischwaren müssen besonders kritisch auf Schimmelbildung geprüft werden. Der gefährliche *Aspergillus flavus* bevorzugt diese Produkte. Wenn Schimmelbildung eingetreten ist, sind diese Lebensmittel grundsätzlich nicht mehr für die Ernährung von Mensch und Tier geeignet.

Gesunde Produkte sind weniger anfällig gegenüber Lebensmittelverderb. ▶

Möglichkeiten des Konservierens

Obwohl die Lebensmittelhaltbarmachung vielfältig und sicher durchgeführt werden kann, verderben noch erstaunliche Mengen an Lebensmitteln. Schätzungsweise wenigstens 20% der erzeugten Nahrungsgüter erreichen nicht den Tisch des Verbrauchers, weil sie zuvor von Mikroorganismen, Nagetieren oder Insekten vernichtet wurden.
Man unterscheidet grundsätzlich physikalische und chemische Verfahren des Konservierens.

Physikalische Verfahren
Kühlen
Gefrieren
Sterilisieren, Pasteurisieren
Trocknen
Bestrahlen

Physikalische Verfahren

Bei physikalischen Verfahren wird das Lebensmittel einer physikalischen Maßnahme unterzogen, d. h. Wärmeentzug, Wasserentzug oder Hitzeeinwirkung; dadurch wird eine längere Haltbarkeit ermöglicht. Physikalische Verfahren sind Kühlen und Gefrieren, Sterilisieren und Pasteurisieren, Trocknen und Bestrahlen.

Chemische Verfahren
Im weiteren Sinne:
Zuckern und/oder Hitze
Zucker und Alkohol
Essigsäure und Zucker
Milchsäuregärung
Alkoholische Gärung
Einlegen in Öl
Einlegen in Kalkwasser, Wasserglas
Salzen
Pökeln (Nitrat/Nitrit)
Räuchern

Im engeren Sinne:
Sorbinsäure
Benzoesäure
PHB-Ester
Ameisensäure
Propionsäure
Schwefeldioxid
Diphenyl

Chemische Verfahren

Bei den chemischen Verfahren wird versucht, durch Zusatz eines Konservierungsstoffes die Entwicklung der Mikroorganismen zu hemmen bzw. sie abzutöten. Konservierungsstoffe im weiteren Sinne sind z. B. Kochsalz, Essig, Zucker, Alkohol, Milchsäure, Stoffe im Rauch, Öl. Diese werden im Allgemeinen in einer Konzentration von mehr als 0,5% angewendet. Konservierungsstoffe im engeren Sinn werden in einer Konzentration von weniger als 0,5% eingesetzt, z. B. Propionsäure, Sorbinsäure, Benzoesäure, Ameisensäure, PHB-Ester (Parahydroxybenzoesäureethylester), Nitrat, Schwefeldioxid usw.

Chemische Konservierungsmittel im engeren Sinne

Dass durch die Zugabe von geringen Mengen bestimmter Stoffe das Wachstum der Mikroorganismen gehemmt werden kann, ist schon seit dem 19. Jahrhundert bekannt. Anfangs war man nicht sehr kritisch bezüglich des Einsatzes und der verwendeten Mengen, denn die Vorstellung, dass so kleine Mengen eine ausreichende Wirkung bringen, war nicht leicht erklärlich.
Früher erlaubte Stoffe, z. B. Fluoride, Salzsäure, Chlorate, Salicylsäure, Borsäure, besitzen zwar gute konservierende Eigenschaften, sind gesundheitlich für den Menschen jedoch nicht risikolos.
Nach dem Lebensmittel- und Bedarfsgegenständegesetz (Zusatzstoffzulassungsverordnung) dürfen heute vier Konservierungsstoffe bestimmten Lebensmitteln zugesetzt werden: Sorbinsäure und deren Natrium-, Calcium- und Kaliumsalze; Benzoesäure und ihre Salze; Parahydroxybenzoesäureethylester, -propylester, -methylester und -n-propylester (PHB-Ester) und ihre Natriumverbindungen.

Als Konservierungsmittel gilt in der Praxis auch die Propionsäure, die vor der Zusatzstoffzulassungsverordnung nicht kenntlich gemacht werden musste. Auf Speisekarten werden die Konservierungsstoffe mit den Ziffern 1, 2, 3, 4, 5 nach oben angegebener Reihenfolge deklariert.

Wirkungsweise der Konservierungsstoffe

Konservierungsstoffe hemmen den Stoffwechsel und das Wachstum von Bakterien, Schimmelpilzen und Hefen.
Sind die Wirkstoffe in ausreichender Menge vorhanden, zerstören sie entweder die Zellmembran oder hemmen bestimmte Stoffwechselreaktionen in der Zelle des Mikroorganismus. Sind sie nicht in ausreichender Konzentration vorhanden, werden die Mikroorganismen dagegen resistent.
Es ist anzunehmen, dass diese Wirkungsweise auch grundsätzlich im menschlichen Organismus abläuft, sie aber durch die geringe Konzentration nicht nachweisbar ist. Beachtlich kann der Effekt werden, wenn die Stoffe nicht abgebaut und ausgeschieden, sondern angereichert werden, z. B. bei Fluoriden und Borsäure. Deshalb wurden diese Mittel verboten.
Die einzelnen Konservierungsmittel wirken nicht gleich stark gegen Bakterien, Schimmelpilze und Hefen. Um die Wirkung zu verbessern, ohne die zugegebene Menge erhöhen zu müssen, werden die zugelassenen Stoffe kombiniert, z. B. Sorbinsäure mit Benzoesäure bei Konfitürenzucker.

Sorbinsäure und ihre Salze
Sorbinsäure ist in der Regel gegen Bakterien kaum wirksam, sondern vor allem gegen Schimmelpilze und Hefen. Viele Schimmelpilze bauen Sorbinsäure ab, deshalb können verschimmelte Lebensmittel durch Sorbinsäure nicht wieder genusstauglich gemacht werden. Sorbinsäure gehört zu den kurzkettigen Fettsäuren und wurde erstmals aus Vogelbeeröl hergestellt. Auch in Preiselbeeren kommt sie natürlich vor. Sorbinsäure wird nach Möglichkeit den anderen Konservierungsmitteln vorgezogen, weil sie gesundheitlich unbedenklich ist und keinen starken Eigengeruch hat. Sie wird hauptsächlich verwendet für die Konservierung von Margarine, Mayonnaise, Käse, Rohwürsten, Fischerzeugnissen, bei den Gemüseprodukten zur Vermeidung von unerwünschten Kahmhefen, als »Einmachhilfe« und »Gurkendoktor« bei der häuslichen Vorratsbereitung, in Trockenfrüchten, Konfitüren, alkoholfreien Erfrischungsgetränken, Wein, Backwaren und Süßwaren.

Die Lebensmittel verarbeitende Industrie versucht in Verbindung mit Pasteurisieren die Menge der chemischen Konservierungsmittel niedriger zu halten. Die Verbraucher sollten die Zutatenliste auf dem Etikett der verpackten Lebensmittel genau studieren und durch eine gezielte Auswahl die Anstrengungen der Hersteller unterstützen.

Benzoesäure und ihre Salze

Die Wirkung richtet sich hauptsächlich gegen Schimmelpilze und Hefen, gegen Milchsäurebakterien ist sie wirksamer als Sorbinsäure. Am besten wirken Kombinationen von Benzoesäure und Sorbinsäure. Ihre Anwendungsgebiete sind ähnlich denen der Sorbinsäure.

Parahydroxybenzoesäureester (PHB- Ester)

Das kristalline weiße Pulver wurde als Ersatzmittel für Salicylsäure entwickelt und ist besonders gegen Bakterien wirksam. Da es sich auch in geringen Konzentrationen geschmacklich bemerkbar macht, wird es heute seltener zur Lebensmittelkonservierung eingesetzt als zur Haltbarmachung von Salben im pharmazeutischen und kosmetischen Bereich.

Propionsäure

Propionsäure wird bei der Brot- und Backwarenherstellung verwendet, weil sie speziell gegen den Fadenzieherbazillus wirkt, aber auch gegen Schimmelpilze. Bei der Herstellung von Hefeteiggebäck wird die Gärung der Hefe stark gehemmt.
Propionsäure entsteht im menschlichen Körper beim Abbau von Eiweiß. Sie ist deshalb keine körperfremde Substanz. Früher wurde angenommen, Propionsäure entwickele sich auch bei der Sauerteiggärung im Brot. Dies hat sich wissenschaftlich nicht nachweisen lassen. Bei der Reifung des Emmentalerkäses spielen Propionsäurebakterien eine Rolle. Die Konzentration ist aber so niedrig, dass ein Verschimmeln dadurch nicht vermieden werden kann. Außer bei Backwaren wird Propionsäure nur noch in der Futtermittelindustrie verwendet, weil die notwendigen Konzentrationen im Lebensmittel schon geschmacklich hervortreten.

Schweflige Säure und ihre Salze

Dieses Mittel wird in der Lebensmittelverarbeitung sehr vielfältig eingesetzt. Es wirkt konservierend, farberhaltend und enzymhemmend. Bei der Weinherstellung ist es zugelassen, ebenso bei der Trockenobst- und Kartoffelverwertung. Bei der Zubereitung von rohen Kartoffelknödeln und rohen Obstsäften wurde früher im Haushalt mithilfe von Schwefelpapierblättchen ein unerwünschtes Bräunen verhindert. Aus gesundheitlicher Sicht ist Schwefeldioxid nicht unbedenklich, denn es blockiert die Wirkung von Vitamin B_1. Viele Menschen reagieren schon auf geringe Mengen mit Übelkeit und Kopfschmerzen, deshalb muss sie als Allergie auslösender Stoff gekennzeichnet werden.

Obwohl diese Substanz in der Lebensmittelkonservierung als unerwünscht gilt, kann z. Zt. noch nicht darauf verzichtet werden, denn es ist noch nicht gelungen, andere Stoffe zu finden, die gleichwertige Ergebnisse bei der Lebensmittelverarbeitung bringen.
Die festgesetzte tägliche duldbare Aufnahmemenge (ADI-Wert) von 0–0,7 mg/kg Körpergewicht ist in ca. 200 ml Wein enthalten, wenn dieser mit der maximal zugelassenen Höchstmenge von 220 mg Schwefeldioxid je Liter Weißwein bzw. 175 mg je Liter Rotwein hergestellt wurde (nach E. LÜCK).

Haltbarmachungsverfahren für den Haushalt

Jedes Haltbarmachungsverfahren hat Vor- und Nachteile. Teilweise sind besondere Geräte erforderlich. Die persönliche Einstellung zur Vorratsbereitung und zu den Verfahren ist entscheidend.

Wahl des Verfahrens

Gesundheitliche Gründe sprechen für das sachgemäße Kühlen und Gefrieren, Frischlagern, Sterilisieren und Pasteurisieren, das Trocknen und die Gärgemüsebereitung. Die Konfitürenbereitung mit Geliermittel ist gut, aber es ist nicht immer sinnvoll, Zucker einzusparen und dafür ein chemisches Konservierungsmittel zu verwenden.
Aus Kostengründen können das Frischlagern, Trocknen, Sterilisieren, Pasteurisieren, Einsalzen, Räuchern und die Gärgemüsebereitung empfohlen werden.
Kann wenig Arbeitszeit für die Vorratsbereitung eingesetzt werden, wird das Frischlagern, Gefrieren, Sterilisieren und Trocknen empfohlen. Wenig Zeitaufwand erfordert auch das Einlegen in Alkohol, Öl, Essig und das Einsalzen.
Werden kleinere Mengen verarbeitet (Geschenke, Spezialitäten), spielt ein größerer Arbeitsaufwand keine entscheidende Rolle. Vorfreude, die Begeisterung an der schöpferischen Arbeit und der Erfolg lassen die Anstrengungen vergessen.
Mit dem Ziel Ressourcenschonung und Klimaschutz werden Kühlen, Gärgemüsebereitung, Trocknen, Einsalzen, Frischlagerung in Erdmieten und im Naturkeller empfohlen.

Ziel des Haltbarmachens

Ziel des Haltbarmachens ist es, den Verderb einzuschränken und dabei die wertvollen und empfindlichen Inhaltsstoffe in den Lebensmitteln möglichst vollständig und natürlich zu erhalten. Bei der Vielfalt der Möglichkeiten, die es für die häusliche Vorratsbereitung gibt, sollte nur in Ausnahmefällen auf die chemischen

Konservierungsstoffe im engeren Sinne, z. B. Einmachhilfe, Gurkendoktor, Schwefeln usw., zurückgegriffen werden.
Ziel kann es auch sein, die Produkte aus der Region zur Haupterntezeit zu konservieren, damit Versorgungsengpässe im Winter ausgeglichen werden können.
Aspekte einer gesunden Ernährung erhalten entsprechend den wissenschaftlichen Erkenntnissen immer wieder neue Bewertungen. Grundnahrungsmittel aus der Region, einfache Zubereitung und ein Minimum an eingesetzter Arbeitszeit sind für Allergiker wichtig wie auch für Gourmets, die die Selbstherstellung als Hobby zelebrieren, sowie für Eltern von Kleinkindern, die Ernährungsgewohnheiten positiv prägen wollen.

Haltbarmachen von Lebensmitteln (außer Obst und Gemüse)

Lebensmittel	Haltbarmachungsverfahren	Vorratsprodukte
Fleisch	Einfrieren, Sterilisieren, Salzen, Pökeln, Räuchern, Trocknen	Koch-, Brüh- und Rohwurstwaren, Trockenfleisch
Fertiggerichte	Einfrieren, Sterilisieren, Einlegen in Fett	
Fisch	Einfrieren, Salzen, Räuchern, Einlegen in saure Marinaden	
Eier	Einfrieren, Einlegen in Wasserglas oder Kalkwasser	Soleier
Milch- und Milchprodukte		Sauermilch, Joghurt, Kefir, Butter, Butterschmalz, Käse
Käse	Einfrieren, Einlegen in Öl	
Butter	Einfrieren	Butterschmalz
Brot- und Backwaren	Einfrieren, evtl. Sterilisieren	Kuchen im Glas

Haltbarmachen von Obst

Obstart	Haupterntezeit	Haltbarmachungsverfahren	Vorratsprodukte[1]	Hinweise
Äpfel	September–Dezember	Frisch lagern, Trocknen, Einfrieren, Sterilisieren, Weinbereitung	Kompott, Konfitüre, Gelee, Mus, Apfelkraut, Chutney, Saft, Wein, getrocknete Apfelschalen, Tee	Nicht roh einfrieren. Frischlagerung in Horden im frostfreien Keller, in Styroporkisten auf Balkon und Garage
Aprikosen	Juni–August	Zucker und Hitze, Einlegen in Zucker und Alkohol, Trocknen, Sterilisieren	Kompott, Konfitüre, Likör	Zum Einfrieren bedingt geeignet
Berberitzen	September–Oktober	Trocknen, Zuckern	Konfitüre, Gelee	
Birnen	August–November	Trocknen, Zucker und Alkohol, Sterilisieren	Kompott, Mischkonfitüre, Saft	Zum Einfrieren bedingt geeignet
Brombeeren	August–September	Einfrieren, Einlegen in Zucker, Alkohol, Trocknen	Kompott, Fruchtsauce, Konfitüre, Saft	
Ebereschen (Vogelbeeren)	August	Zucker und Hitze	Konfitüre, Kompott	
Erdbeeren	Mai–Juli	Einfrieren, Einlegen in Alkohol, Sterilisieren, Trocknen	Kompott, Fruchtsauce, Konfitüre, Saft, Wein, Likör	Nur kleine Früchte von gefriergeeigneten Sorten im Ganzen einfrieren

Möglichkeiten des Konservierens

Obstart	Haupterntezeit	Haltbarmachungsverfahren	Vorratsprodukte[1]	Hinweise
Hagebutten	Oktober–November	Zucker und Hitze	Konfitüre, Wein, Tee	
Heidelbeeren (Schwarzbeeren, Bickbeeren)	Juni–Juli	Einfrieren, Trocknen, Alkoholische Gärung, Zucker und Hitze	Kompott, Mischkonfitüre, Saft, Wein, Likör, roh in Flaschen	
Himbeeren	Juli–August	Einfrieren, Zucker und Hitze, Einlegen in Alkohol oder Säure	Kompott, Konfitüre, Gelee, Saft, Fruchtessig, Wein, Likör	
Holunderbeeren	September–Oktober	Einfrieren, Zucker und Hitze, Einlegen in Alkohol	Kompott, Mischkonfitüre, Gelee, Saft, Likör	Nicht roh essen!
Holunderblüten	Mai–Juni	Zucker und Hitze	Limonade, Schaumwein, Tee	
Johannisbeeren, rot	Juni–Juli	Einfrieren, Einlegen in Alkohol, Trocknen, Alkoholische Gärung	Kompott, Konfitüre, Fruchtsauce, Gelee, Saft, Wein	
Johannisbeeren, schwarz	Juli	Einfrieren, Trocknen, Einlegen in Alkohol	Kompott, Fruchtsauce, Gelee, Saft, Wein, Likör	Cassis-Likör
Johannisbeeren, weiß	Juli	Einfrieren, Sterilisieren	Kompott	
Kirschen, sauer (Weichseln)	Juli	Einfrieren, Einlegen in Alkohol, Trocknen, Sterilisieren	Kompott, Konfitüre, Gelee, Mus, Saft, Wein, Likör	
Kirschen, süß	Juni–Juli	Einfrieren, Einlegen in Alkohol	Kompott, Konfitüre, Saft, Essig-Zucker-Früchte, Likör	
Kiwi	August–November	Einfrieren, Einlegen in Alkohol	Kompott, Likör	
Mirabellen	Juli–August	Einfrieren, Einlegen in Alkohol	Kompott, Likör	
Pfirsiche/ Nektarinen	Juli–August	Trocknen, Einlegen in Alkohol	Kompott, Konfitüre, Likör	Zum Einfrieren bedingt geeignet
Pflaumen	August–September	Einfrieren, Einlegen in Alkohol, Trocknen	Kompott, Konfitüre	
Preiselbeeren (Kronsbeeren)	September	Einfrieren, Trocknen	Kompott, Konfitüre, Gelee	
Orangen (Apfelsinen)	November–März	Einlegen in Alkohol, Trocknen, Zucker und Hitze	Konfitüre, Saft, kandierte Früchte und Schalen	Zum Einfrieren bedingt geeignet
Quitten	Oktober–November	Zucker und Hitze	Kompott, Konfitüre, Paste, Gelee, Essig-Zucker-Früchte, Likör	
Renekloden	Juli–August		Kompott, Mischkonfitüre, Saft	Zum Einfrieren bedingt geeignet
Schlehen	November	Alkoholische Gärung	Konfitüre, Saft, Essig-Zucker-Früchte, Likör, Wein	
Stachelbeeren	Juni–Juli	Einfrieren, Alkoholische Gärung	Kompott, Konfitüre, Gelee, Saft, Wein	
Wacholderbeeren	September	Trocknen, Einlegen in Alkohol	Gewürz, Likör	
Walnüsse, grüne		Einlegen in Alkohol	Likör	
Weintrauben	August–Oktober	Einfrieren, Trocknen	Mischkompott, Gelee, Saft, Wein	Rosinen selbst gemacht
Zitronen		Einfrieren, Einlegen in Alkohol	Konfitüre, Saft, Likör	Unbehandelte Schalen trocknen oder kandieren

[1] Kompott kann sterilisiert, pasteurisiert und heiß eingefüllt haltbar gemacht werden. Fruchtsauce wird heiß eingefüllt.

Haltbarmachen von Gemüse

Gemüse	Haupterntezeit	Haltbarmachungsverfahren	Vorratsprodukte	Hinweise
Artischocken	Oktober–Februar	Einfrieren, Sterilisieren, Einlegen in Öl		
Auberginen	August–Oktober	Einfrieren, Sterilisieren		
Blumenkohl	Juni–September	Einfrieren, Sterilisieren, Einlegen in Essig	Mixed Pickles	
Bohnen	Juli–August	Einfrieren, Sterilisieren (als Brech-, Prinzess- und Schnittbohnen), Einsalzen, Einlegen in Essig, Trocknen		
Brokkoli	August–September	Einfrieren, Sterilisieren		
Chicorée	November–Februar			Frischlagerung. Zum Einfrieren bedingt geeignet
Erbsen	Juli–September	Einfrieren, Sterilisieren, Trocknen	Mixed Pickles	
Fenchel	Oktober–Februar	Einfrieren, Sterilisieren		
Gurken	Juli–September	Sterilisieren, Einlegen in Essig, Einfrieren	Mixed Pickles, Salzgurken, Essiggurken, Senfgurken	
Kartoffeln	Juli–Oktober			Frischlagerung. Fertiggerichte können z. T. eingefroren werden
Küchenkräuter	Mai–September	Einfrieren, Trocknen, Einsalzen	Kräuteressig, Kräuteröl	
Knoblauch	August	Trocknen, Einlegen in Essig oder Öl		
Kohlrabi	Juni–September	Einfrieren, Sterilisieren		Frischlagerung
Mangold	Juni–September	Einfrieren, Sterilisieren		
Meerrettich	April	Einfrieren		Frischlagerung
Melonen, Kürbisse	September–Oktober	Einfrieren	Kompott, Essig-Zucker-Früchte	
Möhren	August–Oktober	Einfrieren, Sterilisieren, Einlegen in Essig	Mixed Pickles	Frischlagerung
Paprika, Peperoni	August–September	Einfrieren, Sterilisieren, Trocknen, Einlegen in Essig	Mixed Pickles	
Pilze	Juli–September	Einfrieren, Trocknen, Einlegen in Essig		
Porree (Lauch)	September–Oktober	Einfrieren		Frischlagerung
Rhabarber	Mai–Juni	Einfrieren, Sterilisieren	Mischkonfitüre, Kompott, Chutneys	
Rosenkohl	November–Dezember	Einfrieren, Sterilisieren		Frischlagerung
Rote Bete (Rote Rüben, Rannen)	September–Dezember	Sterilisieren, Einlegen in Essig		Frischlagerung
Rotkohl (Rotkraut, Blaukraut)	August–Oktober	Sterilisieren Milchsäuregärung	Gärgemüse	Evtl. als Fertiggericht, Frischlagerung
Schwarzwurzeln	Oktober–Dezember	Einfrieren, Sterilisieren		Frischlagerung
Sellerie	Oktober–Februar	Einfrieren, Sterilisieren, Einlegen in Essig	Mixed Pickles	Frischlagerung
Spargel	April–Juni	Einfrieren, Sterilisieren		

Gemüse	Haupterntezeit	Haltbarmachungs-verfahren	Vorratsprodukte	Hinweise
Spinat	Juni–September	Einfrieren, Sterilisieren, Trocknen		
Suppengrün (Porree, Sellerie, Möhren, Peter-silienwurzel)		Einfrieren, Einsalzen, Trocknen		
Tomaten, reif	August–Oktober	Einfrieren, Sterilisieren (im Ganzen oder als Mark), Trocknen	Ketchup, Chutneys	
Tomaten, grün	August–September		Essig-Zucker-Früchte, Konfitüre	Vorsicht: Solaningehalt!
Zucchini	Juli–September	Einfrieren, Sterilisieren, Einlegen in Essig, Trocknen		
Zuckermais	August	Einfrieren, Sterilisieren, Einlegen in Essig		
Zwiebeln	August	Trocknen	Silberzwiebeln	Frischlagerung

Kühlen und Gefrieren

Kälte wurde schon im frühen Altertum zur Haltbarkeitsverlängerung von Lebensmitteln genutzt. Kühle Keller, kalte Wasserquellen, Schnee und Eis brachten die Voraussetzungen, die Lebensmittel frisch zu erhalten.
Der Florentiner PROCOPIO COLTELLO stellte um das Jahr 1660 mithilfe von Mischungen aus Natureis und Kochsalz gefrorene Fruchtsäfte und Speiseeis her. Bis zur Erfindung der Kältekompressionsmaschine 1876 durch KARL VON LINDE diente hauptsächlich Natureis aus Seen und Flüssen zur Kühlung. 1880 wurden die ersten Kühlhäuser eingerichtet.
Prof. RUDOLF PLANCK veröffentlichte 1916 wissenschaftliche Untersuchungsergebnisse über das Tiefgefrieren von Fisch. Fleisch stand von Anfang an ebenfalls im Mittelpunkt der gewerblichen Gefrierkonservierung in Amerika und Deutschland. Für den privaten Haushalt wurde diese Konservierungsmethode erst nach dem Zweiten Weltkrieg entwickelt.

Wirkungsweise

Der Verderb der Lebensmittel verlangsamt sich mit sinkender Temperatur. Es handelt sich dabei um chemische Reaktionen, für die das VAN'T HOFFSCHE Gesetz gilt: »Sinkt die Temperatur um 10 °C, dann verlangsamen sich diese Vorgänge um das 2-3-Fache.« Die Verderberscheinungen treten entsprechend später auf. Die Mikroorganismen vermehren sich langsamer, die Tätigkeit von lebensmitteleigenen Enzymen wird stark gemindert, und andere unerwünschte chemische Umsetzungen, z. B. Abbau von Vitamin C, werden verzögert.
Kühlen und Tiefkühlen: Die Haltbarkeit wird dadurch verlängert, dass die Temperatur in den Lebensmitteln bis oberhalb des Gefrierpunktes gesenkt wird:
Kühlen = 4–15 °C »Kühlzone«, »Kellerzone«
Frisch- bzw. Tiefkühlen = nahe 0 °C
»Frischlager-Zone« bzw. temperaturgesteuerte Schubladen = von 0–3 °C zur Kühlung empfindlicher Lebensmittel.
Gefrieren, Einfrieren, Tiefgefrieren, Gefrierkonserven: Lebensmittel werden dadurch langfristig haltbar, dass die Temperatur in den Lebensmitteln unterhalb des Gefrierpunktes gesenkt wird und anschließend diese Lebensmittel bei mindestens -18 °C gelagert werden. Die Temperaturbereiche beim Gefrieren sind nicht genau festgelegt. Das Tiefgefrieren erfolgt nach vorgegebenen Richtlinien:
Einfrieren bei Temperaturen unter -20 °C,
Lagern bei mindestens -18 °C im »Gefrierraum«.

Kühlen

Lebensmittel sind während des Kühlens von trockener Luft umgeben, sie geben Feuchtigkeit an den Kühlraum ab. Dadurch kommt es zu unerwünschten Austrocknungserscheinungen an den Lebensmitteln. Doch darf die umgebende Luft nicht zu feucht sein, da sonst das Wachstum der Mikroorganismen begünstigt wird. Schwankt die Temperatur im Kühlraum, schlägt sich die Feuchtigkeit der wärmeren Luft am Kühlgut nieder (Kondenswasser) und begünstigt das Wachsen der Mikroorganismen.

Frischkühlen

Mit der »Frischkühltechnik« wird Kühlen perfektioniert. Bei nahe 0 °C und ca. 50% Luftfeuchtigkeit werden Fleisch, Wurst, Milch trocken gelagert, bei nahe 0 °C und ca. 90% Luftfeuchtigkeit Obst und Gemüse. Durch eine sachgerechte Lagerung bei richtigen Temperaturverhältnissen und richtiger Luftfeuchtigkeit kann man negativen Einflüssen auf die Lebensmittel entgegensteuern. Am wohlsten fühlen sich Mikroorganismen bei Temperaturen zwischen +5 °C und +45 °C. Je wärmer, desto schneller vermehren sie sich.
Fleisch verdirbt bei +6 °C 3-mal so schnell, bei +10 °C 5-mal so schnell wie bei einer Lagerung nahe 0 °C.
Bei Temperaturen von > +4 °C vermehren sich Mikroorganismen extrem schnell: In 2 Tagen bei +5 °C um das 100-Fache!
Zum kurzfristigen Lagern ist Tiefgefrieren nicht notwendig – abgesehen davon, dass sich nicht alle Lebensmittel für diese Vorratshaltung eignen; z.B. rohen Äpfeln und Blattsalaten, auch Gurken und Tomaten bekommt dieser Kälteschock nicht. Die Knackigkeit geht beim Auftauen verloren.

Tipp: Verbesserung der Kühlschrankhygiene durch Vakuumverpackung der Speisereste!

Lagerung bei 0–2 °C
Temperaturbereich nahe 0 °C »taufrisch« bis maximale Luftfeuchte von 90%: für Salate, junges Gemüse, empfindliches Obst und frische Kräuter.
Temperaturbereich nahe 0 °C »trocken« bis maximale Luftfeuchte von 50%: für überwiegend tierische Produkte, die im verpackten Zustand bestens in dieser Klimazone ihre Ausgangsfrische behalten. Selbst Fisch und Schalentiere können bei nahe 0 °C »trocken« gut aufbewahrt werden.
In Verbindung mit der »nahe 0 °C Frischkühltechnologie« wurde ein Filtersystem entwickelt, dass die Feuchtigkeit, die vom eingelagerten Obst und Gemüse abgegeben wird, immer »unter Dach und Fach« bleibt.

Die Behälter sind zum Aufbewahren, Vorbereiten, Garen im Dampfgarer oder Backofen und Servieren geeignet.

Kühl- und Gefriergerät mit Energieeffizienzklasse A++. ▶
Bezugsquelle: **www.gaggenau.com**

Vakuumiergerät:
Je nach Anfangskeimgehalt des eingeschweißten Lebensmittels kann die Haltbarkeit bei der Frischlagerung in der 0°-Zone im Kühlschrank um das Zwei- bis Dreifache der Zeit verlängert werden.
Bezugsquelle: **www.solis.com**

Gefrieren

Lebensmittel werden durch Temperatursenkung und Ausfrieren von Wasser langfristig haltbar. Der Gefriervorgang vollzieht sich auf folgende Weise: Das in den Lebensmitteln vorhandene Wasser gefriert je nach Konzentration der in der Gewebe- und Zellflüssigkeit gelösten Stoffe (Salze, Kohlenhydrate, Eiweiße usw.) bei Temperaturen zwischen -0,5 °C und -3 °C. Mit sinkender Temperatur kristallisiert Wasser aus, die Konzentration innerhalb und außerhalb der Zellen wird dadurch höher und erfordert noch niedrigere Temperaturen für den weiteren Gefriervorgang. Bei frischem Fisch und Fleisch gefrieren z. B. bis 75% des vorhandenen Wassers bei Temperaturen von -1 °C und -5 °C aus. Wird der Bereich von 0 °C bis -5 °C rasch durchschritten, bilden sich kleine Eiskristalle innerhalb der Zellen, das Wasser bleibt hauptsächlich dort, wo es war. Beim Auftauen kann sich das geringfügige Konzentrationsgefälle bestmöglich ausgleichen, der Saftverlust ist niedrig, unnötige Qualitätsverluste werden vermieden.
Die Qualität aller Lebensmittel wird beim langsamen Gefrieren auch dadurch herabgesetzt, dass im Temperaturbereich bis -12 °C verschiedene Mikroorganismen noch wachsen können. Außerdem bringt die Tätigkeit der lebensmitteleigenen Enzyme vermeidbare geschmackliche Qualitätseinbußen mit sich. Werden Fleisch und Fisch eingefroren, beginnt der Vorgang zuerst in den Zellzwischenräumen. Bei einem langsamen Gefrierprozess entsteht ein Konzentrationsgefälle zum Inneren der Zelle, Wasser wandert (diffundiert) von innen nach außen und lagert sich an die schon bestehenden Eiskristalle in den Zellzwischenräumen an. Durch diesen Vorgang kommt es zum Schrumpfen der Zellen. Die übermäßige Ansammlung von Wasser kann beim Auftauen nicht mehr in die Zellen zurückwandern. Je schneller das Auftauen vor sich geht, umso mehr Saftverluste treten auf. Beim langsamen Gefrieren von Obst und Gemüse kommt es ebenfalls zur Eiskristallbildung außerhalb der Zellen. Die Produkte sind nach dem Auftauen weicher als vor dem Einfrieren. Durch schnelles Gefrieren entstehen auch hier viele kleine Kristalle, die Beschädigung der Zellen wird vermieden und die Konsistenz besser erhalten (besonders wichtig bei Tomaten, Pilzen, Bohnen, Spargel).

Für die Praxis

▷ Vor dem Einlagern von Lebensmitteln mithilfe der »Superschaltung« (Dauerbetrieb) 3–5 Stunden, je nach einzulagernder Menge, eine Kältereserve schaffen, um den Gefriervorgang zu beschleunigen.

- ▷ Je nach Bedarf des Haushalts die Lebensmittel in Portionsstücke (bei Fleisch max. 3 kg, bei Gemüse und Obst max. 1 kg) möglichst flach und sachgemäß verpacken.
- ▷ Neu eingelegte Ware ins Schnellgefrierfach bzw. auf die Verdampferfläche geben.
- ▷ Durch Blanchieren (kurzfristige Wärmebehandlung) von Gemüse und teilweise Obst lebensmitteleigene Enzyme unwirksam machen, die bei einer längeren Lagerdauer unerwünschte Verfärbungen, Geschmacksveränderungen oder einen stärkeren Vitaminabbau verursachen könnten.

Gesundheitliche Aspekte

Wichtig sind beim Gefrieren die Nährwerterhaltung und Gesichtspunkte, die der Gesundheitsvorsorge (Hygiene) dienen. Grundsätzlich sind gefrorene Lebensmittel den frischen ähnlicher als auf andere Art haltbar gemachte. Doch nach längerer Lagerzeit verändern sich Geschmack und Konsistenz.
Besonders bei eiweißreichen überlagerten Lebensmitteln wird die sogenannte Gefrierdenaturierung festgestellt. Kennzeichen dafür ist ein übermäßiger Saftverlust beim Auftauen, z. B. von Fleisch oder Fisch. Das Fleisch selbst wird dabei zäh und strohig. Es ist nicht bewiesen, ob die Verdaulichkeit tatsächlich verbessert wird, so wie häufig angenommen. Lebensmittel mit einem hohen Anteil an Fett, besonders an ungesättigten Fettsäuren, werden nach längerer Lagerzeit ranzig. Feststellbar ist dies vor allem bei Schweinefleisch und Geflügel, fettem Fisch, fetthaltigen Teigen, aber auch bei nicht blanchierten Gemüsen. Durch den Gefriervorgang selbst gehen wenig Vitamine verloren, entscheidend für die Wirkstofferhaltung sind Lagerdauer und Temperatur.

Für die Praxis

- ▷ Gemüse bzw. Obst rasch verarbeiten und sachgemäß blanchieren. Blanchieren im Wasserdampf oder im Mikrowellengerät verursacht geringere Nährwertverluste.
- ▷ Möglichst sauerstofffrei verpacken (Vakuum).
- ▷ Lagertemperatur mindestens -18 °C.
- ▷ Sachgemäß auftauen und Verwenden des Tropfsaftes (außer bei Geflügel).

Hygienische Gesichtspunkte

Nach R. HEISS überleben von den in frischen Lebensmitteln vorhandenen Mikroorganismen bei Fleisch und Gemüse 30–70%, bei

Obst 5–10% den Gefriervorgang, weil viele Keime bei niedrigen Temperaturen ihre Lebenstätigkeit einstellen und im noch vorhandenen Zellwasser überleben können. Infolge des Saftaustritts wird beim Auftauen der mikrobiologische Verderb begünstigt, wenn ein entsprechender Anfangskeimgehalt vorhanden ist.

Für die Praxis

- Fertiggerichte immer aufkochen, nicht nur aufwärmen.
- Lagertemperatur von -18 °C unbedingt einhalten.
- Beim Kauf eines Gefriergerätes auf eine möglichst lange maximale Lagerdauer im Störungsfall achten.
- Nicht für die maximale Vorratsmenge Gefrierraum anschaffen, sondern für den durchschnittlichen Bedarf, weil die festen Kosten und die Energiekosten je Kilogramm Gefriergut unverhältnismäßig steigen, wenn das Gefriergerät längere Zeit im Jahr nur halb belegt ist.
- Gefrierraum überlegt ausnutzen:
  Frühjahr: Fleisch direkt vom Bauern; Sommer: je nach Gartennutzung bzw. Obstanfall; Herbst: Wild, Geflügel, Fleisch vom Bauern bzw. vom Jäger; Winter: Fleisch, Wild; ständig: Backwaren, Fertiggerichte, Eiscreme.

Kühl- und Gefriergeräte

Wichtig
Seit 1.1.2011 gibt es neue Energieeffizienzklassen in der EU. Ab 2012 dürfen nur noch Kühl- und Gefriergeräte in den Handel kommen, die einer Effizienzklasse von A+, A++, A+++ entsprechen.

Der Haushaltsgerätemarkt bietet ein vielfältiges Angebot an Kühl- und Gefriergeräten, ausgestattet mit Kompressions- oder Absorptions-Kältemaschinen. Es bestehen Unterschiede in der Bauart, in der Bauform und im nutzbaren Innenraum.

Kühlgeräte

Kühlschränke ohne Verdampferfach

Der Temperaturbereich ist zwischen 0 und 15 °C wählbar. Diese Geräte werden häufig als »Vorratsschrank mit Kellertemperatur« oder als Getränkekühlschrank angeboten.

Kühlschränke mit Verdampferfach

Ohne Sternkennzeichnung bzw. mit Sternfächern:

1 Stern: mindestens -6 °C; für die Lagerung von gefrorenem Gut für 1–3 Tage;

2 Sterne: mindestens -12 °C; für die Lagerung von gefrorenem Gut für 1–2 Wochen;

3 Sterne: mindestens -18 °C für Lagerung von gefrorenem Gut für 2–3 Monate;

4 Sterne: mindestens -18 °C und tiefer, zum Einfrieren geeignet.

Mit einem Kältemodul kann jeder Raum gekühlt werden. Bezugsquelle: **www.riedel-cooling.com**

Kältemodule
In Kompaktbauweise für die Kühllagerung in speziellen Räumen von 8 bzw. 16 m² und Gefrierlagerung von 5 m².
Kühlzellen
Für größere Haushalte gibt es begehbare Kühlzellen als Baueinheit, Bruttoinhalt von 1600–3500 Liter, in denen Kältemaschinen eine Temperatur von 0–15 °C aufrechterhalten.
Kühlgeräte mit Frischkühltechnik
Bei nahe 0 °C und zwei Zonen zu 50 und 90% relativer Luftfeuchtigkeit. Die differenzierten Bedingungen ermöglichen eine optimale Frischhaltung.

Gefriergeräte

Gefriergeräte werden mit dem Vier-Sterne-Symbol gekennzeichnet und sind zur Erzeugung von hochwertigen Gefrierprodukten im Haushalt geeignet.
Beim Kauf eines Gefriergerätes ist es wichtig, den täglichen Stromverbrauch und die maximale Lagerdauer im Störungsfall zu berücksichtigen. Es gibt Geräte, die bis zu 60 Stunden Gefriertemperaturen halten. Sie sind besonders gut isoliert.
Beim »No-Frost«-System schlägt sich die Luftfeuchtigkeit im Gefrierraum nicht mehr als Eis bzw. Reif am Gerät oder Gefriergut ab. Das Gerät wird vollautomatisch bedarfsgerecht abgetaut.

Nutzbarer Innenraum

Das Volumen des gesamten Innenraumes von Kühl- und Gefriergeräten wird als Bruttoinhalt (in Liter) auf der Produktinformation des Gerätes angegeben. Für die Praxis ist aber der Nutzinhalt (Fassungsvermögen) aussagekräftiger. Er errechnet sich aus dem Bruttoinhalt abzüglich des Raumbedarfs für die Innenausstattung (ca. 20%). 100 Liter Nutzinhalt einer Gefriertruhe nehmen ca. 50–70 kg gemischtes Tiefgefriergut auf. Wird der Inhalt der Gefriertruhe umgelagert, ist mehr Raum notwendig, weil die gefrorenen Güter sperriger sind als frisch eingelegte.

Größe und Energieverbrauch

Richtwerte für die Größe der Geräte

Kühlgeräte: 1-Personen-Haushalt: 120 Liter.
Mehr-Personen-Haushalt: 60 Liter pro Person.
Gefriergeräte: Mit großer Vorratshaltung: 100–130 Liter pro Person.
Für Tiefkühllagerung und gelegentliches Einfrieren: 50–80 Liter pro Person.

Tipp: Beim Einkauf der Kühl- und Gefriergeräte die Energieeffizienz, die Größe und die Reinigungskriterien berücksichtigen! Ein zu groß bemessenes Gerät bringt hohe Kosten und unnötig hohen Energieverbrauch.

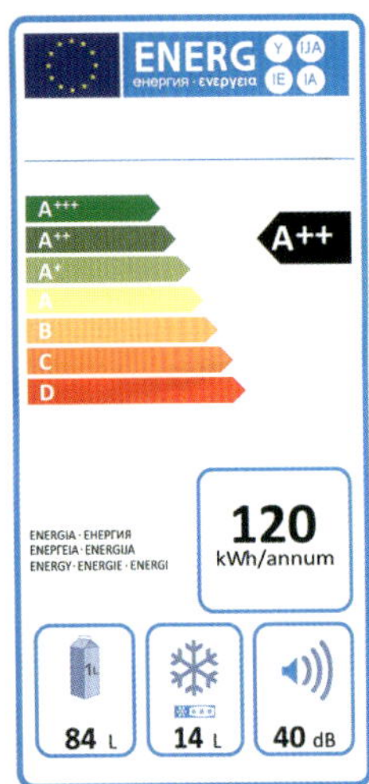

Das EU-Label erleichtert die Entscheidung beim Neukauf eines Kühl- und Gefriergerätes.

Energieverbrauch (Kilowattstunde je 100 Liter in 24 Stunden)
Kühlschränke mit Kompressions-Kältemaschinen: 0,2–1,3 kWh;
Kühlschränke mit Absorptions-Kältemaschinen; 2,3–4,7 kWh;
Gefrierschränke: 0,3–2,6 kWh;
Gefriertruhen ohne besondere Isolierung: bis 2,3 kWh;
mit »Spar-Isolierung«: bis 0,9 kWh »economic«.

Eurolabel und Energieeffizienzklassen
Der Energieverbrauch richtet sich nach der Isolierung und der Größe der Geräte, nach der Temperatur des Raumes, in dem das Gerät steht, und nach der Pflege des Gerätes.

Gefriergut richtig verpacken und beschriften

Alle zum Einfrieren bestimmten Lebensmittel müssen lebensmittelecht verpackt werden. Je länger die Lagerdauer, desto genauer müssen die Anforderungen erfüllt sein, wenn die Qualität optimal erhalten werden soll.
Wichtig ist es, Wasserverluste im Gefriergut zu verhindern. Wasserverluste erhöhen einerseits den Pflegeaufwand für das Gefriergerät, andererseits führen sie an der Oberfläche der Lebensmittel zur Austrocknung (Gefrierbrand). Die betroffenen Stellen erscheinen als helle, meist runde Flecken. Es handelt sich dabei um Schädigungen des Zellgewebes, die auch während des Auftauens und Garens nicht rückgängig gemacht werden können. In fetthaltigem Gefriergut führt der Luftsauerstoff innerhalb der Verpackung zu negativen Geschmacksveränderungen. Licht beschleunigt diesen Vorgang. Deshalb ist es sinnvoll, z. B. Butter in Alufolie einzufrieren.
Aromastoffe durchdringen viele Verpackungsmaterialien. Die Aromastoffe gelangen dann in die umgebende Luft und können geschmacksneutrale Lebensmittel verändern. Eine gute Verpackung verhindert, dass sich die Lebensmittel gegenseitig geruchlich und geschmacklich beeinflussen. Außerdem soll die Verpackung ausreichenden Schutz vor Druck und Stoß gewährleisten. Abgebröckelte Lebensmittel verschmutzen den Lagerraum unnötig.
Zu diesen Forderungen, die eine optimale Verpackung in Bezug auf das Gefriergut erfüllen soll, kommen Überlegungen über die Wirtschaftlichkeit von Verpackungsmaterial, die höhere Raumausnutzung und die bessere Übersichtlichkeit im Gefriergerät.

Geeignetes Verpackungsmaterial für Gefriergut

Packstoff	Lebensmittel	Hinweise
Meterware/Rollen		
Alufolie, extra stark 0,025 mm	Butter, Käse, Aufschnitt, Torten, Kuchen, alle Teige, ganze Gurken, Spargel	Für Fleisch, Geflügel und Fisch auch geeignet. Dafür gibt es aber auch preisgünstigere Möglichkeiten (Umweltschutz!). Alufolie friert leicht fest, deshalb vorgefrieren, dann verpacken. Falten wie beim Postpaket, mit gefrierbeständigem Klebeband verschließen.
Polyethylenfolie, Polyethylenschlauch, mindestens 0,05 mm stark	Fleisch, Geflügel, Fisch, Obst, Gemüse, Kräuter, Backwaren, Teige, Fertiggerichte	Am besten mit Folienschweißgerät vakuum verschließen oder mit Gummiring, Draht bzw. Clips versehen.
Beutel		
Polyethylenbeutel, flach oder mit Seitenfalte in verschiedenen Größen, mindestens 0,05 mm stark	Wie Polyethylenfolien	Wie bei Polyethylenfolien. Die Beutel sind als »gefriergeeignet« bezeichnet. Nicht geeignet sind Frischhaltefolien.
Gefrier-Kochbeutel	Fertiggerichte	Speisen können im Beutel aufgetaut und erwärmt werden. Im Mikrowellengerät langsam erwärmen, sonst schmilzt der Beutel.
Behälter mit Deckel		
Schlagfestes Polystrol oder Polyethylen	Fertiggerichte, Obst in Zuckerlösung, breiiges Gefriergut, Sahne, Säfte, Backwaren, Milch, Eier	Beim Einkauf Sonderangebote hinsichtlich Deckelverschluss prüfen. Gefriergut nicht zu heiß einfüllen. Behälter nach der Verwendung gut reinigen und auslüften. 2 cm Kopfraum frei lassen.
Vitri-Corning »Mikro-dur 2000«	Für alle Gefriergüter, besonders für solche, die anschließend im Mikrowellengerät gegart werden	Das Spezialkunststoffgeschirr zum Einfrieren, Auftauen und Erhitzen im Mikrowellengerät.
Alubehälter mit Deckel, Alu-Kuchenformen	Für alle Gefriergüter, außer stark säurehaitigen Produkten	Mehrmalige Verwendung bei sorgfältiger Reinigung möglich. Speisen können im Behälter (ohne Deckel) erwärmt und gegart werden (nicht im Mikrowellengerät).
Glasbehälter mit Kunststoffdeckel (Twist-off-Gläser)	Obst in Zuckerlösung, Fertiggerichte für Babynahrung, Petersilie, Schnittlauch, Dill und andere Kräuter	Vorsicht beim Umpacken – Glas bricht leicht. Aromasicherer Verschluss! 2 cm Kopfraum frei lassen. Im Glas bei Raumtemperatur oder im Mikrowellengerät auftauen.
Faltkarton mit Beutel	Gemüse, Obst, breiiges Gut	Gebrauchsanweisung beachten.
Pergabecher gewachst (z. B. Milchpackung)	Breiiges Gut	Nicht heiß einfüllen, langsam auftauen, sonst löst sich die Wachsschicht auf. Nur einmal verwenden.
Hartplastikbecher (z. B. Joghurtbecher)	Für kleine Portionen	Material bricht leicht, besonders auf luftdichten Verschluss achten, nur einmal verwenden.

Für die Praxis

- ▷ Lebensmittelechtes, gefriergeeignetes Verpackungsmaterial auswählen. Folien, die sich im Haushalt ansammeln, z. B. Verpackungen von Textilien, Spielzeug u. Ä., Pappkartons, Pergamentpapier, Packpapier, Fleischverpackungsschalen aus Presspappe usw. dürfen nicht für Gefriergut verwendet werden.
- ▷ Ungeeignet sind Frischhaltefolien und Cellophan von verpackten Lebensmitteln, diese Folien sind nicht wasserdampf- und aromadicht.

Verpackungsmaterial für Gefriervorrat.

- ▷ Es lohnt sich, ein Sortiment an gefriergeeigneten Dosen anzuschaffen. Für den Einkauf gelten folgende Kriterien: Die Dosen müssen stapelbar, spülmaschinenfest sein und einen fest schließenden Deckel haben. Rechteckige, konisch zulaufende Formen sollten bevorzugt werden, sie sind platzsparender als runde, und die kalte Luft kann trotzdem zirkulieren.
- ▷ Die Dosengröße muss auf die Menge des Gefriergutes abgestimmt sein.
- ▷ Hat ein Behälter den Geruch des vorherigen Inhalts angenommen, sollte er mit Essigwasser ausgespült werden.
- ▷ Polyethylenbeutel, in denen Fleisch und andere fetthaltige Lebensmittel eingefroren wurden, sollen nicht wieder verwendet werden. An den Folien haftende Fettreste begünstigen das Ranzigwerden des neuen Gefriergutes.
- ▷ Ist im Haushalt ein Mikrowellengerät vorhanden, sollte schon bei der Auswahl der Verpackung an die Weiterverarbeitung des Gefriergutes gedacht werden! Es gibt im Handel Kunststoffbehälter, die gefrier- und mikrowellengeeignet sind. Zum Auftauen bis 20 °C können alle Kunststoffmaterialien verwendet werden. Zum Erwärmen auf Esstemperatur sind Kunststoffgeschirre geeignet, die bis 95 °C hitzebeständig sind (»Tiefkühldosen«). Zum Garen gibt es spezielle Behälter, die bis 180 °C hitzefest sind.

Verschlussmöglichkeiten

Zur Erhaltung der Qualität ist eine möglichst luftfreie Verpackung wichtig. Dies gilt in besonderer Weise für den Verschluss. Gummiringe, Metallstreifen und Klammern sowie kältestabile Klebebänder müssen besonders sorgfältig angebracht werden. Aus einem Polyethylenbeutel wird die Luft durch Ausstreichen oder mithilfe eines Strohhalmes bzw. einer Vakuumpumpe herausgesaugt. Die Anschaffung eines Folienschweißgerätes mit Vakuumverschluss lohnt sich (siehe Bild Seite 82).

Günstig ist es, durch Faltverschluss und Klebebänder ein möglichst rechteckiges Paket zu formen. Der Nutzinhalt im Gefrierraum kann damit besser ausgenutzt werden.

Gefriergut beschriften und kontrollieren

Werden unbeschriftete Pakete und Behälter in das Gefriergerät gelegt, verliert die Hausfrau bald die Übersicht. Die Lagerzeiten werden nicht eingehalten, langwieriges Suchen fördert die Reifbildung am Verdampfer und kostet unnötig Zeit und Nerven.

Am einfachsten ist es, die Folie mit einem feuchtigkeitsbeständigen Folienschreiber zu kennzeichnen. Es können aber auch auf kältestabile Etiketten oder Klebebänder folgende Daten mit einem gefrierfesten Filzstift oder Wachsstift geschrieben werden:

- ▷ Inhalt
- ▷ Menge
- ▷ Zusätze: z. B. Zucker, Salz
- ▷ Vorbehandlung, z. B. zerkleinert, gegart
- ▷ Datum: entweder der Tag der Einlage oder das Mindesthaltbarkeitsdatum
- ▷ Manchmal ist ein Vermerk, z. B. »Mitbringsel aus dem Urlaub« oder »vom Huber-Metzger«, für später interessant.

Was muss spätestens wann aus dem Gefriergerät?

Übersicht im Jahre ....

Januar	Februar	März	April	Mai	Juni
Ente IIII[1] Poularden II - fertig -	Nusskuchen III Gulasch II		Schweinebraten IIII Sahnetorte I	ausgelöste Kotelette III Quarkstreusel-kuchen IIII	Schweinefilet II

[1] Beim Verbrauch jeweils einen Strich durchkreuzen.

Eine Vorratsliste hilft der Hausfrau zusätzlich, den Überblick zu behalten. Es hat sich bewährt, die neuen Lebensmittelpakete jeweils beim Einlegen mit ihrem Verfallsmonat in eine Kontrollliste einzutragen, um die Lagerzeit einhalten zu können.

- ▷ Den obigen Übersichtsplan auf einen festen Karton kopieren.
- ▷ Auf der Rückseite das 2. Halbjahr analog aufzeichnen.
- ▷ Wenn das Lebensmittel in das Gefriergerät gelegt wird, in diesem Plan in die der Haltbarkeit entsprechenden Monatsspalte eintragen und die Anzahl der Portionen mit Strichen kennzeichnen.
- ▷ Diese Übersicht mit Bleistift in die Nähe des Gefriergerätes hängen.

Gefriergut richtig auftauen

Das dem Nahrungsmittel entsprechende Auftauen ist für die Erhaltung der Qualität genauso wichtig wie das schnelle Einfrieren und die Gefrierlagerung bei -18 °C.

Es gibt verschiedene Möglichkeiten:

- ▷ Im Kühlschrank (+2 °C bis +6 °C), besonders bei größeren Fleischteilen (über 5 cm Höhe).
- ▷ Bei Raumtemperatur (+20 °C).
- ▷ Im Backofen bei Unter- und Oberhitze oder mit Heißluft. Ideal für Backwaren, die schon in hitzebeständigem Material, z. B.

Alufolie, verpackt wurden. Jedes Gefriergut soll im Backofen nur verpackt aufgetaut werden (Austrocknungsgefahr!).

▷ Im Mikrowellengerät entweder mit Auftauautomatik oder mit niedriger Leistung und entsprechender Ausgleichszeit (= anschließende Ruhezeit im Gerät) arbeiten.

▷ Dampfgarer sind zum Auftauen hervorragend geeignet. Gebrauchsanweisung der Hersteller beachten.

Auftauzeiten

Verschiedene Möglichkeiten im Vergleich

Lebensmittel	Menge	Voraussichtliche Auftauzeit in Stunden oder in Minuten						
		Kühlschrank 2–6 °C	Raumtemperatur 20 °C	Backofen Ober-/Unterhitze 40–50 °C	Backofen Heißluft 40–50 °C oder Auftau-Stellung	Mikrowellengerät mit 180 bzw. 450 Watt (oder Auftauautomatik) Auftauzeit	+	Ausgleichszeit[1]
		Stunden	Stunden	Minuten	Minuten	Minuten		Minuten
Koch- und Bratenfleischstücke	Je cm Fleischhöhe	3	1–2	35	30	7–10	+	3–5
				Stunden	Stunden			
Hähnchen	1 St. (0,8 kg)	12	7	1,5–2	1–1,5	30–35	+	10–15
Ente	1 St. (1,5 kg)	12	12	2–2,5	1,5–2	35–40	+	25–30
						Gänsebrust/Putenkeulen		
Gans, Pute	1 St. (5 kg)	30–35	16–18	3,5–4	3–3,5	15	+	15
				Minuten	Minuten			
Brot	1 Laib (1 kg)	–	2–2,5	bei 180 °C/20	bei 160 °C/15	bei 450 Watt/ 10	+	10
Brötchen	4 Stück	–	–	bei 180 °C/10	bei 160 °C/10	bei 450 Watt/ 4	+	5
Rührkuchen	1 Stück	–	3	bei 180 °C/20	bei 160 °C/15	bei 450 Watt/ 3	+	10
Beerenobst	500 g	8	5	40	35	10	+	10
Steinobst	500 g	15	10	45	40	12	+	10

[1] Ausgleichszeit = Ruhezeit im Gerät

Die verschiedenen Gewebe in Lebensmitteln werden unterschiedlich schnell erwärmt, z. B. im Fleisch.
Bei zu großer Energiezufuhr kann es vorkommen, dass große Stücke außen schon gar sind und zerfallen, während sich innen noch ein fest gefrorener Kern befindet. Beim Auftauen von Geflügel im Mikrowellengerät müssen deshalb die abstehenden Teile geschützt werden.

▷ Auftauen *in Wasser,* wenn das Gefriergut wasserdicht verpackt ist.

▷ Auftauen *in heißem Fett,* z. B. bei Pommes frites.

Bei sachgemäßem Auftauen liegt die Tropfwasserbildung unter 1%. Sie kann aber auch 30% und mehr betragen, wenn die vorhergehenden Arbeitsgänge nicht sorgfältig durchgeführt wurden.

Von Geflügel soll die ausgetretene Flüssigkeit wegen eventueller Salmonellenübertragung nicht verwendet werden. Von Fleisch, Gemüse und Obst soll sie aufgekocht verwendet werden. Sie trägt zur Nährwerterhaltung bei.

Arbeitsanleitungen zum Einfrieren

Fleisch, Geflügel, Wild

Grundsätzlich ist jedes frische Fleisch von guter Qualität gefriergeeignet. Für minderwertiges Fleisch und Knochen ist der Gefrierraum zu kostspielig.
Nach Erkenntnissen der Fleischforschung können Nachteile für die geschmackliche Qualität des Fleisches dann auftreten, wenn die Temperatur im Fleisch vor Eintreten der Muskelstarre zu schnell unter +10 °C gesenkt wird. Es kommt aufgrund komplizierter biochemischer Zusammenhänge zu starken Muskelfaserverkürzungen (»Cold shortening«). Dieses Zusammenziehen der Muskelfasern lässt sich durch die spätere Fleischreifung nicht mehr vollständig lösen. Besonders Braten- und Kurzbratfleisch, z. B. Filet, Lende, Schlegel, werden zäh und fest. Deshalb ist es wichtig, das frisch geschlachtete Fleisch bis zum Eintritt der Muskelstarre bei ca. +15 °C auskühlen zu lassen und erst nach abgelaufener Fleischreifung weiter zu verarbeiten.

Temperaturen und Dauer der Fleischreifung

Fleischart	Kühlraumtemperatur +1 °C bis +3 °C	Außentemperatur +8 °C bis +12 °C
Rindfleisch zum Kochen	3–5 Tage	3–4 Tage
Rindfleisch zum Schmoren und Braten	10–12 Tage	–
Rindfleisch zum Kurzbraten (Steaks)	Bis 20 Tage	–
Schweinefleisch	2 Tage	1 Tag
Kalbfleisch	2 Tage	1 Tag
Lammfleisch	3–5 Tage	2–3 Tage
Geflügel	Bis 1 Tag	–
Reh oder Hirsch in der Decke	Einige Tage	Einige Tage

Vakuumverpacktes Frischfleisch kann 3-10 Wochen bei -1 bis +2 °C gereift bzw. aufbewahrt werden.
Entgegen der bisherigen Auffassung muss zweimaliges Gefrieren von Fleisch nicht immer zu einer größeren Qualitätsminderung

Wichtig ist es, schnell zu gefrieren, richtig aufzutauen und während der Zwischenlagerung die Oberflächen des Fleisches durch die entsprechende Verpackung trocken zu halten.

führen als eine längere Aufbewahrung im Kühlschrank. Auch mikrobiell bestehen keine grundsätzlichen Bedenken, wenn es sich um größere Fleischstücke handelt. Problematisch ist es, wenn relativ große Muskelschnittflächen erheblichen Fleischsaftaustritt ermöglichen.

Für die Praxis

- ▷ Mageres Fleisch eignet sich besser zum Gefrieren als fettes, gespicktes oder gewürztes Fleisch.
- ▷ Der Haushaltsgröße entsprechende Portionen gut verpackt einfrieren (Richtwert: 120–150 g pro Person)!
- ▷ Nicht mehr als 2,0 kg Fleisch in eine Packung geben! Bei kleineren Paketen läuft der Gefrier- und Auftauvorgang nährwertschonender ab.
- ▷ Fleisch ohne Knochen benötigt weniger Lagerraum, deshalb evtl. auch den Kotelettstrang auslösen.
- ▷ Aus allen *Knochen* eine konzentrierte Brühe zubereiten, abgekühlt in Portionsbehälter füllen, einfrieren.
- ▷ *Kochfleisch* so portionieren, dass die Stücke im gefrorenen Zustand in den Kochtopf passen. Evtl. Suppengemüse, gesondert verpackt, beilegen.
- ▷ Zwischen *einzelne Schnitzel* oder *Koteletts* ein Stück Folie legen, um ein Zusammenfrieren zu vermeiden.
- ▷ *Hackfleisch* sorgfältig verarbeiten: Entweder nicht gewürzte 500-g-Pakete flach formen und einfrieren, oder angemachte rohe Fleischteige entsprechend flach formen und später angetaut braten.
- ▷ Durch den Gefrierprozess werden evtl. vorhandene tierische Parasiten (Trichinen, Bandwurmfinnen), z. T. auch Mikroorganismen, abgetötet. Wenn gefrorenes Fleisch zu Tatar oder Hackfleisch verarbeitet wird, ist dies hygienischer als Hackfleisch aus Frischfleisch – vorausgesetzt, es wird nach dem Zerkleinern sofort verzehrt.
- ▷ *Gulaschfleischwürfel* entweder einzeln vorfrieren, dann können sie auch in kleineren Portionen verbraucht werden, oder angetaut auseinanderlösen und zubereiten.
- ▷ *Herz* und *Lungen* sind roh oder zubereitet, *Leber* und *Nieren* nur im rohen Zustand gefriergeeignet.
- ▷ *Wildschwein, Hirsch, Reh, Hase* und *Kaninchen* werden wie Fleisch der übrigen Warmblüter eingefroren.
- ▷ *Federwild* wird wie Geflügel behandelt. Abstehende Teile mit Folie umwickeln.
- ▷ Junge *Hähnchen* mindestens 4 Stunden, *Puten* bis zu 16 Stunden im Kühlschrank vorkühlen (reifen lassen!). Wird

Zwischenlagen bei Koteletts.

zerlegtes Geflügel eingefroren, erst vor dem Einlegen in das Gefriergerät zerteilen. Es wird sonst zäh.

▷ *Putenschnitzel* und *-schlegel* werden zäh, wenn sie aufgetaut zubereitet werden. Es ist besser, diese Teile unaufgetaut zu verarbeiten.

▷ *Geflügel* kann auch *gefüllt* eingefroren werden. Die Lagerdauer ist dann kürzer (bis 3 Monate haltbar).

▷ Werden beim Verzehr von Gefriergeflügel rotbraune Knochen festgestellt, ist dies kein Qualitätsmangel. Die Verfärbung beruht auf einer Veränderung der roten Blutkörperchen im Knochenmark während des Gefrierprozesses.

Richtig lagern

Die richtige Lagertemperatur für gefrorenes Fleisch liegt zwischen -18 °C und -30 °C, Bei -30 °C kann das Fleisch erheblich länger gelagert werden. Im Haushalt wird aus wirtschaftlichen Gründen eine Gefrierlagerung von -18 °C als sinnvoll und ausreichend angesehen.

Die Lagerdauer wird durch folgende Veränderungen begrenzt: Ranzigwerden der Fette (Fettabbau), Austrocknen des Fleisches sowie Aromaverluste, besonders bei unsachgemäßer Verpackung.

Je höher der Fettanteil und je größer der Anteil an ungesättigten Fettsäuren sind, umso schneller sind Fettveränderungen zu erwarten. Je größer die Oberfläche im Verhältnis zum Gewicht ist, desto schneller treten Austrocknungserscheinungen auf.

Je mehr Luftsauerstoff in der Verpackung verblieben ist, desto stärker sind Aromaveränderungen feststellbar.

Werden die Voraussetzungen und Arbeitsanweisungen optimal erfüllt, kann das gefrorene Fleisch von frischem kaum unterschieden werden.

Fleisch, Geflügel, Wild einfrieren

Lebensmittel	Arbeitsanleitung	Lagerdauer Monate	Zubereitungshinweise
Fleisch und Knochen			
Bratenstücke von Rind Schwein Kalb Lamm	Portionsstücke max. 2,5 kg/10 cm hoch. Bei Hausschlachtung Fleisch entsprechend reifen lassen; gut verpacken; Gefriergerät auf »Superschaltung« stellen; nicht zu viel auf einmal in das Verdampferfach legen; Knochen möglichst herauslösen.	 6–9 3–8 6–8 8–10 Abhängig von Fettgehalt und unbeschädigter, luftdichter Verpackung	Braten über 5 cm Höhe langsam auftauen, sonst nur Antauen notwendig. Tropfsaft, mit Mehl verquirlt, zur Sauce geben. Besonders mürbe wird das Fleisch, wenn es in einer Schüssel langsam aufgetaut wird, in die vorher 1 Eßlöffel Öl gegeben wurde. Wenn es das Rezept vorsieht, Fleisch in Beize auftauen.

Fortsetzung Fleisch, Geflügel, Wild einfrieren

Lebensmittel	Arbeitsanleitung	Lagerdauer Monate	Zubereitungshinweise
Kotelett, Schnitzel, Rouladen	Scheiben mit Folie trennen, Knochen entweder herauslösen oder speziell umwickeln, um die Verpackung nicht zu beschädigen.	Wie entsprechende Bratenstücke	Flache Scheiben nur soweit notwendig antauen. Panade hält an gefrorenem Fleisch nicht. Wie Frischfleisch verarbeiten. Mehl zur Sauce mit Tropfflüssigkeit binden, dann gerinnt diese nicht.
Gulasch	Je nach späterem Verwendungszweck nach Fleischart bzw. gemischte Fleischsorten verpacken. Evtl. Gulaschstücke einzeln vorgefrieren (z. B. für Eintopfgericht)	Wie entsprechende Bratenstücke	Antauen, bis sich die Stücke voneinander lösen. Gulasch eignet sich besonders zum Einfrieren als Fertiggericht (1 x kochen/4 x essen).
Hackfleisch	Flache Pakete formen – max. 500 g –, es kann auch fertig gewürzt und geformt werden.	1	So weit antauen lassen, bis Weiterverarbeitung möglich. Idealer Vorrat für viele Hackfleischgerichte.
Kochfleisch	Portionsgröße max. 2,5 kg. Beim Zuschneiden auf spätere Topfgröße achten. Fett und Knochen entfernen.	Wie entsprechende Bratenstücke	Unaufgetaut in Kochflüssigkeit geben. Die Kochzeit ist dadurch um ca. $^1/_3$ verlängert.
Knochen	Konzentrierte Brühe einfrieren; aus Markknochen Markklößchen herstellen und einfrieren; ebenso Ochsenschwanzsuppe.	Bis 8	Wasser und gefrorene Brühe zusammen erhitzen. Im kleinen Haushalt eiswürfelgroße Portionen für eine Tasse einfrieren.
Innereien			
Hirn	Kalt wässern, in Salzwasser blanchieren, häuten, verpacken.	1	Angetaut wie frisch zubereiten.
Zunge, Herz	Gut waschen, über Nacht im Kühlschrank auskühlen lassen, verpacken.	6–9	Unaufgetaut kochen, Zunge dann enthäuten.
Lunge	Roh oder gekocht, in Portionen verpacken.	1	Wie üblich zubereiten. Rohe Lunge unaufgetaut kochen.
Leber	Enthäuten und durch Fleischwolf drehen oder schaben. In Portionen für Spätzle oder Knödel verpacken.	1–2	Leber zerfällt leicht, deshalb verarbeitet einfrieren.
Fleischwaren			
Bratwurst	Rohe Bratwurst, gebrühte Bratwurst evtl. einzeln vorgefroren verpacken.	1–2 1–2	An- oder aufgetaut, abgetrocknet braten oder grillen.
Fleischkäse Leberkäse	Entweder roh in Backform gut verpackt einfrieren oder gegart portionsweise, durch Folien getrennt, verpacken.	1–2 1–2	Angetaut im Backofen oder Mikrowellengerät fertig garen.
Kasseler	Portionsweise, durch Folien getrennt, oder vorgefroren verpacken.	1–2	Je nach Verwendungszweck auftauen oder angetaut wie üblich garen.
Schinken, roh oder gekocht	Portionsweise, am besten in Alufolie verpackt, einfrieren.	1–3	Wie frischen Schinken verarbeiten bzw. lagern.
Kochwurst	Portionsweise in Beutel verpacken.	1–2	Blut- und Leberwürste werden je nach Rezeptur leicht grießig.
Brühwurst Aufschnitt Würstchen	Geschnitten, am besten verschiedene Sorten portionsweise in Alufolie verpacken. Ganze Würstchen zusätzlich in Beutel geben, weil Därme wasser- und aromadurchlässig sind.	1–2 Je nach Fettgehalt	Wie üblich verwenden. Lagerdauer im Kühlschrank wie Frischware.

Lebensmittel	Arbeitsanleitung	Lagerdauer Monate	Zubereitungshinweise
Geflügel			
Hähnchen Suppenhuhn Ente	Küchenfertig herrichten, 1 Tag im Kühlschrank lagern, dressieren, Knochenenden mit Alufolie umwickeln, möglichst vakuumverpacken. Zum Schutz der Verpackung von anderem Gefriergut evtl. in Baumwollsäckchen oder in eigenem »Gefrierkorb für Geflügel« sammeln.	Je nach Fettgehalt: 3–6 Bis 4	Ohne Verpackung, nicht in der Tropfflüssigkeit auftauen lassen. Gut durchgaren. Unaufgetaut in Kochflüssigkeit geben (1/3 längere Kochzeit). Angetaut würzen und wie frische Ente zubereiten.
Gans	Evtl. portionsweise einfrieren.	Bis 4	Aufgetaut zubereiten.
Pute	Evtl. Putenschnitzel, Putenbrust usw. getrennt verpacken.	3–6	Ganze Pute aufgetaut verarbeiten. Portionsstücke unaufgetaut zubereiten.
Wild			
Hirsch, Reh, Hase, Kaninchen	Wildfleisch ca. 2 Tage abhängen lassen. Fleisch nicht waschen, sondern mit Küchenpapier abwischen. Portionieren, gut verpackt einfrieren. Kleinfleisch gewürfelt (für Ragout) oder durch Fleischwolf gedreht (für Pasteten) einfrieren.	6–9 Gespickt eingefroren: 3	Kurzbratstücke müssen nicht aufgetaut werden. Evtl. in Beizflüssigkeit auftauen lassen. Für die Zubereitung mit Speck umwickeln (ist besser als gespickt einfrieren, da das Fett leicht ranzig wird).
Wildgeflügel	Fleisch 3 Tage reifen lassen, wie »Geflügel« vorbereiten, verpacken.	4–6	Je nach Rezept mit Speckscheiben umwickelt zubereiten.

Anmerkung: Geräucherten Speck, Rohwurst u. a. nur in Ausnahmefällen einfrieren. Es ist zur Erhaltung der Qualität besser und wirtschaftlicher, diese Produkte an einem kühlen Ort aufzubewahren (siehe Vorratsschrank mit Fliegenschutz, Seite 222).

Fische, Krusten- und Schalentiere

Aufgrund der besonderen Struktur des Fischfleisches ist der schnelle Gefriervorgang sehr wichtig. Bei langsamem Gefrieren kommt es zu Veränderungen des Fischfleisches, die einen großen Saftverlust beim Auftauen hervorrufen. Hand in Hand damit laufen im gefrorenen Fisch Vorgänge ab, die das Fleisch zäh und gallertartig machen. Der Fisch wird weich und fasrig, der Geschmack strohig. Diese Veränderungen hängen mit der Totenstarre zusammen. Wird das Gefrieren vor Beginn der Totenstarre vorgenommen, so wie es bei Seefischen auf See der Fall ist, wirkt sich dies vorteilhaft auf die Qualitätserhaltung aus. Seefische aus diesem Grund im Haushalt nicht roh einfrieren.

Für die Praxis

- *Ganze Süßwasserfische* sofort nach der Schlachtung schockgefrieren. Die Fische sollen aber langsam auftauen, damit genügend Zeit zum Ablauf der Totenstarre bleibt. Sonst kommt es zu einer starken Schrumpfung, verbunden mit großem Saftverlust und entsprechenden Qualitätsverlusten.

Fische, Krusten- und Schalentiere einfrieren

Lebensmittel	Arbeitsanleitung	Lagerdauer Monate	Zubereitungshinweise
Forelle	Fangfrisch ausnehmen, unverpackt vorgefrieren, in kaltes Wasser tauchen (glacieren) und verpacken.	2–4	Unaufgetaut im Sud garen, angetaut dünsten bzw. braten.
Forellenfilet, geräuchert	Einzeln vorgefrieren, dann verpacken.	2–4	Auftauen, wie üblich servieren.
Hecht, Schleie, Zander u. a.,	Fangfrisch ausnehmen, evtl. portionieren, gut verpacken, max. 1,5 kg.	3–6	Große Portionen aufgetaut verarbeiten. Wenn der Fisch im Sud zubereitet wird, Antauen nicht notwendig.
Karpfen		2–4	
Austern	Aus der Schale lösen, roh mit Mineralwasser und Zitronensaft oder Ascorbinsäure (1 g/l) gefrieren.	2–3	Antauen, wie üblich zubereiten und servieren.
Hummer, Krebs, Langusten	In kochendem Wasser töten, knapp gegart (evtl. aus der Kruste lösen) in Behälter füllen, mit kaltem Sud übergießen und gefrieren, Ascorbinsäure 1 g/l Sud.	2–3	Auftauen, wie üblich zubereiten.
Garnelen (Shrimps), Krabben	Werden entweder als ganze Tiere oder nur die Schwänze in Behältern zu Blöcken gefroren, die dann glaciert werden. Es ist besser, sie roh einzufrieren.		Evtl. Schwarzfleckigkeit beruht auf enzymatischen Reaktionen. Unaufgetaut in Wasser oder Sauce garen.
Weinbergschnecken	Wie üblich garen, mit Kräuterbutter verschließen, gut verpacken, einfrieren (wenig würzen).	2–3	Im Backofen erhitzen.

- ▷ Nach einer Lagerzeit von mehr als 8 Wochen kann der Fisch jedoch ohne Auftauen verarbeitet werden, weil selbst unter niedrigen Temperaturen die Stoffwechselvorgänge der Fischfleischreifung ablaufen.
- ▷ Fisch nie bei Raumtemperatur auftauen lassen.
- ▷ *Ganze Fische* evtl. einzeln 4 Stunden vorgefrieren, dann in Eiswasser tauchen (glacieren). Bei fetten Fischen kann dem Eiswasser 5 g Ascorbinsäure zugegeben werden. Das Ranzigwerden wird damit verzögert.

Milch, Butter, Sahne, Käse, Eier

Viele Hausfrauen bevorraten diese Produkte, um Sonderangebote und Marktschwemmen auszunutzen. Es handelt sich deshalb meistens um eine kurzfristige Lagerung. Für Allergiker ist kurzfristige Lagerung der selbst hergestellten Produkte sinnvoll.

Für die Praxis

- ▷ *Frischmilch* wird nur in Ausnahmefällen gefriergelagert, denn Milch ohne entsprechende Vorbehandlung in der Molkerei bringt keine zufriedenstellenden Ergebnisse. Noch am besten

Milch, Butter, Sahne, Käse, Eier einfrieren[1)]

Lebensmittel	Arbeitsanleitung	Lagerdauer Monate	Zubereitungshinweise
Homogenisierte Milch	Verkaufsverpackung kann verwendet werden. Glasflaschen sind ungeeignet.	2–3	Zu Süßspeisen, Aufläufen und Gebäck wie frische Milch verarbeiten.
Butter	Wenn längere Lagerzeit als 1 Monat, dann zusätzliche Verpackung notwendig. Süßrahmbutter, ungesalzen, am besten geeignet.	6–8	Aufgetaute Butter kann wie frische Butter verwendet werden. Arbeitssparend ist es, Kräuterbutter in größerer Menge herzustellen und, portionsweise verpackt, einzufrieren.
Süße Sahne (Rahm)	Je höher der Fettgehalt, je besser die Gefriereignung. Sahne mit Zuckerzusatz bleibt schlagfähiger. Portionsweise einfrieren (evtl. ½ Becher).	Ungeschlagen: 3–4 Geschlagen: 2–3	Für Kaffee nicht mehr geeignet (flockt aus!). Arbeitssparend ist es, Garnituren vorzufrieren, dann zu verpacken und bei Bedarf zu verwenden.
Quark (Topfen)	Kann, richtig portioniert, gleich in der Verkaufspackung gefroren werden. Bei langer Lagerzeit zusätzliche Verpackung notwendig.	Nicht zubereitet: bis 12 Zubereitet: bis 6	Quark kann mit Salz und Kräutern bzw. Zucker und Früchten in kleinen Mengen (Joghurtbecher) eingefroren werden. Gut geeignet für Zwischenmahlzeiten.
Käse	Je höher der Fettgehalt, desto besser die Gefriereigenschaften. Am besten ist die Verpackung in Alufolie.	2–4	Fonduekäse kann im erhitzten Wein aufgetaut werden. In der Verpackung entsteht beim Auftauen Kondenswasser, das den Verderb begünstigt.
Eier	Auf 100 g Eimasse oder 100 g Eigelb 2 g Salz bzw. 5 g Zucker zugeben. Getrennt oder gemischt in Behältern einfrieren. Evtl. im Eiwürfelbehälter je Abtrennung 1 Eigelb vorgefrieren, dann die Würfel verpacken.	8–10	Verarbeitung zu Rühreiern, Pfannkuchen, Gebäcken, Teigen. Die Mengen berechnen: 1 Ei = 50 g Eimasse 1 Eigelb = 20 g 1 Eiweiß = 30 g

1) Für das Gefrierkonservieren ungeeignet: Milch direkt vom Erzeuger; Joghurt; saure Sahne (Fettgehalt 10%); Dickmilch; gekochte Eier

geeignet ist fettarme, homogenisierte Milch. Paraffinierte, plastikbeschichtete Kartons oder Plastikbeutel, d. h. handelsübliche Verpackungen, sind als Verpackungsmaterial geeignet. Die Lagerdauer ist auf 2 Monate beschränkt, weil auch während der Gefrierlagerung Eiweiß- und Aromaveränderungen eintreten.

▷ Um die Lagerzeit von *Butter* zu verlängern, wird sie schnell auf Temperaturen von mindestens -18 °C gebracht. Wird sie in Alufolie verpackt, ist sie bis zu 6 Monate haltbar. Beim Auftauen bildet sich innerhalb der Verpackung leicht Kondenswasser, dadurch wird Schimmelbildung begünstigt. Wird Butter im angetauten Zustand verarbeitet, kann dies zum Reißen und Brechen der Butter führen.

▷ Die Herstellung von *Gefriersahne* ist im Haushalt gut möglich. Es treten jedoch Veränderungen in der Fettemulsion auf, die ein »Ausölen« hervorrufen und damit die Schlagfähigkeit aufgetauter Sahne mindern. Zusätze von 10–20% Zucker vor dem Einfrieren verbessern die Schlagfähigkeit und das Aroma.

Hinweise

Margarine kann wie Butter eingefroren werden. Im allgemeinen ist es jedoch nicht notwendig, weil Margarine bis 6 Wochen auch im Kühlschrank optimal gelagert werden kann.

Das Gefrieren von *Hartkäsesorten* kann nur bedingt empfohlen werden. Nur wenn sie nach dem Auftauen z. B. für die Zubereitung von Fondue und als Reibkäse verwendet werden, fallen die Qualitätseinbußen nicht auf. Hartkäse, der einen Reifungsprozess durchlaufen hat, sollte besser nicht unter -2 °C gelagert werden.

Kefirkörner für die Herstellung von Kefir im Haushalt können bis zu 9 Monaten gefriergelagert aktiv erhalten werden.

- Sahne nicht in Metallbehältern einfrieren. Sie begünstigen Geschmacksveränderungen.
- Sahne muss besonders sorgfältig aufgetaut werden: Empfohlen wird ein langsames Auftauen im Kühlschrank oder im Mikrowellengerät auf kleinster Energiestufe. Vor dem Schlagen auf 4 °C kühlen.
- *Quark* lässt sich bis zu 6 Monate ohne Qualitätsminderung gefrierlagern.
- Werden im Haushalt Eier für das Gefrieren vorbereitet, muss jedes einzeln aufgeschlagen und auf Geruchs- und Geschmacksabweichungen überprüft werden. Ein faules Ei kann die ganze Masse verderben. Das Aufschlagen ist notwendig, da die Schale während des Gefrierens platzen würde. *Eiweiß* und *Eigelb* können sowohl als verrührte Masse als auch getrennt eingefroren werden. Eine Zugabe von 2 g Salz oder 5 g Zucker je 100 g ist notwendig, um ein Eindicken zu verhindern. Eigelb ohne Zusatz gerinnt leicht. Eiweiß läßt sich auch mit Zusatz nach dem Auftauen zu einer steifen Masse schlagen.

Gemüse und Küchenkräuter

Rettiche, Radieschen, Blattsalate, rohe Zwiebeln und ganze, große Tomaten eignen sich nicht für die Gefrierkonservierung.
Die Mehrzahl der gekocht verzehrten Gemüsesorten lassen sich so gut einfrieren, dass nach der Zubereitung kein Unterschied zur frischen Ausgangsware feststellbar ist.
Einige Gemüsesorten werden wirtschaftlicher im Keller oder in einer Miete gelagert oder durch Sterilisieren haltbar gemacht; z. B. alle Kohlarten, Sauerkraut, Möhren, Zwiebeln, Schwarzwurzeln, Porree, Sellerie.
Nicht jede Gemüsesorte ist gleich gut gefriergeeignet. Bei der Auswahl der Sorten für den Hausgarten sollte daran gedacht werden. Doch spielt diese Frage bei der Verarbeitung im Haushalt nicht die Rolle wie bei der Herstellung von Tiefkühlkost im gewerblichen Bereich.

Blanchieren

Für die spätere Qualität wirkt sich in besonderem Maße die Vorbereitung aus. Wichtig ist das Blanchieren. Unter Blanchieren wird ein kurzzeitiges Erhitzen in Wasser, Wasserdampf, Wassergarer oder im Mikrowellengerät verstanden. Zur Gewinnung von qualitativ einwandfreiem Gefriergemüse ist Blanchieren unerlässlich. Erfahrungsgemäß gibt es dazu nur wenige Ausnahmen. Nicht

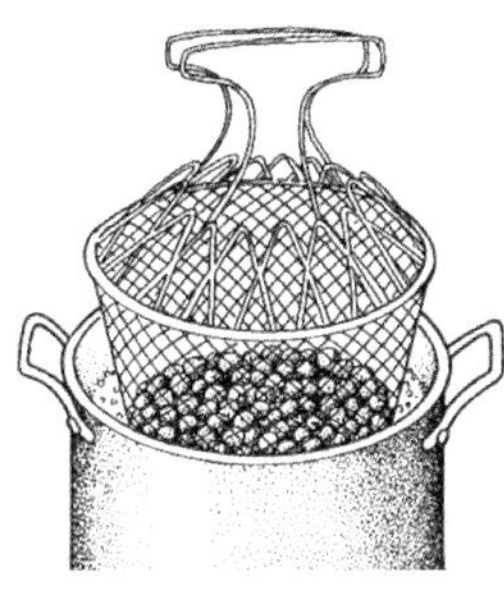
Gemüse im Banchierkorb in kochendem Wasser abwellen.

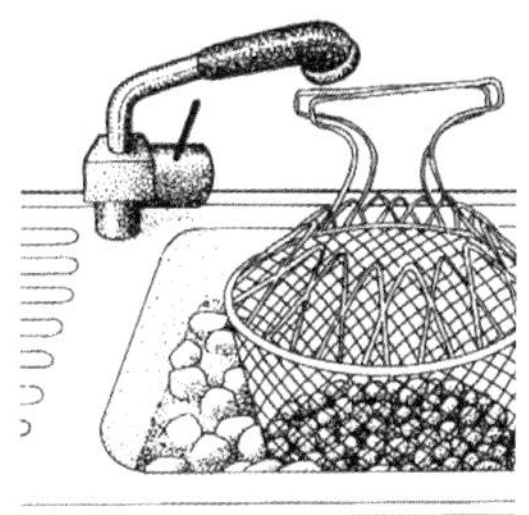
In Eiswasser abschrecken.

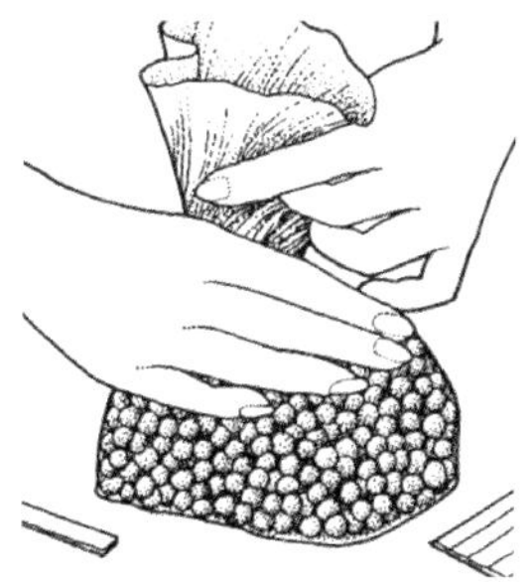
Portionsweise in Gefrierbeutel verpacken.

blanchiertes Gemüse entwickelt bei -18 °C schon nach 1–3 Monaten einen fremdartigen Geruch und Geschmack. Es zeigt Verfärbungen, besonders an den grünen Teilen, und erleidet größere Vitaminverluste, als durch den Blanchiervorgang auftreten. Ursache für diese Erscheinungen sind Enzyme im Gemüse, deren Tätigkeit durch kalte Temperaturen nur verlangsamt wird.
Für das Blanchieren gibt es verschiedene Möglichkeiten:

<u>In kochendem Wasser</u>

Dabei wird 1 Kilogramm kochfertig vorbereitetes Gemüse in einem Drahtkorb in einen Topf (5–10 Liter) mit kräftig kochendem Wasser gehängt und mehrfach geschwenkt, damit das Gemüse gut durchflutet wird. Die Kochzeiten betragen in der Regel 2–4 Minuten. Anschließend muss möglichst schnell abgekühlt werden (Eiswürfel in das Kühlwasser), um Farbe, Aroma und Vitamin-C-Gehalt zu schonen. Zum Abtropfen wird das Gemüse auf ein saugfähiges Tuch gelegt. Das Kochwasser kann 8–10-mal verwendet, das Eiswasser zum Abkühlen muss für jede Portion erneuert werden.

<u>In Wasserdampf</u>

Dazu eignet sich die Verwendung des Dampfentsafters oder Dampfgarers. Die Blanchierzeit beträgt 3–5 Minuten für 1 Kilogramm Gemüse. Gebrauchsanweisung beachten.

<u>Im Mikrowellengerät</u>

Dabei werden 500 Gramm Gemüse mit dem anhaftenden Tropfwasser zugedeckt ca. 3–4 Minuten auf höchster Leistungsstufe gegart und anschließend in einer Schüssel mit Eiswasser rasch gekühlt.

Für die Praxis

- Kleinere Mengen, nach Möglichkeit am frühen Morgen, ernten. Je schneller das Gemüse in das Gefriergerät gelangt, desto besser bleiben Vitamine und Geschmack erhalten.
- Das Gemüse nach dem Waschen sorgfältig putzen, zerkleinern und blanchieren.
- Das abgetrocknete Gemüse wird am besten in Beuteln portionsweise vakuumverpackt, zu rechteckigen, flachen Paketen geformt, gekennzeichnet und schockgefroren.
- Bei der Zubereitung wird Gemüse gefroren in den Kochtopf gegeben bzw. im Mikrowellengerät aufgetaut und gegart.
- *Küchenkräuter* werden nicht blanchiert, jedoch ebenfalls küchenfertig hergerichtet. Besonders wichtig ist die aromadichte Verpackung. Bewährt hat sich ein Vorgefrieren im Eiswürfelbehälter und anschließendes Verpacken in Folie oder Beutel. Sehr zu empfehlen ist auch das Abfüllen des trockenen Gutes in Schraubdeckelgläser. Im Handel werden spezielle Beutel angeboten, in denen die kleinen Portionen schon vorgeformt sind.

Gemüse und Küchenkräuter einfrieren

Gemüseart, gefrier- geeignete Sorten	Blanchierzeit Minuten	Arbeitsanleitung
Artischocken	5 + Ascorbinsäure	Unter fließendem Wasser gründlich waschen, Stiele und harte Spitzen abschneiden. Platzsparend ist es, nur die Böden einzufrieren oder nur junge Blütenköpfe zu verwenden. Vor dem Verzehr in Salzwasser garen.
Auberginen	2 + Ascorbinsäure	Schälen, in Scheiben schneiden. Für Gemüse, Ratatouille oder zum Überbacken.
Blumenkohl »Erfurter Zwerg«	ganzer Kopf 4 Röschen 2 + Ascorbinsäure	Frisch geerntete, feste, ganz weiße Köpfe verarbeiten. Ganzen Kopf oder gleichmäßig geteilte Röschen in warmes Salzwasser legen (evtl. vorhandene Raupen werden dadurch herausgelöst). Besonders vorteilhaft ist eine Vakuumpackung.
Gelbe, grüne Bohnen (fadenlose Sorten) »Saxa«, »Favorit«, »Sperlings Nova«, »Wachs Beste von Allen«	3	Waschen, abspitzen und evtl. abfädeln, in gleich lange Stücke brechen oder schneiden. Schnittbohnen weniger geeignet. Mit Bohnenkraut einfrieren. Gefrieren ist für die Haltbarmachung von Bohnen im Haushalt die günstigste Konservierungsart, weil Sporen bildende Bakterien dabei am sichersten unwirksam gemacht werden.
Dicke Bohnen Puffbohnen Saubohnen	4	Enthülsen, verlesen. Für die spätere Verwendung als Salat nicht blanchieren, sondern gar kochen.
Brokkoli (Spargelkohl)	3	Die rechtzeitig vor dem Öffnen der Blütenknospen geernteten Röschen werden gewaschen und gleichmäßig geteilt. Ist der Stiel nicht mehr weich, muss er geschält werden. Brokkoli nicht in sprudelndem Wasser blanchieren, denn er ist sehr empfindlich.
Chicorée	4	Waschen, halbieren und bitteren Kegel entfernen. Bei der Zubereitung warm verzehren oder mit Käsesauce überbacken. Für Salat nicht mehr geeignet.
Erbsen (Mark- und Palerbsen)	2	Enthülsen, waschen, junge, zuckerreiche Sorten sind besser geeignet als überreife, stärkehaltige. Erbsen können mit Karotten gemischt werden.
Fenchel	4 + Ascorbinsäure	Waschen, halbieren oder vierteln, blanchieren. Je nach Rezept vor dem Verzehr zubereiten.
Gurken für Gemüse	–	Waschen, schälen, entweder in 6 cm lange und $1\frac{1}{2}$ cm dicke Stücke schneiden, nicht blanchieren und in Beutel verpacken; oder Gurken halbieren, mit Hackfleisch füllen, in Alufolie verpacken und als gefülltes Gemüse zubereiten. Evtl. gleich Dill u. a. Kräuter in die Packung geben.
Gurken für Salat »Produkta«, »Giganta«	–	Nur bedingt geeignet. Schlanke, festfleischige Salatgurken mit wenig entwickelter Samenanlage werden gewaschen, geschält, in ca. 3 mm dicke Scheiben geschnitten und verpackt. (Kostprobe am Stielende, denn bittere Gurken sind nicht brauchbar!) Bei Raumtemperatur auftauen. Gurken nach spätestens 6 Monaten verbrauchen, evtl. unter Kartoffelsalat mischen.
Kräuter	–	Schnittlauch schneiden, Petersilienstängel entfernen und fein wiegen, andere Kräuter entweder geschnitten einfrieren oder im gefrorenen Zustand zerreiben, z. B. Dill.
Grüne, blaue Kohlrabi »Rogglis Freiland« »Rogglis Treib« »Wiener Glas«	3	Waschen, schälen, halbieren und in gleichmäßige Stifte schneiden. Junge Blätter kurz blanchieren, zerkleinern und mitgefrieren.
Meerrettich	–	Waschen, schneiden, reiben bzw. im Mixer pürieren, mit Zitronensaft verrühren und roh einfrieren. In kochender Flüssigkeit auftauen und zubereiten. Meerrettich kann auch, mit Sahne oder geriebenen Äpfeln vermischt, eingefroren werden.
Möhren, Karotten, Gelbe Rüben »Nantaiser« »Markgärtner« »Rothild«	3	Waschen, schaben, gleichmäßig in Stifte schneiden; oder Karotten 5–8 Minuten im Ganzen kochen, dann schälen, schneiden und verpacken. Wirtschaftlich ist es, wenn bei der Ernte im Hausgarten nur die kleineren Möhren zu Gefriergut verarbeitet werden, große können auch in Sand oder im Keller gut aufbewahrt werden.

Gemüseart, gefriergeeignete Sorten	Blanchierzeit Minuten	Arbeitsanleitung
Pilze	–	Wie üblich vorbereiten, mit Zitronensaft beträufeln, in Butter andünsten, ausgekühlt sofort verpacken. Pilze werden nicht blanchiert. Werden sie roh eingefroren, beträgt ihre Lagerdauer 3–6 Monate.
Paprikaschoten	2 Oder roh einfrieren	Waschen, Samen und Scheidewände sorgfältig entfernen, zerschneiden. Als frischer Salat ungeeignet, aber als Gemüse oder als Beigabe zu Tomatensauce gut. Die Haut wird leicht zäh und schwerer verdaulich.
Rhabarber	–	siehe Tabelle Obst
Rosenkohl »Hilds Ideal« »Wilhelmsburger«	3	Vor der Ernte soll Rosenkohl einmal durchgefroren sein. In Salzwasser waschen, putzen, Strunk kreuzweise einschneiden, nicht in Dampf blanchieren (wird bitter), gut verpacken.
Sauerkraut	–	Wenn Sauerkraut vor Übersäuerung (wegen langer Lagerzeit oder zu hoher Lagertemperaturen) geschützt werden soll, dann kann es portionsweise gefroren werden. Für rohen Sauerkrautsalat ist es dann zwar ungeeignet, aber gekocht ist kaum ein Geschmacksunterschied feststellbar.
Schwarzwurzeln	Wenn blanchiert wird: 5	Zarte, nicht holzige Stängel waschen, knapp garen, schälen, in 5 cm lange Stücke schneiden, mit Zitronensaft beträufeln, einfrieren. Nicht dampfblanchieren, schmeckt dann bitter.
Sellerie und Rote Rüben (Rote Bete)	Wenn blanchiert wird: 4 + Ascorbinsäure	Ungeschält knapp garen, schneiden, mit Zitronensaft einfrieren. Diese Konservierungsart ist für Suppengemüse günstig, sonst ist es wirtschaftlicher, Sellerie frisch zu bevorraten.
Spargel (Bleichspargel, Grünspargel)	3–4 je nach Dicke	Entweder waschen, schälen, blanchieren oder ungeschält blanchieren und vor der Zubereitung in angetautem Zustand schälen. Es gibt in Haushaltsgeschäften preisgünstig spezielle Spargelschälmesser, deren Anschaffung sich lohnt! Unblanchiert eingefrorener Spargel ist nur bis 6 Monate lagerfähig und wird bei der Zubereitung leicht zäh.
Spinat Grünkohl Mangold	1–2	Stiele entfernen, waschen, blanchieren, hacken oder passieren, in 500-g-Paketen einfrieren, weil dann das Auftauen schonender möglich ist. Als »Rahmspinat« ebenfalls gute Gefriereigenschaft.
Suppengemüsemischung	2–4 + Ascorbinsäure	Möhren, Lauch, Petersilienwurzeln und -grün, Sellerieknollen und -laub werden küchenfertig hergerichtet, blanchiert und in kleine Portionen abgepackt. Für eine Lagerzeit von 2–3 Monaten kann das Gemüse auch roh eingefroren werden.
Tomaten, ganz	–	Waschen, kleine Tomaten im Ganzen einfrieren, als Salat nach dem Auftauen nicht mehr verwendbar. Geeignet für Pizza, Suppen, Saucen und Mischgemüse. Die Schale wird beim Gefrieren zäh, deshalb in gefrorenem Zustand in kochendes Wasser geben, bis die Schale platzt, an der Blüte kreuzweise einschneiden, gegenüberliegend mit 2 Fingern fassen und abziehen.
Tomaten, für Saft und Mark		Entweder vorgekocht die ganze Frucht pürieren, nach Belieben eindicken und in Behälter verpacken; oder Tomaten vierteln, 10 Minuten ohne Wasser dämpfen, Saft abseihen, Mark einfrieren; oder Tomaten roh mixen, einfrieren.
Zucchini	–	Waschen, schälen, in ca. 3 mm dicke Scheiben schneiden, einfrieren. Lagerzeit: bis 6 Monate. Bei der Zubereitung als Gemüse mit Salz, Pfeffer, Zitronensaft, saurer Sahne und Dill abschmecken.
Zuckermais	7	Körner sollen milchreif geerntet werden, also dann, wenn das Korn hellgelb, saftig und weich ist. Die Hüllblätter werden entfernt und die Kolben gewaschen, blanchiert, ausgekühlt verpackt. Bei der Zubereitung 30 Minuten in Salzwasser kochen.

Die Zubereitung erfolgt in der Regel ohne Auftauen. Gekochte Salate werden geschmackvoller, wenn das Gemüse beim Auftauen gegart wird und das Abkühlen in der Marinade erfolgt.
Die Kochzeit ist gegenüber frischem Gemüse bis zur Hälfte verkürzt.
Lagerdauer in der Regel bis zu 12 Monate.
Nicht geeignet für die Gefrierkonservierung sind: Chinakohl, Eissalat, Feldsalat, Kopfsalat, Radieschen, Rettich, Zwiebeln, Knoblauch. Weißkraut, Rotkraut, Wirsing, Porree (Lauch) werden aus wirtschaftlichen Gründen frisch gelagert. Als fertige Gemüsespeise zubereitet, z. B. Eintopf, ist Einfrieren sinnvoll.

Obst

Umfangreiche Untersuchungen haben gezeigt, dass die Vitamin-C-Verluste, wenn sachgemäßes Arbeiten vorausgesetzt wird, im Allgemeinen 10% nicht überschreiten. Dies ist der große Vorteil der Gefrierlagerung von Obst.

Eine Zugabe von 1 Gramm Ascorbinsäure auf 1 Liter Zuckerlösung erhält die Farbe bei Äpfeln, Birnen, Mirabellen, Aprikosen, Pfirsichen, Weintrauben. Das Blanchieren dieser Obstarten wirkt ebenfalls günstig auf die Farberhaltung.

Tiefgefrorene Früchte können das ganze Jahr über eine Delikatesse sein, wenn die Auswahl von gefriergeeigneten Sorten, reifen Früchten und die Arbeitsanleitungen für die jeweiligen Früchte berücksichtigt werden.
Obst mit intensiver Eigenfärbung, z. B. Johannisbeeren, Himbeeren, Kirschen, Erdbeeren, eignet sich besser als Obst, das sich leicht verfärbt, wie Äpfel, Birnen, Aprikosen.
Die richtige Reife ist notwendig, weil Obst während der Gefrierlagerung nicht nachreift. Überreife Früchte sind ungeeignet, weil sie häufig weich oder mehlig werden.
Obst, das nicht als Kuchenbelag und für Marmelade verwendet wird, soll mit Zuckerzusatz eingefroren werden. Dies bringt einige Vorteile: Zucker schließt den Luftsauerstoff direkt von der Fruchtoberfläche ab, dadurch werden ein Verfärben sowie eine Geruchs- und Geschmacksminderung verhindert. Außerdem werden Form und Konsistenz besser erhalten. Es darf aber nicht zu viel Zucker zugegeben werden, denn dadurch gefriert das Obst langsamer.
Statt Rohr- und Rübenzucker kann auch Traubenzucker, Fruchtzucker oder Stärkesirup zugegeben werden.
Mit Streu- oder Puderzucker wird Beerenobst eingefroren. Eine Zuckerlösung, die abgekühlt über die Früchte gegeben wird, empfiehlt sich bei allen übrigen Obstarten. Die Zugabe von Pektin (z. B. 1 Eßlöffel Opekta auf 1 Liter Zucker-lösung) verbessert Aussehen und Safthaltevermögen. Dies ist nicht notwendig bei Preiselbeeren, Zwetschgen, Heidelbeeren und Stachelbeeren.
Beim Gefriervorgang tritt eine tiefgreifende Veränderung im Zellgewebe auf, deshalb verlieren aufgetaute Früchte ihre Knackigkeit, bröckeln ab (Himbeeren), werden wollig (Aprikosen), die Fruchthäute werden fester (Aprikosen, Zwetschgen) und die Kerne werden härter (Johannisbeeren, Weintrauben).
Zuckerlösung:
35%ige Zuckerlösung: 270 g Zucker auf 0,5 l Wasser
40%ige Zuckerlösung: 335 g Zucker auf 0,5 l Wasser
45%ige Zuckerlösung: 410 g Zucker auf 0,5 l Wasser
Wasser erhitzen, Zucker auflösen, abgekühlt über die Früchte geben. Notwendig bei Birnen, Kirschen, Mirabellen, Aprikosen, Pfirsichen, Zwetschgen.
Trockenzucker: 1 Teil Zucker auf 4–6 Teile Obst; bei Heidelbeeren, Johannisbeeren, dunklen Sauerkirschen, Brombeeren, Erdbeeren, Himbeeren.
Ascorbinsäure (0,1%) verhindert unerwünschte Bräunung (1g/l).
Lagerdauer in der Regel bis zu 12 Monate.

Für die Praxis

▷ Schnell verarbeiten, Zucker zugeben, gut verpacken.
▷ Keine Metallgefäße verwenden, sondern Kunststoffbehälter oder Folien.
▷ Möglichst gleichbleibend tiefe Lagertemperatur einhalten.
▷ Das Auftauen soll nicht zu lange dauern.
▷ Früchte in Zuckerlösung im geschlossenen Behälter auftauen.
▷ Beerenfrüchte eignen sich besonders für das Auftauen im Mikrowellengerät.
▷ Aufgetautes Obst baldmöglichst verzehren.

Kleinere Mengen Gefrierobst (250–500 g) können im Mikrowellengerät mit der gleichen Menge Gelierzucker (oder weniger) in 8–10 Minuten zu Konfitüre verarbeitet werden. Der Arbeitsaufwand ist dabei besonders gering, Vitamine und frischer Geschmack bleiben besonders gut erhalten.

Obst einfrieren

Obstart, gefrier-geeignete Sorten	Streuzuckerzusatz je 500 g Obst	Zuckerlösung	Arbeitsanleitung
Äpfel »Ontario«, »Jonathan«, »Gravensteiner«, »Berlepsch«, »Cox Orange«	–	35%ig Schnitze bedecken	Schälen, achteln, Kerngehäuse entfernen, in schwache Kochsalz- oder 35%ige Zuckerlösung tauchen. 2 Minuten blanchieren (2 g Ascorbinsäure in das Blanchierwasser). Verwenden für Kompott, Süßspeisen, Eis – ohne Zucker als Kuchenbelag.
Apfelmus »Boskop«, »Jonathan«	80 g	–	Von geschälten oder ungeschälten Äpfeln zubereiten. Für Kompott, Eis und Süßspeisen. Wirtschaftlicher ist Sterilisieren.
Aprikosen »Royal« »Vintschgauer«	–	40%ig + Ascorbinsäure Früchte bedecken	Festfleischige Früchte waschen, kurz in heißes Wasser tauchen, schälen, dann entsteinen. Für Kompott ist Sterilisieren günstiger. Verwenden für Süßspeisen, Mixgetränke, Eis, Torten und als Kuchenbelag.
Birnen »Alexander« »Williams Christ« »Gute Luise«	–	20–40%ig + Ascorbinsäure	Verarbeitung und Verwendung wie Äpfel. Wirtschaftlicher ist aber die Haltbarmachung des Kompottes durch Sterilisieren.
Brombeeren »Theodor Reimers« (auch Wildfrüchte)	50 g	40%ig	Nur vollreife Früchte verwenden (Aromabildung), evtl. vorgefrieren, wenn Verwendung als Kuchenbelag. Für Süßspeisen, Kaltschalen, Getränke, Konfitüre.
Datteln	–	–	Ohne Zuckerzusatz. Verwenden zu Obstsalaten, Saucenverfeinerung.
Erdbeeren »Senga Sengana« »Senga Tigaiga«	75 g	–	Waschen und entstielen. Für Kompott und Bowle: halbieren, in Behältern mit oder ohne Zucker einfrieren. Für Kuchenbelag: gleichmäßige, kleine Früchte auf Blech vorgefrieren, nach 4 Stunden in Beutel verpacken. Auch für die Garnitur von Süßspeisen und Torten geeignet. Für Süßspeisen, Konfitüre, Tortenfüllungen, Fruchtsaucen, Eis: Die rohen Erdbeeren werden im Mixer mit oder ohne Zucker zerkleinert, portionsweise in Behälter gefüllt und eingefroren. Diese Methode ist platzsparend.

Obstart, gefriergeeignete Sorten	Streuzuckerzusatz je 500 g Obst	Zuckerlösung	Arbeitsanleitung
Hagebutten	150 g	–	Je nach späterem Verwendungszweck mit und ohne Zucker. Früchte halbieren, kurz aufkochen und durch Fruchtpresse geben oder Samen entfernen und pürieren. Verwenden für Konfitüre, Fruchtsaucen, Milchmixgetränke.
Heidelbeeren	100 g	–	Waschen, verlesen, für Kuchenbelag ohne Zucker verarbeiten. Verwenden für Konfitüre, Süßspeisen, Kompott.
Himbeeren »Schönermann« »Winklers Sämling«	75 g	35%ig	Die Form der Früchte leidet beim Waschen sehr. Möglichst vorfrosten, dann können die Früchte als Kuchenbelag und Verzierung verwendet werden, siehe Erdbeeren.
Johannisbeeren, rote, schwarze und weiße, alle Sorten geeignet	100 g	40%ig	Nach dem Waschen entstielen. Auftauen evtl. mit Wasserzugabe (heiß). Verwendung für Konfitüre (Mischungen), Fruchtsaucen, Eis, Süßspeisen.
Kirschen, süß	75 g	35%ig	Feste, dunkle Sorten auswählen, helle Sorten zeigen Verfärbungen. Entsteinen, weil durch eine längere Lagerdauer bittermandelähnlicher Geschmack entstehen kann.
Kirschen, sauer »Schattenmorelle« »Weichsel«	75 g	45%ig	Festfleischige Früchte auswählen, entsteinen, mit Zucker einfrieren. Den beim Entsteinen anfallenden Saft zur Zuckerlösung geben. Verwendung für Kompott oder Obstsalat.
Kiwis	50 g	–	Schälen, in Scheiben schneiden oder für Eis pürieren.
Konfitüren	Bis 250 g Fruchtzucker	–	Früchte pürieren, bis 10 Minuten sprudelnd kochen und die abgekühlte Masse einfrieren. Diese Konfitüre enthält so wenig Zucker, dass sie ohne zusätzliche Konservierung nicht haltbar ist. Für Diabetiker geeignet (mit Anrechnung).
Mirabellen	50 g	35%ig	Waschen, verlesen, entsteinen, feste, nicht leicht bräunende Sorten auswählen. Verwendung für Süßspeisen, Kompott, Konfitüre.
Pfirsiche	–	40%ig + Ascorbinsäure	Kurz in kochendes Wasser tauchen, Haut abziehen, in ascorbinhaltiges Wasser legen, halbieren, entsteinen, einfrieren. Pfirsiche bringen nur befriedigende Ergebnisse beim Gefrieren. Verwenden für Kompott und Süßspeisen (Sterilisieren günstiger).
Preiselbeeren	–	40%ig	Wie Johannisbeeren.
Rhabarber	100 g	40%ig	Kann roh in Stücke geschnitten oder als fertiges Kompott eingefroren werden. Verwendung für Konfitüre, Mischkompott.
Stachelbeeren	100 g	35%ig	Waschen, entstielen und Blütenansätze entfernen. Im Ganzen oder püriert einfrieren. Verwendung für Konfitüren, Fruchtsaucen, als Kuchenbelag.
Zitrusfrüchte - Mandarinen - Orangen Grapefruits - Zitronen	–	–	Am besten entsaftet einfrieren oder das Fruchtfleisch pürieren. Verwendung für Konfitüren, Getränke.
Zwetschgen »Hauszwetschge«	–	40–45%ig	Pflaumensorten weniger gefriergeeignet, die »Hauszwetschge« jedoch gut. Waschen, entsteinen, für Kuchenbelag nicht gezuckert, für Kompott gezuckert, auch roh verwertbar. Gibt Obstsalaten einen guten Geschmack.

Brot, Teige und Backwaren

Das Altbackenwerden von Brot und Backwaren geht in einem Temperaturbereich von +6 bis -7 °C vor sich. Das Problem beim Einfrieren dieser Lebensmittel liegt darin, diesen Bereich so schnell wie möglich zu durchlaufen; umso frischer bleibt das Gebäck. Ofenfrisches Gebäck wird deshalb rasch ausgekühlt und schockgefroren. Eine gute Verpackung ist besonders wichtig.

Brot wird am besten bei Raumtemperatur aufgetaut. Dauert es zu lange, kann der Vorgang beschleunigt werden: Das Brot zunächst bei 50–70 °C 1 Stunde im Backofen auftauen, dann bei ca. 200 °C etwa 10 Minuten aufbacken. Unvorsichtiges Auftauen führt zum Absplittern der Kruste. Austrocknung während der Gefrierlagerung kann auch dazu führen.

Das Einfrieren von Teigen bringt deshalb Vorteile, weil größere Mengen in einem Arbeitsgang hergestellt werden können. Das langsame Auftauen benötigt jedoch erhebliche Wartezeiten.

Fertiges Gebäck, besonders Kleingebäck, kann besonders gut eingefroren werden. Steht ein Mikrowellengerät oder Heißluftherd zur Verfügung, kann überraschender Besuch schnell bewirtet werden.

Häufig treten beim Auftauen Schädigungen bei zucker- oder schokoladenüberzogenen Gebäckstücken auf, da der frei werdende Wasserdampf den Überzug durch einen Feuchtigkeitsfilm blind werden lässt.

Brot, Teige und Backwaren einfrieren

Lebensmittel	Lagerdauer	Auftauen/Auftauzeiten				Hinweise
		Kühlschrank	Raumtemperatur	Backofen	Mikrowellengerät, Auftaustufe	
	Monate	Stunden	Stunden	Minuten	Minuten	
Brot						
Brötchen, Brezen, Stangengebäck	3	–	–	80 °C 4–5 + Auskühlen	1–2	1–2 Tassen Wasser auf den Backofenboden geben.
Weißbrot, Toastbrot, Graubrot, Mischbrot (1000 g)	3–6	6–8	3–4	100 °C 30 + 200 °C 10	8–10	Brotscheiben können gut im Toaster aufgetaut werden. 2 x 1 Tasse Wasser auf den Backofenboden geben.
Vollkornbrot, Pumpernickel, Grahambrot (500 g)	2	4–8	2–4	–	2–3	Für kleine Haushalte bzw. Diabetiker: gemischte Tagesration in einen Beutel oder Alufolie verpacken.

Lebensmittel	Lagerdauer	Auftauen/Auftauzeiten				Hinweise
		Kühlschrank	Raum-temperatur	Backofen	Mikrowellen-gerät, Auftaustufe	
	Monate	Stunden	Stunden	Minuten	Minuten	
Teige						
Blätterteig, Quarkblätterteig	4–6	5–6	1–2	–	2–3	Jeweils rechteckige 250-g-Portionen formen, in Alufolie verpacken. Auftauen, bis sich der Teig wie üblich formen lässt.
Hefeteig 500 g Mehl/ 50 g Hefe/ 1 TL Backpulver	2 Monate	5–6	2–3	–	–	Vor dem Einfrieren Hefeteig nicht ruhen lassen. In Behältern einfrieren.
Mürbeteig	2–3	5–6	3–4	–	2–3	In Alufolie verpacken, nur so weit antauen lassen, bis Verarbeitung möglich.
Rührteig, Backpulverteig	2–3	5–6	2	–	–	In Alu-Kuchenformen verpacken, nach dem Auftauen Packung öffnen und backen.
Brotteig, Sauerteig mit Hefezusatz	2	–	ca.12	–	–	Vor dem Einfrieren nicht gehen lassen, Brotteig verbacken, wenn doppeltes Volumen erreicht ist.
Backwaren						
Blätterteiggebäck, z. B. Pasteten	1	–	–	220 °C 8	6–7	Glasieren nach dem Auftauen. Evtl. auch in der Pfanne trocken erwärmen.
Hefekleingebäck, Blechkuchen	1	–	–	170 °C 10	5–6	Wenn in Alufolie verpackt, in den Ofen schieben; auf Glas- oder Porzellanplatte im Mikrowellengerät.
Rührkuchen, Kastenkuchen	4–6	–	4–6	50–70 °C 30	10	Günstig zum Auftauen im Mikrowellengerät. Evtl. mit Puderzuckerglasur einfrieren.
Biskuittortenboden	6–8	–	1–2	–	5	Auftauen, bis Weiterverarbeitung möglich.
Biskuitrolle, gefüllt	4	2	1	80 °C 10	Antauen 4	Backofen: Portionsstücke in Alufolie verpacken. Mikrowelle: Vorsichtig, nach Kontrolle nochmals einstellen.
Buttercreme-, Sahnetorten	1–3	4–6	3–4	–	Antauen 5–8 Portions-stücke 2–3	Mikrowelle: Vorsichtig, nach Kontrolle nochmals einstellen. Evtl. vor dem Gefrieren in Portionen schneiden.
Quarksahnetorte	2	10–12	–	–	Antauen 2–3	Aufgeschnitten einfrieren, verkürzt die Auftauzeit.
Kleingebäck, Weihnachts-plätzchen	1–3	–	0,5	–	2–3	Besonders um Arbeitsspitzen vor Festtagen auszugleichen. Nach Sorten getrennt einfrieren, Geschmack!

Fertiggerichte

Das Einfrieren von Fertiggerichten bietet eine große Arbeitserleichterung, besonders für Allergiker, berufstätige Frauen und Personen, die einen kleinen Haushalt zu versorgen haben.
Nach dem Grundsatz 1-mal kochen und 3-4-mal essen kann viel Zeit gespart werden. Auch den Haushaltsmitgliedern, die Diät halten müssen, ermöglicht überlegte Vorratsbereitung einen abwechslungsreichen Speiseplan. Besonders der Vorteil der Geschmacksintensivierung durch das Zubereiten großer Mengen darf nicht unterschätzt werden. Einige Grundregeln sind jedoch zu beachten:
Als Fette eignen sich Margarine, Süßrahmbutter, gutes Öl (Olivenöl) und gehärtete Pflanzenfette. Schweineschmalz oder Erdnussöl bringen nach längerer Lagerzeit einen muffigen, talgig-dumpfen Geschmack.
Es sollte vorsichtig gewürzt werden. Bei längerer Lagerung verändern sich manche Gewürze, z. B. Basilikum, Curry, Knoblauch, Zwiebeln. Deshalb dem Essen erst vor dem Anrichten mit Kräutern die besondere Note geben.
Frische Zwiebeln werden nur bei einer Lagerdauer bis zu 2 Monate zugegeben. Bei längerer Lagerdauer besser Zwiebelpulver oder Trockenzwiebeln beim Aufwärmen zugeben.
Als Bindemittel für Saucen eignet sich Vollkornmehl besser als Speisestärke. Mit Speisestärke kann eine grießige Sauce entstehen. Beim Aufwärmen ist es oft notwendig, nochmals Speisestärke zuzugeben.
Die Garzeit der Gerichte knapp bemessen (75% der üblichen Garzeit). Sorgfältige Verpackung und Einhalten der Lagerzeit fördern die Qualität. Ganz besonders wichtig ist das gute Durchkochen beim Wiedererwärmen.

Reste einfrieren

Gefriergut	Verpackung	Lagerdauer	Verwendung
Zitronensaft, Grapefruitsaft, Weißwein, Kaffee, Tee	Eiswürfelfolie oder Behälter	6 Monate	Getränke, zum Abschmecken von Saucen bzw. Süßspeisen.
Reis, Teigwaren	Behälter oder Folie	6 Monate	Unauftgetaut in Salzwasser oder Fett erhitzen bzw. im Mikrowellengerät.
Belegte Brote für Zwischenmahlzeiten	Alufolie oder Beutel	4 Wochen	Auftauen bei Raumtemperatur.
Kartoffeln, gekocht	Dosen oder Beutel	6 Wochen	Zu Kartoffelbrei oder Suppe verarbeiten.
Schlagsahne (Rahm)	Gespritzt auf Folie, vorgefroren verpacken	3 Monate	Für Verzierungen, zum Abschmecken von Saucen.
Wurstreste, Aufschnitt, Käsereste	Alufolie	3 Monate	Nach Feiertagen oder nach zu großem Einkauf einfrieren, später verwerten.
Tierfutter	Beutel	6 Monate	Größere Mengen portioniert einfrieren (geringerer Arbeitsaufwand).

Fertiggerichte einfrieren Lagerdauer: 2–3 Monate

Gefriergut	Erhitzen auf dem Herd	Erhitzen im Backofen	Erhitzen im Mikrowellengerät[1] und Dampfgarer[1]	Hinweise
Suppenbrühe, gebundene Suppen	Gefroren	–	Gefroren	Konzentriert einfrieren, mit heißem Wasser erhitzen. Gebundene Suppen evtl. nochmals binden.
Suppeneinlagen: Markklößchen, Leberknödel	Garen in der Suppe	–	–	Nach Rezept zubereiten, formen, roh einfrieren, getrennt nach Suppe und Einlage.
Pfannkuchen, Biskuits, Goldwürfel	In der fertigen kochenden Brühe auftauen	–	–	Nach Rezept zubereiten, schneiden, einfrieren.
Braten, 750 g vom Rind, Schwein, Kalb, Wild	An- oder aufgetaut langsam erhitzen 30–50 Minuten	An- oder aufgetaut 175 °C 60–80 Minuten	An- oder aufgetaute Portionsscheiben.	In Sauce einfrieren. In Scheiben geschnitten ist die Auftauzeit kürzer.
Hackbraten, roh oder gebraten	–	1 kg roh: nicht angetaut 220 °C 120 Minuten; gebraten: 220 °C 60 Minuten	Aufgetaut portionsweise erwärmen	Hackbraten mit wenig Zwiebeln und ohne Knoblauch zubereiten.
Fleisch- und Kohlrouladen, fertig gegart	Angetaut, langsam in Sauce erhitzen 30–40 Minuten	Angetaut 220 °C bis 30 Minuten	Zuerst auftauen, dann erhitzen	Sauce evtl. nochmals binden und abschmecken.
Frikadellen, Fleischküchlein, Fleischpflanzerl Cevapcici, roh eingefroren	Gefroren langsam in der Pfanne braten 20–30 Minuten	Angetaut grillen 15–25 Minuten	–	Vorrat an kleinen Hackfleischportionen für Hackfleischsaucen, gefülltes Gemüse usw. ist günstig.
Gulasch	Angetaut mit 125 ml Wasser langsam erhitzen	–	Zuerst auftauen, dann erhitzen	Mit Salz und Zwiebelpulver nachwürzen.
Gefüllte Gurken, Paprikaschoten (halbgar vorbereitet)	Antauen, mit Wasserzusatz dünsten	Angetaut in feuerfester Form 200 °C 30 Minuten	Zuerst auftauen, in feuerfester Form erhitzen	Gut geeignet.

[1] Auftauen und Erhitzen nach Gebrauchsanweisung des Geräteherstellers. Speisen abdecken.

Konzentrierte Knochenbrühe

Rinderknochen,
kaltes Wasser
<u>Gewürze pro Liter Wasser:</u>
2 Pimentkörner,
2 schwarze Pfefferkörner,
1 kleines Lorbeerblatt,
1 Prise Thymian,
1 Knoblauchzehe,
1 Gewürznelke,
1 Liebstöckelblatt

Eine größere Menge Knochen in einen hohen Topf geben und kaltes Wasser und die Gewürze zugeben, bis die Knochen knapp bedeckt sind. Ca. 1 Stunde leise kochen lassen, Brühe abseihen. Nach dem Erkalten entfetten, in Behältern einfrieren.

Lagerdauer: 6-12 Monate, je nach Fettgehalt

Auftauen

Gefrorenen Block in heißes Wasser legen und erhitzen.

Zucchinisuppe

2 EL Olivenöl
½ TL Kurkumapulver
½ l Wasser
1 kg Zucchini
1 kleine Stange Lauch
Salz

Öl und Kurkumapulver kurz erhitzen, Wasser, Zucchini, Lauch und Salz zugeben, ca. 10 Minuten köcheln lassen, bis die Zucchini weich sind, dann pürieren.

Ein Teil der Suppe kann sofort, mit verschiedenen Kräutern garniert, serviert werden. Der andere Teil wird in Gefrierbehälter gefüllt und ausgekühlt eingefroren.

Bezugsquelle für Mixstab:
www.bamix.com

Hackfleischbällchen

1 kg Gehacktes, halb Rind, halb Schwein,
250 g reines Rinderhack,
Salz und Pfeffer

Hackfleisch zweimal durch den Fleischwolf drehen, Salz und Pfeffer zugeben (kein Ei), kleine Bällchen (Durchmesser ½–1 cm) drehen, in kochende Bouillon geben. Sobald sie an der Oberfläche schwimmen, sind sie zum Einfrieren fertig. Dazu wird eine Schale mit Küchenpapier ausgelegt und die Bällchen rollend getrocknet. Ein wenig Öl oder Backpapier auf ein Backblech geben und darauf die Bällchen einzeln vorfrosten. Am nächsten Tag gefriergerecht verpacken und einfrieren. Sie eignen sich sowohl für klare Suppen als auch für gebundene Suppen, speziell Tomatensuppe.

Hinweis

Werden die Teigbällchen nach dem Formen auf ein geöltes Blech oder Backpapier gelegt, halten sie die runde Form schöner beim Einlegen in die heiße Bouillon.

Lagerdauer: bis 6 Monate

Ochsenschwanzsuppe

750 g Ochsenschwanzstücke,
30 g Butterschmalz,
2 Möhren, 1 kleines Stück Sellerie, 1 Stange Lauch,
1 Zwiebel, Petersilienstängel,
2 kleine Tomaten,
250 ml Rotwein,
1¼ l Wasser,
1 Lorbeerblatt, 2 Stengel Thymian, 3 schwarze Pfefferkörner, evtl.
1 kleine getrocknete Peperoni, Salz, Zucker
Sherry und Petersilie zum Abschmecken

Fleisch waschen, abtupfen, in Butterschmalz anbraten. Fein geschnittenes Suppengrün zugeben, mit andünsten. Tomaten häuten, in Würfel schneiden, mit Rotwein, Wasser und Gewürzen zum Fleisch geben. Zugedeckt kochen, bis sich das Fleisch vom Knochen löst (90–120 Minuten, im Schnellkochtopf 20–30 Minuten). Fleisch aus der Suppe nehmen, Suppe abseihen, dabei wird sie »klar«. Erkaltet einfrieren. Fleisch vom Knochen lösen, getrennt einfrieren.

Lagerdauer: bis 12 Monate

Auftauen: Suppe in 1 Tasse heißem Wasser auftauen und erhitzen, gefrorenes Fleisch zugeben, ziehen lassen. Suppe mit Sherry abschmecken, mit fein gehackter Petersilie bestreuen.

Ochsenschwanz-Gedicht von Rudolf Hagelstange

Ein Ochsenschwanz hat drei Funktionen:
Zunächst soll er das Rindvieh schonen,
als Fächer oder Wedel dienen
zum Schutz vor Bremsen oder Bienen,
zum zweiten soll er auch noch zieren
und, falls die Ochsen sich genieren,
gewisse Stellen überdecken,
die nicht nur Ochsen gern verstecken.

Und wandert er dann mit dem Ochsen
zum Endspurt in die Schlachthausboxen,
dann kommt er damit nach der Häutung
zur letzten höheren Bedeutung.
Nun sieht, ein Sonderfall bei Schwänzen,
man ihn auf Speisekarten glänzen.
Es braucht ihn niemand zu bedauern
und seinem Dasein nachzutrauern;
im Leben war er hintendran,
hier steht er meistens obenan
und wird als Suppe vor dem Essen
nach seinem inneren Wert bemessen.
Insofern ist er, streng genommen,
zu Ehre nun und Ruhm gekommen.
Man wird ihn drum – vor allen Schwänzen,
mit Lorbeer würzen und umkränzen.
So geht es manchmal auf der Welt;
Wer lebend hinten runterfällt,
wird oft im Tode hochverehrt –
doch schöner wär' es umgekehrt.

Pfingstltopf - Geschmorter Ochsenschwanz

150 g geräuchertes Wammerl, 1 große Zwiebel, 30 g Butterschmalz, 8 Ochsenschwanzstücke, 1 kleine Stange Lauch, 1/4 Sellerieknolle, 50 g Tomatenmark, 1 EL Mehl, Fleischbrühe, Salz, 6 Pfefferkörner, 6 Wacholderbeeren, 2 Lorbeerblätter, 2 Nelken, Rotwein nach Belieben, 2 EL saure Sahne, 4–6 Dörrzwetschgen nach Belieben

Geräuchertes Wammerl und Zwiebel in kleine Würfen schneiden, im Bräter anbraten, auf einen Teller geben. Im Bräter Butterschmalz erhitzen, Fleisch zugeben und kräftig anbräunen. Lauch und Sellerie in 1/2 cm Würfel schneiden, mit anbraten. Tomatenmark, Zwiebel und Wammerl zugeben, nochmals alles gut anbräunen. Mit Mehl stauben. Mit so viel Fleischbrühe aufgießen, dass die Ochsenschwanzstücke fast bedeckt sind. Salz und Gewürze (im Beutel oder in speziellem Teeei) zugeben, aufkochen und in den auf 160° C vorgeheizten Backofen geben. Mindestens 2 Stunden schmoren lassen, bis sich das Fleisch vom Knochen löst. Aus dem Ofen nehmen, auf die Herdplatte stellen, Rotwein zugeben, saure Sahne einrühren. Evtl. die Dörrzwetschgen, kurz vorher aufgekocht, zugeben. Dazu gibt es Semmelknödel. Als Beigabe Dörrobst, Essigzwetschgen oder Preiselbeeren.

Hinweis

Dieses Rezept kann in großer Menge für eine Gästebewirtung zubereitet werden. Reste können 3 Monate eingefroren werden.

Sauerbraten

Marinade:
250 ml Weinessig (5%ig), 1/2 l Wasser, 1 Lorbeerblatt, 4 Pfefferkörner, 4 Pimentkörner, 1 Zwiebel, 1 Möhre, 1 Stück Lauch

1 1/2– 2 kg Rindfleisch vom Schaufelstück oder falsches Filet
1 EL Öl, 50 g durchwachsener Speck, 1 Zwiebel, 1 Tomate, 1 Saucenlebkuchen

Marinade aufkochen und abkühlen lassen. Fleisch waschen, in eine Schüssel legen, mit Marinade übergießen und 2–3 Tage im Kühlschrank durchziehen lassen. Öl und Speck erhitzen. Fleisch aus der Marinade nehmen, mit Küchenpapier abtupfen, von allen Seiten anbraten. Zwiebel und Tomate klein schneiden, zugeben, mit Marinade aufgießen, Saucenlebkuchen einrühren. Ca. 2 Stunden bei mittlerer Hitze garen.

Hinweis

Eine Portion sofort servieren, die anderen in Kunststoffbehältern mit Sauce einfrieren.

Lagerdauer: 3 Monate.

Rinderschmorbraten

1 1/2–2 kg Rindfleisch von Kugel oder Hüfte, 50 g durchwachsener Speck, 1 EL Öl, 2 kleine Zwiebeln, 2 Tomaten, Salz, Paprika, 1/2 l Wasser, Saucenlebkuchen, 1 Becher Crème fraîche oder saure Sahne

Das gut abgehangene Fleisch würzen, mit Speckstreifen und Öl von allen Seiten gut anbraten. Zwiebeln und Tomaten zugeben, andünsten, würzen, Wasser aufgießen. 2 Stunden bei mittlerer Hitze garen, mit Saucenlebkuchen und Créme fraîche andicken.

Hinweise

Soll das Fleisch besonders zart werden, 2 Tage mit saurer Sahne oder Buttermilch bedeckt in den Kühlschrank stellen oder nach dem Anbraten 1 Eßlöffel Rum oder Weinbrand darüber gießen. Eine Portion sofort servieren, den Rest nach Portionsgrößen mit Sauce in Kunststoffbehälter füllen, beschriften und einfrieren.

Lagerdauer: bis 3 Monate.

Variation

Mit Schweinefleisch kann dieser Schmorbraten auch hergestellt werden. Dazu passende Gewürze: Beifuß oder Nelken, Rosmarin, Basilikum, Majoran.

Rouladen

10 Fleischscheiben (aus der Ober-, Unterschale oder Kugel vom Rind, Schweineschnitzel, Kalbsschnitzel), Salz, Pfeffer, Senf, 100 g Speckwürfel, 4 Zwiebeln, 3 EL Öl, Mehl, ½ l Wasser, 1 Becher Crème fraîche

Fleischscheiben nicht waschen, einzeln auf eine Platte legen, würzen, mit Senf bestreichen. Speckwürfel mit Zwiebeln rösten, die Rouladen damit belegen, aufrollen, mit Rouladennadeln oder einem Holzspießchen zusammenhalten. Öl erhitzen, Rouladen in Mehl wenden, von allen Seiten anbraten. Wasser aufgießen, 1 Stunde schmoren lassen, mit Crème fraîche abschmecken.

Hinweise

Ist der Topf zu klein, besser die Rouladen in zwei Portionen anbraten, weil sie dann schneller braun werden.

Eine Mahlzeit sofort servieren, den Rest portionsweise in Kunststoffbehältern einfrieren.

Lagerdauer: 3 Monate

Kohlrouladen mit Hackfleischfülle

1 möglichst großer Kopf Weißkraut (Weißkohl) oder Wirsing, 750 g gemischtes Hackfleisch, 2 Eier, 1 große Zwiebel, Salz, Pfeffer, Paprika, 1 eingeweichtes Brötchen, 50 g Öl, ½ l Wasser, Vollkornmehl, saure Sahne

Den Krautkopf 10 Minuten in kochendes Wasser legen, damit sich die Blätter leichter lösen. Hackfleischteig zubereiten, auf die großen Kohlblätter verteilen, wenn notwendig die Rippen abflachen, so aufrollen, dass das ganze Fleisch rundum eingehüllt ist, bei Bedarf mit Küchengarn oder Nadel zusammenhalten. Öl erhitzen, die Rouladen mit Küchenpapier abtupfen, auf allen Seiten bräunen, mit Wasser aufgießen, 45 Minuten schmoren lassen. Die Sauce mit Vollkornmehl binden (bleibt beim Gefrieren sämiger), mit saurer Sahne abschmecken.

Lagerdauer: 3 Monate.

Hinweise

Eine Portion sofort servieren, den Rest in Kunststoffbehältern einfrieren. Größere Mengen können auch in der Fettpfanne des Backofens zubereitet werden. Sie werden mit Speckscheiben belegt und 60 Minuten gegart.

Kräuterbutter

125 g Butter, Petersilie, Paprika, Zitronensaft, Worcester- oder Pfeffersauce

Pikante Butter zu gegrilltem Fleisch oder Fisch kann in Portionen eingefroren werden, die später nach Bedarf entnommen werden. Weiche Butter mit fein gehackter Petersilie, Paprika, Zitronensaft und Worcester- oder Pfeffersauce verrühren, eine Rolle von 2 cm Durchmesser formen, im Kühlschrank fest werden lassen, in Portionen schneiden, in Alufolie wickeln und einfrieren.

Lagerdauer: 3 Monate.

Variationen

Butter mit frischem Meerrettich und Zitronensaft, Butter mit Senf oder anderen Gewürzen abschmecken. Man kann die Butter auch zu Kugeln formen, kurz vorgefrieren, verpacken und dann einfrieren.

Eis – Grundrezept

250 ml Milch, 2 Eigelb, 75 g Zucker, 250–500 ml Schlagsahne
Geschmackszutaten:
1 Vanilleschote oder 1 Tafel zartbittere Schokolade oder Schokolade und Haselnüsse sowie in Rum eingeweichte Rosinen, Eierlikör

Milch mit den entsprechenden Geschmackszutaten erhitzen. Vanilleschote aufschlitzen. Das Mark mit einem Messer herausschaben, Schote und Mark in der Milch aufkochen, Schote dann entfernen. Schokolade in die Milch legen und öfter umrühren, Nüsse mit aufkochen lassen, Rumrosinen vor dem Gefrieren untermischen. Eigelb mit Zucker schaumig schlagen, in die heiße Milch einrühren. Nach dem Erkalten die Sahne steif schlagen, Milchmasse unterheben, in Behälter füllen und während des Gefrierens mehrmals durchrühren.

Lagerdauer: 3 Monate

Sahneeis – Grundrezept

3 Eiweiß, 3 Eigelb, 80 g Zucker, 250 ml Schlagsahne
Geschmackszutaten:
ausgeschabtes Mark einer Vanilleschote oder Vanillezucker oder 2 EL Rum mit 100 g gehackter Schokolade und 2 EL Kakao oder 1 Vanilleschote und 6 EL Eierlikör

Eiweiß in einer größeren Rührschüssel mit dem Handrührgerät sehr steif schlagen. In einer zweiten Rührschüssel Eigelb und Zucker schaumig schlagen, Eischnee unterheben. Die leer gewordene Schüssel ausspülen, auf 4 °C gekühlte Schlagsahne darin sehr steif schlagen. Eimasse und Geschmackszutaten unterheben, in Kunststoffbehälter füllen, beim Gefrieren 3-4-mal mit einer Gabel vermischen, nicht unnötig rühren.

Vanilleeis mit flambierter Orangensauce

Orangensauce:
50 g Zucker,
50 g Mandelblättchen,
300 ml Orangensaft,
200 ml Zitronensaft,
2 Bananen
500 ml Vanilleeis,
100 ml Rum (54%)

Zucker in einer (Kupfer-)Pfanne trocken erhitzen, bis er bräunlich wird. Mandelblättchen einrühren, mit Orangensaft aufgießen. Zitronensaft und geschälte, halbierte Bananen zugeben und kochen, bis die Bananen weich sind. Während dieser Zeit Vanilleeis portionieren, Rum in einem Töpfchen auf dem Herd oder in einer Tasse im Mikrowellengerät anwärmen. Eis und Pfanne mit der Sauce auf den Tisch stellen, Rum anzünden und über die Sauce gießen.

Fruchtsorbet

Sorbet ist halbgefrorenes Eis. Es kann sowohl wie Eis verzehrt als auch mit Mineralwasser oder Sekt aufgegossen werden. Wird es als Vorrat zubereitet, muss es vor dem Verzehr angetaut oder im Mikrowellengerät 2 Minuten auf Auftaustufe gestellt werden. Sorbet kann auch durch Mixen von gefrorenen Früchten kurz vor dem Verzehr hergestellt werden.

Lagerdauer: 6-12 Monate

Eis und Sorbet selber machen mit speziellen Eisbereitern bringt Freude und Genuss für Groß und Klein.

Kiwisorbet

6 Kiwis,
3 EL kaltes Wasser,
nach Belieben Zucker,
3 EL Orangenlikör

Kiwi schälen, in Scheiben schneiden, mit der Gabel zerdrücken und teilweise pürieren. Wasser zugeben, wenn erwünscht mit Zucker und Likör abschmecken. In Kunststoffbehältern einfrieren.

Hinweis

Kiwifrüchte haben einen hohen Vitamin-C-Gehalt. Wenn sie preisgünstig sind, sind sie ein guter Vorrat für die Wintermonate.

Stachelbeer-Johannisbeer-Sorbet

300 g Stachelbeeren, 100 g schwarze Johannisbeeren oder beliebige Mischung der beiden Früchte, 100 g Zucker, 125 ml Wasser, 3 EL Cassis (Likör aus schwarzen Johannisbeeren)

Die Beeren im Mixer pürieren. Zucker, Wasser und Likör zugeben. In Kunststoffbehältern einfrieren.

Eis-Lolly für Leckermäuler

Früchte, z.B. Himbeeren, mit dem Mixstab pürieren, nach Belieben mit Wasser verdünnen, in spezielle Eis-Lolly-Formen mit Stiel füllen und einfrieren.

Die Eis-Lolly-Formen mit Stiel sind im Fachhandel zu bekommen.

Gut gefriergeeignete Kuchen und Torten

Lagerdauer: je nach Fettgehalt 3–6 Monate

Oblatentorte (Eistorte) »Schornblattl-Torte«

Teig:
3 ganze Eier, diese wiegen und genauso viel Zucker abwiegen, das Gewicht von 2 Eiern als Mehlzugabe bereit stellen
Füllung:
800 ml Schlagsahne, das Mark einer Vanilleschote, 1 EL Zucker

Im ersten Arbeitsschritt 8 Backpapierblätter in der Größe des Backbleches zuschneiden, mit dem Boden einer Springform von etwa 26 cm Durchmesser auf jedes Blatt mit dem Bleistift einen Kreis zeichnen. Den Backofen auf 170 °C vorheizen. Ist es ein Umluftbackofen, können 4 Böden gleichzeitig auf dem Rost und Backblechen gebacken werden.
Im zweiten Arbeitsschritt Eier mit Zucker sehr schaumig rühren, Mehl unterheben, je 1 EL Teig mit dem Messer auf das Backpapier in die vorgezeichneten Kreise streichen und backen, bis der Teig eine schöne hellgelb-braune Farbe erhält (ca. 10 Minuten), abkühlen lassen, mit einem Messer oder Palette vom Backpapier lösen.
Im dritten Arbeitsschritt, wenn alle 10–12 Böden gebacken sind, die Sahne steif schlagen, mit dem Vanillemark und Zucker, nach Belieben auch mit etwas Rum abschmecken. Die Böden mit je 2 EL Sahne aufeinandersetzen, ohne den Rand einzustreichen (die Böden sollen von außen erkennbar bleiben). Die Torte in die Gefriertruhe geben. Am nächsten Tag mit Alufolie verpacken und so lange im Frost lassen, bis sie 3 Stunden vor dem Verzehr im Kühlschrank aufgetaut wird. Die Torte muss beim Essen innen noch gefroren sein.

Hinweis

Dies ist ein altes Familienrezept und erfreut sich besonderer Beliebtheit!

Markscher Nußkuchen

250 g Butter, 250 g Zucker, 4 Eier, 250 g gemahlene Nüsse, 250 g Mehl, 1 Päckchen Backpulver, 1 Tafel zartbittere Schokolade, Fett und Semmelbrösel für die Form, Schokoladenglasur

Butter mit dem Handrührgerät schaumig rühren, Zucker und Eier abwechselnd zugeben, bis sich eine leichte Schaummasse ergibt. Zuerst die gemahlenen Nüsse, dann das mit Backpulver gesiebte Mehl und die gehackte Schokolade unterheben. In eine gefettete und mit Semmelbröseln ausgestreute Gugelhupfform füllen, backen. Noch warm aus der Form nehmen, erkaltet mit weicher Schokoladenglasur bestreichen.

Backtemperatur: 170–190 °C

Dauer: 1 Stunde

Hinweis

Wird der Kuchen eingefroren, nicht mit Schokoladenglasur bestreichen, im Ganzen oder stückweise in Alufolie verpacken. Nach dem Auftauen mit Glasur überziehen.

So sieht die Oblatentorte aus. Sie kann auch mit Kakao verziert und mit Obst bzw. Obstsalat ergänzt werden. ▶

Mohnkuchen

200 g Butter oder Margarine, 200 g Zucker, 8 Eier, 250 g gemahlener Mohn, 100 g Haselnüsse, 1 Päckchen Vanillezucker, 1 EL Mehl, 1 Messerspitze Backpulver, Fett und Mehl für die Form, Schokoladenglasur

Butter schaumig rühren. Zucker und Eier abwechselnd zugeben, bis sich eine leichte Schaummasse ergibt. Übrige Zutaten unterheben, in eine gefettete und mit Mehl ausgestreute Kastenform füllen, backen. Noch warm aus der Form nehmen, erkaltet mit Schokoladenglasur bestreichen. Ohne Glasur in Alufolie verpacken, einfrieren.

Backtemperatur: 170–190 °C

Dauer: 1 Stunde

Eierlikörkuchen

6 Eier, 250 g Puderzucker, 2 Päckchen Vanillezucker, 1 Prise Salz, 250 ml Eierlikör, 125 ml Öl, 250 g Mehl, 1 Päckchen Backpulver, Fett und Mehl für die Form

Eier mit Puderzucker schaumig rühren. Geschmackszutaten und Öl zugeben, dann mit Backpulver gesiebtes Mehl unterheben. In eine gefettete und mit Mehl ausgestreute Kastenform füllen, backen. Noch warm aus der Form nehmen, mit Puderzucker bestreuen. In Alufolie verpacken und einfrieren.

Backtemperatur: 150–170 °C

Dauer: 90 Minuten

Zitronenkuchen mit Haferflocken

180 g Butter, 200 g Zucker, 4 Eier, 150 g Mehl, 100 g zarte Haferflocken, 1 Päckchen getrocknete Zitronenschale, Fett und Haferflocken für die Form, 100 g Puderzucker und Saft von 2 Zitronen zum Beträufeln

Butter schaumig rühren, Zucker und Eier zugeben, übrige Zutaten unterheben. In eine gefettete, mit Haferflocken ausgestreute Kastenform füllen und backen. Puderzucker und Zitronensaft verrühren. Den heißen Kuchen aus der Form nehmen, mit der Mischung aus Puderzucker und Zitronensaft beträufeln. In Alufolie verpacken und einfrieren.

Backtemperatur: 170–190 °C

Dauer: 1 Stunde

Variation

Dieser Kuchen kann auch mit Orangenschale und Orangensaft hergestellt werden.

Hefekäsekuchen – Aus dem Sudetenland

600 ml Schlagsahne, 200 ml saure Sahne, 1 Tropfen Essig

Hefeteig:
40 g Hefe, 80 g Zucker, 250 ml Milch, 500 g Mehl, 2 Eier, 1 Prise Salz, 80 g Butter

Belag:
1 kg Quark, 2 Eier, Zucker und Sahne nach Geschmack

Außerdem:
Zwetschgenmus, Rosinen, gestiftelte Mandeln und Saucenlebkuchen, Mohn

Sahne und Essig am Tag zuvor verrühren, warm und still 12 Stunden stehen lassen, die Masse wird dicklich.

Hefe mit wenig Zucker und 4 Eßlöffeln Milch gut verrühren. Mehl in eine Schüssel geben, mit der angerührten Hefe und allen übrigen Zutaten zu einem mittelfesten Teig verarbeiten, warm ruhen lassen. Für den Belag alle Zutaten mit dem Handrührgerät schaumig schlagen. 12–14 desserttellergroße Pergamentpapierkreise ausschneiden, Teigplatten darauf ausrollen, einen höheren Rand formen. Quark über die Innenfläche verteilen, mit Zwetschgenmus, Rosinen und Mandeln verzieren. Den Lebkuchen reiben und auf den Rand streu-

en, in die Mitte etwas Mohn und darüber 1–2 Eßlöffel dickliche Sahne geben. Hell backen.
Backtemperatur: 200–220 °C
Dauer: 15–20 Minuten
In Alufolie oder Gefrierdosen verpacken und einfrieren. Beim Auftauen kurz aufbacken.

Kirchweih-Fleck'n – Böhmische Spezialität

Hefeteig:
40 g Hefe, 80 g Zucker, 250 ml Milch, 500 g Mehl, 2 Eier, 1 Prise Salz, 80 g Butter
Mohnbelag:
750 ml Milch, 500 g gemahlener Mohn, 100 g Butter, 150 g Zucker, 1 Saucenlebkuchen
Quarkbelag:
500 g Quark, 1 Ei, 50 g Zucker, 1 EL Vanillepuddingpulver
Außerdem:
Zwetschgenmus (Powidl), Rosinen, Eigelb zum Bestreichen

Hefe mit wenig Zucker und 4 Eßlöffeln Milch gut verrühren. Mehl in eine Schüssel geben, mit der angerührten Hefe und allen übrigen Zutaten zu einem mittelfesten Teig verarbeiten, zugedeckt ruhen lassen, dabei warm stellen.
Inzwischen den Belag vorbereiten: Milch und Mohn unter Rühren aufkochen, sonst brennt die Masse an (im Mikrowellengerät setzt sie nicht an), Butter, Zucker und Saucenlebkuchen zugeben. Masse über Nacht auskühlen lassen. Ist die Masse sehr weich, wenn sie erkaltet ist, dann 1 Eßlöffel Schokoladenpuddingpulver unterrühren, damit sie beim Backen fester wird.
Quark, Ei und Zucker schaumig rühren, Puddingpulver zugeben. Zwetschgenmus bereitstellen.
4-mal 1 Eßlöffel Hefeteig auf ein mit Backpapier ausgelegtes Backblech geben, dünn zu einer ca. 12 cm großen Platte auswellen und einen dickeren Rand formen, der mit Eigelb bestrichen wird. Die verschiedenen Beläge verteilen, z. B. auf einen »Fleck« zur Hälfte Quark, zur anderen Hälfte Mohn, mit Rosinen verziert; oder die Fleck'n vierteln und je 2 gegenüberliegende Viertel mit Zwetschgenmus und Quark bestreichen. Das Gebäck soll dekorativ aussehen. Backen.
Backtemperatur: 200–220 °C
Dauer: ca. 15 Minuten
In Alufolie oder Gefrierdosen verpacken und einfrieren. Beim Auftauen kurz aufbacken.

Roh gerührte Konfitüre

2 kg Erdbeeren, Himbeeren oder Pfirsiche, 1,5 kg Zucker oder weniger, 250 ml Wasser, 60 g Flüssigpektin

Früchte waschen, mit der Gabel zerdrücken, bei Erdbeeren Zitronensaft dazugeben, mit Zucker 2 Minuten verrühren. Kaltes Wasser mit Pektin anrühren, aufkochen (im Mikrowellengerät setzt es nicht an), unter die Fruchtmasse geben. Schraubgläser bis 5 mm unter den Rand füllen. 24 Stunden stehen lassen, vorgefrieren, mit Schraubdeckel verschließen und gefrierlagern.

Sterilisieren und Pasteurisieren

Die Möglichkeit, Lebensmittel durch Hitze in Gläsern und Dosen zu konservieren, wurde erst gegen Ende des 18. Jahrhunderts entdeckt. Durch die medizinischen Forschungen von LOUIS PASTEUR (1822-1895) und ROBERT KOCH (1843-1910) zur Bekämpfung der Infektionskrankheiten wurden auch auf dem Gebiet der Lebensmittelhaltbarmachung wesentliche Fortschritte erzielt.
Heute hat das Sterilisieren in vielen Haushalten an Bedeutung verloren. Es ist jedoch eine ideale Alternative, fertig zubereitete Speisen ohne Stromverbrauch langfristig zu lagern. Bezogen auf einzelne Produkte ist »das Eingemachte« eine optimale Ergänzung des Gefriervorrates:

- ▷ Bei Aprikosen, Birnen, Mirabellen, Pfirsichen und Renekloden bleiben Geschmack und Qualität durch Hitzekonservierung besser erhalten als durch Einfrieren.
- ▷ Vorteile bringt die sofortige Verwendbarkeit, z. B. von Wurstwaren und Kompott.
- ▷ In Gläsern eingemachte Fertiggerichte eignen sich zum Erwärmen im Mikrowellengerät.
- ▷ In Dosen sterilisierter Vorrat ist vor Strahleneinwirkung geschützt. Deshalb gehören Dosenvorräte zum Notvorrat.
- ▷ Gläser und Dosen können problemlos transportiert werden, z. B. für Picknick, für den Studenten, der sich einige Spezialitäten aus Mutters Küche mitnehmen möchte.
- ▷ Sterilisierter Vorrat ist unabhängig von Witterungseinflüssen und von der Stromversorgung.

Wirkungsweise

Beim Haltbarmachen durch Hitze unterscheidet man Sterilisieren und Pasteurisieren. Im Allgemeinen versteht man darunter Einmachen, Einkochen oder Einwecken.
Das Ziel dieser Verfahren ist es, durch das Erhitzen

- ▷ die Mikroorganismen abzutöten oder in ihrer Entwicklung zu hemmen;
- ▷ die lebensmitteleigenen Enzyme zu zerstören oder wirkungslos zu machen.
- ▷ Durch einen luftdichten Verschluss der Gefäße den Inhalt keimfrei zu halten.

Hinweis
Die Haltbarkeit der so hergestellten Produkte ist nicht mehr durch die Tätigkeit der Mikroorganismen begrenzt, sondern durch Licht und Temperatureinfluss bei der anschließenden Lagerung.

Fruchtsäfte sind z. B. bei einer Temperatur von 75 °C praktisch steril, da eventuell noch vorhandene Sporen in diesem sauren Milieu nicht auskeimen können.

Produkte wie Fleisch, Fisch, Erbsen, Bohnen, Spargel, Spinat, Pilze, benötigen z. T. 121 °C oder ein zweimaliges Erhitzen auf 100 °C, um steril zu sein.

Ein niedriger Salzgehalt in Gemüserezepturen und ein niedriger Zuckergehalt bei der Kompottbereitung erhöhen die Hitzebeständigkeit der Sporen, Hefen und Schimmelpilze.

Wird nicht im ganzen Inhalt die notwendige Sterilisiertemperatur erreicht, treten mit zunehmender Lagerzeit Verderberscheinungen auf. Dies ist eine häufige Fehlerquelle bei der häuslichen Vorratsbereitung.

Sterilisieren

Nach R. HESS bedeutet *praktische Sterilität* die Abwesenheit von krankheitserregenden, Gift bildenden und qualitätsmindernden Mikroorganismen sowie die Ausschaltung der Enzyme.
Die Erhitzungszeiten, die notwendig sind, um ein praktisch steriles Produkt zu erhalten, sind nicht nur temperaturabhängig, sie werden auch durch das Lebensmittel selbst bestimmt.
Fette und Öle schützen Mikroorganismen und Enzyme vor der Hitze, sodass sich der Sterilisiervorgang verzögert. Essig in der Rezeptur verkürzt die Abtötungszeit, ebenso ein Salzgehalt von mehr als 4%.
Bei flüssigem Dosen- oder Gläserinhalt wird die Wärme von außen nach innen durch Konvektion (Bewegung) während des langsamen Erhitzens übertragen. Je fester der Inhalt in seiner Beschaffenheit (Konsistenz) ist, z. B. Fleisch, Bohnen, desto größer können die Temperaturunterschiede von den Randschichten bis zum Mittelpunkt des Inhalts sein.

Pasteurisieren

Beim Pasteurisieren werden außer hitzeverträglichen und Sporen bildenden Mikroorganismen alle Krankheitserreger abgetötet. Die Einschränkung des für die Mikroorganismen verfügbaren Wassers durch Zusätze, z. B. hohe Zuckerzugaben, oder entsprechende Lagerbedingungen (Kühlschrank) verlängern die Haltbarkeit pasteurisierter Lebensmittel.

Gesundheitliche Aspekte

Die gesundheitlichen Gesichtspunkte beziehen sich hauptsächlich auf die Nährstofferhaltung. Eiweiß wird wie bei jeder Hitzebehandlung aufgespalten, das verbessert die Verdaulichkeit. Sind im Lebensmittel zusätzlich bestimmte Zuckerstoffe enthalten, kann während der Erhitzung bzw. während der Lagerzeit eine Bräunung entstehen (Maillard-Reaktion). Die so veränderten Eiweißbestandteile werden vom menschlichen Organismus nicht mehr verwertet. Auch die Enzyme sind Eiweißstoffe. Sie werden bei einer Temperatur von 60–80 °C zerstört. Durch das Erhitzen wird das Wasserbindungsvermögen des Eiweißes verringert. Das Bindegewebe in Fleisch und Fisch wird dadurch zäh und trocken. Hitzeempfindliche Eiweißbestandteile werden zerstört. Dabei frei werdender Schwefelwasserstoff kann Dosenkorrosion auslösen. Wasserlösliche Eiweißbestandteile werden von der Aufgussflüssigkeit ausgelaugt. Die Veränderungen im Fettanteil der Lebensmittel

Eine Messerspitze Natron – in Drogerien erhältlich – im Blanchierwasser bindet die Wasserhärte.

Durchschnittliche Verluste an wasserlöslichen Vitaminen in Gemüsen durch Sterilisieren (nach LUND 1979–Blanchierverluste einbezogen):

Vitamine der B-Gruppe	
B_1	69%
B_2	55%
B_6	54%
Niacin	46%
Pantothensäure	61%
Folsäure	61%
Biotin	51%
Vitamin C	64%

sind unbedeutend. Die Verdaulichkeit der Kohlenhydrate wird verbessert: Stärke quillt, und Zuckerstoffe werden aufgespalten.

Mineralstoffverluste treten beim Waschen und Blanchieren auf, weniger beim Sterilisieren, besonders wenn die Aufgussflüssigkeit verwendet wird. Es wurde jedoch festgestellt, dass Erbsen, Möhren und Bohnen beim Blanchieren in hartem Wasser Calcium- und Magnesiumsalze aufnehmen. Die Kocheigenschaft dieser Gemüse wird dabei nachteilig beeinflusst.

Die Vitaminverluste werden bei der Konservenindustrie durch genaues Einhalten der Sterilisationsbedingungen möglichst gering gehalten. Auch im Haushalt sind Rohware, Verarbeitung, Sterilisationsvorgang und Lagerbedingungen für die Vitaminerhaltung entscheidend. Bei zunehmender Reife erhöht sich der Vitamin- und Mineralstoffgehalt in Gemüse und Obst, überreif verarbeitetes Gut führt jedoch zu Qualitätsverlusten.

Für die Vitaminerhaltung besonders bedeutungsvoll ist die schnelle Verarbeitung der Rohware. Nach J. SCHORMÜLLER verliert Spinat nach zweitägiger Lagerung 75% seines Vitamin-C-Gehalts. Hohe Verluste treten auch bei Möhren und neuen Kartoffeln bei einer Lagerung bei 20 °C auf.

Beim Blanchieren im Haushalt liegen die Vitamin-C-Verluste zwischen 13–60%, Vitamin-B_1-Verluste zwischen 2–30%, Vitamin-B_2-Verluste zwischen 5–40%. Trotzdem ist es sinnvoll, Gemüse für eine längere Lagerung zu blanchieren, weil damit die Enzyme und der Sauerstoff im Gemüse ausgeschaltet werden. Enzyme und Sauerstoff können während des Sterilisiervorganges größere Verluste und Qualitätseinbußen verursachen. Verluste während des Sterilisierens werden durch Temperatur, Zeit und eingeschlossener Luft beim Füllen des Behälters bestimmt.

In der Säure in Fruchtsäften wird Vitamin C gut erhalten und Vitamin B_6 geht zu 40% verloren. Nach R. HESS gehen beim Sterilisieren von Fleisch $^2/_3$ des B_1-Gehalts, $^1/_3$ des B_6-, B_{12}- und Pantothensäure-Gehaltes verloren, B_2 und Niacin bleiben fast vollständig erhalten.

Häufig ist die Mühe umsonst, die man sich durch schonendes Sterilisieren gemacht hat, wenn die Lagerung in zu warmem »Klima« erfolgt; denn in den Dosen und Gläsern laufen während der Lagerung viele Wechselwirkungen ab, z. B. geschmackliche Veränderungen durch Sauerstoff und Lichteinfluss bei Birnen, Pfirsichen, Äpfeln, Spargel in Gläsern und Vitaminverluste.

Arbeitszeitbedarf

Für die Vorbereitungsarbeiten von Obst und Gemüse wurden einfache Handgeräte verwendet. Der angegebene Zeitbedarf beinhaltet über den Vorgang des Sterilisierens hinaus das Spülen der Gläser und Gummiringe sowie das abschließende Reinigen von Arbeitsgeräten, Arbeitsfläche, Herd und Spüle. Dabei ist unterstellt, dass zwei Chargen hintereinander verarbeitet werden, d. h. der für einmaliges Reinigen erforderliche Zeitbedarf ist der Charge nur zur Hälfte angelastet.

Arbeitszeitbedarf für das Sterilisieren von Obst und Gemüse

Art des Vorratsgutes	Arbeitszeitbedarf		
	Je Charge[1] Minuten	Je kg Minuten	Je Behältereinheit Minuten
Sterilisiergut in 1-Liter-Gläsern			
Obst (sofern keine gesonderten Angaben Verwendung von Streuzucker und Wasser)			
Apfelmus	40	13,2	7,9
Äpfel mit Zuckerlösung	55	18,5	11,1
Aprikosen, entsteint	53	17,5	10,5
Birnen	56	18,6	11,2
Erdbeeren	45	14,8	8,9
Erdbeeren mit Zuckerlösung	46	15,1	9,1
Kirschen, sauer; Mirabellen, nicht entsteint	40	13,4	8,0
Kirschen, sauer, entsteint mit einfachem Handgerät	61	20,3	12,2
Kirschen, sauer, entsteint mit Entsteiner	54	17,9	10,7
Kirschen, süß, nicht entsteint	43	14,1	8,5
Pfirsiche, blanchiert und entsteint	67	22,3	13,4
Stachelbeeren	64	21,2	12,8
Zwetschgen, entsteint mit Messer	55	18,2	10,9
Zwetschgen, entsteint mit Entsteiner	50	16,6	10,0
Gemüse			
Buschbohnen	70	23,2	13,9
Erbsen, roh	118	39,4	23,6
Erbsen, blanchiert	133	44,6	26,7
Gurken	50	16,8	10,1
Möhren	75	25,1	15,0
Schwarzwurzeln, roh	85	28,2	16,9
Schwarzwurzeln, blanchiert	100	33,4	20,1
Spargel, roh	80	26,7	16,1

Quelle: KTBL-Datensammlung, 3. Auflage.

[1] Auf einmal hergestellte Menge (= Chargengröße): 3 kg vorbereitetes Vorratsgut in 5 Gläsern á 600 g Fruchteinlage

Kosten

Kapitalbedarf und feste Kosten

Werden im Haushalt vorhandene Geräte verwendet, z. B. Backofen zum Sterilisieren oder Kochtopf, werden für die Vorratsbereitung keine speziellen Kosten angesetzt. Wird ein Sterilisiertopf angeschafft, kann mit einer Nutzungsdauer von mindestens 15 Jahren, je nach Häufigkeit der Verwendung, gerechnet werden.

Veränderliche Kosten*

* Beispiel für die Kalkulation. Zur Ermittlung der tatsächlichen Kosten aktuelle Zahlen einsetzen.

Kosten für Energie und Abschreibung für Dosen und Gläser (Nutzungsdauer 10 Jahre), Gummiringe (Nutzungsdauer 3 Jahre). Kosten für das Vorratsgut sind nicht enthalten.
Der Kostenberechnung liegt die verarbeitete Menge von 3 kg in 5 Gläsern à 600 g Füllmenge zugrunde.
Beispiel: 600 g Erdbeeren, gezuckert, im Glas sterilisiert

Kosten für Energie, Gläser (veränderliche Kosten)	0,21 €
Kosten für Erdbeeren, selbst gepflückt von Erdbeerplantage, 3 kg je 2,00 €	6,00 €
+ kein Anteil von festen Kosten (weil Sterilisieren im Backofen)	0,00 €
Herstellungskosten im Haushalt für 5 Gläser	6,21 €
Für 1 Glas	1,24 €
Arbeitszeitbedarf 9,1 Minuten pro Glas	
+ Erdbeerpflücken/Fahrt/kg ca. 10 Minuten	
Einkaufspreis im Lebensmittelgeschäft pro Glas/Dose	2,00–3,00 €

Veränderliche Kosten* für das Einkochen von Obst und Gemüse

Art des Vorratsgutes	Veränderliche Kosten			
	Ohne Zucker	Einschließlich Zucker	Ohne Zucker	Einschließlich Zucker
	€/kg		€/Behältereinheit	
Sterilisiergut in-1 Liter-Gläsern				
Gemüse				
nicht blanchiert	0,19	–	0,12	–
blanchiert	0,23	–	0,14	–
Gurken einschließlich Gewürz, nicht blanchiert	0,25	–	0,15	–
Obst mit Streuzucker				
süßes Obst	0,19	0,34	0,11	0,21
saures Obst	0,19	0,38	–	0,23
süßes Obst, blanchiert	0,22	0,37	0,13	0,22
Apfelmus	0,19	0,31	0,11	0,18

Quelle: KTBL-Datensamlung, 3. Auflage

Geräte und Hilfsmittel

Sterilisieren geschieht auf verschiedene Weise:
- ▷ im Sterilisier- oder Einmachtopf mit Einsatz, Deckel und Thermometer
- ▷ im Backofen, Dampfgarer oder Mikrowellengerät
- ▷ im Schnellkochtopf

Vorhandene Möglichkeiten und die Menge des zu verarbeitenden Einmachgutes sind entscheidend. Erfolgreich kann jede Methode durchgeführt werden.

Einkochtöpfe

Einkochtöpfe für Gas- oder Kohleherde haben einen normalen Boden. Für Elektroherde sollte der Boden in mehreren Schichten plangepresst, gut wärmeleitend und qualitativ hochwertig sein, denn eine Überhitzung kommt dabei leicht vor. Bei schlecht verarbeiteten Töpfen wölbt sich der Boden, die Energieausnutzung wird ungünstig.
Nur wenn viel eingekocht wird, lohnt sich die Anschaffung eines selbst beheizbaren Spezialeinkochtopfes mit eingebautem Thermostat bzw. Thermometer und Zeitschaltuhr. Dadurch gelingen die Produkte sicherer und geschmacklich besser. Ein Ablasshahn ist für das Leeren des Topfes praktisch.
Ein gelochter Einsatz für den Boden (Notlösung: dicke Zeitungspapiereinlage) und ausreichend Platz, sodass die Gläser ohne gegenseitige Berührung stehen können, sind erforderlich. Ist dies nicht gegeben, kommt es beim Erhitzen zu unregelmäßiger Wärmeverteilung und dadurch zum »Klappern«, die Gläser können springen.
Sterilisieren im Wasserbad des Einkochtopfes ist für Fleisch, Fleischwaren, Gemüse und Obst gleich gut geeignet.

Für die Praxis
- ▷ Gleich große Gläser gleichzeitig sterilisieren.
- ▷ Kaltes oder lauwarmes Wasser bis zu der Höhe auffüllen, auf der die Flüssigkeit in den Gläsern steht.
- ▷ Nach der in der Sterilisiertabelle angegebenen Zeit den Topf mit Gläsern von der Hitzequelle ziehen. Gläser entnehmen, mit einem Geschirrtuch abdecken und an einem zugfreien Ort auskühlen lassen.
- ▷ 24 Stunden später die Verschlussklammern abnehmen und durch leichtes Anfassen des Deckels den Erfolg kontrollieren.

Backofen und Dampfgarer

Sterilisieren im Backofen kann sowohl mit Unter- und Oberhitze als auch mit Heißluft durchgeführt werden. Dabei müssen die speziellen Gebrauchsanleitungen beachtet werden. Gefährlich ist bei dieser Methode, dass der Inhalt in den verschlossenen Gläsern leicht überkocht. Dabei verkleben die Glasränder mit dem eingelegten Gummi, ein Vakuum ist dadurch nicht mehr garantiert.
Für Gemüse und Obst ist dieses Verfahren gut geeignet. Für Fleisch und Fleischwaren nicht, weil während der langen Sterilisierzeit die Dichtungsgummis in der trockenen Hitze zerstört werden.

Für die Praxis

- Gleich große Gläser miteinander sterilisieren.
- Die Gläser in die Fettpfanne des Backofens auf Lücke stellen und so anordnen, dass die Luftaustrittsöffnungen des Backofens nicht verstellt werden.
- Im Heißluftherd 5-6 Gläser auf einmal sterilisieren.
- Im Dampfgarer nach Anweisung des Herstellers arbeiten.

Dampfgarer, geeignet zum Pasteurisieren, Regenerieren, Auftauen usw.
Bezugsquelle:
www.gaggenau.com

Sterilisieren und Pasteurisieren im Einkochtopf

Einmachgut		Sterilisierzeit für Gläser und Dosen in Minuten		
		$^1/_2 - {^3/_4}$ l	$1 - 1^1/_2$ l	2 l
Auf 75 °C werden erhitzt Fruchtsäfte in Flaschen oder Ballonen		Die Pasteurisation ist abgeschlossen, wenn im Innern der Behälter die Temperatur erreicht ist		
Auf 80 °C werden erhitzt				
Berberitzen, Brombeeren, Ebereschen, Hagebutten, Heidelbeeren, Himbeeren, Johannisbeeren, Preiselbeeren, Schlehen, Stachelbeeren, Weinbeeren		20	30	
Erdbeeren		20	20	
Auf 85 °C werden erhitzt				
Aprikosen, Kirschen süß und sauer, Mirabellen, Renekloden, Pfirsiche, Pflaumen, Zwetschgen		20	30	
Auf 90 °C werden erhitzt				
Ananas, Äpfel, Birnen, grüne Mandeln, grüne Nüsse, Einkochen von Mus		30	45	
Gurken: Essig-, Salz-, Senfgurken, Kürbis (vorgekocht), Melonen, Tomatenmark, Tomatenketchup, Zwiebeln		20	30	40
Tomaten, Mixed Pickles		30	40	
Auf 100 °C werden erhitzt				
Roh eingefüllt: Paprika, Paprika-Tomaten-Gemüse		60		
Kastanien		90	120	
Zuckererbsen		120	135	150
Fleisch, Geflügel, Fisch		150	180	200
Vorgekocht: Mais, Rhabarber, Rote Bete (Rüben)		20	30	40
Bohnen in Essiglösung		60	80	90
Artischocken, Bleichsellerie, Blumenkohl, Kohlrabi		90	120	
Puffbohnen (Dicke Bohnen, Saubohnen), Selleriesalat		120	135	150
Bohnen } Erbsen }	bei einmaligem Sterilisieren	120	135	150
	oder am 1. Tag/2. Tag	60/60	70/70	80/80
Möhren, Pastinaken, Rosenkohl, Rotkohl (Blaukraut), Sauerkraut, Schwarzwurzeln, Sellerie, Spargel, Weißkraut		120	135	150
Pilze		75	90	
Fleischgerichte, z. B. Braten, Gulasch, Ragout, Rouladen, Salzfleisch, Sülze, Suppenhühner		60	75	90
Fertige, heiß eingefüllte Gerichte		30	30	
Blutwurst, Leberwurst, Presssack		120	150	180
Pasteten, Wurstwaren		100	120	150
Kuchenteige			120	

Sterilisieren von Gläsern im Backofen

(Bei Dampfgarer Gebrauchsanweisung des Herstellers beachten)

Einmachgut	Gläser-zahl	x	Fassungs-vermögen Liter	Temperatureinstellung nach Backofenart: Heißluft	Ober- und Unterhitze oder nur Unterhitze	Sterilisierzeit in Minuten: Bis zum Perlen ca.	Zurück-geschaltet auf 120 °C	Nachgaren ohne Temperatur	Summe ca.
Beerenobst	4	x	1	150 °C	170 °C	70–80	–	25	100
Steinobst	5	x	1	160 °C	–	75–85	–	30	115
Kernobst	6	x	1	–	180 °C	85–95	–	30	125
Tomaten	5	x	1,5	160 °C	180 °C	85–100	–	30	130
	6	x	1,5	–	180 °C	100–110	–	30	140
Bohnen	4	x	1	150 °C	170 °C	70–80	120	30	230
Erbsen	5	x	1	160 °C	–	75–85	120	30	235
	5	x	1,5	160 °C	180 °C	100–110	120	30	245
	6	x	1,5	–	180 °C	120–130	120	30	280
Essiggurken	5	x	1	160 °C	–	60–75	–	15	90
	6	x	1	–	180 °C	85–90	–	15	100
Sonstige	4	x	1	150 °C	170 °C	70–80	90	30	200
Gemüse	5	x	1	160 °C	–	75–85	90	30	205
	5	x	1,5	160 °C	180 °C	100–110	90	30	220
	6	x	1,5	–	180 °C	120–130	90	30	220
Pilze	5	x	1	160 °C	–	75–85	90	30	205
	6	x	1	–	160 °C	85–95	90	30	215
	5	x	1,5	160 °C	180 °C	100–110	90	30	230
	6	x	1,5	–	180 °C	120–130	90	30	250

Anmerkung: Das Sterilisieren von Fleisch, Wurst und Pastetenmasse im Backofen bringt häufig Misserfolge, weil Zeiten und Temperaturen nur ungenau eingehalten werden können, denn dieses Einmachgut perlt nicht auf. Außerdem werden die Dichtungsgummi durch zu langes Sterilisieren porös.

- ▷ Beim Backofen mit Unter-Oberhitze ist keine besondere Anordnung notwendig (maximal 6 Gläser).
- ▷ Die Gläser sollen sich gegenseitig nicht berühren und von der Wand frei stehen.
- ▷ Die Fettpfanne halb mit Wasser füllen, den Ofen nicht vorheizen.
- ▷ Laut Tabelle sterilisieren, zur Kontrolle den Backofen kurz und vorsichtig öffnen (Zugluft!).
- ▷ Nach der angegebenen Auskühlzeit im geschlossenen Ofen die Gläser entnehmen, mit einem Geschirrtuch abdecken, zugfrei stellen und auskühlen lassen.
- ▷ Nach 24 Stunden Klammern abnehmen und durch leichtes Anheben des Deckels den Erfolg kontrollieren.
- ▷ In Dosen soll nicht im Backofen sterilisiert werden, weil hierbei im Doseninneren ein Überdruck entsteht, der zum Platzen der Gefäße und zum Beschädigen der Backofenemaillierung führen kann. Gläser mit Schraubdeckelverschluss werden aus dem gleichen Grund beim Einstellen in den Backofen anfangs nicht

ganz festgedreht. Erst beim Aufperlen wird mit festem Druck der Deckel angezogen.

- ▷ In Heißluftöfen kann auf 2 Ebenen gleichzeitig sterilisiert werden, wenn es die Form der Gläser erlaubt.
- ▷ Gebrauchsanweisung des Backofenherstellers beachten!

Schnellkochtopf

Im Schnellkochtopf werden kleine Mengen sterilisiert. Vorteile bringt diese Methode beim Herstellen von Dosenfleisch und Wurstwaren. Da die Temperatur nicht genau dosierbar ist und die Auskühlungszeit für die meisten Obst- und Gemüsesorten zu lang ist, leidet die Qualität dieses Einmachgutes.

Für die Praxis

- ▷ Gelochten Einsatz unter die Gläser geben.
- ▷ Gleich große Gläser mit Gummi und Klammer verschließen, in den Topf stellen. Es gibt in Haushaltsgeschäften Spezialgläser, die es ermöglichen, gleichzeitig 3 Gläser unterzubringen.
- ▷ Je nach Topfgröße und Füllung ¼–½ Liter Wasser einfüllen.
- ▷ Während des Erhitzens überträgt sich der Überdruck des Topfes in das Einkochglas. Deshalb darf der Schnellkochtopf nach Beendigung der Sterilisierzeit niemals durch Abschrecken mit Wasser oder Dampfablassen schnell geöffnet werden. Die Gläser würden springen bzw. die Flüssigkeit in den Gläsern würde übersprudeln.
- ▷ Nach 24 Stunden Klammern abnehmen und durch leichtes Anheben des Deckels den Erfolg kontrollieren.

Sterilisieren im Schnellkochtopf

Einmachgut	Temperaturstufe/°C	Sterilisierzeit Minuten
Beerenobst	1/105	7
Kern- und Steinobst, Essiggemüse	1/105	10–12
Marmelade, Konfitüre, Gelee	1/105	2
Gemüse	2/110	25–30
Fleisch- und Wurstwaren	2/110	30

Mikrowellengerät

Gläser vorbereiten, mit Spezialklammern verschließen und einzeln im Mikrowellengerät sterilisieren.

Einkochen im Mikrowellengerät eignet sich für kleine Mengen sehr gut. Der Arbeits- und Energieaufwand kann niedrig gehalten werden. Die Anschaffung von speziellen Kunststoffklammern (erhältlich in Haushaltswarengeschäften) ist erforderlich. Arbeitsanleitung des Geräteherstellers beachten!

Sterilisieren im Mikrowellengerät

Einmachgut	Sterilisierzeit in Minuten		Hinweise
	Zeiteinstellung bei		
	700 Watt [1]	450 Watt [2]	
Obst in weiten Gläsern höchstens 1 l Fassungsvermögen	bis zum Perlen ca. 2–3	je nach Glasform 4–5	Wenn die Leistung des Gerätes zu hoch oder die Strahlen unregelmäßig verteilt werden, nach 2 Minuten eine Ausgleichszeit von 30 Sekunden einlegen.
Frisch gepresste Fruchtsäfte in kleinen Portionen, 600–700 ml	1,5–2	2	Für das Haltbarmachen von Diätverpflegung gut geeignet!

[1] 700 Watt entspricht der höchsten Leistungsstufe
[2] 450 Watt entspricht der nächstfolgenden Leistungsstufe

Für die Praxis

- ▷ Anfangs mit niedriger Leistungsstufe erhitzen. Ein zu schnelles Kochen verursacht das Aufsteigen der Früchte im Glas und ein Überkochen.
- ▷ Gleichmäßiger verläuft der Garvorgang im Glas, wenn dieses niedrig ist und höchstens 1 Liter Inhalt fasst.
- ▷ Nach den Angaben oben sterilisieren, das fertige Glas auskühlen lassen.
- ▷ Nach 24 Stunden Erfolgskontrolle durchführen.

Gläser, Dosen und Flaschen

In vielen Haushalten gibt es seit Großmutters Zeiten *Rillen-, Flach- oder Massivrandgläser.* Werden sie beim Öffnen, Entleeren und Spülen nicht beschädigt, können sie über Generationen verwendet werden. Nur die passenden Gummiringe müssen ersetzt werden, da sie mit der Zeit brüchig werden.
Es gibt in Haushaltswarengeschäften auch *Schraubdeckelgläser* von verschiedenen Firmen, die zum Sterilisieren geeignet sind. Bei mehrmaligem Gebrauch müssen die Deckel bzw. Deckeleinsätze erneuert werden.
Diesen herkömmlichen Systemen ist der relativ hohe, nicht mit Inhalt auffüllbare »Kopfbereich« des Glases gemeinsam. Im

Verhältnis zum Inhalt des Glases kann dort ein relativ hoher Sauerstoffanteil verbleiben, der vor allem die oberen Schichten des Einkochgutes verfärbt und im Geschmack nachteilig verändert.
Werden in einem Haushalt neue Gläser angeschafft, ist es sinnvoll, *Rundrandgläser* auszuwählen, denn diese bringen Vorteile:

- ▷ Der Glasdeckel ist nach innen gewölbt, dadurch geringerer Kopfraum, der Deckel liegt auf dem Inhalt auf, Verfärbungen sind seltener.
- ▷ Die Gläser sind im Vorratsregal stapelbar, haben eine größere Rutschsicherheit, werden dadurch weniger leicht beschädigt.
- ▷ Rundrandgläser können trotz hoher Verschlusssicherheit beim Verbrauch leicht geöffnet werden.

In Schraubdeckelgläsern kann eingekocht werden, wenn die Gummidichtung im Deckel einwandfrei ist.
Wird festes Gut sterilisiert, ist es sinnvoll, auf gleichmäßige bzw. konische Form zu achten (Sturzgläser), denn die Entnahme von z. B. Wurst, Pasteten usw. kann sehr schwierig werden.
Dosen werden heute im Haushalt selten verwendet, obwohl die sogenannten Patentdosen einfach zu handhaben sind und wie Gläser verschlossen werden (Schraub-, Schnapp- oder Bügelverschluss). Fleisch und Wurstwaren in Dosen halten sich besser als in Gläsern, weil bei längerer Lagerzeit der Lichteinfluss Fettveränderungen begünstigt. Obst und Gemüse können nur in Dosen sterilisiert werden, die mit einer säurebeständigen Innenschicht versehen sind. Deshalb sind hierfür Gläser zweckmäßiger. Dosen sind unzerbrechlich und leicht stapelbar. Sie sind für die Verarbeitung von großen Mengen eines Lebensmittels besser geeignet als Gläser, weil sie in großen Kesseln sterilisiert werden können.
Obst- und Gemüsesäfte werden in *Flaschen* abgefüllt, die mit Gummikappen oder Schraubdeckeln verschlossen werden. Zu empfehlen sind dunkel gefärbte Flaschen. Darin werden die Vitamine und der Geschmack besser erhalten.

Hilfsmittel

Gummiringe müssen entsprechend dem Einmachglas ausgewählt werden und in Form und Größe genau passen. Sie können mehrmals verwendet werden, wenn sie vor Gebrauch in Wasser ausgekocht werden. Brüchig gewordene Gummis müssen aussortiert werden.
Federklammern unter dem Namen »Universalbügel« passen für fast alle Glasränder und Größen. Die Gläser sind dabei nicht stapelbar. Flache Klammern für die entsprechenden Glasdurchmesser erlauben das Stapeln im Einkochtopf. Für Rundrandgläser gibt es

Randklammern, und für das Einkochen im Mikrowellengerät sind *Kunststoffklammern* erforderlich.
Einfüllring und *Trichter* erleichtern die Arbeit, denn es ist für das Gelingen des Sterilisierens sehr wichtig, dass der Glasrand absolut sauber ist, wenn Gummi und Deckel aufgelegt werden.
Ein *Glasheber* zum Entnehmen der heißen Gläser aus dem Einkochtopf trägt zur Unfallsicherheit bei.

Einkochvorräte beschriften

Für Allergiker ist ein Hinweis auf die Zutaten erforderlich.

Sterilisierte Vorräte sind zwar jahrelang haltbar, verlieren aber von Jahr zu Jahr an Vitamingehalt und Geschmack. Es ist deshalb notwendig, Inhalt, Monat und Jahr der Herstellung auf einem Etikett festzuhalten.
Dosen müssen vor dem Sterilisieren mit einem wasser- und hitzebeständigen Stift gekennzeichnet werden. Wird für die Lagerung ein Etikett befestigt, darf der Klebstoff die Dose nicht berühren (Rostgefahr!). Deshalb besser eine Banderole verwenden.

Arbeitsanleitungen

Vor Arbeitsbeginn Gläser bzw. Dosen oder Flaschen gründlich mit Spülmittel reinigen, mit klarem Wasser nachspülen und abtropfen lassen – nicht mit dem Geschirrtuch austrocknen. Glasrand und Deckel auf eventuelle Beschädigungen kontrollieren. Die kleinste Absplitterung kann den Erfolg in Frage stellen.
Tadellose Gummiringe in kaltes Wasser legen, erhitzen bis zum sprudelnden Kochen, 5 Minuten kochen lassen, bis zum Gebrauch in kaltem Wasser liegen lassen.

Beim Einfüllen von heißem Einmachgut das Glas vorwärmen und auf ein feuchtes Tuch stellen, denn dadurch springt es nicht so leicht.

Alle Arbeitsgeräte wie Messer, Schüsseln, Schöpflöffel gründlich säubern und abtropfen lassen. Gläserverschlussklammern bereitlegen. In Rillen-, Flachrand-, Massivrand- und Schraubgläsern das Einfüllgut bis zweifingerbreit unter den Glasrand füllen, ebenso die Aufgussflüssigkeit. In Rundrandgläsern wird immer bis zur Auflage des Deckels aufgefüllt. Bei Wurstmasse und Kuchenteig wird in jedem Fall nur bis zu $^{3}/_{4}$ des Inhalts eingefüllt, weil die Masse beim Sterilisieren aufquillt.
Ist das Glas gefüllt, den Rand gründlich säubern, bei Rundrandgläsern den Gummiring auf den Deckel spannen, bei allen anderen Gläsern den Gummiring auf den Glasrand legen. Deckel so auflegen, dass der Gummiring nicht verrutscht. Deckel mit der Klammer festhalten und zum Sterilisieren bereitstellen.

Von Zeit zu Zeit das Einkochthermometer durch Eintauchen in kochendes Wasser überprüfen, ob es unbeschädigt und in der Temperaturanzeige richtig ist.
Die Einkochzeit beginnt erst von dem Zeitpunkt an, in dem die notwendige Temperatur erreicht ist. Im Automatik-Einkochtopf kann der gewünschte Ablauf zu Beginn eingestellt werden. Gebrauchsanweisung beachten.
Die Gläser nach den vorgeschriebenen Zeiten aus dem Einkochtopf bzw. Backofen nehmen, um ein Nachkochen zu vermeiden, nicht abschrecken oder in Zugluft stellen.
Nach dem Erkalten die Klammern entfernen. In den ersten Tagen und Wochen häufig kontrollieren, später gelegentlich.

Ursachen für den Misserfolg

Besonders bei Gemüse und Obst ist die einwandfreie Beschaffenheit der Rohware von ausschlaggebender Bedeutung.

- Gläserrand, Deckel oder Gummiringe sind an einer winzigen Stelle defekt. Das Vakuum im Glas kann nicht gehalten werden. Solche Gläser gehen schon beim Erkalten wieder auf. Sie können mit einwandfreiem Zubehör nochmals sterilisiert oder dem sofortigen Verbrauch zugeführt werden.
- Der Gummiring kann nicht ausreichend abdichten, weil er überaltert und brüchig ist, weil er nicht richtig aufgelegt und beim Verschließen mit dem Bügel verschoben wurde, weil er beim Überkochen der Aufgussflüssigkeit herausgedrückt wurde, durch starke Säure (Essiggemüse, saure Früchte) und hohe Temperatur angegriffen wurde, durch Überkochen von fetthaltigem Inhalt der Deckel mit dem Glasrand verklebt wurde. Gehen diese Gläser nach dem Erkalten auf, können sie wieder sterilisiert oder gleich verwendet werden. Geht das Glas jedoch erst nach ein paar Tagen oder Wochen auf, ist höchste Vorsicht geboten, besonders wenn es sich um einen eiweißreichen Inhalt handelt, z. B. Bohnen, Erbsen, Fleisch und Wurstwaren. Der Inhalt ist verdorben.

Gehen die Gläser bereits beim Erkalten auf, kann der Inhalt sofort verwendet werden. Wird das Aufgehen erst später bemerkt, ist der Inhalt verdorben.

- Die vorgeschriebene Sterilisiertemperatur wurde im Innersten der Behältnisse nicht erreicht, weil heißes Wasser in den Einkochtopf aufgefüllt und dadurch der Sterilisiervorgang zu kurz wurde, weil das Thermometer nicht richtig angezeigt hat, weil zu schnell erhitzt bzw. zu kurz die vorgeschriebene Temperatur gehalten wurde, weite bzw. große Gläser verwendet wurden und die Sterilisierzeit nicht entsprechend verlängert wurde. Bei diesen Ursachen wurden nicht alle Bakterien im Glas abgetötet. Nach Tagen oder Wochen entstehen Gase, die zu Bombagen (bei Dosen wölbt sich der Deckel) führen. Das Einmachgut ist verdorben. Höchste Vorsicht! Es kann sich um Botulinusgift handeln!

- Wurden beim Erhitzen nicht alle Schimmelpilzsporen abgetötet, bildet sich nach Tagen im geschlossenen Glas an der Oberfläche ein Schimmelrasen. Er wächst, solange die Schimmelpilze genügend Sauerstoff aus dem Kopfraum des Glases bekommen. Das Glas muss geöffnet werden, der Inhalt ist verdorben, weil die Gifte der Schimmelpilze eventuell schon das ganze Einmachgut durchdrungen haben können.

Misserfolg wird begünstigt durch:

- übermäßige und zu späte Düngung mit stickstoffhaltigen organischen und anorganischen Düngemitteln,
- Rückstände von Schädlingsbekämpfungsmitteln,
- Witterungsbedingungen, die zur Schnellreife oder zur Nassreife führen,
- überreife Früchte, die schon in Gärung übergegangen sind,
- überlagertes Gemüse durch zu lange Lager-/Transportzeiten.

Fleisch und Fleischwaren

Beim Sterilisieren verändert sich das Fleisch in der Konsistenz, in der Farbe und im Geschmack. Es durchläuft einen Kochprozess und wird dadurch sofort verzehrfertig. Diesen Vorteil wissen viele Berufstätige zu schätzen. Selbst hergestellte Wurstwaren als hausgemachte Spezialität, für die Diätküche bzw. für Allergiker erfreuen sich zunehmender Beliebtheit.

Für die Praxis

- Fleisch zum Sterilisieren muss von einwandfreier Qualität sein. Sogenanntes »PSE-Fleisch« (blass, weich und wässrig) und »DFD-Fleisch« (dunkel, fest und trocken) ist nicht geeignet. Es soll von gesunden, nicht zu fetten Tieren stammen und gut abgehangen sein. Die Tiere sollen gut ausgemästet worden sein. Stammt das Fleisch von zu jungen Tieren, kann es während des langen Sterilisiervorgangs zu weich und fasrig werden. Aus diesem Grund kann Kalbfleisch nicht roh sterilisiert werden. Das Fleisch darf nicht schmierig und überlagert sein, dies würde den Anfangskeimgehalt unnötig erhöhen,
- Gewürze, die verwendet werden, müssen frisch und keimfrei sein, z. B. Pfeffer, Senf, Paprika, Majoran, Zwiebeln, Knoblauch, Piment, Muskat, Kümmel. Alle Geschmackszutaten, auch Kochsalz, Pökelsalz, Essig usw., sollen niedrig dosiert werden, weil beim Sterilisieren nichts »ins Kochwasser« übergehen kann, wie es bei der Herstellung von Brüh- oder Kochwurst normalerweise der Fall ist.

- Bei der Verwendung von Sehnen und Schwarten als Bindemittel in Wurst oder Sülze sollen diese nur wenig vorgekocht werden, weil sonst die Gelierkraft verloren geht. Das Mehl zum Binden von Saucen bei Fertiggerichten wird erst vor dem Verzehr hinzugegeben, es flockt sonst aus.
- Alle Knochen und Knorpel werden ausgelöst, ausgekocht und die Brühe als Aufgussflüssigkeit beim Einschichten verwendet. Werden Geflügelknochen nicht ausgelöst, müssen sie angeschnitten werden, damit die Luft aus dem Knocheninneren entweichen kann.
- Roh eingelegtes Fleisch ergibt Siedfleisch. Es darf nicht zu straff in Dose oder Glas eingepresst werden, weil es beim Garen aufquillt.
- Fertiggerichte müssen durchgegart, aber nicht zu weich gekocht sein, denn der lange Sterilisiervorgang macht weich gekochtes Fleisch fasrig und trocken. Deshalb mit dem Fleischthermometer z. B. die Innentemperatur des Bratenstückes bei der Zubereitung kurz 80–90 °C erreichen lassen. Fertiggerichte können heiß oder ausgekühlt eingefüllt werden.
- Das Fleisch richtig einfüllen, zuerst 2 cm Aufgussflüssigkeit, dann das Fleisch locker und gleichmäßig einlegen. Die Flüssigkeit steigt dabei hoch und verdrängt die Luft. Wenn notwendig, wird weitere Flüssigkeit seitlich zugegeben, damit die Luft entweichen kann. Dosen werden bis zu $1/2$ cm unter dem Rand gefüllt, Gläser benötigen 2–3 cm Kopfraum. Eine 1-Liter-Dose oder Glas wird mit 650 g Fleisch oder 800 g Wurstmasse (halb bis dreiviertel voll) gefüllt.
- Dosen und Gläser können, ordnungsgemäß verschlossen, übereinander in den Einkochtopf gesetzt werden. Das Wasser muss alle Dosen bedecken. Bei Gläsern wird bis zum Rand der Aufgussflüssigkeit des höchsten Glases Wasser aufgefüllt. Besonders wichtig ist es, langsam zu erhitzen, nicht zu überhitzen und die Zeit genau einzuhalten. Zu hohe Temperaturen und zu lange Sterilisierzeiten machen das Fleisch zäh und fasrig.
- Dosen werden in kaltem Wasser abgekühlt. Steigen kleine Bläschen im Kühlwasser auf, ist eine Dose nicht dicht, sie muss aussortiert und baldmöglichst verbraucht werden. Bleibt das Wasser ruhig, sind alle Verschlüsse in Ordnung. Nach dieser Probe kann in fließendem Wasser rasch abgekühlt werden. Wurstdosen mehrmals wenden. Nach dem Abkühlen werden die Dosen abgetrocknet, wenn notwendig, Boden und Deckel von Hand eingedrückt und Dosenränder und -naht mit einem salzfreien Fett eingerieben, um Rostbildung zu vermeiden (wichtig für die Wiederverwertbarkteit).

- Dosen und Gläser müssen anfangs alle 14 Tage kontrolliert werden. Kühle und dunkle Aufbewahrung dient der Qualitätserhaltung.
- Fertiggerichte können bei der Verwendung im noch verschlossenen Behältnis im Wasserbad erwärmt werden. Bei Wurstmassen wird mit dem Messer der Rand gelockert, die Dose kurz in heißem Wasser erwärmt und der Inhalt gestürzt. Dies ist bei Dosen immer notwendig, in Gläsern kann der Inhalt im Kühlschrank kurzfristig aufbewahrt werden.

Gemüse

Das Sterilisieren von Gemüse erfordert große Sorgfalt, es gelingt oft nicht. Deshalb wird Gemüse besser eingefroren, besonders wenn das Gemüse anschließend warm verzehrt wird. Werden Salate zubereitet, bringt es Vorteile, wenn das Gemüse aus dem Glas nur noch in einer Marinade angerichtet werden muss.

Für die Praxis

- Zartes, gesundes Gemüse möglichst erntefrisch verarbeiten.
- Die Größe der Behältnisse dem späteren Verwendungszweck anpassen.

In einem 4-Personen-Haushalt werden pro Mahlzeit durchschnittlich verbraucht:

Gemüse als warme Beilage:	800–1000 g, entspricht einem 1–1½-Liter-Glas (Dose)
Gemüse als Salat:	600–800 g, entspricht einem ¾–1-Liter-Glas (Dose)
Gemüse als Suppeneinlage :	400–500 g, entspricht einem ½-Liter-Glas (Dose)
Babymahlzeit:	150–200 g, entspricht einem ¼-Liter-Glas (Dose)

- Das Blanchieren bzw. Vorkochen des Gemüses macht es flexibel und »bruchsicherer« und bringt dadurch folgende Vorteile: Das Gemüse kann leichter in die Gefäße geschichtet werden. Es verringert sich die Masse, es kann dadurch mehr eingefüllt werden. Der Anfangskeimgehalt wird herabgesetzt, dadurch wird eine bessere Haltbarkeit erzielt. Der Sauerstoff aus dem Zellgewebe und die lebensmitteleigenen Enzyme werden in ihrer Wirksamkeit gehemmt. Dadurch wird die Qualität des Gemüses besser erhalten.
- Die Vorkochzeit beträgt durchschnittlich 6–8 Minuten. Das Kochwasser darf nicht als Aufgussflüssigkeit verwendet werden. Es würde trüb und bitter im Geschmack.

- Geeignet sind Gläser und Dosen. Wird bei der Rezeptur Essig oder Zitronensäure verwendet sowie bei allen Tomatenkonserven, müssen die Dosen säurebeständig sein.
- Das Aufkochen der Salzlösung ist nicht unbedingt erforderlich, bringt aber bei hartem Wasser den Vorteil, dass der Kalk ausfällt und nicht mehr mit den Inhaltsstoffen der Gemüse, z. B. Erbsen, reagieren kann. Durch kalkhaltiges Wasser würde das Gemüse hart und schwer verdaulich.
- Sind Gläser und Dosen zum Sterilisieren eingefüllt, muss sofort sterilisiert werden. Vorgekochte Gemüse, in aufgegossenen und verschlossenen Behältnissen, dürfen nicht über Nacht stehen und dann erst sterilisiert werden. Das Gemüse würde in dieser Zeit zu gären beginnen, und die Gläser wären verdorben.

Obst

Sterilisieren ist für Obst ideal. Viele Obstsorten, die zum Einfrieren nur bedingt geeignet sind, entwickeln beim Sterilisieren ihr volles Aroma. Raffinierte Rezepte und die sofortige Verwendbarkeit des Eingemachten tragen zur Beliebtheit bei.

Für die Praxis

- Nur einwandfreies Obst möglichst erntefrisch verarbeiten. Lange Lagerzeiten erhöhen die Verluste an Vitaminen unnötig.
- Die Größe der Gläser nach dem späteren Verwendungszweck auswählen.

In einem 4-Personen-Haushalt werden pro Mahlzeit durchschnittlich verbraucht:

Kompott:	500–600 g,	entspricht einem 1-Liter-Glas
Süßspeisen:	150–300 g,	entspricht einem 3/4-Liter-Glas
Fruchtsaucen:	200–250 g,	entspricht einem 1/2-Liter-Glas
Babymahlzeit:	125–150 g,	entspricht einem 1/4-Liter-Glas
Kuchenbelag:	600–700 g,	entspricht einem 1-Liter-Glas
	1000 g,	entspricht einem 1 1/2-Liter-Glas

- Obstarten, z. B. Pfirsiche, Aprikosen, Pflaumen, deren Haut beim Kochvorgang leicht ledrig und dadurch schwerer verdaulich wird, werden kurz in heißes Wasser getaucht und die Haut abgezogen.
- Verfärbungen können vermieden werden, wenn dem Brüh- bzw. Blanchierwasser Zitronensaft oder Ascorbinsäure zugegeben wird. Die Anschaffung von Rundrandgläsern für die besonders empfindlichen Obstsorten, z. B. Birnen, lohnt sich.

- Steinobst kann mit oder ohne Stein sterilisiert werden. Früchte, die dabei leicht platzen, müssen mehrmals gestupft, d. h. mit einer Nadel 3-4-mal in die Haut gestochen werden.
- Je nach Verwendung kann Obst gezuckert oder ungezuckert sterilisiert werden. Wird es ungezuckert verarbeitet, wird vor dem Verzehr nach Belieben gesüßt. Die Zuckermenge kann darüber gestreut oder als Zuckerlösung aufgekocht und das Glas bis zweifingerbreit unter dem Rand aufgegossen werden. In der Lösung verteilt sich die Zuckermenge im Glas gleichmäßiger. Dadurch wird der Schimmelbildung vorgebeugt.
- Werden größere Zuckermengen zugegeben, erhöht sich die Sterilisierzeit, denn manche Mikroorganismen vertragen die Hitze bei Anwesenheit von größeren Zuckermengen besser.
- Aufgrund der kurzen Garzeiten (Ausnahme: Quitten) und der in den Früchten vorhandenen Säuren lohnt sich das Vorkochen nicht. Die Haltbarkeit ist im Allgemeinen gegeben, wenn die Zeiten in der Sterilisiertabelle eingehalten werden.

Rohes Fleisch und Schinken – Grundzubereitung

Rindfleisch, Schweinefleisch, gekochter und roher Schinken

Für die Gläser passend zurechtgeschnittene Stücke einfüllen, sachgemäß verschließen und ohne Zugabe von Flüssigkeit oder Gewürzen im Einkochtopf sterilisieren, dann kann das Fleisch sowohl als Koch- als auch als Bratfleisch verwendet werden.
Sterilisierdauer und -temperatur: 180 Minuten bei 100 °C

Gulaschsuppe

100 g Speckwürfel, 2 EL Öl,
750 g Bratenfleisch vom Rind (Ochsen- oder Färsenfleisch),
500 g Zwiebeln,
3 Paprikaschoten,
5 EL Tomatenmark,
3½ l Wasser, 1 EL Paprika,
2 Lorbeerblätter, Salz,
100 g Mehl

Speckwürfel hell ausbraten, Öl und das in kleine Würfel geschnittene Fleisch zugeben, kurz anbräunen. Zwiebeln untermischen, zuletzt Paprikastreifen und Tomatenmark. Mit ½ Liter Wasser aufgießen, mit Paprikapulver, Lorbeerblättern und Salz würzen, 30 Minuten schmoren lassen. Dann 3 Liter Wasser aufgießen, mit Mehl binden und pikant abschmecken.
Eine Portion sofort servieren. Den Rest in Einkochgläser verteilen, vorschriftsmäßig mit Gummiring, Deckel und Klammern versehen, im Einkochtopf sterilisieren. Vor der Verwendung einmal aufkochen.
Sterilisierdauer und -temperatur: 30 Minuten bei 100 °C

Fertiggerichte – Grundzubereitung

Gulasch, Rouladen, Braten usw.

Zubereiten wie üblich, nicht ganz garen, in Gläser füllen, sachgemäß verschließen und im Einkochtopf sterilisieren.
Sterilisierdauer und -temperatur: 75 Minuten bei 100 °C

Hühnersuppe

1 ganzes Suppenhuhn,
2 l Wasser, Salz, eventuell Hühnersuppenwürze,
1 Möhre,
1 Petersilienwurzel,
250 g Vollkornnudeln oder dickere Suppennudeln,
Wasser zum Kochen

Suppenhuhn waschen, mit Salzwasser und Wurzelwerk aufsetzen, 2 Stunden köcheln lassen oder im Schnellkochtopf 20 Minuten garen. In einem anderen Topf die Nudeln kochen, abseihen. Das Hühnerfleisch in Würfel schneiden, mit Brühe und Nudeln vermischen, abschmecken.
Eine Portion sofort servieren. Die andere Menge in Einkochgläser füllen, mit Gummiring, Deckel und Klammern verschließen und im Einkochtopf sterilisieren.
Sterilisierdauer und -temperatur: 10 Minuten bei 100 °C

Kalbfleischpastete

1½ kg Bratenfleisch vom Kalb mit Knochen, Fett zum Braten,
500 g fetter Schweinebauch mit Schwarte,
250 g Kalbsleber, Wasser,
100 g Butter, 3 Eier,
5 EL Weißwein, Saft und Schale von 1 unbehandelten Zitrone, weißer Pfeffer,
Pastetengewürz, 1 Zwiebel

Das Fleisch halb gar braten, Bratensauce später zur Pastetenmasse notwendig! Schweinebauch kernig kochen, Leber dämpfen. Die ausgelösten Knochen nochmals mit Fett anbraten, mit Wasser aufgießen, auskochen, erkaltet entfetten, der Wurstmasse zugeben.
Fleisch, Speck und Leber mindestens dreimal durch den Fleischwolf drehen, zum Schluss nochmal durch die feinste Lochscheibe (je feiner, desto besser wird die Pastete). Butter schaumig rühren, Eier

und Fleischmasse zugeben, mit Weißwein und Gewürzen abschmecken. Die Zwiebel in Butter gar dämpfen (ist besonders wichtig wegen der späteren Haltbarkeit im Glas), durch den Fleischwolf drehen und zugeben. Die kräftig gewürzte Masse in kleine Einkochgläser bis 4–5 cm unter dem Rand einfüllen. Die Masse darf nicht höher eingefüllt werden, weil sie sonst während der langen Sterilisierzeit überkocht.
Sterilisierdauer und -temperatur: 100 Minuten bei 100 °C

Gemüse-Grundzubereitungen

Pro Liter Aufgussflüssigkeit:
10 g Salz, eventuell Zitronensaft
1 Liter Flüssigkeit reicht für ca. 4 1-Liter-Gläser

Sterilisierdauer und -temperaturen: Siehe Tabellen Seite 129 ff.

Artischocken: Blätter entfernen, harte Stellen ausschneiden, Böden schälen, in Gläser füllen, Aufguss mit Zitronensaft abschmecken, sterilisieren.

Blumenkohl: Waschen, in möglichst große Röschen teilen, dicke Stiele abflachen. Wässern, damit die Raupen entfernt werden, in kochendem Wasser mit etwas Essig und Salz ohne Deckel blanchieren. Heiß in Gläser füllen, nicht mit dem Kochwasser, sondern mit frischem, heißem Wasser mit Zitronensaft aufgießen, sterilisieren. Überdüngter Blumenkohl verfärbt sich im Glas bläulich.

Bohnen: Waschen, im Ganzen kurz in kochendem Wasser blanchieren. Brech- oder Schnittbohnen roh in Gläser füllen, mit kalter Salzwasserlösung aufgießen. Besser für die Haltbarkeit ist Weinessiglösung, dann brauchen die Bohnen nur einmal sterilisiert zu werden, sonst ist ein zweimaliges Erhitzen sicherer.

Erbsen: Frische, nicht ganz ausgewachsene, gesunde Erbsen waschen, locker in Gläser füllen, weil sie aufquellen, mit kochend heißer Salzlösung übergießen, sterilisieren.

Essiggurken: Kleine Gurken waschen, bürsten, Gurkenessig entsprechend der Gebrauchsanweisung verdünnen, mit Dill, Pfeffer- und Senfkörnern in Gläser schichten, mit Essiglösung aufgießen, sterilisieren.

Knollensellerie: Knollen waschen, bürsten, halb weich kochen, sofort schälen, in ½ cm dicke Scheiben schneiden, in Gläser füllen, mit Salzwasser und Zitronensaft aufgießen, sterilisieren.

Kohlrabi: Waschen, schälen, in dünne Stäbchen schneiden, in kochendem Wasser mit einem Spritzer Essig blanchieren, abseihen und kalt überbrausen, in Gläser schichten, mit frischem, heißem Salzwasser aufgießen, sterilisieren.

Kürbis: In kleine Würfel oder Streifen schneiden, in leichtem Essigwasser kochen, bis sie sich durchstechen lassen, in Gläser füllen. 250 g Zucker mit 1 Liter Essig aufkochen, über die Kürbisstücke gießen, sterilisieren. Statt mit Essig kann Kürbis auch in Zuckerwasser mit Ingwerwurzel sterilisiert werden.

Mais: Zucker- oder Speisemaiskolben, wenn sie noch weiße Körner haben, von den Hüllblättern befreien, in Salzwasser halb weich kochen, in Gläser schichten, sterilisieren.
Möhren: Möhren schaben, in Streifen geschnitten in frisches Wasser legen, damit sie nicht braun werden, in Salzwasser vorkochen, in Gläser schichten, mit Kochwasser aufgießen, sterilisieren.

Paprikaschoten: Geschnitten oder im Ganzen roh in Gläser schichten, mit Salzwasser oder zusätzlich Essig und Zucker würzen, aufgießen, sterilisieren.
Perlzwiebeln: Feste Zwiebeln aussuchen. Mit hellem Essig, Salzwasser, Pfeffer- und Senfkörnern einen Sud bereiten, aufgießen, sterilisieren. Andere Zwiebelarten sind nicht geeignet.
Pilze: Waschen, putzen, kleine Pilze ganz lassen, andere in Scheiben schneiden, in einem Topf in kochendem Wasser ohne Deckel 15 Minuten garen, mit einem Schaumlöffel herausheben, in Gläser füllen, von der Garflüssigkeit den Schaum abfiltern, Gläser mit der Flüssigkeit aufgießen, sterilisieren.
Puffbohnen (Dicke Bohnen, Saubohnen): Bohnen vorbereiten und in sprudelndem Salzwasser kochen, abseihen und mit kaltem Wasser überbrausen, damit sie nicht dunkel werden. Bohnen in Gläser füllen, mit frischem Salzwasser übergießen, sterilisieren.
Rotkohl (Blaukraut): Kohlkopf vierteln, Strunk entfernen, in Streifen schneiden, mit Salz, Zucker und Essig vermischen und über Nacht stehen lassen. Am folgenden Tag in Gläser füllen, die abgetropfte Flüssigkeit in die Gläser verteilen, je Glas 1 Nelke und ein Stück Lorbeerblatt hinzugeben, sterilisieren.
Sauerkraut: Wenn das Sauerkraut geschmacklich gerade richtig ist (Seite 253), in Gläser füllen, den Saft zugießen, sterilisieren.
Schwarzwurzeln: Waschen, die Haut abschaben, in eine Schüssel mit Wasser und Zitronensaft legen, Stangen in hohe Gläser schichten, 1 cm unter dem Rand abschneiden, mit Salzwasser und Zitronensaft übergießen, sterilisieren .
Stangenspargel: Gleichmäßig dicke Stangen für eine Charge auswählen, schälen, in Gläser einlegen, mit Salzwasser und Zitronensaft aufgießen, sterilisieren.

Tomaten: Können mit und ohne Haut verwendet werden. Zum Häuten Tomaten kurz in heißes Wasser tauchen, an der gegenüberliegenden Seite des Kelches kreuzweise einschneiden, Haut am Kelch fassen und mit den Fingerspitzen abziehen. Mit Salzwasser übergießen, Geschmackszutaten nach Wahl, z. B. Dill, Basilikum, Estragon, zugeben, sterilisieren.
Tomatenmark: Tomaten waschen, halbieren, in einem Kochtopf unter ständigem Rühren erhitzen, Saft abseihen (für Suppe oder zum Trinken), durchpassieren, in Gläser füllen, sterilisieren.

Obst-Grundzubereitungen

Pro Liter Aufgussflüssigkeit: 250–500 g Zucker, je nach Geschmack und Süße der Früchte, oder
Pro Kilogramm Früchte: 50–300 g Trockenzucker, das entspricht 40–250 g Zucker für ein 1-Liter-Glas

Soll zum Sterilisieren nicht gesüßt werden, muss einige Stunden vor dem Verzehr gezuckert werden, damit sich das Aroma entwickeln kann.

Es kann ohne Zucker sterilisiert werden, die Haltbarkeit wird nicht beeinträchtigt.

Sterilisierdauer und -temperaturen: Siehe Tabellen Seite 129 ff.

Äpfel: Äpfel waschen, schälen möglichst gleichmäßig in Viertel oder Achtel teilen, sofort in Essigwasser legen, damit sie sich nicht verfärben, in Gläser füllen, mit Zuckerlösung (300–500 g/l) aufgießen, nach Belieben Zitronenschale oder Zimtstange beilegen, sterilisieren.

Apfelmus: Äpfel waschen, teilen, mit wenig Wasser dämpfen, durchpassieren, mit Zucker abschmecken, Zitronensaft oder Zimtstange zugeben, in Gläser füllen, sterilisieren.

Aprikosen: Ausgereifte, aber noch feste Früchte waschen, im Ganzen oder halbiert so in Gläser schichten, dass die Schnittflächen nach innen und die runden Flächen nach außen zeigen, mit aufgekochter Zuckerlösung (400 g/l) aufgießen, sterilisieren.

Birnen: Besonders wichtig ist der Reifegrad, denn unreife Birnen entwickeln kein volles Aroma, zu weiche Birnen zerfallen, verderben häufig, wenn sie nicht lange genug gekocht werden, teigige Birnen sind nicht geeignet. Deshalb eine Birne halbieren und das Kernhaus prüfen, ob die Kerne braun sind. Harte und weiche Birnen nicht in ein Glas geben.

Birnen waschen, schälen, vierteln, halbieren oder ganz lassen, Kernhaus entfernen. Birnen sofort in Essigwasser legen, damit sie nicht braun werden, in Gläser füllen, mit Zuckerlösung je nach Süße der Früchte (250 g/l) aufgießen. Zimtstange oder Nelken zugeben, sterilisieren. Birnen können auch im Essigsud mit Gewürzen sterilisiert werden.

Brombeeren: In einem Sieb unter fließendem Wasser waschen, in Gläser schichten, mit Zuckerlösung (500 g/l) aufgießen, sterilisieren.

Erdbeeren: Möglichst festfleischige, intensiv rote Früchte auswählen, vorsichtig waschen, beim Entkelchen die Kelchblätter samt Stiel abdrehen, nicht den Stiel herausziehen, dadurch zerfallen die Früchte beim Erhitzen weniger. Die Früchte in Gläser füllen, möglichst fest, aber nicht zerdrücken, mit Zuckerlösung (250 g/l) aufgießen, sterilisieren.

Hagebutten: Stiel und Kelch mit einem Messer entfernen, die Samen herausholen, in kaltem Wasser die Härchen entfernen, in Gläser füllen, mit vorher aufgekochter Zuckerlösung (500 g/l) oder Zucker-Essig-Lösung (750 g auf 1 l Essig) übergießen, sterilisieren.

Heidelbeeren: Waschen, sehr sorgfältig verlesen, im Glas gründlich rütteln, aufgekochte Zuckerlösung (500 g/l) über die Beeren gießen, sterilisieren.

Himbeeren: In einem Sieb unter fließendem Wasser waschen, in Gläser füllen, mit aufgekochter Zuckerlösung (500 g/l) übergießen, sterilisieren.

Johannisbeeren, rot, weiß, schwarz: Waschen, mit einer Gabel entsträubeln, in Gläser füllen, mit aufgekochter Zuckerlösung (750 g/l) aufgießen, sterilisieren.

Kirschen, Mirabellen: Waschen, verlesen, in Gläser schichten, aufgekochte Zuckerlösung (bei Süßkirschen, Mirabellen 300 g/l; bei Sauerkirschen 750 g/l) aufgießen, sterilisieren.

Pfirsiche: Waschen, häuten (Haut enthält Bitterstoffe) – 1 Minute in heißes Wasser, dann in kaltes Wasser legen, Haut abziehen. Wichtig sind die richtige Reife und die richtige Witterung beim Reifen. Vor dem Verarbeiten eine Frucht halbieren und nachsehen, ob sich um den Stein ein brauner Rand bildet. Bei solchen Früchten lohnt sich die Mühe nicht, weil sie einen muffigen Geruch bekommen. Früchte nach dem Häuten halbieren, möglichst dicht in Gläser legen, mit der Schnittfläche nach unten, mit aufgekochter Zuckerlösung (300 g/l) aufgießen, sterilisieren.

Quitten: Waschen, schälen, teilen, Kernhaus entfernen, sofort in Essigwasser legen, damit sie nicht braun werden; sie bleiben auch beim Sterilisieren weiß, wenn sie vorher blanchiert werden. Manche Sorten werden rot, wenn sie langsam mit wenig Wasser so lange gekocht werden, bis sie rot sind. Früchte in Gläser füllen, mit aufgekochter Zuckerlösung (500 g/l) aufgießen, sterilisieren.

Schlehen: Beeren nach dem ersten Frost sammeln, waschen, verlesen, in einem Kochtopf mit so viel Wasser auffüllen, dass sie bedeckt sind, aufkochen, abseihen, in Gläser füllen. Kochwasser nicht verwenden, sondern mit Zucker-Essig-Lösung (750 g Zucker auf 1 l Essig) übergießen, sterilisieren.

Stachelbeeren: Halbreife Früchte waschen, mit Nadel mehrmals stupfen, die vorher aufgekochte Zuckerlösung (500 g/l) darüber gießen, sterilisieren.

Weintrauben: Halb reife Früchte waschen, fest in Gläser füllen, aufgekochte Zuckerlösung (je nach Reife bis 400 g/l) aufgießen, sterilisieren.

Essigzwetschgen: Zwetschgen waschen, verlesen, mit Nadel stupfen, in Gläser schichten, mit gekochtem Essigsud (1/4 l Essig und 1/4 l Wasser, 1 kg Zucker) aufgießen, sterilisieren.

Würzkirschen

Aufgussflüssigkeit:
1/2 l Essig, 1/2 l Wasser,
600 g Zucker, Nelken, Zimt

Kirschen mit Stielen waschen und in Gläser schichten. Essig, Wasser, Zucker und Gewürze aufkochen. Flüssigkeit über die Kirschen gießen. Gläser sterilisieren.

Rotweinzwetschgen

3 kg Zwetschgen
Aufgussflüssigkeit:
2 l Wasser, bis 1 kg Zucker
(je nach Süße der Früchte),
125 ml Essig,
65 ml guten Rotwein,
2 Zimtstangen, 2 Nelken

Zwetschgen waschen, mit einer Nadel stupfen, in Gläser schichten. Die Zutaten für die Aufgussflüssigkeit aufkochen, über die Zwetschgen gießen. Die Gläser sterilisieren. Die Menge reicht für 4 1-Liter-Gläser.

Das Heißeinfüllen, ein spezielles Pasteurisierverfahren, ist eine arbeitssparende Konservierungsmethode, die für Beeren-, Stein-, Kernobstkompott, für Fruchtsäfte, -mark und -mus sowie für Rhabarber und Tomatenprodukte sehr gut geeignet ist. Für die Fleisch- und Gemüsekonservierung ist sie zu unsicher.

Wirkungsweise

Durch das sprudelnde Kochen und das Abfüllen in möglichst saubere, heiße Gläser werden die vorhandenen lebenden Keime und Schimmelpilzsporen abgetötet. Vorhandene Bakteriensporen können in der sauren Umgebung nicht auskeimen. Werden die Gläser luftdicht verschlossen, ist eine neue Infektion des abgefüllten Gutes nicht mehr möglich.

Maßnahmen, die die Haltbarkeit verbessern:
Zur Unterstützung der konservierenden Wirkung wird häufig das Abbrennen von 54%igem Alkohol im Deckel während des Aufsetzens empfohlen. Es genügen ca. 8 Tropfen, die während des Verbrennens den restlichen Sauerstoff im Kopfbereich des Glases verbrauchen. Diese Methode trägt zur Farberhaltung in der obersten Obstschicht bei. Das Vakuum wird dabei verstärkt.
Nicht empfehlenswert ist jedoch das Auflegen von Alufolie auf das Einmachgut, auf das dann der Alkohol getropft wird. Ist das Füllgut stark sauer, kann die Folie während der Lagerdauer angegriffen werden.
Häufig werden sogenannte *Einmachtropfen* empfohlen. Sie werden genauso verwendet wie Alkohol und sollen auch den gleichen Zweck erfüllen. Es handelt sich dabei aber meistens um einen chemischen Konservierungsstoff, der dann an der Oberfläche des Einmachgutes verbleibt.

Geräte und Hilfsmittel

Dunkle Flaschen und Gläser schonen Geschmack und Vitamine.

Es gibt verschiedene *Apparate,* die beim Heißeinfüllen und Verschließen der Gläser einen Unterdruck erzeugen bzw. die verbliebene Luft im Glas keimfrei machen sollen.
Unterdruck wird erzeugt durch Einleiten von Wasserdampf, der von einem Wasserkessel erzeugt wird und mithilfe eines Schlauches und einer Düse zwischen zwei Gummiringen in das Glas gepresst wird. Nach vorgeschriebener Zeit wird die Düse entnommen, der Deckel angedrückt. Er hält, weil durch das Erkalten des Wasser-

dampfes Unterdruck entsteht. Andere Apparate saugen die verbliebene Luft ab. In allen Fällen muss die Gebrauchsanweisung beachtet werden. Sicherheit gibt es nur beim heiß eingefüllten Obst als Einfüllgut und wenn Behälter und Deckel keimfrei sind. Das Haltbarwerden von Fleisch und Gemüse ist, auch wenn die Werbung es anders verspricht, nicht gesichert, da nicht die notwendigen Temperaturen erreicht werden.
Als Behälter dienen *Gläser* und *Dosen* mit *Gummiring, Deckel* und *Klammer.* Praktischer jedoch sind *Weithalsflaschen* und *Schraubdeckelgläser.* Sie sammeln sich im Haushalt durch den Zukauf von industriell hergestellten Konserven an. Sind die Deckel beschädigt, können sie nachgekauft werden. Eine gewissenhafte Kontrolle von Glasrand, Deckel und Dichtung ist unerlässlich.

Arbeitsanleitungen und Rezepte

Gläser und Deckel werden mit Spülmittel gründlich gesäubert, nachgespült und in einem Kochtopf auf 60–70 °C im Wasser erwärmt. Die Gummiringe werden ausgekocht und warm gehalten. Die Früchte werden wie zum Sterilisieren vorbereitet.
In einem weiten Topf wird der Sud vorbereitet: Je nach Süße der Früchte werden Zucker (50–200 g je Liter Kochflüssigkeit) und Gewürze gekocht und die Flüssigkeit abgeschmeckt. Werden farbempfindliche Früchte verarbeitet, z. B. Birnen, Apfelkompott, wird Zitronensaft oder 2 g Ascorbinsäure pro Liter Kochflüssigkeit zugegeben.
Die Früchte werden portionsweise im sprudelnd kochenden Sud gegart. Die Größe der Portion richtet sich nach dem Fassungsvermögen der warm gestellten Gläser.
Sind die Früchte fertig gegart, entnimmt man zuerst ein Glas aus dem Warmhaltebad, lässt es kurz abtropfen und stellt es auf ein feuchtes Tuch neben den Kochtopf. Steht ein passender Einfülltrichter zur Verfügung, bleibt der Glasrand sauber. Mithilfe einer Lochkelle werden die Früchte schonend in die Gläser eingeschichtet, der kochende Sud wird randvoll aufgefüllt.
Der Glasrand wird gesäubert, das Glas dann verschlossen – entweder wie beim Sterilisiervorgang mit Gummi, Deckel und Klammer oder durch festes Aufsetzen und Anziehen des Schraubdeckels. Das Glas wird kurz auf den Deckel gestellt, damit auch der Kopfbereich durch die hohen Temperaturen keimfrei wird.

Zwetschgenröster

1 kg Zwetschgen entsteinen, halbieren, in der Pfanne langsam rösten, bis sie weich sind – ca. 15 Minuten. Heiß in Gläser füllen und luftdicht verschließen. Vor dem Servieren mit Zimt und Zucker, evtl. auch mit Amaretto oder Limoncello abschmecken. Die Gläser sind im Kühlschrank bis 2 Wochen haltbar.

Weinkürbis

2½ kg Kürbis
Sud:
1 l herber Weißwein,
750 g Zucker,
15 Nelken,
2 Stangen Zimt,
Saft von 2 Zitronen

Kürbis vorbereiten und in 1,5 cm große Würfel schneiden. Alle Zutaten für den Sud etwa 5 Minuten durchkochen, Gewürze entfernen, Kürbiswürfel im Sud portionsweise weich kochen, in Schraubgläser füllen, mit kochendem Sud übergießen und sofort verschließen.

Preiselbeeren

1 kg Preiselbeeren,
125 ml Wasser, 500 g Zucker

Preiselbeeren mit Wasser und Zucker langsam zum Kochen bringen, 5 Minuten sprudelnd kochen, heiß in Schraubgläser einfüllen, sofort verschließen.

Zwetschgen-Chutney

2 kg Zwetschgen
250 g Zucker
300 g Schalotten oder Zwiebeln
50 g frischer Ingwer
25 schwarze Pfefferkörner
1 EL gelbe Senfkörner
2 ganze Sternanis
4 ganze Nelken
2 Zimtstangen
½ Vanilleschote
¼ L Rotweinessig
200 g Rosinen

Die Zwetschgen waschen, halbieren, entsteinen, mit dem Zucker mischen und ca. 2 Stunden stehen lassen. Dadurch bildet sich am Topfboden Saft und die Masse brennt nicht so leicht an. Inzwischen die Schalotten sehr klein schneiden, den Ingwer schälen und fein raffeln, alle Zutaten, Pfefferkörner, Senfkörner, Sternanis und Nelken in einem Teeei dazu geben, bei mittlerer Hitze so lange kochen, bis die Masse dickflüssig ist. Dauer ca. 30 bis 45 min., Teeei, Zimtstangen und Vanilleschote entfernen, möglichst heiß in Twist-off-Gläser füllen. Das Chutney schmeckt besser, wenn es nicht zu lange aufbewahrt wird – höchstens 12 Monate.

Tomatenketchup

6 kg Tomaten,
3 mittlere Zwiebeln,
3 Tomatenpaprika,
25 g Salz, 150 g Zucker,
1 EL Wacholderbeeren,
10 Gewürznelken,
12 Zimtstangen,
25 Senfkörner, 125 ml Essig (5%ig), 10 g scharfen Paprika, 2 Msp. Pfeffer

Tomaten mit Zwiebeln und Paprika im Mixer pürieren, mit Salz und Zucker in einem großen Topf kochen, den dünnen Saft abschöpfen. Die Gewürze in einem Teeei oder in Baumwollsäckchen mitkochen lassen. Wenn so viel verdampft ist (keine zu großen Mengen in den Topf geben), dass das Ketchup die richtige Konsistenz hat, heiß in Schraubflaschen einfüllen und verschließen.

Kuchen im Glas

Eine konische Form der Gläser erleichtert das spätere Stürzen des Kuchens. Gläser zu zwei Drittel mit Teig füllen.

Weihnachtsfrüchtekuchen

Die Masse ergibt 10 kleine Gläser à 250 ml.

1 200 g Nussmischung aus je 200 g Haselnüssen, Mandeln, Wal-, Para-, Pecan-, Macadamianüssen;
1 000 g Trockenfrüchtemischung aus je 200 g Feigen, Cranberries, Rosinen, Korinthen, Orangeat und Zitronat;
10 Eier, 200 g Zucker,
4 Päckchen Backpulver.
200 g Weizenmehl,
300 g Dinkelmehl,
200 g Speisestärke,
200 ml Mineralwasser,
Gewürze; gemahlen: je 1 knapper TL Ingwer, Zimt, Kardamom, Muskat, Nelken

Nüsse und Trockenfrüchte klein hacken und über Nacht in 8 EL weißem Rum einweichen. Den Backofen auf 175 °C vorheizen.
In einer großen Schüssel Eier und Zucker schaumig rühren, Backpulver in die Mehle mischen, gesiebt unterheben, Mineralwasser und Gewürze dazugeben, Nüsse und Trockenfrüchte untermischen. In mit neutralem Öl oder Butter eingefettete Gläser $^2/_3$ voll verteilen, Innenrand gründlich säubern. 35–40 Minuten backen. Noch heiß mit 1 EL Rum pro Glas tränken, auf das heiße Glas den vorbereiteten Gummiring legen und verschließen.
Der Weihnachsfrüchtekuchen ist 3–4 Wochen haltbar, im Kühlschrank noch länger.

Italienischer Kuchen

Die Masse ergibt 4 kleine Gläser à 250 ml.

2 unbehandelte Zitronen oder Limetten, 80 g Zucker, 3 Eier, 75 g Butter, 150 g Frischkäse (Ricotta), 2 EL Speisestärke, 100 g gemahlene Mandeln
Zum Verzieren: geriebene Zitronenschale, Pinienkerne oder Minzeblätter

Den Backofen auf 175 °C vorheizen, Gläser mit neutralem Öl oder Butter einfetten. Zitronen waschen, Schale mit kleiner Reibe abreiben, Saft auspressen. Schale von 1 Zitrone oder Limette mit etwas Zucker mischen und für die Garnitur aufheben.
Eiweiß mit einer Prise Salz und etwas Zucker steif schlagen. In einer anderen Schüssel Butter mit Eigelb und dem restlichen Zucker schaumig rühren, Frischkäse, Zitronensaft und -schale unterrühren, Speisestärke, Mandeln und Eischnee unterheben. Den Teig $^2/_3$ voll in die Gläser füllen, 25–30 Minuten backen.
Noch heiß mit Gummiring verschließen. Kühl und dunkel beträgt die Haltbarkeit ca. 2 Wochen.
Vor dem Servieren stürzen, mit Puderzucker oder mit Zitronenglasur überziehen, mit Zitronenschale, Pinienkernen oder geschnittenen Minzeblättern verzieren.

Saft bereiten

In der häuslichen Obstverwertung gibt es verschiedene Möglichkeiten der *Fruchtsaftherstellung:* Kalt gewonnene Säfte durch Zerdrücken und Abseihen, Zentrifugieren, Pressen mit Fruchtpressen oder einem Zusatzgerät an der Küchenmaschine, Mahlen und kalt oder warm abpressen; durch Erhitzen gewonnene Säfte durch Dampfentsaften, Erhitzen und Abseihen (Filtrieren).
Gemüsesäfte werden im Haushalt hauptsächlich durch Zentrifugieren hergestellt. Sind die Geräte vorhanden, können aus einigen Gemüsearten auch Säfte durch Mahlen und Pressen gewonnen werden (Gebrauchsanweisung des Geräteherstellers beachten!).

Geräte und Hilfsmittel

Die einfachste, wenig ergiebige Möglichkeit der Gewinnung eines besonders hochwertigen Saftes erfolgt mithilfe eines Mulltuches, das an einem umgedrehten Hocker befestigt wird. Dazu wird Beerenobst mit einer Gabel zerdrückt, mit Zucker über Nacht kalt gestellt und am nächsten Tag über das *Mulltuch* abgetropft. Der so gewonnene Saft muss dann durch Erhitzen oder Gefrieren haltbar gemacht werden. Der Rückstand kann zur Konfitüren- oder Musherstellung verwendet werden. Mit entsprechendem Trocknungsvorgang könnte auch Fruchtleder daraus bereitet werden (Seite 242).
Die Saftgewinnung mit einer *elektrischen Saftzentrifuge* ist zum Sofortverbrauch sehr gut geeignet. Werden die Säfte länger gelagert, erhitzt oder eingefroren, können unerwünschte Geschmacksveränderungen und Vitaminverluste auftreten, weil beim Zentrifugieren relativ viel Sauerstoff in den Saft gelangt. Bei der Auswahl der Saftzentrifugen sollte man deshalb auf eine gute Saftausbeute und auf eine leichte Handhabung (auch beim Spülen) achten, weniger auf die Verwendbarkeit bei großen Fruchtmengen.
Fruchtpressen und *Zusatzgeräte für Küchenmaschinen* (z. B. die sogenannte Jupiterpresse) ermöglichen eine gute Zerkleinerung und Saftausbeute (65–70%). Läuft das Mahlen und Pressen in einem Arbeitsgang ab, wird häufig das Fruchtmark vom Saft nicht getrennt. Deshalb muss die gewonnene Masse 2 Tage kühl stehen, damit sich das Mark oben absetzen und der Saft dadurch klar werden kann. Dadurch wird aber auch eine Gärung eingeleitet, die die Qualität des Saftes mindert und die durch Erhitzen auf mindestens 75 °C unterbrochen werden muss. Ist der Gärvorgang schon weit fortgeschritten, ist ein Kochen des Saftes erforderlich.
Zum Mahlen und anschließendem Kalt- oder Warmpressen gibt es verschiedene Geräte, die sich nur dann lohnen, wenn der Obstgartenbesitzer seine Erzeugnisse selbst verarbeiten möchte. Für

diesen Fall sind die Obst- und Gartenbauvereine die richtigen Beratungsstellen für die Anschaffung solcher Geräte. Es gibt aber in Obstbaugebieten auch gewerbliche Keltereien, die gegen Lohn keltern. Für diejenigen, die es gerne selbst machen, ein paar grundsätzliche Erläuterungen:

Obstmühlen dienen nur zum Quetschen und Mahlen, nicht zum Pressen. *Fräsmühlen* sind nur für Kernobst geeignet, *Walzenmühlen* für Beerenobst, und wenn die Walzen verstellbar sind, auch für Steinobst. Für den Haushalt genügen *Korbpressen.* Der Fruchtbrei wird in einen Korb gefüllt und mit Deckel und Schraube gepresst. Dabei läuft der Saft über Löcher und Kanäle im Korb ab. Die Wirkung ist umso besser, je kleiner der Korb ist. *Packpressen* liefern die beste Saftausbeute. Geeignet ist eine Packpresse mit einer Leistung von 5 Litern Saft je Pressung. Beim Pressen wird die Maische (gemahlener Fruchtbrei) mittels Tüchern zwischen Einlageroste gelegt. Die Roste befinden sich in einem Rahmen, an der Oberseite des Rahmens auch eine Platte, die mittels einer Schraube, von Hand oder elektrisch betrieben, die Einlageroste mit der Fruchtmasse zusammenpresst.

Bei der Auswahl ist darauf zu achten, dass möglichst wenig Metall mit dem Saft in Berührung kommt. Fruchtsäfte greifen Kupfer und Eisen an, bringen es in Lösung und erhalten dadurch einen unangenehmen Beigeschmack, der sogar zu Brechreiz führen kann. Außerdem muss die Presse nach Gebrauch schnell und gründlich gereinigt werden können.

Großmutters Dampfentsafter.

Dampfentsafter bestehen aus einem Fruchtsieb mit Deckel zum Einfüllen der Früchte, dem Saftbehälter zum Auffangen des Saftes und einem Wassertopf, der erhitzt wird. Der entstehende Dampf durchdringt den Saftbehälter und bringt die Früchte im Sieb zum Platzen . Die Abfüllvorrichtung ist am Saftbehälter mit Schlauch und Quetschhahn angebracht. Es gibt im Handel Dampfentsafter aus Aluminium und Email. Andere Materialien halten der Fruchtsäure nicht stand. Um elektrische Energie zu sparen, ist ein guter Topfboden wichtig.

Als Notlösung kann man sich durch einen entsprechenden Siebeinsatz und eine Schüssel zum Saftauffangen im emaillierten Einkochtopf behelfsmäßig einen Dampfentsafter zusammenstellen. Zinkeinkochtöpfe sind dafür nicht geeignet, weil die Fruchtsäuren Zink in Lösung bringen können. Ebenfalls eine Notlösung, weil nur für kleine Mengen geeignet, ist das Entsaften im Dampfdrucktopf mit den verschiedenen Einsätzen. In den gelochten Einsatz kommen die Früchte, im ungelochten wird der Saft aufgefangen.

Gesunde frische Säfte und Smoothies (Ganzfruchtgetränke) lassen sich auch durch ▶ Pürieren von Früchten mit dem Mixstab gewinnen. Bezugsquelle: **www.bamix.com**

Arbeitszeitbedarf

Der Zeitbedarf umfasst die Reinigung der Flaschen und des Dampfentsafters. Es ist angenommen, dass die gleiche Menge zweimal entsaftet wird und die Hälfte der Reinigungszeit für eine Charge anfällt.

Arbeitszeitbedarf für das Dampfentsaften

Saftart	Arbeitszeitbedarf		
	Je Charge[1] Minuten	Je Liter Minuten	Je Flasche (0,6 l) Minuten
Apfelsaft	52	14,7	8,6
Brombeersaft	34	9,7	5,6
Johannisbeersaft, rot oder schwarz	38	10,7	6,3
Quittensaft	65	18,5	10,8
Rhabarbersaft	49	13,9	8,1
Sauerkirschsaft	67	19,2	11,2
Zwetschgensaft	38	10,7	6,3

[1] Chargengröße: 6 Flaschen à 0,6 Liter.
Quelle: KTBL-Datensamlung, 3. Auflage

Kosten

Kapitalbedarf und feste Kosten

Sie fallen für den Dampfentsafter an, wenn er angeschafft werden muss. Die entstehenden Kosten für jährliche Abschreibung und Instandhaltung je Liter Saft sind jedoch geringfügig.

Veränderliche Kosten*

Energieaufwand und Abschreibung für Flaschen (Nutzungsdauer 10 Jahre) und Gummikappen (Nutzungsdauer 3 Jahre).

* Beispiel für die Kalkulation. Zur Ermittlung der tatsächlichen Kosten aktuelle Zahlen einsetzen.

Veränderliche Kosten* für das Dampfentsaften

Saftart	Veränderliche Kosten			
	Ohne Zucker	Einschließlich Zucker	Ohne Zucker	Einschließlich Zucker
	€/kg		€/Behältereinheit (0,7 l)	
Apfelsaft	0,20	0,33	0,12	0,19
Brombeersaft	0,16	0,30	0,10	0,18
Johannisbeersaft, rot	0,13	0,24	0,08	0,14
Johannisbeersaft, schwarz	0,13	0,33	0,08	0,19
Quittensaft	0,20	0,43	0,12	0,26
Rhabarbersaft	0,13	0,26	0,08	0,16
Sauerkirschsaft	0,13	0,27	0,08	0,16
Zwetschgensaft	0,13	0,20	0,08	0,12

Quelle: KTBL-Datensamlung, 3. Auflage

Arbeitsanleitungen

Zur Saftbereitung können Obst und Gemüse verwendet werden, die nicht oder nicht mehr frisch gelagert werden können. Frisches Fallobst, ohne Faulstellen, eignet sich gut. Das Obst muss reif sein, sonst wird der Saft sauer und unharmonisch. Während des Reifeprozesses bilden sich typische Duft- und Geschmacksstoffe, die überschüssige Säure wird in Frucht- oder Traubenzucker umgewandelt. Überreifes Obst ist zur Saftgewinnung nicht mehr geeignet, die Ausbeute ist gering, der Geschmack zu süß. Mostobst muss frisch sein. Lagerzeiten nach der Ernte erhöhen das Fäulnisrisiko. Der Saft wird häufig »stumpf« und unangenehm im Geschmack. Besonders empfindlich sind Beeren- und Steinobst. Gemüse für die Saftbereitung ist weniger anspruchsvoll.
Das zu bevorratende Gut muss gesund sein. Angefaulte Früchte müssen aussortiert werden, denn sie erzeugen im Saft einen muffigen und unappetitlichen Geruch. Verschimmelte Früchte müssen ebenfalls aussortiert, nicht nur ausgeschnitten werden, denn die Schimmelpilzgifte verteilen sich im ganzen Fruchtfleisch.

Saft gewinnen durch Pressen

Zur besseren Saftausbeute können bei Beeren und Steinobst Pektin auflösende Enzympräparate zugegeben werden. Dies sind natürliche Stoffe, die die Gelierwirkung des Pektins herabsetzen und dadurch den Saft dünnflüssiger machen. Diese Präparate sind in Drogerien und im Keltereifachhandel erhältlich.

Wird der Maische Kieselgur (aus Kieselalgen hergestellt) oder Filtermasse (aus Cellulose) zugesetzt, wird das Abpressen erleichtert.

Wasser- und Zuckerzugabe vor dem Haltbarmachen erhöhen Geschmack und Aroma. Zuckersirup löst sich leichter auf.

Das Obst wird gründlich gewaschen. Mit Ausnahme von Erdbeeren und Himbeeren müssen alle Früchte gemahlen werden. Bei Steinobst ergibt die Größe der Steine die Einstellung der Walzen. Höchstens 10% der Steine dürfen zerquetscht werden, sonst verändert sich der Geschmack des Saftes. Rhabarber wird vor dem Mahlen in ca. 5 cm lange Stücke geschnitten. Die dickeren Stiele des Holunders werden entfernt, ebenso alle unreifen Beeren, denn sie enthalten *Sambunigrin,* das Übelkeit, Erbrechen und Durchfall verursacht (deshalb Holundersaft immer erhitzen!). Schwarze Johannisbeeren werden vorher erhitzt oder mit heißem Wasser aufgegossen, damit sie nicht während des Mahlens schon gelieren. Es kann zu gleichen Teilen heißes Wasser zugegeben werden, denn die schwarzen Johannisbeeren benötigen zum Ausgleich der Säure einen hohen Wasseranteil.
Für das Mahlen und Pressen die Gebrauchsanweisung der Hersteller der Geräte beachten. Bei Beerenobst kann zweimal Wasser zugesetzt und warm bei 45 °C oder kalt abgepresst werden. Zucker wird nach dem Pressen zugegeben, sonst würde auch der Trester (Pressrückstand) mitgezuckert. Der frisch gepresste Saft muss sobald wie möglich entkeimt werden. Im Haushalt geschieht dies durch Pasteurisieren.

Zugabe von Wasser und Zucker bei Presssäften

Fruchtart	Zugabe je kg Frucht		Zugabe je l Saft		Hinweise
	Wasser l	Zucker g	Wasser l	Zucker g	
Äpfel, Birnen, Trauben	–	–	–	–	Mischung verschiedener Sorten
Johannisbeeren					
-rot	1	150	1	200	
-schwarz	1,25	200	2	300	Früchte vor dem Pressen durch Erhitzen platzen lassen
Sauerkirschen	0,5	75	0,75	100	Früchte vor dem Pressen durch Erhitzen platzen lassen
Erdbeeren	0,2	50	0,5	80	

Arbeitswirtschaftlich sinnvoll ist es, den Saft in dunkle Flaschen abzufüllen. Wird der Saft beim Abfüllen an der Presse nicht erhitzt, muss dies anschließend getan werden:

- ▷ Die Flaschen werden im Wasserbad des Einkochtopfes auf 75 °C erhitzt. Mithilfe eines Flaschenthermometers, das in Haushaltswarengeschäften erhältlich ist, wird die Temperatur im Flascheninhalt abgelesen. Ist die Temperatur erreicht, kann der Pasteurisiervorgang beendet werden, die Flaschen werden mit Gummikappen bzw. mit passenden Twist-off-Deckeln verschlossen, beschriftet, dunkel und kühl gelagert.
- ▷ Die einfachste Methode ist das Erwärmen des Saftes im Kochtopf auf ca. 80 °C. Es muss dabei umgerührt werden, um überhitzte Stellen zu vermeiden (Geschmack!). Wichtig ist das Vorwärmen der Flaschen, um die Temperaturdifferenz zwischen Füllgut und Flasche unter 30 °C zu halten, dann springt die Flasche beim Einfüllen nicht. Es muss randvoll gefüllt und direkt verschlossen werden. Wenn möglich, wird die Flasche für ein paar Minuten auf den Kopf gestellt.
- ▷ Im Haushalt ist es zweckmäßig, den Saft in Flaschen abzufüllen, weil beim Verbrauch kleinere Mengen günstiger sind. Sobald das Gefäß geöffnet wurde, muss es anschließend im Kühlschrank aufbewahrt werden. Wird in Ballonflaschen abgefüllt, muss nach dem ersten Öffnen der gesamte Saft wiederum pasteurisiert und in kleinere Gefäße abgefüllt werden.
- ▷ Für das Haltbarmachen von Gemüsesäften reichen Temperaturen unter 100 °C nicht aus. In der Industrie werden diese Produkte bei 120 °C sterilisiert. Im Haushalt lohnt sich die Herstellung von Gemüsesäften, z. B. aus Rote Bete, Möhren, Tomaten, Sellerie, hauptsächlich für den Frischverbrauch.

Fruchtsäfte klar oder trüb?

Der frische Presssaft enthält gröbere, deutlich sichtbare und feinere Trubbestandteile. Die größeren können mit einem Sieb abfiltriert werden. Die feineren bestehen aus Gerbstoffen, Cellulose, Pektinen

Arten von Gläsern und Flaschen

Twist-Off-Glas

Schraubglas

WECK-Glas

Drahtbügelglas

Korkenglas

Tiegel

Twist-Off-Flasche

Schraubflasche

WECK-Flasche

Bügelflasche

Korkenflasche

Pharmaflasche

usw. Wird nach dem Pressen sofort pasteurisiert, bleibt die Mischung gleichmäßig trüb. Wird ein klarer Saft gewünscht, muss der Saft mit erheblichem Arbeitsaufwand geklärt werden. In der Industrie wird dies mit Spezialfiltern gemacht, im Haushalt lohnt sich der Aufwand nicht, da trübe Säfte in Bezug auf Geschmack und gesundheitlich relevante Inhaltsstoffe besser zu bewerten sind als klare. Helle Fruchtsäfte wie Apfel- und Traubensaft verfärben sich an der Luft. Wird 1 Gramm Ascorbinsäure je 10 Liter Saft zugegeben und kräftig umgerührt, kann die Färbung unterbunden werden. Gleichzeitig werden Aroma und Vitamin C besser erhalten.

Dampfentsaften

Diese Methode der Saftherstellung ist für den Haushalt ideal. Leider bringt sie nur bei Beerenobst und Rhabarber geschmacklich gute Säfte und eine zufriedenstellende Ausbeute. Bei Steinobst soll nur dampfentsaftet werden, wenn die Rückstände zur Konfitürenherstellung weiterverwendet werden. Bei dampfentsaftetem Kernobst erhält man wenig Saft, und das Aroma leidet unter dem langen Erhitzen. Für Äpfel und Birnen ist Pressen besser geeignet. Weichfleischige Früchte werden durch das Erhitzen mit Dampf zum Platzen gebracht. Der entstehende Saft ist klar und durch die hohen Temperaturen keimfrei. Er muss nur noch sorgfältig in Flaschen abgefüllt werden.

Genau genommen können mit diesem Verfahren nur Nektare (Süßmoste) hergestellt werden, weil immer eine nicht genau feststellbare Menge Wasser über den Dampf in den Fruchtsaft gelangt. Reine Beerenfruchtsäfte enthalten jedoch einen hohen Säuregehalt, sodass sie sowieso mit einem Wasser-Zucker-Gemisch trinkfertig gemacht werden müssen. Dunkle Glasflaschen erhalten Geschmack und Vitamine besser als helle.

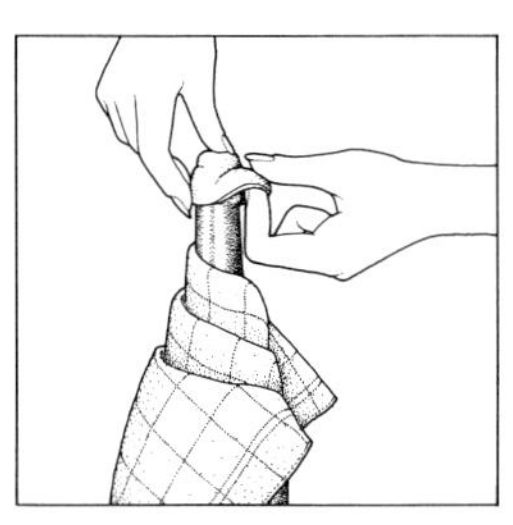

Verschließen einer Saftflasche mit einer Gummikappe.

Gummikappen, Gummidichtungen und Blechdeckel werden kontrolliert, dann 5 Minuten ausgekocht und bis zum Gebrauch in kaltes Wasser gelegt. Die Flaschen werden mit heißem Spülmittelwasser gründlich gereinigt, nachgespült und in heißem Wasser warm gehalten. Eine große Erleichterung bringt das gründliche Reinigen nach Entleeren der Flaschen. Dann befinden sich keine hartnäckigen Schimmelreste in den meist enghalsigen Flaschen, die häufig nicht gründlich genug entfernt werden. Bleiben Verunreinigungen in der Flasche, ist die Haltbarkeit des neuen Saftes nicht gewährleistet.

Bei der Verwendung von Gummikappen kann man nach dem Auskühlen den Erfolg kontrollieren: Ist die Kappe eingezogen, hat sich ein Vakuum gebildet, der Saft ist haltbar. Bei Gärung drückt der entstehende Überdruck die Kappe nach oben, ein Zerreißen der Flasche ist unmöglich.

Ausgetrocknete Schimmelpilzsporen in Flaschen sind sehr hitzebeständig. Werden sie vor dem waschen in Wasser »eingeweicht« und dann sauber gespült, reichen die Temperaturen beim Pasteurisieren des Saftes zur Haltbarmachung aus.

Zweckmäßig ist es, am Tag vor dem Entsaften Flaschen und Verschlüsse zu reinigen und über Nacht in Wasser liegen zu lassen. Beeren waschen, abtropfen lassen und einzuckern. Entfernen von Stielen und Blättchen ist nicht notwendig, wenn die Rückstände nicht weiterverwendet werden.

Zwei Stunden nach dem Einzuckern wird der Entsafter hergerichtet. Der Kochtopf wird mit Wasser gefüllt, die Früchte ins Fruchtsieb gegeben und die Heizquelle eingeschaltet. Rasche, ununterbrochene Hitze ist wirksamer als langsames Erhitzen. Während des Entsaftens soll der Deckel nicht abgenommen und kein Saft abgefüllt werden, um eine gleichmäßige Konzentration zu erreichen. Nach etwa 1 Stunde wird der Fruchtkorb entleert. Die Flaschen werden aus dem heißen Wasser genommen, abgetropft, mit dem Abfüllstutzen des Entsafters bis zum Überlaufen gefüllt und sofort verschlossen. Bildet sich beim Abfüllen Schaum, muss dieser abgegossen werden. Es ist zweckmäßig, die Flaschen in eine Schüssel zu stellen, um den überlaufenden Saft auffangen zu können.

Bei behelfsmäßigen Entsaftern in einem Kochtopf wird der gewonnene Saft mit Kelle und Trichter in die Flaschen gefüllt.

Nach dem Auskühlen werden die Flaschen gesäubert, beschriftet, kühl und dunkel aufbewahrt.

Grundmengen für das Dampfentsaften

Fruchtart	Zucker je kg Frucht	Ausbeute je 5 kg Füllung
Erdbeeren, Johannisbeeren, Holunder[1], Rhabarber	100 g	3–3,5 l
Sauerkirschen, Trauben, Himbeeren, Brombeeren	80 g	knapp 3 l

[1] Unreife Beeren und Stiele entfernen

Saft gewinnen durch Erhitzen und Abseihen

Diese Methode wird nur dann angewendet, wenn keine andere Möglichkeit besteht oder der Fruchtrückstand vom Dampfentsafter auf diese Weise nochmals ausgelaugt wird. Früher wurde der Saft für die Geleeherstellung auf diese Weise gewonnen. Der Fruchtrückstand wurde mit frischen Früchten vermischt und Konfitüre daraus bereitet.

Die Früchte werden mit wenig Wasser im Dampfdrucktopf oder im Kochtopf ohne Zuckerzugabe erhitzt und gekocht, bis die Beeren platzen. Noch heiß wird mithilfe eines Tuches abgeseiht. Der erste Rückstand wird nochmals mit Wasser aufgekocht und abgeseiht,

mit dem zweiten Rückstand wird ebenso verfahren. Sind die Reste vollständig ausgelaugt, werden die Säfte gemischt, mit Zucker abgeschmeckt, nochmals erhitzt und heiß in Flaschen abgefüllt.
Im Dampfgarer werden die Früchte in den gelochten Behälter gegeben, dann in den ungelochten gestellt und nach Anweisung des Herstellers der Saft bereitet.

Saftmischungen

Tipp: Für sommerliche Getränke können Säfte in Eiswürfelbehältern eingefroren werden. Mit Sekt aufgegossen, entsteht ein schneller Apèro nach Art des Hauses.

- Garten-/Walderdbeeren mit 10% Rhabarbersaft.
- Erdbeersaft und 10% Johannisbeersaft und 10% Apfelsaft (von der vorjährigen Ernte) oder Rhabarbersaft.
- Holunderbeersaft mit bis zu 66% Apfelsaft.
- Apfelsaft mit Quitten-, Ebereschen-, Berberitzen-, Hagebutten-, Schlehen-, Sanddornsaft nach Geschmack mischen.
- Johannisbeeren, rot, weiß und schwarz, sind zum Mischen geeignet, nur eine Sorte ist meist nicht beliebt.
- 95% rote und 5% schwarze Johannisbeeren oder umgekehrt.
- Rote und schwarze Johannisbeeren und Apfelsaft zu gleichen Teilen.
- Schwarze Johannisbeeren mit Himbeeren, Heidelbeeren, Brombeeren, Holunderbeeren, Kirschen, Rhabarber und Äpfeln als Mehrfruchtsaft mischen (es entsteht ein Multivitaminsaft).
- Heidelbeeren mit rotem Johannisbeersaft und Apfelsaft.

Tomatensaft

Wenn eine größere Menge reifer Tomaten anfällt, lohnt sich die Verarbeitung zu Saft, der als Getränk, Suppen- oder Saucengrundlage später verwendet werden kann.
Zubereitung: Tomaten waschen, in 1 cm große Würfel schneiden, in einem großen Topf 40 Minuten köcheln lassen, durch ein Sieb streichen, würzen mit Salz, evtl. Oregano oder anderen Gewürzen, in Flaschen füllen, bei 85 °C ca. 35 Minuten pasteurisieren. Flaschen verschließen und dunkel lagern.

Portionieren leicht gemacht mit einer Bügelflasche. ▶
Bezugsquelle: **www.glaeserundflaschen.de**

Rohrzucker. kam um 700 n. Chr. aus Südostasien zu uns. Bis im 18. Jahrhundert die Zuckerrübe als Zuckerquelle genutzt wurde, war Zucker eine Kostbarkeit. Erst im Laufe des vergangenen Jahrhunderts wurde Zucker zum Süßen von Speisen und erst später zur Konservierung eingesetzt. Großmutters Kochbücher enthalten viele Rezepte zum »Zucker sparenden« Einkochen, weil Zucker damals noch sehr teuer war. Meistens wurden chemische Konservierungsmittel, in viel größeren Mengen als heute, eingesetzt (Salicylsäure), um die Haltbarkeit von Marmeladen mit wenig Zucker trotzdem zu gewährleisten.

Wirkungsweise

Große Mengen Zucker verringern das frei verfügbare Wasser für die Lebenstätigkeit der Mikroorganismen. Zucker erniedrigt außerdem die Löslichkeit des Sauerstoffs in Wasser. Dadurch verringern sich zusätzlich die Lebensmöglichkeiten für Mikroorganismen. Zucker wirkt aber nicht keimhemmend. Im Gegenteil, in Lösungen mit einer Konzentration von unter 10% ist Zucker Nährstoff für viele Keime. Weil Zucker über die Verringerung der Wasseraktivität wirkt, werden Bakterien leicht ausgeschaltet. Schimmelpilze und Hefen vertragen höhere Zuckerkonzentrationen. Es gibt sogar Hefen, die besser in Gegenwart von Zucker gedeihen. Produkte, deren Zuckerkonzentration unter 55% liegt, können deshalb verschimmeln oder vergären. Aus diesem Grund muss langfristiges Haltbarmachen durch Zucker mit anderen Konservierungsverfahren kombiniert werden, z. B. Sterilisieren, Pasteurisieren und zusätzliches Eindicken mit Gelierstoffen, Trocknen oder mit chemischen Konservierungsstoffen, z. B. mit Sorbinsäure.

Gesundheitliche Aspekte

Zucker jeder Art wird im Körper als Kohlenhydrat verwertet. Er liefert Energie in Reinform, die bei Menschen mit nicht ausgewogenen Energiebilanzen theoretisch einfach weggelassen werden könnte, ohne dass es an lebenswichtigen Inhaltsstoffen mangeln würde. Zuckerarten begünstigen Zahnkaries.
Haushalts- oder Kristallzucker (Saccharose) wird gewöhnlich als »Zucker« bezeichnet. Er besteht zu gleichen Teilen aus Traubenzucker (Glucose) und Fruchtzucker (Fructose). Zucker werden in den Verdauungsorganen relativ schnell verstoffwechselt und führen deshalb zu einem kurzfristig ansteigendem Blutzuckerwert.

Fruchtzucker wird in den Verdauungsorganen des Menschen anders abgebaut als die anderen Kohlenhydratträger. Er geht direkt über die Darmwand ins Blut und in die Leber. Bei hohen Mengen von Fruchtzucker in den Speisen bleiben Reste im Darm. Dies kann bei empfindlichen Menschen, z. B. bei Säuglingen, u. a. zu Durchfall, Blähungen oder Schmerzen führen. Fruchtzucker hat einen höheren Süßungswert als andere Zuckerarten, der Blutzuckerspiegel steigt langsamer als bei Rohr- und Rübenzucker. Deshalb wird er seit langer Zeit zum Süßen von diätetischen Lebensmitteln verwendet. Das deutsche Bundesinstitut für Risikobewertung (BfR) kommt aber neuerdings zu der Empfehlung, dass Fruchtzucker als Zuckeraustauschstoff in Diabetiker-Lebensmitteln aus ernährungsmedizinischer Sicht nicht sinnvoll ist, da sich ein hoher Fruchtzuckeranteil ungünstig auf den Fett- und Kohlenhydrat-Stoffwechsel und auf die Entstehung von Übergewicht auswirkt. Als problematisch stellt sich die Zugabe von fructosereichen Siruperstellungen in Getränken und Fertiggerichten dar. Der dadurch verursachte individuelle Anstieg des Konsums an Fruchtzucker in der Zusammenstellung der Tagesverpflegung wird mit der Zunahme des metabolischen Syndroms (entscheidender Risikofaktor für Herz-Kreislauf-Erkrankungen) in Verbindung gebracht.
Haushaltszucker schmeckt in den für die Konservierung notwendigen Mengen stark süß.
Aus all den genannten Gründen werden heute Hilfen zum Zucker sparenden Konfitürekochen angeboten, die aus gesundheitlicher Sicht auch genutzt werden sollten.
Beim langen Erhitzen und Eindicken werden die Vitamine der B-Gruppe und Vitamin C teilweise zerstört. Bei Zugabe von Gelierhilfen werden Vitamingehalt, Farbe und Aroma gut erhalten. Ähnlich wie bei sterilisierten Produkten erhöhen sich während einer langen Lagerzeit die Verluste jedoch wieder. Grundsätzlich ist zu beachten, dass durch Schälen, Schneiden sowie durch Mixen und Zentrifugieren Vitaminverluste eintreten.

Es ist sinnvoll, die Früchte in der Gefriertruhe zu lagern und in kleinen Portionen vor dem Verbrauch zuckersparend zuzubereiten.

Arbeitszeitbedarf

Im angegebenen Zeitbedarf ist die Reinigung inbegriffen, und zwar die Hälfte der Zeit, weil angenommen wurde, dass der Vorgang zweimal hintereinander abläuft.
Dem angegebenen Arbeitszeitbedarf liegen die folgenden auf einmal hergestellten Mengen (Chargengrößen) zugrunde:

Bei Gelee
ohne Gelierhilfe: 8 Gläser à 450 g
mit Gelierhilfe: 11 Gläser à 450 g
Bei Konfitüre (Zwetschgen)
ohne Gelierhilfe: 6 Gläser à 450 g
mit Gelierhilfe: 11 Gläser à 450 g

Arbeitszeitbedarf für das Kochen von Gelee und Konfitüre

Art des Vorratsgutes	Arbeitszeitbedarf		
	Je Charge Minuten	Je kg Minuten	Je Behältereinheit Minuten
Gelee (in 450-g-Gläsern)			
Ohne Gelierhilfe			
Johannisbeeren, rot	59	16,3	7,3
Äpfel	72	20,1	9,0
Quitten	75	20,9	9,4
Mit Gelierhilfe			
Johannisbeeren, rot	58	10,7	4,8
Äpfel	71	13,2	5,9
Quitten	74	13,7	6,2
Konfitüre (in 450-g-Gläsern)			
Ohne Gelierhilfe			
Zwetschgen, entsteint mit Messer	60	22,4	10,1
Zwetschgen, entsteint mit Entsteiner	58	21,3	9,6
Mit Gelierhilfe			
Aprikosen	60	16,8	7,6
Erdbeeren	61	17,0	7,7
Himbeeren	52	14,4	6,5
Johannisbeeren, rot oder schwarz	63	17,6	7,9
Sauerkirschen, entsteint mit einfachem Handgerät	71	19,8	8,0
Sauerkirschen, entsteint mit Entsteiner	67	18,6	8,3

Quelle: KTBL-Datensammlung, 3. Auflage

Kosten*

Kapitalbedarf und feste Kosten

* Beispiel für die Kalkulation. Zur Ermittlung der tatsächlichen Kosten aktuelle Zahlen einsetzen.

Werden die vorhandenen Küchengeräte und Kochtöpfe genutzt, fallen durch Abschreibung und Instandhaltung keine nennenswerten festen Kosten an. Der Kapitalbedarf ist also gering.

Veränderliche Kosten – Kosten für Energie und Gläser

Art des Vorratsgutes	Veränderliche Kosten			
	Ohne Zucker	Einschließlich Zucker	Ohne Zucker	Einschließlich Zucker
	€/kg		€/Glas	
Gelee (in 450-g-Gläsern)				
Ohne Gelierhilfe	0,20	0,74	0,09	0,33
Mit Gelierhilfe	0,72	1,21	0,32	0,55
Konfitüre (in 450-g-Gläsern)				
Ohne Gelierhilfe (Zwetschgen)	0,15	0,88	0,07	0,39
Mit Gelierhilfe	0,51	1,04	0,23	0,47

Quelle: KTBL-Datensamlung, 3. Auflage

Beispiel: Kostenvergleich bei Erdbeerkonfitüre

Art des Vorratsgutes	Aus eigenem Garten	Auf Erdbeerplantage selbst gepflückt	Zukauf von Früchten	Zukauf von Erdbeerkonfitüre
	Kosten in €			
3 kg Erdbeeren	–	4,00	5,83	–
Veränderliche Kosten lt. Tabelle 1,21 €/kg	3,64	3,64	3,64	–
Kosten je Charge Ausbeute: 11 Gläser à 450 g	3,64	7,64	9,47	16,82
1 Glas kostet	0,33	0,69	0,86	1,53
Arbeitsbedarf in Minuten:				
je Charge	61	61	61	–
+ Erdbeeren pflücken	15	10	–	–
Summe Arbeitszeit	76	71	61	–
Ersparnis je Arbeitsstunde in €	10,41	7,77	7,28	–

Quelle: KTBL-Datensamlung, 3. Auflage

Geräte und Hilfsmittel

Gläser und Verschlüsse

Die Größe der *Gläser* richtet sich nach dem Verbrauch und nach den Rezepten. Es lohnt sich, wenn laufend kleine Gläser (350–450 g) mit »Twist-off-Verschluss« gesammelt werden. Neue zusätzliche Deckel und Gläser können aber auch in Haushaltswarengeschäften gekauft werden (siehe Abbildungen Seite 157).

Kleine Portionen bringen Vorteile: Wird mit Zucker sparenden Mischungen gearbeitet, verderben die angebrochenen Gläser in kurzer Zeit. Kleinere Mengen werden schneller verbraucht. Der Inhalt geliert schneller und besser. Verschimmelt ein Glas, ist der Verlust nicht so groß.

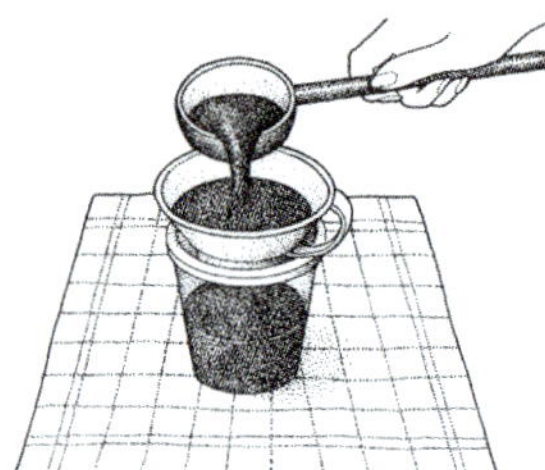

Konfitüre abfüllen und verschließen.

Twist-off- Verschlüsse sind bei der Herstellung von Konfitüren u. Ä. leicht zu handhaben: Heiß einfüllen, zudrehen und 2 Minuten auf den Kopf stellen. Weitere Vorteile bringen sie während des Verbrauchs.

Beim Zubinden mit Einmachcellophan wird ein genau zugeschnittenes Blättchen auf den Inhalt gelegt, ein paar Tropfen hochprozentiger Alkohol (Haltbarkeit) darüber gegeben. Anschließend wird ein angefeuchtetes, großzügig zugeschnittenes Cellophanquadrat über den warmen Glasrand gespannt, glatt gezogen und mit einem Gummiring festgehalten. Während des Abkühlens zieht sich die Oberfläche stark ein. Ein Platzen dieser angespannten Haut ist leicht möglich; das Glas muss dann entweder verbraucht oder neu aufgekocht werden. Die Entnahme beim Verbrauch ist mit dieser althergebrachten Verschlussart umständlicher. Gläser mit Schnappverschluss und Gummiring sind praktischer.

Töpfe und Hilfsmittel

Die Auswahl des *Kochtopfes* ist für das spätere Gelieren entscheidend. Richtig ist ein großer, hoher und weiter Topf, in dem die Masse ohne Überlaufen sprudelnd kochen und ausreichend Wasser verdampfen kann. Fruchtsäuren sind z. T. sehr aggressiv. Besonders Email ist günstig. Der Topf muss pflegeleicht sein, denn Konfitüren brennen leicht und hartnäckig an. Wer Konfitüre bereiten als Hobby betreibt, kann sich einen *Kupfer- oder Messingkessel* anschaffen. Kupferkessel wurden früher eingesetzt, weil sie die Hitze schnell leiten, antioxidativ wirken und somit die Farbe und den Geschmack besser erhalten. Diese Kochkessel sind jedoch nicht für Elektro- und Induktionsfelder geeignet. Sie benötigen eine Gasflamme. Die Fruchtmasse nicht im Topf stehen lassen – die meisten Vitamine und die Farbe leiden darunter!

Kupfertopf – eine Anschaffung fürs Leben.
Bezugsquelle:
www.manufactum.de

Kochende Konfitürenmasse in einem hohen Edelstahltopf. ▶

Eine *Küchenwaage* bereitstellen, denn das Gelingen hängt vom genauen Abmessen der Frucht- und Zuckermengen ab.
Kochlöffel, hitzebeständiger Gummischaber, Schöpfkelle und *Einfülltrichter* sowie Topf und Gläser müssen gut gereinigt werden. Es dürfen keine Fettreste an den Geräten und Gläsern sein, die Haltbarkeit wäre in Frage gestellt.

Gelierhilfen

Die heute im Handel angebotenen Gelierhilfen bestehen aus Pektin, Johannisbrotkernmehl und Agar-Agar. Sie führen nach der in der Gebrauchsanweisung angegebenen Zeit (einige Sekunden bis vier Minuten) zum fertigen gelierfähigen Produkt. Vitamine, Farbe und Aroma bleiben besser erhalten, die Kosten für die Herstellung der Produkte steigen.

Pektine

Pektine kommen in Wurzeln, Stängeln und Blättern, aber auch teilweise im Fruchtfleisch vor. Besonders reich sind Apfeltrester (Rückstand bei der Saftgewinnung durch Pressen), Schalen der Zitrusfrüchte, Zuckerrüben und Kronen der Sonnenblumen. Die im Handel befindlichen Gelierstoffe werden zum größten Teil aus Apfeltrester oder Zitrusschalen gewonnen.
Pektine sind in kaltem Wasser unlöslich. Mit zunehmendem Reifegrad der Frucht wird daraus wasserlösliches Pektin, das in den Fruchtsaft gelangt und diesem die Gelierfähigkeit verleiht. Werden die Früchte überreif, werden die Pektine abgebaut, die Gelierfähigkeit geht verloren.
Flüssigpektin enthält Pektin in gelöster Form. Es ist für die Herstellung von Konfitüre gut geeignet. Aroma-, Zucker-, Farbstoffe und Fruchtsäuren aus dem Apfel sind geschmacklich feststellbar. Laut Gebrauchsanweisung sind nur 10 Sekunden Kochzeit notwendig. Die Praxis hat aber gezeigt, dass in dieser kurzen Zeit manche Fruchtstückchen nicht durchgekocht und dadurch nicht immer haltbar sind. Mindestens 1 Minute Kochzeit wird deshalb empfohlen.
Bei *Gelierzucker* ist das Pektin an Zucker und Fruchtsäuren gebunden. Werden die Früchte vor dem Erhitzen gründlich mit dem Gelierzucker gemischt und während des Erhitzens ständig gerührt, löst sich das Pektin vollständig. Es ist nicht notwendig, die eingezuckerten Früchte über Nacht ziehen zu lassen. Die Verwendung von Gelierzucker ist einfach und sicher.
Für *Gelierzucker 2:1 oder 3:1* werden speziell aufbereitete Pektine verwendet. Wegen des niedrigen Zuckergehaltes tritt der Fruchtge-

schmack stärker hervor, die in der Konfitüre vorhandene Energie (kcal/kJ) ist niedriger. Um eine ausreichende Haltbarkeit des fertigen Produktes zu erzielen, ist ein chemisches Konservierungsmittel, meist Sorbinsäure, in den Gelierzucker beigemischt.
Gelierpulver löst sich schlecht in gezuckerten Früchten. Es wird empfohlen, das Pulver mit den Früchten gut zu vermischen, zu erhitzen und nach dem Aufkochen die vorgesehene Zuckermenge in 3 Portionen zuzugeben. Dadurch kann sich beim Erhitzen das Pulver im entstehenden Fruchtsaft gut lösen und gleichmäßig verteilen.
Für die Herstellung von zuckerarmen oder zuckerlosen Konfitüren sind »reine« Gelierstoffe im Handel, z. B. ein *spezielles Apfelpektin*. Sie werden mit den Früchten erhitzt, gut durchgekocht, bis die Früchte weich sind, dann wird die Konfitüre heiß eingefüllt.

Agar-Agar
Agar-Agar ist ein Pulver, wird aus Algen gewonnen und besitzt eine 5–7-mal höhere Gelierkraft als Gelatine. Der richtige Umgang mit diesem Bindemittel erfordert Erfahrung. Die notwendige Menge richtet sich nach den verwendeten Früchten. Es geliert bei 30 °C und sollte nicht über 80 °C erhitzt werden. Es wird in kaltem Saft angerührt und bei etwa 80 °C zugegeben. Der Geliervorgang kann 8–10 Tage dauern.

Johannisbrotkernmehl
Johannisbrotkernmehl, eventuell mit Rotalgenpulver und Milchzucker vermengt, wird mit den Früchten gut vermischt, erhitzt und 5 Minuten unter Rühren gekocht, dann heiß eingefüllt. Das Produkt ist nach dem Öffnen des Glases 4–6 Tage im Kühlschrank haltbar.

Gläser mit Twist-off-Verschluss.

Gläser einfüllen, verschließen und beschriften

Gläser sauber spülen, umgestürzt auf sauberem Tuch abtropfen lassen und Deckel in heißem Wasser auskochen. Von der Konfitürenmasse den Schaum abschöpfen. Die Masse siedend heiß in die vorbereiteten Gläser füllen. Werden die Gläser auf ein feuchtes Tuch gestellt und in mehrere abwechselnd eingefüllt, springen sie nicht. Das Glas am Rand und außen möglichst wenig bekleckern, denn es muss sauber verschlossen werden. Ein Trichter oder Randschutz als Einfüllhilfe erleichtert die Arbeit.
Gelee muss auch nach dem Einfüllen nochmals abgeschäumt werden. Das Festwerden dauert einige Tage. Während dieser Zeit dürfen die Gläser nicht bewegt werden.

Einfüllhilfe
Bezugsquelle:
www.glaeserundflaschen.de

Ursachen für den Misserfolg

Das Produkt wird im Glas nicht fest

- Durch im Obst vorhandenes Eiweiß schäumt die Masse beim Kochen leicht über (besonders häufig bei Erdbeeren). Der Topf wird vom Herd genommen, die Kochzeit unterbrochen, es verdampft nicht genug Wasser, die Fruchtstückchen werden nicht ganz vom Zucker durchdrungen. Beim Erkalten erfolgt dadurch ein Saftaustritt, der den Glasinhalt flüssiger werden lässt.
  Deshalb: Stark schäumende Konfitüren 1 Minute länger kochen.
- In sonnenarmen, regenreichen Sommern ist der Gehalt an Fruchtsäuren und -zucker niedriger. Dadurch wird Konfitüre schlechter fest. Die Früchte sind wasserreicher und stark mit Keimen befallen.
  Deshalb: Mehr Zucker und Zitronensaft zugeben, 1 Minute länger kochen.
- Länger als 8 Minuten darf eine Konfitüre mit Gelierhilfe nicht kochen, weil dann die Gelierkraft verloren geht.
  Deshalb: Kochzeiten genau einhalten, während des Erhitzens und des Kochens rühren, damit sich das Pektin löst und verteilt.
- Es gibt Sauerkirschsorten, die trotz Gelierhilfen nicht fest werden. Die Früchte enthalten einen Stoff, der die Gelierkraft aufhebt. In diesem Fall sind die Ursachen noch nicht genau erforscht, es liegt aber nicht am Kochrezept oder an der Arbeitsweise.

Das Produkt verschimmelt im Glas

- Kochzeiten wurden nicht eingehalten, die Schimmelpilzsporen konnten nicht alle abgetötet werden.
  Deshalb: Mit Kurzzeitwecker Kochzeiten kontrollieren.

- ▷ Luftfeuchtigkeit im Lagerraum ist zu hoch.
  Deshalb: Trocken lagern.
- ▷ Verschluß ist nicht dicht, besonders bei Cellophanverschluss.
  Deshalb: Verschlüsse überprüfen. Beim Einfüllen der Gläser ein paar Tropfen Alkohol auf die Konfitüre geben und Schraubdeckel mit Alkohol ausspülen.

Das Produkt gärt im Glas

- ▷ Kochzeiten wurden nicht eingehalten, dadurch können Zucker liebende Hefen Gärung bewirken, aber auch Fäulnisbakterien Eiweiß aufspalten.
  Deshalb: Absolute Sauberkeit beim Zubereiten, um den Anfangskeimgehalt möglichst niedrig zu halten. Kochzeiten beachten.
- ▷ Überdüngte Früchte wurden verarbeitet.
  Deshalb: Nach Möglichkeit Herkunft der Früchte ergründen, einheimische Früchte bevorzugen.

Für die Praxis

- ▷ Alle Geräte und Hilfsmittel vor Beginn des Einkochens zurechtlegen, gründlich säubern.
- ▷ Weite, möglichst hohe Töpfe verwenden (Überkochen!).
- ▷ 1–2 Kilogramm-Portionen einkochen. In größeren Mengen verdampft im Verhältnis nicht so viel Wasser, die Kochzeit muss verlängert werden, Aroma, Farbe und Vitamine gehen unnötig verloren.
- ▷ Eine Portion abwiegen, die Menge in Hohlmaßen messen, damit weitere Portionen nur noch abgefüllt werden müssen, das bringt Zeitersparnis.
- ▷ Vor dem Einfüllen in Gläser immer die Gelierprobe (siehe Seite 174) durchführen.
- ▷ Verschimmelte Marmeladen, die im Frucht-Zucker-Verhältnis 1:1 gekocht wurden, können nach Entfernen des Schimmels noch verzehrt werden. Alle Produkte, die mit weniger Zucker eingekocht wurden, müssen weggeworfen werden. Es könnte sich um den gefährlichen Schimmelpilz *Aspergillus flavus* handeln, der das Krebs fördernde Aflatoxin bildet.
- ▷ Ist die Konfitüre oder Marmelade nicht fest geworden, diese nicht noch einmal aufkochen, wenn sie sich auch als Fruchtsauce für Milchmixgetränke, Süßspeisen, Eis usw. verwenden lässt. Vitamine und Aroma bleiben so erhalten.
- ▷ Kleine Mengen (200–500 g Früchte und Zucker) können sehr gut im Mikrowellengerät gekocht werden. Dies ist besonders günstig, wenn Konfitüren aus eingefrorenen Früchten mit wenig Zucker zum Sofortverbrauch hergestellt werden.

Arbeitsanleitungen und Rezepte

Begriffserklärungen

Konfitüren: Sind aus einer oder mehreren Obstarten hergestellte streichfähige Zubereitungen. Im Handel wird »Konfitüre extra« und »einfach« unterschieden.
Marmeladen: Sind streichfähige Zubereitungen aus Zitrusfrüchten. Im Haushalt wird diese Bezeichnung häufig noch für alle dickbreiigen Produkte angewendet, die mithilfe eines Mixers, Fleischwolfes, einer Fruchtpresse vor der Herstellung püriert werden.
Gelees: Sind gelierte Zubereitungen aus reinem oder verdünntem Obstsaft.
Mus: Ist eine dickbreiige Fruchtmasse, die durch Einkochen ohne oder mit Zucker zubereitet wird.
Obstkraut: Wird meistens ohne Zucker aus eingedicktem Obstsaft, hauptsächlich aus Äpfeln oder Birnen, hergestellt. Laut »Konfitürenverordnung« darf es aber auch mit Zucker hergestellt werden.
Obstpasten: Produkte, die durch weiteres Eindicken von Konfitüren oder Gelees hergestellt werden. Im Haushalt wird die Masse noch getrocknet und in Würfel geschnitten.
Obstsirup: Ist eine dickflüssige Zubereitung, die durch Kochen mit Zucker hergestellt wird. Laut »Verordnung« enthält Obstsirup höchstens 68% Zucker. Als Ausgangsmaterial dienen in der Industrie meistens chemisch konservierte Obstsäfte.
Latwerge: Ist ein Mischprodukt aus Obstmus und dem Saft einer anderen Frucht. Es kann ohne Zuckerzugabe hergestellt sein und wird als Brotaufstrich, für Mehlspeisen und als Fruchtsauce verwendet.
Kandierte Früchte: Sind Obststücke, die in Sirup gekocht und in einer Zuckerkruste haltbar gemacht werden.

Konfitüren, Marmeladen, Gelees

Gelierfähigkeit der Obstsorten
Gut:
Äpfel, Stachelbeeren, Schwarze Johannisbeeren, Quitten, Preiselbeeren, Pflaumen
Mittel:
Rote Johannisbeeren, Brombeeren, Himbeeren, Pfirsiche, Heidelbeeren, Holunder, Ebereschen, Hauszwetschge
Schlecht:
Erdbeeren, Kirschen, Trauben, Weiße Johannisbeeren, Tomaten, Kürbis

Für Konfitüren, Marmeladen und Gelees sind alle Früchte sowie Kürbis, Rhabarber und Tomaten mehr oder weniger gut geeignet. Es können auch Mischungen hergestellt werden. Günstig ist es, dabei die unterschiedliche Gelierfähigkeit der einzelnen Obstsorten auszunutzen.
Pektinstoffe verändern sich beim Gefrieren nicht. Dadurch können gefrorenes Fruchtmark oder gefrorene Früchte genauso zubereitet werden wie frische. Auf diese Weise können Obstarten unterschiedlicher Erntezeit miteinander kombiniert werden.
Gut ausgereifte Früchte verwenden, die Produkte werden aromatischer. In der Haupterntezeit können heute viele Obstsorten selbst in

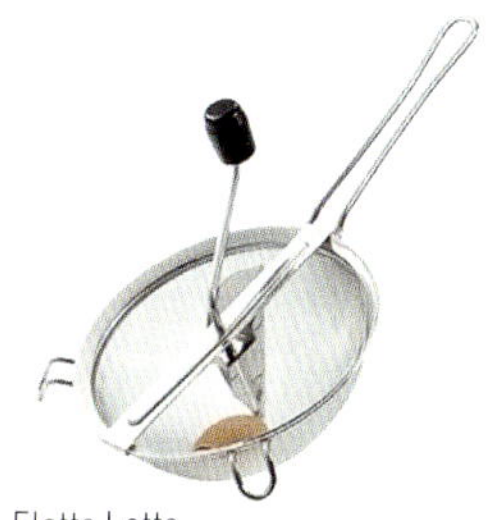

Flotte Lotte

Hinweis
Die Früchte werden vorbereitet abgewogen. Dies sind pauschale Mengenverhältnisse. Die genauen Angaben in der Gebrauchsanweisung zu den einzelnen Gelierhilfen sind besser auf die betreffenden Früchte abgestimmt.

Plantagen gepflückt werden. Dies bringt den Vorteil, dass die Früchte, wie aus dem eigenen Garten, mit Sicherheit frisch verarbeitet werden können.

Mengenverhältnisse Konfitüren und Marmeladen

1000 g Früchte auf 750–1000 g Zucker oder Einmachzucker *oder*
1000 g Früchte auf 1000 g Gelierzucker *oder*
1000 g Früchte auf 750–1000 g Zucker und 125 g Flüssigpektin mit 10 g Zitronensäure *oder*
1000 g Früchte auf 750–1000 g Zucker und 20 g Gelierpulver *oder*
1000 g Früchte auf 500 g »Extra-Gelierzucker« 2:1 *oder*
1250 g Früchte auf 500 g Konfitürenzucker *oder*
1500 g Früchte auf 500 g Gelierzucker 3:1

Mengenverhältnisse Gelee

1 l Fruchtsaft auf 1000 g Zucker oder Einmachzucker *oder*
1 l Fruchtsaft auf 1000 g Gelierzucker *oder*
1 l Fruchtsaft auf 1000 g Zucker und 20 g Gelierpulver *oder*
1 l Fruchtsaft auf 1000 g Zucker und 125 g Flüssigpektin mit 10 g Zitronensäure *oder*
1 l Fruchtsaft auf 500 g »Extra-Gelierzucker« 2:1 *oder*
1 l Fruchtsaft auf 500 g Konfitürenzucker *oder*
1,5 l Fruchtsaft auf 500 g Gelierzucker 3:1

Konfitüre/Marmelade: Mithilfe eines Mixers, Passevite (»Flotte Lotte«) oder einer Fruchtmühle, die als »Schneckenpresse« an den Fleischwolf angesetzt werden kann, die Früchte pürieren. Zucker nach Rezept zugeben, 15 bis höchstens 30 Minuten kochen, wenn keine Gelierhilfe zugegeben wurde. Wird zusätzliches Geliermittel verwendet, Gebrauchsanweisung beachten. Beeren ganz lassen oder mit Gabel oder gelochtem Stampfer zerkleinern, eventuell in kleine Stücke schneiden und teilweise pürieren. Zucker nach Rezept zugeben, 20–30 Minuten sprudelnd kochen (Kirschen 30–40 Minuten), wenn keine Gelierhilfe verwendet wird, sonst Gebrauchsanweisung beachten.
Gelee: Aus den Früchten durch Aufkochen und Abseihen oder durch Dampfentsaften, nicht durch Pressen, Saft bereiten. Den Saft mit einem Litermaß abmessen, Zucker nach Rezept zugeben, 5–10 Minuten sprudelnd kochen. Der Gelierpunkt darf nicht übersehen werden, sonst wird die Masse nicht fest, sondern sirupartig.
Die Rückstände bei der Saftgewinnung können allein oder mit frischen Früchten zu Konfitüre verarbeitet werden.

Gelierprobe

Wird der Rührlöffel aus der kochenden Masse gehoben, muss diese breit vom Löffel fallen. Werden ein paar Tropfen auf einen trockenen, vorher im Kühlschrank gekühlten Porzellanteller gegeben, darf kein wässriger Rand entstehen. Es muss sich nach kurzer Zeit ein gleichmäßiges Häutchen bilden, und der Rand muss erstarren, auch wenn der Teller schräg gehalten wird. Beim Umrühren im Kochtopf müssen sich »Straßen« bilden.

Vorbereiten der Früchte

Früchte verlesen, schlechte aussortieren, waschen, abtropfen, eventuell entstielen und entkernen/entsteinen. Harte Äpfel, Birnen und Quitten müssen zuerst in wenig Wasser weich gekocht, dann durchpassiert werden. Wenn die Kerne von Johannisbeeren und Himbeeren entfernt werden sollen, die Masse durch ein Sieb streichen. Die Früchte nach Verwendungszweck vorbereiten.

<u>Äpfel, Birnen, Quitten:</u> Äpfel, Birnen waschen, Quitten mit einem Tuch gründlich abreiben, in Stücke schneiden, mit wenig Wasser, Gewürzen und Zitronensaft die Früchte weich kochen. Für die Geleebereitung die Masse mithilfe eines Safttuches abseihen, den Rest zu Konfitüre verarbeiten. Für die Konfitürenherstellung Fruchtbrei durchpassieren. Fruchtmasse abwiegen, eine Portion in den Kochtopf geben, Zucker einrühren, bei Gelierhilfe nach Gebrauchsanweisung vorgehen, bis zur Gelierprobe kochen, heiß abfüllen.

Mischungen

Aus Äpfeln und Birnen können harmonische Mischkonfitüren mit Holunderbeeren, Heidelbeeren und Waldhimbeeren hergestellt werden. Dabei wird das Kernobst nicht vorgekocht, sondern geschält, geschnitzelt, mit den Beeren vermischt und sofort verarbeitet.

<u>Aprikosen, Sauerkirschen, Süßkirschen:</u> Früchte waschen, entsteinen, die Hälfte der Menge pürieren, die andere Hälfte in Schnitze schneiden. Werden nur Schnitze geschnitten, schwimmen die Fruchtteile im Glas an der Oberfläche. Diese Früchte gelieren schlecht, deshalb immer Zitronensaft zugeben.

Mischungen

Eine Mischung mit schwarzem Johannisbeer- oder Stachelbeersaft fördert das Festwerden und bringt ein wohlschmeckendes Aroma.

Kernobstentsteiner

<u>Erdbeeren:</u> Morgens ernten, noch am selben Tag verarbeiten. Waschen in einem Sieb, entstielen, schneiden oder zerstampfen, Zucker je nach Süße der Früchte zugeben (Zitronensaft begünstigt das Gelieren). Kochen bis zur Gelierprobe, heiß abfüllen. Bei nasser Witterung mehr Zucker und Zitronensaft zugeben. Das Aroma der Früchte wird gegen Ende der Erntezeit besser, der Preis günstiger.

Saftpresse

Kochzeiten beachten, sonst wird die Konfitüre nicht fest, oder sie gärt nach kurzer Lagerzeit.

Aus Walderdbeeren roh gerührte Konfitüre bereiten, die Kerne werden beim Kochen bitter.

Mischungen

- Bis 50% pürierte Aprikosen.
- Bis 10% klein geschnittene und vorgekochte Rhabarberstückchen und bis 50% pürierte Stachelbeeren.
- Bis 25% Johannisbeersaft oder -mark.
- Bis 50% Ebereschenmark (Ebereschen mit wenig Wasser kochen, durchpassieren).

<u>Himbeeren:</u> Verlesen, wenn notwendig waschen. Bei Waldhimbeeren die Samenkerne immer entfernen (bei Gartenhimbeeren nach Wunsch): durch die Fruchtpresse drehen oder die rohen Früchte passieren. Wird Gelee bereitet, bleiben die Kerne im Trester zurück. Zucker zugeben, kochen bis zur Gelierprobe, heiß abfüllen.

Mischungen

- Bis 50% rote Johannisbeeren.
- Bis 50% Stachelbeeren.
- Bis 25% Rhabarbermark.
- Bis 50% Ebereschenmark.
- Bis 50% Sauerkirschen.

Holunderbeeren Waschen, entsträubeln, weich dämpfen und durchpassieren.

Mischungen

Beeren mit Apfel-, Birnen- und/oder Zwetschgenschnitzen zu Konfitüre verarbeiten. Holunderbeersaft mit 30% Apfelsaft ergibt ein vorzügliches Gelee.

Johannisbeeren, schwarz, rot, weiß: Im Sieb waschen, entsträubeln, nach Wunsch passieren, um die Samenkerne zu entfernen, und weiterverarbeiten wie Himbeeren.

Mischungen

Johannisbeermark und -saft können mit fast allen Früchten gemischt werden (angenehme Säure und ansprechende Farbe). Schwarze Johannisbeerkonfitüre mit Apfel- oder Birnenschnitzen schmeckt besonders gut.

Pflaumen, Renekloden, Zwetschgen: Feste Früchte waschen, entsteinen, in Streifen schneiden, zu Konfitüre verarbeiten. Oder Früchte waschen, kurz in heißem Wasser brühen, die Haut abziehen, entsteinen und zu Konfitüre verarbeiten. Die Konfitüre wird besonders wohlschmeckend. Oder die Früchte waschen, im Dampfdrucktopf oder Kochtopf mit wenig Wasser weich kochen, durchpassieren, portionsweise zum Konfitürekochen einteilen, zuerst ohne Zucker die zugegebene Flüssigkeit verdampfen lassen, dann mit Zucker und eventuell Gelierhilfe bis zur Gelierprobe kochen, heiß abfüllen. Als Geschmackszutaten eignen sich besonders Zimt und Nelken.

Stachelbeeren: Waschen, putzen, nach Belieben durch den Fleischwolf drehen oder mixen (besonders bei dickschaligen, unreifen Früchten). Sollen die Kerne entfernt werden, die Früchte mit wenig Wasser im Dampfdrucktopf oder Kochtopf kurz dämpfen, durchpassieren oder den Saft gewinnen. Mengen abmessen, Zucker zugeben, kochen bis zur Gelierprobe, heiß abfüllen.

Mischungen

Stachelbeeren haben einen hohen Pektingehalt. Das Mischen mit pektinarmen Früchten ist vorteilhaft, z. B. mit Rhabarber, Kürbis, Erdbeeren, Aprikosen, Pflaumen, Brombeeren, Heidelbeeren.

Zitrusfrüchte: Schälen, das Weiße der Schale am Fruchtfleisch gut entfernen (Bitterstoffe!), Fruchtfleisch pürieren oder in Stücke schneiden bzw. Saft gewinnen. Zucker (je 1000 g Frucht mindestens 1000 g Zucker) zugeben, bis zur Gelierprobe kochen, heiß abfüllen. Geschmackszutaten: Zimt, Nelken, Ingwer, Schale von unbehandelten Früchten, verschiedene Liköre.

500 g rote Johannisbeeren,
400 g Zucker

Schütteljohannisbeeren

Beeren in einem Sieb waschen, entsträubeln, in einem weiten, flachen Kochtopf erhitzen. Ab Kochpunkt 10 Minuten sprudelnd kochen lassen, aber dabei nicht umrühren, sondern mithilfe des Topfgriffes auf der Platte den Topf hin und herrütteln, heiß einfüllen, verschließen. Auch als Beilage zu Fleisch geeignet.

Variation

Es können auch Preiselbeeren so verarbeitet werden.

Preiselbeerkonfitüre ohne Kerne

500 g Preiselbeermark,
375 g Zucker oder weniger

Beeren waschen, verlesen, mit wenig Wasser weich kochen oder dämpfen, passieren, mit Zucker zu Konfitüre kochen.

Hinweis

Preiselbeeren haben einen hohen Pektingehalt, Geliermittelzugabe ist deshalb nicht unbedingt notwendig. Die Zuckermenge kann auch deshalb niedrig gehalten werden, weil Preiselbeeren natürliche Benzoesäure enthalten.

Hagebuttenkonfitüre ohne Kerne

500 g Hagebuttenmark,
500 g Gelierzucker

1. Art: Reife Früchte kühl und ausgebreitet lagern, bis sie weich sind. Blüten und Stiele entfernen, Früchte waschen und über Nacht in wenig Wasser einweichen, im Einweichwasser kochen, durchpassieren. Dabei werden die Kerne und die durch das Kochen verfilzten Haare entfernt. Das Mark mit Gelierzucker bis zur Gelierprobe kochen, heiß einfüllen.

500 g Hagebuttenmark,
1 Tasse Wasser,
375 g Zucker

2. Art: Hagebutten waschen, teilen, Kerne entfernen. Im Kühlschrank zugedeckt bis 8 Tage stehen lassen, täglich durchrühren. Wenn die Früchte weicher sind, durchpassieren. Zucker in einer Tasse Wasser unter ständigem Rühren mit einem Schneebesen erhitzen, bis die Zuckermasse ein feines Häutchen um die Schneebesenstäbe bildet. Beim Durchblasen bildet sich »Kettenflug«, dann das erwärmte Mark zugeben, kochen bis zur Gelierprobe, heiß einfüllen.

Tipp: Die Kerne und Häute der Früchte können getrocknet für Tee verwendet werden.

Rhabarber-Feigen-Konfitüre

125 g getrocknete Feigen,
125 ml Portwein oder Sherry,
1 Päckchen getrocknete Orangenschale,
350 g roter Rhabarber,
500 g Gelierzucker

Den harten Stielansatz der Feigen entfernen, in möglichst kleine Würfel schneiden und in Portwein mit Orangenschale einige Stunden einweichen. Rhabarber waschen, putzen, in ca. 2 cm lange Stücke schneiden, mit Gelierzucker und Feigen gut mischen, nach 4 Minuten Kochzeit die Gelierprobe machen, Einweichflüssigkeit zugeben, heiß abfüllen.

Kürbiskonfitüre mit Apfel

750 g geviertelte Äpfel,
750 g gewürfelter Kürbis,
Gelierzucker nach der Fruchtmarkmenge,
Zitronenschale,
nach Belieben Ingwer

Kürbis und Äpfel mit wenig Wasser weich kochen, passieren, abwiegen, mit gleicher Menge Gelierzucker gut vermischen, Gewürze zugeben, bis zur Gelierprobe kochen, heiß abfüllen.

Schlehen-Apfel-Konfitüre

3 kg Schlehen,
500 g Äpfel,
die gleiche Menge Gelierzucker wie Fruchtmark

Die Schlehen nach dem ersten Frost ernten. Über Nacht in Wasser stehen lassen, abseihen, mit wenig frischem Wasser und den geviertelten Äpfeln weich kochen, durchpassieren, mit Gelierzucker vermischen, bis zur Gelierprobe kochen, heiß einfüllen.

Zwetschgenkonfitüre »Rühr mich nicht«

3,5 kg entsteinte Zwetschgen, 500 g Zucker

Zwetschgen waschen, entsteinen, abwiegen. In einen Kochtopf geben, mit Zucker mischen und über Nacht zugedeckt kühl stellen. Am nächsten Tag die Früchte, ohne vorher durchzurühren, zugedeckt zum Kochen bringen. Deckel abnehmen und bei klein geschalteter Energiezufuhr 3 Stunden köcheln lassen, dabei nicht umrühren. 10 Minuten bei starker Hitze sprudelnd kochen, diesmal gründlich umrühren, heiß einfüllen.

Birnenkonfitüre mit Ingwer

1 kg geschälte Birnen,
750 g Zucker,
1 Päckchen getrocknete Zitronenschale, 1 Msp gemahlener Koriander,
5 Ingwerpflaumen oder 30 g frische Ingwerwurzel,
125 g Flüssigpektin (1 Normalflasche),
10 g Zitronensäure

Birnen vierteln, Kerngehäuse entfernen. Birnen in Scheiben schneiden, mit Zucker, Zitronenschale, Koriander und geschälten, in kleine Würfel geschnittener Ingwerwurzel bzw. Ingwerpflaumen gut durchmischen, erhitzen, 10 Minuten sprudelnd kochen lassen. Flüssigpektin und Zitronensäure nach Gebrauchsanweisung zugeben und kochen bis zur Gelierprobe, eventuell mit Williamsbirnengeist verfeinern, heiß einfüllen,

Blutorangenmarmelade

1,5 kg vorbereitete Blutorangen in kleinen Stücken
500 g Gelierzucker 3:1

Mit dem Gelierzucker gemischte Masse in einen weiten Topf geben, mindestens 3 Stunden, besser gekühlt über Nacht, ziehen lassen. Der Topf sollte nur halb gefüllt sein, um Überkochen zu vermeiden. Bei starker Hitze unter Rühren zum Kochen bringen, mindestens 4 Minuten sprudelnd kochen lassen. Gläser heiß randvoll füllen und sofort mit Schraubdeckel verschließen.

Englische Orangenmarmelade

8 unbehandelte süße Orangen,
3 unbehandelte bittere Orangen (Pomeranzen),
1 unbehandelte Zitrone,
gleiche Menge Gelierzucker wie Früchte

Alle Früchte unter heißem Wasser gut abbürsten, abtrocknen, ungeschält achteln und sorgfältig entkernen. Das Fruchtfleisch mit einem scharfen Messer in hauchdünne Scheiben schneiden, die Kerne in ein Teeei geben und mitkochen. Früchte wiegen, mit Gelierzucker gut vermengen, 3 Stunden zugedeckt stehen lassen, kochen bis zur Gelierprobe, heiß einfüllen.

Variation

Sind keine unbehandelten Früchte erhältlich, dickschalige Früchte verwenden und $^1/_2$ cm dick schälen, aber nicht den ganzen weißen Pelz entfernen, darin sind gesundheitlich wertvolle Stoffe.
Das Verhältnis von süßen zu bitteren Orangen kann nach Geschmack variiert werden. Blutorangen sind auch geeignet.

Ebereschenkonfitüre ohne Kerne

1 kg Ebereschenmark,
1 kg Zucker

Beeren waschen, verlesen, mit wenig Wasser weich kochen, passieren. Fruchtmark mit Zucker vermischen und bis zur Gelierprobe kochen.

Hinweise

Gelierhilfen verkürzen die Kochzeit.
Wird der Saft über ein Tuch gewonnen, kann ein vorzüglich schmeckendes Gelee bereitet werden.
Geeignete Sorten sind süße mährische oder russische Ebereschen: *Sorbus aucuparia* »Edulis«, »Rossica«, »Konzentra«, »Rosina«, »Major«. Bittere Ebereschen, die »Vogelbeeren«, sind nicht geeignet. Die Früchte werden geerntet, wenn sie rot werden und noch säuerlich-saftig sind (August).

Sanddornkonfitüre

1 kg Sanddornbeeren,
500 g Zucker

Beeren in einem Sieb waschen, abtropfen lassen, Zucker zugeben und unter ständigem Rühren so lange kochen, bis die Masse schwer vom Löffel fällt, heiß abfüllen.

Hinweis

Die Früchte des Ziersanddorns enthalten wie wild wachsende Sträucher sehr viel Vitamin C.

Variation

Sanddornsaft kann auch mit Hagebuttenmark gemischt werden.

Grüne Tomatenkonfitüre

1 kg große grüne Tomaten,
1 kg Gelierzucker,
Saft von 1 Zitrone, Zimt, getrocknete Zitronen- und Orangenschale, Ingwer, ganze Nelken oder Senfpulver

Tomaten waschen, abtrocknen und Stengelansätze herausschneiden. Mit dem Fleischwolf oder im Mixer pürieren, mit Gelierzucker, Zitronensaft und Gewürzen gut vermischen, erhitzen, 4 Minuten sprudelnd kochen bis zur Gelierprobe, heiß einfüllen.

Zitronengelee

Schale von 2 unbehandelten Zitronen,
250 ml Zitronensaft,
4 EL Wasser,
1 kg Gelierzucker,
4 EL Orangenlikör

Zitronen mit heißem Wasser gründlich bürsten, abtrocknen, so dünn schälen, dass keine weiße Schicht daran ist. Schale in dünne Streifen schneiden, mit 4 Esslöffeln Wasser 10 Minuten kochen, Zitronensaft zugießen und so viel Wasser auffüllen, bis 1 Liter erreicht ist. Gelierzucker zugeben, kochen bis zur Gelierprobe. Orangenlikör langsam unterrühren, heiß abfüllen.

Berberitzen- (Sauerdorn-)gelee

1 l Berberitzensaft,
1 kg Zucker

Hinweis
Das zurückgebliebene Mark kann mit 500 g Zucker je kg Mark zu Konfitüre verkocht werden.

Die reifen Früchte nach dem ersten Frost ernten. Waschen, verlesen und im heißen Wasserbad einige Stunden zugedeckt stehen lassen, bis sich Saft bildet. Die Masse über einem Safttuch abtropfen lassen, mit Zucker im Verhältnis 1:1 abwiegen. Gelierhilfe verwenden, kochen bis zur Gelierprobe, heiß einfüllen.

Roh gerührte Konfitüre

Mengenverhältnis – Grundrezept :

500 g Früchte auf 500 g Puderzucker *oder*
500 g Früchte auf 500 g Gelierzucker

Schmeckt besonders frisch! Kann portionsweise mit gefrorenen Früchten verarbeitet werden.

500 g Walderdbeeren, kleine Früchte von Gartenerdbeeren, Himbeeren, Johannisbeeren, Brombeeren,
500 g Puderzucker,
Saft von 1 Zitrone, nach Belieben 2 cl Rum

Beeren in einem Sieb waschen, verlesen, mit Küchenpapier trocknen. In eine Schüssel oder in den Mixer geben, mit Zucker und Zitronensaft vermischen, mit dem Handrührgerät bzw. Mixer so lange schlagen, bis der Zucker gelöst ist und der Fruchtbrei zu steifen beginnt. Gläser und Deckel mit Rum ausspülen, Masse einfüllen, mit Rum bedecken, verschließen, kühl lagern.
Haltbarkeit: Bis 3 Monate.

Quittengelee

2 kg Apfel- oder Birnenquitten,
ca. 1½ l Wasser,
Saft von 2 Zitronen,
500 g Gelierzucker 2:1,
2–3 EL Rum

Quitten waschen, trocken reiben, Blüte und Stiel ausschneiden, in ca. 2 cm große Würfel schneiden, in einem großen Topf mit Wasser bedeckt erhitzen. Ca. 45 Minuten köcheln lassen, bis die Früchte weich sind. Nach dem Erkalten abseihen. Besonders klar wird das Gelee, wenn ein Seihtuch verwendet wird. Dabei wird ein weitmaschig gewebtes Baumwolltuch in ein Sieb gelegt. Der im Tuch verbleibende Rest der Früchte kann zu Quittenbrot verarbeitet werden. Den gewonnenen Saft abwiegen, Zitronensaft zugeben, entsprechend Gelierzucker beimengen, gut verrühren, unter Rühren zum Kochen bringen, 2–3 Minuten sprudelnd kochen lassen. Nach der Gelierprobe sofort in vorbereitete Twist-off-Gläser füllen. Ein paar Tropfen Rum in den sauberen Deckel träufeln, verschließen und kurze Zeit auf den Kopf stellen.

Bezugsquelle Glas:
www.glaeserundflaschen.de

Obstmus

Mengenverhältnis
5 kg Obst mit 0–750 g Zucker

Obstmus ist durch langes Kochen eingedicktes Fruchtmark, wobei wenig oder kein Zucker zugegeben wird.
Besonders reife, zuckerreiche Obstsorten wie Zwetschgen, Äpfel, Birnen verwenden. Obstmus von Beerenobst, z. B. Preiselbeeren, Berberitzen und Holunderbeeren, wird auch als »Salse« bezeichnet. Das Obst kann durch die Fruchtpresse gedreht oder, in wenig Wasser gedämpft, zu Fruchtmark verarbeitet werden, das dann eingedickt wird. Oder es wird ohne Vorbereitung eingedampft.
Die Haltbarkeit wird durch das lange Einkochen erreicht, wodurch die vorhandenen Mikroorganismen abgetötet werden. Durch das Verdampfen des Wassers ist für die Entwicklung von nachträglich eindringenden Keimen der Gehalt an frei verfügbarem Wasser zu gering. Wenn Zucker zugesetzt werden soll, dann gegen Ende der Garzeit, weil bei langem Kochen Zucker leicht braun wird. Außer man wünscht den Karamellgeschmack.
Hitzeempfindliche Vitamine (Vitamin C und B_1) gehen verloren, auch das Aroma verändert sich, zu wenig gewürztes Mus schmeckt leicht fade.
Früher wurde Mus in Steintöpfen, die vor dem Einfüllen geschwefelt und mit Alkohol ausgespült wurden, aufbewahrt, mit Cellophan oder Pergamentpapier zugebunden. Wurden diese Gefäße nicht kühl und trocken gelagert, entwickelten sich leicht Schimmelpilze. Deshalb ist es sinnvoller, das fertige Mus in Einkochgläser mit Gummi, Deckel und Klammer oder in Gläser mit Twist-off-Deckeln heiß einzufüllen, dann muss es auch vorher nicht so stark eingedickt werden. In Einkochgläsern oder lackierten Dosen 10 Minuten bei 85 °C sterilisieren.
Musprobe: Wird der Rührlöffel aus der Masse gehoben, fällt das anhaftende Mus in dicken Klumpen zurück. Beim Rühren fließt die Masse nicht mehr zusammen, es bilden sich Straßen.

Pflaumenmus

3 kg sehr reife Spätzwetschgen,
bis zu 500 g Zucker,
½ Päckchen Lebkuchengewürz oder Sternanis, gemahlene Nelken, Zimt, Koriander, Muskatblüte

1. Art: Zwetschgen entsteinen, bei schwacher Hitze zu einem Mus einkochen, wobei anfangs wenig, später ständig gerührt werden muss. Die Gewürze werden zu Beginn, der Zucker, wenn die Masse dicklich wird, zugegeben. Bis zur Musprobe kochen, heiß einfüllen und verschließen.

Hinweise
Nach Belieben können auch 1 Stunde vor Garzeit 2–3 grüne Walnüsse, geschnitten, oder 10 Haselnusskerne dazugegeben werden.
Es ist gesünder, den Bittermandelgeschmack statt mit Kernen (Blausäure) mit ein paar Tropfen künstlichem Bittermandelöl zuzugeben.

2. Art: Zwetschgen entsteinen, in die Fettpfanne des Backofens geben, mit Zucker vermischen und über Nacht, mit einem sauberen Tuch zugedeckt, stehen lassen. Tags darauf die Fettpfanne in den Backofen schieben, bei 220 °C zum Kochen bringen, dann, wenn möglich, Oberhitze ausschalten oder auf 160 °C zurückdrehen. Das Mus muss kochen bis zur Musprobe und darf niemals umgerührt werden, sonst brennt es an. Heiß einfüllen und verschließen.
3. Art: Zwetschgen entsteinen, in 2 Kochtöpfen mit Deckel jeweils mit wenig Wasser weich dünsten, Deckel abnehmen und das Wasser bei mäßiger Hitze verdampfen lassen. Wenn die Masse dicklich wird, durchpassieren, noch 1 Stunde in einem Kochtopf unter häufigem Rühren eindicken bis zur Musprobe, heiß einfüllen und verschließen.

Powidl (ohne Zucker)

Eine größere Menge Zwetschgen, 1 Zimtstange (nach Belieben)

Zwetschgen waschen, entsteinen, in flachen Bratentopf geben, im Ofen bei 180 °C je nach Menge bis zur gewünschten Konsistenz 2–3 Stunden eindampfen lassen. Dabei öfter umrühren. In Schraubgläser heiß einfüllen.

Kirschenmus

5 kg Kirschen, 500 g Zucker, Zimt, Nelken

Schwarze, süße Kirschen entkernen, Kerne zerklopfen und in einer Tasse kochendem Wasser 10 Minuten ziehen lassen. Das Wasser zu den Früchten geben, erhitzen und so lange kochen, bis die Masse musig wird. Durchpassieren, Zucker, Zimt und Nelken zugeben und eindicken bis zur Musprobe, heiß einfüllen und verschließen.

Obstkraut

Obstkraut ist ohne Zucker eingedickter Obstsaft von einer oder mehreren Sorten, z. B. Äpfeln, Birnen, Zuckerrüben. Es hat wieder viele Liebhaber gewonnen, weil man schnell und preiswert große Mengen Obst haltbar machen kann. Es wird als Geschmacksstoff zu Müsli, Tee gegeben oder als Brotaufstrich gegessen. Obstkraut in Gläser abfüllen und mit Twist-off-Deckel verschließen.

Apfelkraut

Große Mengen süße und säuerliche, gut ausgereifte Äpfel (auch Fallobst) waschen, schlechte Stellen entfernen. Mit Schale und Kernhaus schneiden, mit wenig Wasser weich dünsten, Saft abpressen und so lange einkochen, bis er Fäden zieht, d. h., fallen in ein Glas Wasser ein paar Tropfen, bilden sich Fäden, die zu Boden sinken. In sauber gespülte Gläser sofort abfüllen und verschließen.

Rübenkraut, Zuckerrübensirup

12 kg Zuckerrüben (ergeben 1½ l Sirup), Wasser

Zuckerrüben waschen, schaben oder schälen, in walnussgroße Stücke schneiden. In einen großen Topf oder Einkochtopf Rost einlegen, 1 Liter Wasser einfüllen (wenn kein Rost zur Verfügung, dann halb mit Wasser füllen), Rübenschnitzel zugeben, langsam zugedeckt weich dämpfen, auskühlen, abpressen (mit Obstpresse oder in einem groben Leinensäckchen). Der Saft wird in einem weiten, großen Topf schnell eingekocht, wobei zuletzt ununterbrochen gerührt werden muss, denn die dickliche Masse brennt leicht an. Der fertige Sirup hat eine goldbraune Farbe und muss dick fließend wie Honig sein. Wird er zu langsam eingekocht, wird er nicht klar und schmeckt nicht so gut. In Steintöpfe oder Gläser heiß einfüllen und verschließen.

Latwerge

Latwerge wird auch Gesälz, Obsthonig, Obstbutter genannt. Latwerge ist ein Mischprodukt. Es besteht aus dem Mark der einen Obstart und dem ausgepressten Saft einer anderen Obstart. Das Obstmark bestimmt den Namen. Es wird ohne Zucker eingekocht. Früher wurde es in Steinguttöpfen gelagert, die genauso vorbereitet wurden, wie bei Obstmus beschrieben. Weniger Verluste bringt die Aufbewahrung in Gläsern mit Deckeln oder das Sterilisieren (10 Minuten bei 85 °C).

Birnenlatwerge

2 l Apfelsaft, 1 l Birnenmark

Apfelsaft in einen Kochtopf geben, bis zur Hälfte einkochen, Birnenmark dazuschütten und so lange unter ständigem Rühren einkochen, bis die Masse die Dicke einer sich schwer streichenden Butter erlangt hat. Heiß in Gläser füllen und nach dem Erkalten verschließen.

Variationen

Aprikosenmark mit Apfel- oder Traubensaft; Mirabellenmark mit Apfel- oder Birnensaft; Traubensaft bringt besonders guten Geschmack.

Obstsirup

Mengenverhältnis

1 l Saft auf 1 kg Zucker

Obstsirup ist mit Zucker eingedickter Obstsaft. Er ist besonders für heiße und kalte Getränkemischungen geeignet. Vor dem Verzehr wird er je nach Geschmack mit Wasser verdünnt.

Himbeersirup, Johannisbeersirup

3 kg Beeren,
Zucker wie Saftgewicht

Beeren waschen, zerdrücken, zugedeckt 2 Tage an einem kühlen Ort stehen lassen. Den Saft mit einem Tuch gut auspressen, abwiegen. Die Hälfte des Zuckers zum Saft geben und 3 Tage an einem kühlen Ort gären lassen. Mit dem restlichen Zucker aufkochen, abschäumen, heiß in Flaschen einfüllen.

Erdbeer-, Himbeer-, Johannisbeersirup ungekocht

2 kg Früchte,
25 g Weinsteinsäure,
1/2 l Wasser, Zucker wie Saftgewicht

Beeren zerdrücken, Weinsteinsäure in Wasser auflösen, darübergeben und 24 Stunden zugedeckt kühl stellen. Saft durch ein gebrühtes Tuch ablaufen lassen, mit gleichschwer Zucker wie Saftgewicht so lange rühren, bis sich der Zucker gelöst hat, eventuell abschäumen, in Gläser füllen. Die ersten Tage nur mit Wattebausch verschließen, denn an warmen Tagen beginnt der Sirup leicht zu gären. Ist dies der Fall, die ganze Masse im Ballon oder Steinguttopf 2 Monate ausgären lassen.

Hinweise

Weinsteinsäure hat keine konservierende Wirkung. Die Mikroorganismen können im sauren Milieu des Fruchtsaftes und wegen des hohen Zuckergehaltes nicht mehr wachsen. Weinsteinsäuresaft soll nicht erhitzt werden. Bei 170 °C zerfällt Weinsteinsäure in Oxalsäure und Glykole. Beim Pasteurisieren beginnt der Zerfall der Säure bereits. Deshalb wird sie häufig durch Zitronensäure bzw. -saft (ohne Wasserzugabe) ersetzt.

Holunderblütensirup (Hollersekt)

2 unbehandelte Zitronen,
8 Holunderblütenstände,
5 l abgekochtes Wasser,
600 g Zucker,
250 ml Weinessig (5%ig)

Zitronen in Scheiben schneiden, Blüten von den Stielen abzupfen, Wasser, Zucker und Essig darübergeben, umrühren, damit sich der Zucker löst. Nach 3 Tagen abseihen, in Sektflaschen füllen, mit gesichertem Stöpsel oder Gummikappe stehend kühl lagern.

»Oma-Saft«

Frische Pfefferminzblätter,
2 l Wasser, 2 kg Zucker,
50 g Zitronensäure

Mit der frischen Pfefferminze einen wohlschmeckenden, kräftigen Tee zubereiten (Pfefferminzmenge selbst ausprobieren, weil die Intensität des Geschmacks je nach verwendeter Sorte sehr unterschiedlich ist). Den Zucker im heißen Tee auflösen, abkühlen lassen. In die lauwarme Mischung die Zitronensäure geben und in Flaschen füllen.

Obstpaste

Mengenverhältnis
1 kg Obstmark auf 1 kg Zucker, nach Belieben Zitronenschale

Obstpasten erfreuen sich als Konfekt großer Beliebtheit. Es sind dick eingekochte Konfitüren, die aufgrund ihres Zuckergehaltes und ihrer Festigkeit unverschlossen haltbar sind. Eine Wiederaufnahme von Feuchtigkeit aus der Luft muss unterbunden werden. Deshalb werden sie in Dosen aufbewahrt.

Quittenpaste

1 kg Quittenmark,
1 kg Zucker,
Saft von 1 Zitrone

Quitten trocken abreiben, Blüte und Stiel entfernen, achteln, in wenig Wasser weich kochen, durchpassieren, mit gleichschwer Zucker aufwiegen, zu festem Mus kochen. Nach der Musprobe (siehe Seite 183) die Masse auf ein mit Pergamentpapier belegtes Backblech streichen, an der Luft trocknen lassen, bis sich die Platte vom Papier löst, schneiden oder ausstechen, in Kristall- oder Hagelzucker wälzen, in einer Dose vor »Naschkatzen« schützen.

Quittenbrot

Die Masse wird wie Quittenpaste hergestellt. Nach Belieben vor Abschluss des Kochens klein geschnittenes Orangeat und geschälte, gehackte Mandeln zugeben, in eine Kuchenform streichen, trocknen. Nach einigen Tagen Plätzchen schneiden, in Puderzucker wenden.

Hinweise
Apfel-, Birnen- und Japanische Zierquitte können verarbeitet werden. Gut schmeckt es auch mit Äpfeln, Zwetschgen und Birnen.

Kandieren und Glasieren

Beim Kandieren braucht man Geduld! Kirschen, Zwetschgen, Birnen, Aprikosen, Ananas, Ingwer, Orangen und Zitronen werden durch den hohen Zuckergehalt haltbar, sehen gut aus und schmecken mit und ohne Glasur. Erreicht wird die Haltbarkeit der Süßigkeiten durch kurzes Kochen im Saft der Früchte oder in Apfelsaftkonzentrat bzw. Einlegen in Sirup. Im Saft abkühlen. Am nächsten Tag den Saft abgießen, abmessen und mit gleicher Menge Zucker wieder aufkochen, die Früchte einlegen und wieder einen Tag ziehen lassen. Am nächsten Tag pro 500 ml Flüssigkeit ca. 100 g Zucker zugeben, aufkochen, die Früchte einlegen usw. Dies eine Woche lang wiederholen, wobei die letzten drei Mal statt 100 nur 10 g Zucker zugegeben werden. Der Vorgang wird in der zweiten Woche so lange wiederholt, bis der Sirup sehr dickflüssig ist und die Früchte glasig erscheinen.

Dann werden die Früchte im Backofen oder an der Luft vorsichtig getrocknet, mit Puderzucker oder Schokoladenglasur überzogen, in Dosen oder Gläsern aufbewahrt. Durch Erfahrung werden weiche, haltbare Früchte erzielt, nicht hartschalige und zu feste Spezialitäten!
Der Sirup kann zu Likör oder Sorbet weiterverarbeitet werden.

Kandierte Ananas

1 reife Ananas, 1/2 l Wasser, 1 kg Zucker, Puderzucker

Ananas schälen, in 1 cm dicke Scheiben schneiden, achteln, Holziges entfernen. Wasser und Zucker erhitzen, Früchte darin portionsweise je 5 Minuten kochen lassen, herausnehmen, abtropfen, wie oben beschrieben vorgehen. Wenn der Kandiervorgang abgeschlossen werden kann, Ananasstücke auf einen Teller legen, mit Puderzucker mehrmals bestreuen, bis die Oberfläche krustig wird. In Blechdosen aufbewahren.

Verzuckerte Orangenschalen (Orangeat)

500 g unbehandelte Orangenschalen, 500 g Zucker, Puderzucker

Hinweis
Zitronat kann im Haushalt nicht hergestellt werden. Ausgangsmaterial dafür ist eine Zedernfrucht.

Möglichst dickschalige Orangen (Pomeranzen) gründlich bürsten, schälen, 3 Tage in kaltes Wasser, das mehrmals gewechselt wird, legen, damit die Bitterstoffe herausziehen. Schalen in wenig frischem Wasser weich kochen, abtropfen lassen. Den Zucker in den Schalensud geben, kochen, bis sich beim Hochziehen mit dem Rührlöffel Fäden ziehen, 15 Minuten die Schalen darin kochen, abtropfen. Vorgang wie oben beschrieben wiederholen, abschließend auf einem Teller mehrmals mit Puderzucker bestreuen, bis sich eine Zuckerkruste bildet. Oder die Schalen mit dem Sirup in ein Glas heiß einfüllen.

Kandierte Schokoladenfrüchte

Wie Trockenobst können auch kandierte Früchte mit guter Schokolade als Konfekt hergestellt werden. Dazu werden Formen im Fachhandel gekauft oder ein frostsicheres Gefäß mit Alufolie ausgekleidet. Im ersten Arbeitsschritt eine dünne Schicht geschmolzene Schokolade auftragen, in der Gefriertruhe fest werden lassen, dann die kandierten Früchte mit flüssiger Schokolade einfüllen. Nach dem Festwerden den Schokoladenblock in kleine Rauten oder andere Formen schneiden, mit frisch geschmolzener Schokolade glatt überziehen und garnieren. Das Konfekt nach dem Erkalten in gut verschließbaren Dosen aufbewahren – oder verschenken!

Haltbarmachen durch Zucker und Alkohol

Früchte wurden schon vor 1000 Jahren in Alkohol eingelegt. Im industriellen Bereich hat dieses Verfahren wenig Bedeutung gewonnen, im Haushalt werden aber viele überlieferte und neue Rezepte ausprobiert, weil sie sich für die Bewirtung von Gästen und als Geschenke gut eignen.

Wirkungsweise

Alkohol verändert das Zellkerneiweiß der Mikroorganismen so, dass lebende Zellen absterben. Sporen werden nicht beeinflusst. 60-75%iger Alkohol (Desinfektionsmittel) ist am wirksamsten. Zur Lebensmittelkonservierung ist bereits eine Konzentration von 10-20% ausreichend. Bakterien sind empfindlicher als Hefen, deshalb kann der Rumtopf zu gären beginnen, wenn die zugegebenen Früchte die Masse zu sehr verdünnen. Ein zu hoher Alkoholgehalt im Rumtopf macht die Früchte hart, Geschmack und Aroma leiden darunter.
Wird zu den Früchten ein hoher Zuckeranteil gegeben, unterstützt er den Alkohol in seiner konservierenden Wirkung.

Gesundheitliche Aspekte

Früchte in Alkohol werden als Genussmittel in geringen Mengen verzehrt. Werden sie häufiger in größerer oder regelmäßig in kleinerer Menge genossen, tritt Gewöhnung ein mit den bekannten Erscheinungen des Alkoholmissbrauchs. Für den Erwachsenen liegt die lebensbedrohliche Alkoholmenge bei einer Blutkonzentration von 4-6 Promille. Je nach Art der Spirituosen kann die Verkehrstüchtigkeit mit 40 Milliliter nicht mehr gegeben sein. Für Kinder sind Rumfrüchte nicht geeignet. Zu berücksichtigen ist auch, dass Früchte in Alkohol dem Körper einen beachtlichen Energiewert (kcal/kJ) zuführen.

Geräte und Hilfsmittel

Zur Herstellung von Früchten in Alkohol sind keine besonderen Geräte erforderlich. Werden formschöne Steinguttöpfe mit Deckel, dunkle, weithalsige Flaschen und Gläser laufend aufbewahrt, sind kleine Geschenke schnell zubereitet. Außerdem benötigt werden: Sieb, Küchentuch, Messer, Küchenwaage, Löffel, eventuell Teller zum Beschweren, Verschlussmöglichkeiten.

Arbeitsanleitungen und Rezepte

Früchte in Alkohol

Die Vielfalt der Früchte und Spirituosen erlaubt unzählige Kombinationen. Geschmacklich gut werden Früchte, die im »eigenen Geist« angesetzt werden, z. B. Kirschen in Kirschwasser, Weintrauben in Cognac, Himbeeren in Himbeergeist. Gut ist es, wenn Früchte mit wenig Eigenaroma in sehr stark schmeckende Alkoholika eingelegt werden, z. B. Pflaumen in Whisky.
Die Reifezeit dauert 4 Wochen bis 3 Monate.
Verwendung: Für Süßspeisen, zur Eisbereitung und als Sauce über Vanille- und Schokoladeneis, zum Aufgießen mit Sekt oder Mineralwasser, als Aperitif.

Rumtopf

250 g Süßkirschen (nicht entsteint), 125 g Zucker, 1 Flasche 54%iger Rum;
250 g Sauerkirschen (nicht entsteint), 125 g Zucker, Rum;
250 g grüne Walnüsse (Ende Juni geerntet, halbiert), 125 g Zucker, Rum;
250 g Renekloden (halbiert, entsteint), 125 g Zucker, Rum;
250 g Aprikosen (enthäutet, halbiert, entsteint), 125 g Zucker, Rum;
250 g Nektarinen (enthäutet, halbiert, entsteint), 125 g Zucker, Rum;
250 g Himbeeren (nicht gewaschen, verlesen), 125 g Zucker, Rum;
250 g Mirabellen (nicht entsteint), 125 g Zucker, Rum;
250 g Birnen (geschält, in Schnitze geschnitten), 125 g Zucker, Rum;
250 g frische Ananas (geschält, in fingerdicke Scheiben geschnitten), 125 g Zucker, Rum;
250 g Weintrauben, 125 g Zucker, Rum;
100 g Sultaninen, Rum

Die vollreifen Früchte werden, wie sie im Laufe des Sommers anfallen, jeweils mit Zucker und so viel 54%igem Rum nacheinander eingeschichtet, dass der Rum immer 2 cm über den Früchten steht. Nach dem Waschen die Früchte mit Küchenpapier trocknen und vorbereiten, mit Zucker in einer Schüssel mischen und mindestens 1 Stunde kühl stehen lassen. Mit der Schüssel und der Flasche Rum zum kühlen Standplatz des Topfes gehen, Früchte einschichten, Saft zugeben und mit Alkohol aufgießen. Schwimmen die Früchte oben, mit Teller beschweren, denn sie müssen immer mit Flüssigkeit bedeckt sein. Im September werden die letzten Früchte zugegeben, zu Weihnachten ist die Köstlichkeit ausgereift.

Hinweise

Der Rumtopf soll nicht viel bewegt werden. Beginnt er zu gären, hochprozentigen Rum zugeben.
Die Haltbarkeit ist zwar nicht begrenzt, aber nach 1 Jahr werden die Früchte langsam hart und die Flüssigkeit dickt ein.
Stachelbeeren und Johannisbeeren eignen sich nicht. Erdbeeren sind zwar im Geschmack gut, werden aber leicht zu weich. Einen guten Geschmack bringt auch die Zugabe von Schlehen, die aber erst geerntet werden können, wenn es einmal Frost gegeben hat.
Der Rumtopf kann auch mit hochprozentigem Kirschwasser, Arrak oder Cognac angesetzt werden. Die Verwendung von 80%igem Rum ist nicht empfehlenswert, weil die Früchte schnell hart werden.

Ananasfruchtpunsch

2 frische Ananas,
1 unbehandelte Orange,
1 unbehandelte Zitrone,
1 unbehandelte Limette,
500 g Zucker, Zimtrinde,
2 Gewürznelken,
8 EL Wasser,
1–2 Flaschen 54%iger Rum

Ananas schälen, in fingerdicke Scheiben schneiden, holzige Teile entfernen, achteln. Die Zitrusfrüchte in heißem Wasser gut bürsten, trocknen, mit einem scharfen Messer ungeschält in 1/2 cm dicke Scheiben schneiden. Den Zucker mit Gewürzen und Wasser aufkochen und rühren, bis sich der Zucker gelöst hat. Alle Früchte in die kochende Zuckerlösung geben, vom Herd nehmen, auskühlen lassen. In Gläser mit Schraubdeckeln füllen, mit Rum aufgießen, fest verschließen und zweimal pro Woche kräftig durchschütteln. Nach 4 Wochen ist der Geschmack ausgereift.

Birnen in Rum

750 g Zucker, 1/2 l Wasser,
2 kg weiche Williams-Christ-Birnen,
1/2 l 54%iger Rum

Zucker in Wasser auflösen und die geschälten, geviertelten Birnen darin dünsten, bis die Früchte glasig sind. Nach dem Erkalten in einen Steinguttopf schichten, mit Rum und dem Birnensaft bis 2 cm über die Früchte aufgießen. Mit Einmachcellophan zubinden, kühl und dunkel stellen. Nach 6-8 Wochen genießen.

Pflaumen in Cognac

500 g getrocknete Pflaumen (entsteint und ungeschwefelt),
250 ml herber Weißwein,
250 g Zucker, 1 Stange Zimt,
2 Gewürznelken,
1 Päckchen getrocknete Zitronenschale, 1/2 l Cognac

Pflaumen mit Wein übergießen, 2 Tage einziehen lassen, mit Zucker und Gewürzen mischen, in eine dunkle, weithalsige Flasche füllen. So viel Cognac auffüllen, dass die Früchte fingerbreit bedeckt sind. 4 Wochen an einen warmen Ort stellen, dann ist die Spezialität genussreif.

Liköre

Fruchtliköre sind Mischungen aus hochprozentigem Alkohol, Fruchtsaft und Zucker sowie entsprechenden Gewürzen. Alkohol kann nach den persönlichen Vorlieben gewählt werden: Gin, weißer Rum und Brandy sind sehr beliebt, Weingeist, Kirschwasser, Kornbranntwein, Cognac oder starker Hausbranntwein kann ebenso verwendet werden. Mit Whisky und Wodka entstehen gute Kräuterelixiere, wenn die entsprechenden Kräuter, Blüten und Samen »ausgezogen« werden. Die gewünschte Süße wird durch Zugabe von Zucker erreicht. Vorteilhaft ist es, den Zucker in Form von Läuterzucker oder in Alkohol aufgelöstem Kandiszucker zuzugeben. Liköre können nach Belieben gesüßt werden.

Herstellung von Läuterzucker: Weißen Zucker und Wasser zu gleichen Teilen (1:1) aufkochen. Pro kg Zucker 2 g Zitronensäure hält die Lösung stabil. Läuterzucker ist in Flaschen lange haltbar. Er wird für Mixgetränke, Obstkuchen, Liköre, usw. verwendet.

Grundzubereitung

Frische Beerenfrüchte und Steinobst waschen, abtropfen lassen, entsteinen und in Flaschen füllen, die einen möglichst weiten Hals haben. Die zum Auffüllen vorgesehenen Spirituosen sollen eine gute Qualität haben.

Günstig ist es, Kräuter und Gewürze in Läuterzucker aufzukochen, dann erkaltet zur Alkoholmischung geben. Geeignet sind: Pfefferminze, Melisse, Kümmel, Pfeffer, Anis, Kaffeebohnen, Zimt, Vanille, Ingwer, Anis, Kardamom, Zitronen- und Orangenschalen. Besonders geeignet sind getrocknete und kandierte Früchte. Sie haben einen intensiveren Geschmack.

Lindenblüten, Hollerblüten, Veilchenblüten und Rosenblüten erfreuen sich besonderer Beliebtheit. Die in Alkohol löslichen Inhaltsstoffe werden bei Raumtemperatur frei gesetzt. Deshalb die angesetzten Liköre anfangs nicht zu kalt, aber dunkel stellen. Falls der Alkoholgehalt zu hoch wird, mit destilliertem Wasser verdünnen.

Crème de Cassis (Johannisbeerlikör)

Ansatz für ca. 2 Liter Likör
300 g schwarze Johannisbeeren, möglichst aus dem eigenen Garten,
75 g Waldhimbeeren,
einige Blätter vom Schwarzen Johannisbeerstrauch,
4–5 Gewürznelken,
1 l Zwetschgenwasser (Obstler/Hausbrand),
½ l Wasser,
500 g Zucker

Die schwarzen Johannisbeeren waschen und entstielen. Gemeinsam mit den Waldhimbeeren in einem Mörser fein zerquetschen und in eine 2-Liter-Flasche füllen (Tipp: Trichter benutzen und mit Zwetschgenwasser nachspülen). Johannisbeerblätter und Nelken dazwischen geben. Mit restlichem Zwetschgenwasser auffüllen. Flasche gut verschließen und das Gemisch an einem nicht zu warmen und lichtarmen Ort ca. 2 Monate »ruhen« lassen. Danach den Extrakt durch ein Baumwolltuch filtern und mit geläuterter Zuckerlösung (500 g Zucker in ½ l Wasser auflösen, klar kochen und abkühlen lassen) mischen. Die Anteile Zuckerlösung und Extrakt sollten ungefähr im Verhältnis 1:1 sein. Den jungen Likör noch etwas ruhen lassen. Danach steht er für köstliche Verfeinerungen (z. B. als Kir) oder den puren Genuss zur Verfügung.

»Welchem Menschen die Zunge geschwollen wär/
Der solle sie reiben mit **Johannisträubleinsafft**/
So fleusst der Speichel und Schleim heraus:
Dieser Safft mit Rosenwasser vermischt/
Und sich damit gegurgelt/
Ist gut wider das geschwollene Zäpflein.
Befestiget die wackelnde Zähn/
Und stärket das Zahnfleisch:
So man an die Stirn streicht/
Hilfft es den trieffenden Augen.«
(Apotheker und Botaniker Tabernaermontanus, 1520–1590)

Fruchtlikör

1 l Wasser, 750 g Zucker, 6 Gewürznelken, 2 Zimtstangen, 1 l Saft oder 2 kg Früchte (Weichseln, Kirschen, Heidelbeeren, Holunderbeeren, Hagebutten, Schlehen, schwarze Johannisbeeren), 1 l Weingeist oder Kirschwasser, 8 Tropfen Bittermandelöl (nur für Kirschlikör)

1. Art: Wasser, Zucker und Gewürze kochen, auskühlen lassen. Mit Saft und Alkohol mischen, in Flaschen füllen und 5 Wochen an einen sonnigen Platz stellen.

2. Art: Früchte mit einer Gabel zerdrücken, Alkohol und Gewürze zugeben. In eine Flasche füllen, 5 Wochen an sonnigen Platz stellen, filtern. Wasser und Zucker aufkochen, über die Rückstände gießen, dann zum Alkohol-Frucht-Gemisch geben, alles gut vermischen. In Flaschen abfüllen, verschließen und dunkel lagern.

Hinweis

Likör aus schwarzen Johannisbeeren, Hagebutten und Schlehen ohne Gewürze herstellen, Schlehen müssen vor der Verarbeitung Frost bekommen haben.

Erdbeerlikör

1 kg Zucker, 1 l destilliertes Wasser, 1 l Erdbeersaft, 1 l Weingeist

Zucker in Wasser auflösen, mit Saft und Alkohol gut vermischen, in Flaschen füllen und 1 Monat lagern.

Hinweis

Mit destilliertem Wasser wird der Likör klar.

Aprikosen- (Marillen-)likör

3 kg Aprikosen (Marillen), 8 Tropfen Bittermandelöl, 1 l Weingeist, 1 kg Zucker, ½ l Wasser

Aprikosen gründlich zerkleinern oder pressen, Bittermandelöl zufügen, Alkohol zugeben. In Flaschen füllen, verschließen, 4 Wochen an einem sonnigen Ort stehen lassen, täglich schütteln. Dann filtern. Zucker in Wasser erhitzen, erkaltet mit dem Likör vermengen, in Flaschen abfüllen.

Hinweis

Die Rückstände können für Süßspeisen verwendet werden.

Nusslikör

1 kg grüne Walnüsse (mit Schale), 10 Gewürznelken, 3 Zimtstangen, Zitronenschale, Muskatnuss oder frische Ingwerwurzel, 1 l Weingeist, 700 g Zucker, 1 l destilliertes Wasser

Ende Juni geerntete Walnüsse werden gewaschen, geviertelt, mit den Gewürzen und Alkohol in einer weithalsigen Flasche angesetzt. Die Flasche wird verschlossen und an einen sonnigen Platz gestellt. Nach 2 Monaten wird die Flüssigkeit abgefiltert, der Zucker im Wasser gelöst und mit dem Likör vermengt, in Flaschen abgefüllt und dunkel gelagert.

Hinweis

Mit destilliertem Wasser wird der Likör klar.

Quittenlikör

700 g zerkleinerte Quitten,
etwas Zitronensaft,
1/2 l Wasser,
300 g Zucker,
800 ml Kornbranntwein,
200 ml guter weißer Rum,
10 Tropfen Bittermandel- oder Rosenöl, 1 Prise Muskatnuss, 1 TL grob gemahlener Koriander

Für die Herstellung des Quittenmuses: Quitten, Zitronensaft, Wasser und 200 g Zucker ca. 40 Minuten köcheln lassen, dann pürieren, auskühlen und in ein großes Glas geben. Mit 100 g Zucker, Kornbranntwein, Rum, Bittermandel- oder Rosenöl, Muskatnuss und Koriander gut mischen. Nach 2–4 Wochen die Masse durch ein feines Sieb (Filterpapier oder Gaze) filtern, in dunkle Flaschen abfüllen, kühl und dunkel stellen.
Nach 2–3 Monaten Reifung schmeckt der Likör erst gut.

Hinweis

Der Filterrückstand kann für Saucen, Blaukraut u. Ä. verwendet werden.

Veilchenlikör (Blütenlikör)

Eine große Menge einzelner Veilchenblüten in Alkohol (gut geeignet ist Gin) 1 Woche dunkel stellen, abseihen, nach Geschmack mit Läuterzucker abschmecken, abfüllen und zu besonderen Gelegenheiten genießen!

Spezialität für Teetrinker

1/2 l Himbeersaft,
1/2 l kräftiger Rotwein,
1/2 l guter Rum,
1/2 l Kornbranntwein,
Läuterzucker mit Zimt, Nelken, Orangen- und/oder Zitronenschale

Alle Zutaten getrennt aufkochen. Erkaltet alles zusammenrühren, 2–3 Wochen ziehen lassen, abseihen und noch nachreifen lassen. Der Likör kann pur getrunken oder zum schwarzen Tee serviert werden.

Orangenpunsch

1/2 l Orangensaft,
bis 500 g Zucker,
3 unbehandelte Orangen und 1 unbehandelte Zitrone,
250 ml weißer Rum.
250 ml Cointreau bzw. Grand Marnier und Maraschino gemischt

Orangensaft, Zucker und Zitrusschalen ca. 15 Minuten köcheln lassen, abkühlen und abseihen. Alkohol dazugeben, in Flaschen mit Twist-off-Verschluss aufbewahren. Bei Gebrauch Weißwein erhitzen und das Konzentrat nach Belieben dazugeben.

Haltbarmachen durch Essig bzw. Essig und Zucker

Das Konservieren durch Einlegen in Essig ist ein altes Verfahren. Unsere Vorfahren stellten Essig her, indem sie alkoholhaltige Flüssigkeiten, vor allem Wein, an der Luft stehen ließen, die Flüssigkeit wurde sauer. Auch heute noch beruhen alle gebräuchlichen biologischen Verfahren auf der Tätigkeit des Bakteriums *Acetobacter*, das Alkohol zu Essigsäure umwandelt. Essig entsteht nicht durch Gärung, sondern durch »Veratmung« des Alkohols, d. h., die Essigbakterien oxidieren den Alkohol zu Essigsäure und Wasser. Die wichtigsten Rohstoffe sind Wein und verdünnter Branntwein. Auf diese Weise kann 5–10%iger Essig hergestellt werden. Außerdem wird Apfelmost, Bier, Reiswein, Traubensaft oder Malzsud verwendet. Im Handel befinden sich auch 25–80%ige wässrige Lösungen von Essigsäure als »Essigessenz« (synthetisch hergestellt).

Wirkungsweise

Die Wirkung auf die Mikroorganismen beruht einmal darauf, dass nur wenige in sehr saurer Umgebung gedeihen können, zum anderen löst Essigsäure fettähnliche Stoffe in den Zellen, sodass Essigsäure in gleicher Konzentration wie andere organische Säuren, z. B. Zitronensäure, wesentlich stärker konservierend wirkt. Essigsäure durchdringt die Zellwand der Mikroorganismen und verändert das Eiweiß im Zellinneren. Sie verstärkt auch die Hitzeempfindlichkeit von Bakterien, aber nicht von Schimmelpilzen und Hefen. Krank machende Keime, z. B. Salmonellen, können abgetötet werden, nicht aber die Säure liebenden Milchsäurebakterien, Kahmhefen und Schimmelpilze. Aus diesem Grund haben unsere Großmütter den Steinguttopf vor dem Einlegen der Essiggemüse ausgeschwefelt. Im geschmacklich tragbaren Bereich (0,5–3%) hat Essigsäure keine zuverlässig konservierende Wirkung. Häufig kombiniert man deshalb das Einlegen in Säure mit hohem Zucker- oder Salzgehalt, mit Pasteurisieren oder Sterilisieren oder mit einem chemischen Konservierungsstoff im engeren Sinne, z. B. Sorbin- und Benzoesäure im *Gurkendoktor*. Erst im Bereich von 4–6% Säure ist die Essigsäurekonservierung allein ausreichend.

Für die Praxis

- ▷ Mayonnaisen, Salatsaucen und Feinkostsalate bleiben länger haltbar, wenn sie mit Essig in der Marinade zubereitet werden.
- ▷ Das Einlegen von Fleisch in eine Essigbeize verlängert die Haltbarkeit und macht das Fleisch mürbe.
- ▷ Wird das Fleisch mit verdünntem Essig abgewaschen, wird die Haltbarkeit bei der Kühlschranklagerung verlängert.

Gesundheitliche Aspekte

Gärungsessig und Essigessenz unterscheiden sich in ihrer Wirkung bei gleicher Konzentration nicht. In einer Konzentration von über 30% wirkt Essig ätzend auf Haut und Schleimhäute. Deshalb ist der Umgang mit Essigessenz im Haushalt gefährlich.
Essigsäure wird im menschlichen Körper selbst gebildet. Sie ist am Auf- und Abbau körpereigener Stoffe beteiligt. Sie kann auch als Energiequelle genutzt werden. Aus diesem Grund unterliegt dieser natürliche Geschmacksstoff, der seit Jahrhunderten in der Lebensmittelkonservierung eingesetzt wird, kaum lebensmittelrechtlichen Vorschriften.
Essig wirkt enzymunterstützend beim Abbau von Fetten und Kohlenhydraten und hat einen positiven Einfluss auf die Darmflora. Die Mehrzahl der in Essig konservierten Gemüse und Obstprodukte weisen große Verluste an Vitamin C, Carotin (Vorstufe von Vitamin A) und Vitamin B_1 auf. Mineralstoffe werden durch die Aufgussflüssigkeit ausgelaugt. Je nach verwendeten Zucker- und Ölmengen weisen Essigkonserven einen relativ niedrigen Energiewert auf.

Geräte und Hilfsmittel

Werden Essigkonserven sterilisiert, kann dies in entsprechenden Gläsern und lackierten Dosen vorgenommen werden.
Für das Einlegen in Essiglösung sind Steinguttöpfe, Emaillegefäße und weite Gläser geeignet. Die Gefäße werden mit passenden Twist-off-Deckeln, Pergament- oder Cellophanpapier verschlossen.
Gefäße und Arbeitsgeräte aus Aluminium, Kupfer, Messing sind nicht geeignet, ebenso manche Kunststoffe.
Zu warnen ist vor niedrig gebrannten Töpferwaren. Viele ausländische, farbenprächtige Produkte entsprechen nicht lebensmittelrechtlichen Bestimmungen. Essigsäure kann die Glasur angreifen.

Arbeitsanleitungen

Essig

Essig kann gebildet werden aus einer weinigen, also vergorenen alkoholhaltigen Flüssigkeit unter Mitwirkung von Wärme und Luft. Es darf kein Sprit und keine Essigessenz verwendet werden, da diese keine Essigbakterien enthalten.

Echter Weinessig: Die besseren Essigsorten werden aus Weißwein oder Rotwein bereitet. Echter Weinessig kommt als 100%iger Weinessig in den Handel. Er enthält in der Regel 6% Säure und entsteht ausschließlich aus Trauben. Rotwein enthält höhere Gerbstoffgehalte, dadurch schmeckt er kräftiger. Weißweinessig ist milder. Die Qualität des Weines als Ausgangsprodukt spielt die entscheidende Rolle.
Auch bei Balsamico sind nur selten die originalen Produkte am Markt. Wichtig ist, dass die Trauben voll ausgereift sind. Sie erhalten damit einen hohen Zuckergehalt, der dem Balsamico den typischen Geschmack gibt. Die Herstellungsverfahren sind entscheidend. Balsamico-Essige, die wirklich nach dem alten Verfahren hergestellt sind, werden mit dem EU-Siegel geschützte Ursprungsbezeichnung (g. U.) »Aceto Balsamico tradizionale di Modena« im Handel angeboten. Sie sind dann mindestens 12 oder 25 Jahre (extravecchio) alt.
Der Großteil der Weinessige wird aus Abfallwein, Traubensaftkonzentrat, Zuckercouleur, Holzextrakten und evtl. Konservierungsmittel hergestellt. Sie entsprechen oft nicht den Qualitätsvorgaben, die Verbraucher an gute Weinessige stellen – aber sie sind billig!
Sherryessig: Ein spanischer Weinessig, der auf der Basis von Sherry gewonnen wird.
Reisessig: Wird aus Reiswein hergestellt, eignet sich für Fleisch oder Fisch (Sushi), schmeckt viel milder als die in Europa üblichen Essige.
Branntweinessig: Wird aus verdünntem Alkohol gewonnen, der aus Zuckerrüben, Kartoffeln oder Getreide gebrannt wurde. Der größte Anteil der Essigerzeugung wird so hergestellt und kommt als »Tafelessig« mit 5% Säure oder als Mischung mit einem Anteil Weinessig von 40%, 33%, 25%, 20% in den Handel. Je höher der Weinessiganteil , desto aromatischer, aber auch teurer ist er.
Kräuteressig: Kann gekauft oder je nach Geschmack selbst hergestellt werden.
Obstessig oder Apfelessig: Obstessig kann prinzipiell aus fast allen Obstweinen hergestellt werden. Birnen- oder Apfelessig schmeckt am besten.
Malzessig: Ist eine Spezialität in England und wird aus ungehopftem Bier gewonnen.
Gurkenaufguss: Ist ein stark konzentrierter Essig mit Geschmackszutaten für die Sauergemüseherstellung. Er muss im vorgeschriebenen Verhältnis verdünnt werden, um ein geschmacklich gutes Endprodukt zu bekommen.
Aromatisierter Essig: Ist mit Kräutern, Knoblauch, Himbeeren, Erdbeeren, usw. versetzt.

Essigessenz: Ist 25% Essigsäure. Sie wird nicht durch Bakterien gewonnen, sondern synthetisch hergestellt. Für manche Salatzubereitungen wird sie verwendet, weil sie farblos und klar ist. Es fehlt jedoch das typische Aroma.

Essig – selbst hergestellt

Das Endprodukt wird nur gut, wenn das Ausgangsprodukt fehlerfrei war. Im Haushalt sollten keine »Abfallweine« oder Weine mit Korkengeschmack, verwendet werden. Evtl. vorhandener Schwefel im Wein behindert die Arbeit der Essigbakterien. Auch deshalb ist es gut, den Ansatzwein mit Wasser zu verdünnen.

Prinzipiell könnte Essig am einfachsten erzeugt werden durch Stehenlassen einer Flüssigkeit mit 4–6% Alkoholgehalt, d. h., höherprozentige Ausgangsprodukte sollten verdünnt werden. Analog zum Alkoholgehalt entsteht im Endprodukt der Säuregehalt.

Die Essigsäurebakterien kommen aus der Luft (deshalb Gefäße offen stehen lassen) oder werden als Reinzuchtbakterien aus dem Fachhandel zugekauft.

Die »wilden« Essigsäurebakterien aus der Luft brauchen Wärme und einen nicht höheren Alkoholgehalt als 4–6 %. Es bildet sich eine feste, zusammenhängende Schicht auf der Oberfläche, die sogenannte *Essigmutter*, die immer wieder durchstochen oder untergetaucht werden muss, damit Sauerstoff in die unteren Schichten des Behältnisses kommt. Entstehende Nebenprodukte (am Geruch erkennbar) werden im Laufe der Lagerung wieder neutralisiert. Je länger der Essig lagert, umso besser und klarer das Endprodukt.

Reinzucht-Essigbakterien können höhere Alkoholgehalte verarbeiten, sind empfindlicher für Temperaturschwankungen, aber zuverlässiger in der Qualität des Endproduktes.

Die Menge des Ansatzes spielt keine Rolle. Es kann der Versuch mit einer Flasche oder mit einem 200-Liter-Fass unternommen werden. Wichtig ist, dass das Gärgefäß oben breit offen ist, damit der Luftsauerstoff Zutritt hat und die Essigmutter notfalls entfernt werden kann. Das Gefäß soll fliegendicht, aber nicht luftdicht verschließbar sein – am besten mit dünnem Stoff (Gaze).

Die Behältnisse nur bis $^3/_4$ der maximalen Menge füllen. Für den Beginn des Umwandlungsprozesses ist es Essigbakterien im Keller zu kalt. Besser ist ein Raum mit mindestens 20 °C. In den ersten Tagen häufig schütteln oder umrühren, damit Sauerstoff in die Flüssigkeit kommt. Sprudelvorrichtungen sind nicht vorteilhaft, ein Zuviel an Sauerstoff verdirbt die Masse.

Es dauert normalerweise mindestens mehrere Monate, bis guter Essig entsteht. Das hängt aber stark von den individuellen Bedingungen (Lagertemperatur, Alkoholgehalt, Schwefelgehalt u. a.) ab.

Deshalb ist eine gute Überwachung absolut wichtig. Wird die Masse nach dem Ansetzen schimmelig-pelzig, muss alles weggeschüttet werden.
Bei der industriellen Herstellung wird Essig vor dem Abfüllen erhitzt, damit in den Regalen der Lebensmittelgeschäfte ein gleichbleibendes Produkt stehen kann.
Wichtig ist in jedem Fall eine lichtgeschützte Lagerung, dann ist Essig jahrelang haltbar.

Weinessig

700 ml trockener Weiß- oder Rotwein, mit ca. 250 ml Wasser verdünnt

Den verdünnten Wein in offener Flasche bei ca. 25 °C an die Sonne stellen, Flaschenhals mit lockerem Wattebausch schließen, nach Geschmack säuern lassen. Wenn der Essig zufriedenstellend schmeckt, durch einen Filter mit Filterpapier laufen lassen, in die Flasche zurückfüllen, verkorken, kühl und dunkel stellen.

Obstessig aus Obstwein

1 l Weinessig, 4 l Obstwein oder mehr

Weinessig in einen Glasballon (oder Holzfässchen) geben, bei 25-30 °C lagern, 1 Liter Obstwein zumischen und gut schütteln. Nach 2-3 Tagen ist der Obstwein zu Essig geworden. Wieder 1 Liter Obstwein zugeben, bis der Ballon zu einem Drittel gefüllt ist, dann jeweils 2 Liter Obstwein eingießen. Ist die gewünschte Menge erreicht, den Essig in Flaschen abseihen, verschließen, kühl und dunkel lagern. In der Wärme würde er verderben.

Obstessig aus Fallobst

Obst waschen, faule Stellen entfernen, durch eine Obstmühle geben oder zerstoßen. Die so gewonnene Maische in ein Fass geben, wie Sauerkraut beschweren, mit einem Tuch zudecken, bei 15-20 °C gären lassen. Ist der Gärprozess beendet, den Saft abpressen und in ein Essigfässchen füllen. Wird die ganze Menge eingefüllt, 15% der Menge guten, nicht erhitzten Weinessig zufügen. Weiterbehandlung wie Obstessigzubereitung aus Obstwein.

Obstessig, wie Likör zubereitet

Schwarze Johannisbeeren, Himbeeren oder Brombeeren zerkleinern, mit gleicher Gewichtsmenge gutem Apfelessig mischen, 1-2 Wochen ziehen lassen, anschließend abseihen. Die Flüssigkeit mit gleicher Menge Zucker erhitzen und 10 Minuten köcheln lassen.
In Flaschen füllen und beschriften.

Sterilisierte Essigkonserven – Grundrezept

Essig (5%) und Wasser zu gleichen Teilen
Je Liter:
5 g Salz, 10 g Zucker, Gewürze, z. B. Zwiebelringe oder Perlzwiebeln, Dillblüten oder -kraut, Senfkörner, Lorbeerblatt, Pfefferkörner, Wacholderbeeren, Meerrettichwürfel, Ingwer

Die vorbereiteten Gemüse in Gläser einschichten, Gewürze verteilen, mit verdünnter Essig-Zucker-Lösung aufgießen bis fingerbreit unter dem Deckel, verschließen.

Sterilisiertemperatur und -dauer:
Im Einkochtopf bei 90 °C 30 Minuten.
Im Backofen bei 160–180 °C bis zum Aufperlen + 30 Minuten, Nachgaren ohne Temperatur.
Im Mikrowellengerät je 3/4-l-Glas 5 Minuten bei 700 Watt (600 Watt) + 3 Minuten bei 450 Watt.
Beim Dampfgarer Gebrauchsanweisung beachten.

Eier in Würzessig

10 Eier, 375 ml Kräuteressig, 125 ml Wasser, 1 1/2 TL Salz, 1 Prise Zucker, 10 Pfefferkörner, 1 TL grob gehackter Piment, 1 EL Dillsaat, 1 EL Senfkörner, 2 Knoblauchzehen, 1 Lorbeerblatt

Die Eier in kaltem Wasser aufsetzen und vom Siedepunkt an 8 Minuten kochen lassen. Das Kochwasser abgießen, die Eier mit kaltem Wasser abschrecken, abschälen und in ein Glas legen. Kräuteressig und Wasser mischen und mit allen Gewürzen einmal aufkochen lassen. Den Knoblauch schälen und zum Schluss dazugeben. Den Sud etwas abkühlen lassen und über die Eier gießen. Das Glas luftdicht verschließen und an einem kühlen Ort aufbewahren. Mindestens 1 Woche durchziehen lassen.

Senfgurken

Große Schlangengurken, Salz
Aufguss für 4 1-Liter-Gläser:
750 ml Weinessig (6%ig), 750 ml Wasser, 10 g Salz, 50 g Zucker, 2 Lorbeerblätter, 10 Schalotten
Pro 1-Liter-Glas:
1 EL Senfkörner, Basilikum, Estragon, 1 TL würfelig geschnittener Meerrettich, 3 Pfefferkörner, 2 Pimentkörner

Gurken schälen, halbieren, Samenstrang entfernen, vierteln, in fingerlange Stücke schneiden. Mit reichlich Salz schichtweise in eine Schüssel geben, beschweren, über Nacht stehen lassen, abseihen, Stücke mit Tuch abtrocknen. Aus den Zutaten Aufguss kochen, Lorbeerblätter entfernen, Gurken in der Lösung kurz aufkochen, in Schraubverschlussgläser verteilen, übrige Gewürze und Schalotten einlegen, mit heißer Flüssigkeit randvoll aufgießen, verschließen.

Schnelle Gurken

Eine größere Menge Salatgurken, Salz
Aufguss für 5 1-Liter-Gläser:
750 ml Wein- oder Branntweinessig (5%ig), 750 ml Wasser, Zucker, Pfefferkörner, Lorbeerblätter, Wacholderbeeren, Dill, Bohnenkraut, eine größere Menge Zwiebelscheiben, Senfkörner

Gurken geschält oder ungeschält in 1/2 cm dicke Scheiben schneiden, salzen, über Nacht ziehen lassen. Am nächsten Morgen abseihen, mit einem Küchentuch trockentupfen. Weinessig mit Wasser verdünnen, Zucker und Gewürze zugeben, aufkochen. Zwiebelscheiben und Senfkörner zurechtlegen. 1-Liter-Einkochgläser gründlich waschen, abtropfen lassen, eine Schicht Gurkenscheiben flach auf den Glasboden legen, Gewürze darübergeben, eine Schicht Zwiebeln, dann wieder Gurken, Gewürze usw. Abschluss: Zwiebelscheiben. Pro Literglas 2 Eßlöffel Senfkörner einfüllen, mit heißem Essigsud bis zweifingerbreit unter dem Glasrand auffüllen, Glasrand gründlich säubern, Gummiring und Deckel mit Klammer auflegen, sterilisieren. Die Gurken sind sofort genussreif.

Essiggurken mit Paprika und Tomaten

Kleine Einlegegurken, pro Liter 20 g Salz, Zwiebelringe, Dilldolden, Weinlaub, kleine rote Paprikaschoten, kleine rote und eventuell gelbe Tomaten, 2 Holzstäbchen entsprechend der Glasgröße
Sud:
Weinessig (5%ig), gleiche Menge Wasser, pro Liter 30 g Zucker, Pfefferkörner, Senfkörner, Estragon, Meerrettichscheiben

Gurken sehr sauber waschen, bürsten, über Nacht einsalzen, abtropfen lassen, mit Küchenpapier abtupfen, in saubere weite, große Schraubgläser schichten, Garnituren aus Zwiebelringen, Dill, Weinlaub, Paprika und Tomaten zufügen, sodass alles appetitlich aussieht. Die Gurken am Glasrand mit 2 Holzstäbchen niederdrücken. Aus Essig, Wasser und den Gewürzen einen Sud bereiten, abschmecken, in die Gläser gießen, bis die Lösung knapp über den Gurken steht. Meerrettichscheiben auflegen, mit Deckel lose verschließen, im Wasserbad auf 90 °C erhitzen, Schraubdeckel fest anziehen, 30 Minuten auf der Temperatur halten, rasch abkühlen.

Eingelegte Paprikaschoten

Je 500 g grüne, rote und gelbe Paprikaschoten, 1 Chili, 250 g Schalotten
Sud: 3 Sellerieblätter, 750 ml Essig, 20 g Salz, 50 g Zucker, 3 Knoblauchzehen, Lorbeerblatt, 1 TL Pfefferkörner, 1 TL Senfkörner

Paprika- und Chilischoten von Samen und Scheidewänden befreien und in Streifen schneiden, Schalotten schälen und in Ringe schneiden. Gemüse in kochendem Salzwasser 3-4 Minuten kochen, in vorbereitete Schraubgläser schichten. Sud kochen, heiß bis zum Rand einfüllen, Gläser verschließen.

Essigzwetschgen oder -sauerkirschen mit Rotwein

2 kg Zwetschgen oder Sauerkirschen
Sud:
250 ml Weinessig, $1/2$ l Rotwein, 1 kg Zucker, 4 Nelken, 5 g Stangenzimt

Feste, nicht zu reife Zwetschgen oder Kirschen waschen, mit Küchenpapier abreiben, stupfen (mit einer Nadel 3-4-mal die Haut einstechen). Sud mit Geschmackszutaten erhitzen, Zwetschgen portionsweise darin aufkochen, in saubere Schraubgläser füllen. Sud 15 Minuten einkochen lassen, die Gläser randvoll aufgießen, verschließen.

Variation

Vanillekirschen: Können auf die gleiche Art hergestellt werden, statt der angegebenen Gewürze wird 1 aufgeschlitzte Vanilleschote mitgekocht.

Maiskölbchen

500 g fingerdicke Maiskolben, 1 EL Salz
Sud: weiße Pfefferkörner, Estragon, klein geschnittener Meerrettich, $1/2$ l Weinessig (6%ig), 125 ml Wasser

Maiskölbchen von Deckblättern und Fasern befreien, das Ende glatt schneiden, mit Salz einreiben, über Nacht kühl stellen, mit Küchenpapier abtrocknen, in Schraubgläser schichten. Alle Zutaten für den Sud aufkochen, heiß in die Gläser füllen, sofort verschließen.

Jägergurken

Mittelgroße, schlanke Gurken, Zwiebelscheiben, Dill, Basilikum, Estragon, Essigsud nach Grundrezept

Gurken waschen, nicht schälen, mit dem Buntmesser in $1/4$ cm dicke Scheiben schneiden. Mit Zwiebelscheiben und gewaschenen, klein geschnittenen Gewürzkräutern lagenweise in Gläser schichten. Mit dem erkalteten, scharf abgeschmeckten Essigsud auffüllen, Glasrand gründlich säubern, mit Gummiring, Deckel und Klammer verschließen, bei 90 °C 30 Minuten sterilisieren.

Grüne Tomaten

2 kg grüne Tomaten,
1/2 l Essig (5%ig),
750 g Zucker, 8 Nelken,
5 g Stangenzimt,
5 g getrockneter Ingwer

Große grüne Tomaten waschen, trocknen, halbieren, mit Essig übergießen und über Nacht kühl stellen. Den Essig abgießen, mit Zucker und Gewürzen kochen, die Früchte portionsweise darin kurz aufkochen, mit Schaumlöffel in saubere Steintöpfe oder Schraubgläser schichten. Den Sud 15 Minuten einkochen, erkaltet über die Tomaten gießen. Nach 3 Tagen den Sud abgießen, aufkochen, erkaltet wieder in die Gefäße geben. Steinguttöpfe erst nach dem völligen Erkalten zubinden, sonst bildet sich Kondenswasser, das die Schimmelbildung fördert.

Hinweis

Kleine grüne Tomaten enthalten den Giftstoff Solanin. Sie sollten nicht unter 3 cm Durchmesser verwendet werden.

Mixed Pickles

Pro Glas: Kleine Essiggurken, zarte grüne Bohnen, junge Möhren, Blumenkohlröschen, Perlzwiebeln oder kleine Schalotten,
kleine Maiskolben, Meerrettichwürfel, Samen der Kapuzinerkresse
Sud: 750 ml Weinesig (6%ig), 250 ml Wasser, 20 g Salz, 50 g Zucker, Pfefferkörner, Lorbeerblatt

Alle Gemüse nacheinander in Salzwasser blanchieren (kurz aufkochen), mit Meerrettichwürfeln und Kapuzinerkressesamen in saubere Schraubgläser schichten. Sud kochen, heiß einfüllen, sofort verschließen.

Hinweis

Möhren, Blumenkohl, Paprika, Spargel können auch einzeln, in Salzwasser vorgekocht, in Gläser geschichtet werden. Wird das Gemüse 30 Minuten bei 90 °C sterilisiert, kann der Aufguss weniger sauer zubereitet werden.

Russenkraut

500 g Weißkraut,
500 g geschälte Schlangengurken, 500 g Zwiebeln,
500 g grüne oder halb reife Tomaten, 500g grüne Paprikaschoten, 40 g Salz
Sud: 250 ml Weinessig (5%ig), 250 ml Wasser,
1 Päckchen Gurkengewürz

Alle Gemüsezutaten hobeln oder fein schneiden, einsalzen, in ein Schraubglas oder Steinguttopf schichten, nach 24 Stunden den Saft abgießen. Essig mit Wasser und Gewürz aufkochen, auskühlen und lauwarm über das Gemüse geben, verschließen. Nach 8 Tagen den Essigsud abgießen, aufkochen, abkühlen, lauwarm über das Gemüse geben, das Gemüse gut zusammenpressen und leicht beschweren. Nach 14 Tagen genussreif.

Serbischer Salat

Grüne Paprikaschoten und grüne Tomaten zu gleichen Teilen, Weißkraut, Zwiebeln, Knoblauch,
Salz, Weinessig (5%ig), Wasser, Pfefferkörner, Dill, Estragon, Bohnenkraut

Gemüse waschen, putzen, hobeln oder in feine Scheiben schneiden. Mit Salz vermischen, über Nacht stehen lassen, ausdrücken. In einen Steintopf schichten, mit Essigwasser (Essig mit der halben Menge Wasser mischen) aufgießen, sodass dieses das Gemüse gut bedeckt, verschließen, kühl lagern. Man kann auch Öl über die Oberfläche gießen.

Variation

Werden Möhren und Bohnenschoten verwendet, diese in Salzwasser vorkochen.

Italienische Peperoncino-Konfitüre

500 g Peperoncini (rot, nach Belieben scharf bzw. mild gemischt), 500 g Zucker, 100 ml Weinessig (5% Säure), Saft von 2 Limetten

Peperoncini waschen, halbieren, Samen entfernen, im Kochtopf mit Zucker mischen und 3 Stunden stehen lassen. Erhitzen, Weinessig zugeben, 7–10 Minuten unter Rühren leise köcheln. Limettensaft zugeben und in Gläser füllen, mit Twist-off-Deckeln schließen.

Hinweis

Schmeckt gut zu Käse und Wein.

Pilze in Essig

Essigsud nach Grundrezept
Für 1-Liter-Glas:
8 weiße Pfefferkörner, 1 kleines Lorbeerblatt, 3 Schalotten oder Perlzwiebeln, 3 Gewürznelken, Estragon, Dill, Thymian, Petersilie, Knoblauch nach Wunsch

Geeignet sind Pfifferlinge, Steinpilze, Austernpilze, Champignons, usw.. Frische Pilze putzen, waschen, unbedingt 2 Minuten blanchieren (sonst werden sie schleimig), evtl. in Scheiben schneiden, in Einkochgläser schichten, Gewürze darüber verteilen, Essigsud aufgießen, mit Deckel und Klammer verschließen, bei 90 °C 60 Minuten sterilisieren.

Altes Senfrezept – Grundrezept

250 ml Weinessig, verdünnt auf 3% Säure, 125 g gelbes Senfmehl, 30 g grünes Senfmehl, 2–3 EL Wasser zum Anrühren, Zwiebel (ganz), einige Nelken, brauner Zucker

Essig und Gewürze aufkochen, angerührtes Senfmehl in den Sud geben, nochmals aufkochen, abseihen, je nach Geschmack ca. 125–375 g Zucker oder Honig zugeben.

Variation

Mit Gewürzen zur »Hausspezialität« entwickeln; z. B. statt Wasser und Essig kann Most, Whisky oder sogar Champagner zugegeben werden.

Tessiner Feigensenf

1 EL Senfkörner, 500 g frische Feigen, 500 g Gelierzucker, 1 EL grünes Senfmehl, 100 ml weißer Weinessig (3% Säure), 1 EL Dijonsenf, Chilischote und Pfeffer nach Geschmack

Senfkörner über Nacht einweichen, abseihen, Feigen schälen, kleine Würfel schneiden, mit Gelierzucker mischen, alles in einen großen, weiten Topf füllen und 1/2 Stunde ziehen lassen. Dann alle anderen Zutaten zugeben, unter ständigem Rühren erhitzen und ca. 5 Minuten sprudelnd kochen. Schaum abschöpfen, in Gläser füllen, verschließen und im Wasserbad nochmals 15 Minuten erhitzen.

Hinweis

Dieser Senf passt gut zu Grillfleisch und Käse.

Salatsauce auf Vorrat

210 g Olivenöl, 40 g Kürbiskernöl, 110 g Distelöl, 330 g starke, fettfreie Gemüsebouillon, 160 g Apfelessig, 90 g Rotweinessig, 60 g Balsamico

Alle Zutaten mischen. Mit Senf, Tomatenpüree, Chili (Suzi Wan), getrockneten Salatkräutern, Knoblauchpulver, Pfeffer, Paprika, Cayennepfeffer oder Gewürzmischung nach Belieben würzen. In Flaschen füllen, im Kühlschrank aufbewahren und portionsweise verwenden. Hält gekühlt bis zu 4 Monate.

Zutaten für den Tessiner Feigensenf ▶

Frischlagern unter dem Aspekt des vorsorgenden Klimaschutzes

Saisonale einheimische Lebensmittel waren früher nur in engen Zeitabschnitten eines Jahres verfügbar. Nicht selten war eine einseitige Kost die Folge.
Werden heute die Verfahren unserer Großeltern zur Haltbarmachung der Lebensmittel wieder aktualisiert, ist zu beachten, dass die Umgebungsbedingungen bei der Frischlagerung auch wie früher gestaltet werden müssen.
Ergänzend dazu sind bei den pflanzlichen Produkten Sortenwahl und Erntezeitpunkt, bei den tierischen Produkten Rasse und Fütterung der Tiere für ein zufriedenstellendes Ergebnis mit entscheidend.
Denn in den Lebensmitteln vollziehen sich ständig Veränderungen, durch die mehr oder weniger auffällige Qualitätsminderungen begünstigt werden. Die Minimalforderung ist, dass der mikrobiologische Verderb wirksam verhindert wird. Den gleichen Stellenwert nehmen die Erhaltung der Nährstoffe sowie die Verhinderung von Schadstoffbildung ein.
Der Genusswert hinsichtlich Geruch, Geschmack, Farbe und Konsistenz soll sich nach langer Lagerzeit möglichst wenig vom Ausgangsprodukt unterscheiden. Der Einkauf einmal pro Woche bringt Zeitersparnis, die nur dann ein echter Vorteil ist, wenn im Haushalt Einrichtungen vorhanden sind, die die Qualität der Lebensmittel für mindestens eine Woche erhalten.
Nach R. HEISS verderben mehr als 10% der Lebensmittel, z. B. Brot, Salat, Aufschnitt, oder sie gelangen bei der Zubereitung ungenutzt in den Abfall. In kleinen Haushalten ist es mehr.
Beim Verderb von Lebensmitteln wird häufig nur an Mikroorganismen oder Insekten gedacht, weil dadurch das gesamte Gut für den menschlichen Genuss ungeeignet wird. Es sind jedoch viele Faktoren, die zu Qualitätsverlusten führen:
Wärme: Die meisten krankheitserregenden Mikroorganismen vermehren sich bei Raumtemperatur sehr schnell, Sauer- und Ranzigwerden werden begünstigt, Aroma und Farbe verändern sich.
Kälte: Bei Kühlschranktemperatur und darunter entstehen *Kälteschäden* bei Kartoffeln, Äpfeln, Tomaten, Zitrusfrüchten und Bananen. Nicht alle Obst- und Gemüsearten sind gefriergeeignet.
Zu trockene Luft: Zu trockene Luft führt zu Austrocknungserscheinungen bei Brot, Käse und Fleisch. Gemüse und Obst verwelken bzw. werden runzlig.
Zu feuchte Luft: Wasserarme Lebensmittel, z. B. Trockenfrüchte, Knäckebrot, klebrige Süßigkeiten, quellen, je höher die Luftfeuchtigkeit ist.
Licht: Die Qualität aller Lebensmittel ist durch Lichteinfluss mehr oder weniger gefährdet. Bei Milch wird sogar vom *Lichtgeschmack* gesprochen.

◄
Spezialist für den Bau eines Naturkellers:
www.ziegelei-lindner.de

Sauerstoff: Alle fetthaltigen Lebensmittel werden schnell ranzig, besonders durch Luftsauerstoff, z. B. Butter, Margarine.
Geruchsübertragungen: Milch, pulverförmige und fetthaltige Lebensmittel sind besonders anfällig für fremde Gerüche.
Durch eine sinnvolle Verpackung können diese Umwelteinflüsse in Grenzen gehalten werden: *langfristig*, z. B. bei Zucker, Reis, Teigwaren; *mittelfristig*, z. B. bei Fetten, vakuumverpacktem Fleisch; *kurzfristig*, z. B. bei Milch, Milchprodukten und allen roh verzehrten Lebensmitteln.

Lagermöglichkeiten

Keller

Früher wurden Wohnhäuser selten ohne Keller zum Aufbewahren von Lebensmittelvorräten gebaut. Heute verlangen hohe Grundstückspreise und Baukosten Raum sparende Hauskonzepte. Deshalb verzichten Bauherren und Architekten oft auf Vorratskeller. Das ist aber kurzsichtig.
In zentralbeheizten Häusern, besonders in den kleinen Kellern der Mietshäuser, entsprechen die Kellerräume im Klima und dadurch in der Nutzung nicht mehr der Voraussetzung, die Lebensmittel als »Mittel zum Leben« brauchen. Früher wurden die Keller in das Erdreich hineingebaut, mit Steinen und Mörtel aufgemauert, die gestampfte Erde war der Fußboden. Die Bauweise brachte genügend Luftfeuchtigkeit und niedrige Temperaturen. Heute bestehen die Wände aus Beton, außen mit Teeranstrichen, Kiesaufschüttungen und mit einer Ringleitung, um angesammeltes Wasser wegzuleiten. Dadurch entsteht eine bestmögliche Isolierung gegen das Grundwasser. Die Kellerräume werden bei einer Luftfeuchtigkeit von 50% bewohnbar. Der Heizungskessel steht ebenfalls im Keller, die Leitungen geben trotz Isolierung so viel Wärme ab, dass die Räume kaum kühler als 12 °C werden. In den Kellern befinden sich Allzweckräume, für die längere Lagerung von Obst, Gemüse, Kartoffeln sind sie jedoch nicht geeignet. Architekten von Neubauten, die nach umweltverträglichen Prinzipien geplant werden, besinnen sich wieder auf einen Raum, der kühler und feuchter als die anderen Räume ist und damit zur Lebensmittelbevorratung geeignet ist. Ein möglicher Weg ist die Unterkellerung der Terrasse.

Der Keller einer Weinliebhaberin. ▶

FINLANDIA
Cà dei Frati

Eine gute Belüftung im Keller muss gesichert sein. Mit Luftfeuchtigkeits- und Temperaturmesser das Klima überwachen.

Das ideale Kellerklima

Lagerdauer, Verlusthöhe und Qualität von gelagertem Obst und Gemüse werden wesentlich vom Kellerklima beeinflusst:

Temperatur: Ideal sind 2–5 °C, unter 10 °C ist die Temperatur noch zufriedenstellend.

Relative Luftfeuchtigkeit: Das Hygrometer soll um 90% Luftfeuchtigkeit anzeigen. Ist kein Naturboden im Keller, wird dieser Wert selten erreicht. Begießen des Bodens und Aufstellen von Wassergefäßen bringt wenig, besser ist regelmäßiges Zerstäuben von Wasser oder Auslegen von Waldmoos auf dem Fußboden.

Luftbewegung: Ein guter Keller braucht Frischluft. Ideal sind gegenüberliegende Öffnungen. Die warme Luft steigt nach oben und wird über das Fenster abgeführt, die kalte Luft sinkt nach unten und zieht nach. Zugluft darf nicht entstehen, sie trocknet die Lebensmittel aus. Im Winter muss mit entsprechenden Isolierungen dem eindringenden Frost vorgebeugt werden, denn der Keller muss frostfrei bleiben, sonst leidet die Qualität des Lagergutes, Lagerkrankheiten bei Obst und Gemüse werden begünstigt.

Luftzusammensetzung: Das gelagerte Obst und Gemüse reift nach. Dabei werden Gase und Aromastoffe abgegeben, die gegenseitig zur schnelleren Nachreife führen können und damit zum schnelleren Verderb. Aus diesem Grund sollten Kartoffeln immer isoliert von anderem Frischgemüse, besonders von Äpfeln, gelagert werden. Die gegenseitige Beeinflussung kann verringert werden, wenn die einzelnen Gemüse- und Obstarten mit Folien bzw. Sand und Erde abgedeckt werden. Früher wurden die Früchte einzeln in Seidenpapier gewickelt. Dadurch wurde eine hohe Konzentration der Stoffwechselprodukte erreicht, die konservierend wirkte. Leider können dabei die schadhaften Produkte nicht mehr aussortiert werden.

Kältemodule in Kompaktbauweise: sind geeignet, in geschlossenen Kellerräumen Kellerfrische zu simulieren. Bei entsprechenden Temperaturen und Luftfeuchtigkeit können die Vorräte optimal gelagert werden. Ein leer stehender Keller bzw. ein Abstellraum in der Wohnung wird auf diese Weise zum Keller »Marke Eigenbau«.

Gewölbekeller.
Bezugsquelle:
www.ziegelei-lindner.de

Ausstattung und Einrichtung

Die Mauern werden mit Kalkmilch geweißelt, das verringert das Wachstum der Schimmelpilze, der Raum wirkt heller und freundlicher. Sind nebenan wärmere Kellerräume, bringt eine Isolierung Vorteile. An Außenmauern können Schatten spendende Pflanzen vor direkter Sonneneinstrahlung schützen.

Naturboden ist gut, er lässt sich jedoch schwer sauber halten. In Neubauten lässt er nicht viel Feuchtigkeit in den Raum, weil die Isolierung undurchlässig ist.

Es ist günstiger, wenn der Boden etwas tiefer ausgegraben wird, mit Sand aufgeschüttet, mit einer Latte gerade abgezogen und auf dieses Sandbett Garten- oder Tonplatten verlegt werden. Dieser Boden kann gut gekehrt werden, die Feuchtigkeit zirkuliert und Einrichtungsgegenstände können gerade stehen. Der Keller muss auch ausreichend beleuchtet werden. Damit werden die Unfallgefahr verringert und das Saubermachen erleichtert.

Frischlagerung von Gemüse und Obst bei optimalen Bedingungen

Kulturen	Ungefähre Lagerdauer	Günstige Lagerbedingungen	
		Temperatur in °C	Luftfeuchtigkeit in %
Gemüse			
Kartoffeln	Bis zu 1 Jahr	3–1	85–95
Weißkohl	Bis zur neuen Ernte	0–1	90–97
Blumenkohl	Bis Mai	0,5–0	85–90
Rosenkohl	Bis Mai	1–0	90–95
Kohlrabi	Bis zur neuen Ernte	2–0	90–95
Kohlrüben	Bis zur neuen Ernte	2–0	90–95
Möhren	Bis zur neuen Ernte	1–0	90–95
Petersilie	Bis zur neuen Ernte	1–0	90–95
Sellerie	Bis zur neuen Ernte	1–0	90–95
Pastinaken	Bis zur neuen Ernte	1–0	90–95
Rote Bete (Rüben)	Bis zur neuen Ernte	1–0	90–95
Rettich	Bis zur neuen Ernte	1,5–0,5	85–90
Meerrettich	Bis zur neuen Ernte	4–0	85–99
Porree (Lauch)	Bis Januar	0,5–0	85–90
Knoblauch	Bis zu 1 Jahr	1–0	70–75
Spinat, Salat	2–3 Wochen	0,5–0	90–95
Tomaten, grün und gelb	2–3 Monate	12–10	80–85
Tomaten, rot	Bis zu 1 Monat	0–0,5	85–90
Gurken	3–4 Wochen	1–0,5	85–90
Melonen	Bis Mai	1–0	85–90
Kürbisse	Bis zu 1 Jahr	14–10	70–75
Obst			
Äpfel	Bis zu 1 Jahr	1– -0,5	85–95
Birnen	Bis Mai	1–0	85–90
Aprikosen	Bis zu 1 Monat	0,5–0	85–90
Pfirsiche	Bis zu 2 Monate	0,5–0	85–90
Pflaumen	Bis zu 2 Monate	0,5–0	85–90
Kirschen	Bis zu 2 Wochen	0,5–0	85–90
Weintrauben	Bis Mai	1–0	80–90
Erdbeeren	Bis zu 2 Wochen	0,5–0	85–90
Himbeeren	2–3 Wochen	0,5–0	85–90
Stachelbeeren	Bis zu 2 Monate	0,5–0	85–90
Johannisbeeren	Bis zu 2 Monate	0,5–0	85–90
Apfelsinen	Bis Juli	5–4	80–85
Mandarinen	Bis Mai	3–2	80–85
Zitronen	Bis Juli	5–4	80–85

Quelle: Suburov, N. V., und Antonov, M. V.:
Die Lagerung von Obst und Gemüse, Berlin 1953

Bewegliche Kellereinrichtungen sind fest montierten Gestellen vorzuziehen. Beim Reinigen können sie an die frische Luft getragen werden und richtig austrocknen.
Regale, Gestelle, Kartoffelkisten und Obsthorden können selbst gebastelt oder in Haushaltswarengeschäften gekauft werden. Äpfel und Birnen werden in Lattenkisten gelegt, die übereinander in ein entsprechendes Gestell geschoben werden (Harassgestell). Gläser stehen in Regalen, für Dosen ist die Luftfeuchtigkeit zu hoch. Müssen einzelne Flaschen entnommen werden (Wein), lagern sie in speziellen Gestellen oder in Tonröhren. Flaschen der gleichen Sorte, z. B. Fruchtsäfte, Apfelwein, können übereinandergelegt werden, wenn seitliche Abgrenzungen vorhanden sind. Sie werden dann nacheinander entnommen.

Ausweichmöglichkeiten
Ist kein idealer Kellerraum vorhanden, lohnt sich die Suche nach anderen Möglichkeiten für die Frischlagerung von Obst und Gemüse.
Polyethylen- Packungen: Es gibt in Haushaltsgeschäften große Beutel aus Gefrierfolien (3/100 mm stark) mit einem Fassungsvermögen von 5-10 kg. Andere Kunststofffolien sind nicht geeignet. Wurzelgemüse, Äpfel und Birnen können auf diese Weise gelagert werden. Sie müssen einige Tage offen im späteren Lagerraum liegen (ausdampfen und anpassen) und werden dann an Ort und Stelle in die Beutel verpackt, die mit einer Wäscheklammer oder Schnur verschlossen werden. Bildet sich nach ein paar Tagen ein Niederschlag, ist das nicht schlimm. Sammelt sich jedoch Wasser im Beutel, muss er vorübergehend geöffnet werden, ebenso, wenn die Früchte vom Sauerstoffmangel bräunlich werden. Gelegentliche Kontrolle ist notwendig, um faule Früchte auszusortieren und die Essreife nicht zu übersehen.
Die Lagerung in Foliensäcken ist für Äpfel besonders geeignet, weil diese langsamer nachreifen, da sie Kohlendioxid bei der Reifung abgeben.
Für Kartoffeln eignet sich diese Lagerung nicht, weil diese in einem Kohlendioxid-Luftgemisch schneller auskeimen.
Dachkammer: Über Winter herrscht im nicht isolierten Teil unter dem Hausdach eine Temperatur, die für die Frischlagerung geeignet ist, wenn die Früchte mit Wolldecken oder Styropor zugedeckt sind. Die Überwachung der Temperatur mit einem Minimum/ Maximum-Thermometer (beim Optiker erhältlich) ist aber notwendig, weil erhebliche Schwankungen auftreten können.
Balkon, Terrasse oder Kellerlichtschacht: Wenn die Vorräte gegen Frost geschützt werden können, ist diese Lagerung vorteilhaft. Bastler können sich eine Isolierkiste bauen, die besonders gut ge-

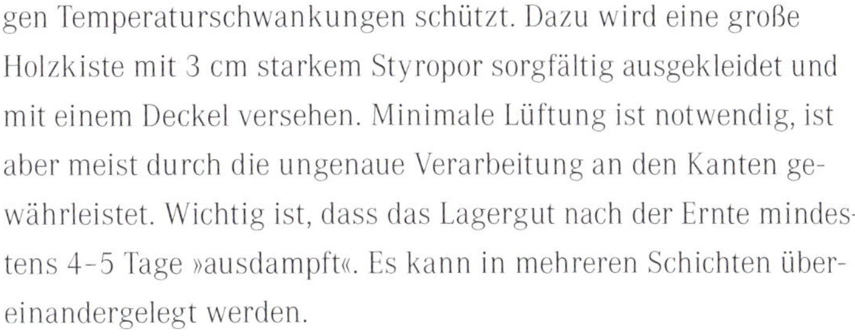

gen Temperaturschwankungen schützt. Dazu wird eine große Holzkiste mit 3 cm starkem Styropor sorgfältig ausgekleidet und mit einem Deckel versehen. Minimale Lüftung ist notwendig, ist aber meist durch die ungenaue Verarbeitung an den Kanten gewährleistet. Wichtig ist, dass das Lagergut nach der Ernte mindestens 4–5 Tage »ausdampft«. Es kann in mehreren Schichten übereinandergelegt werden.

Erdkeller

Kartoffeln sind weniger geeignet, weil sie schon bei -2 °C Frostschäden aufweisen. Wenn angefrorene Äpfel und Wurzelgemüse nicht bewegt und angefasst werden und langsam der Frost wieder »auszieht«, überstehen sie niedrige Temperaturen gut.

Ähnlich wie Isolierkisten funktionieren alte Gefriertruhen, die nicht mehr repariert werden können. Für eine minimale Lüftung muss aber gesorgt werden.

Belassen im Freien: Wintergemüse wie Spinat, Pastinaken, Rosenkohl, Lauch, Topinambur, Feldsalat werden auf den Beeten stehen gelassen. Endivien, Chinakohl, Zuckerhut werden im Treibbeet oder unter einem Plastiktunnel eingeschlagen. Ein Vlies und evtl. Strohauflagen schützen zusätzlich. Wichtig ist, für ausreichende Lüftung (Strohbausch) zu sorgen.

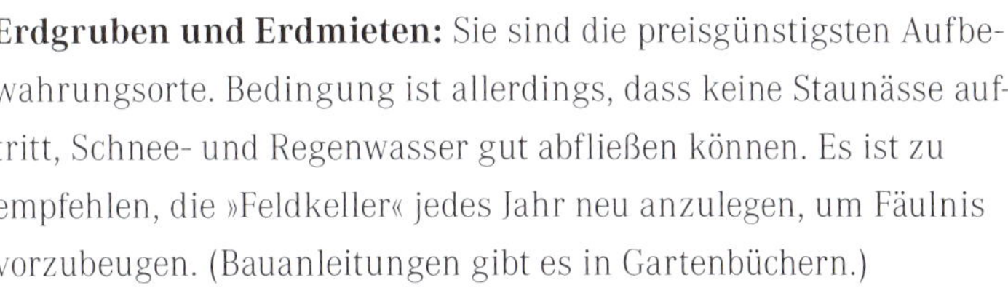

Erdgruben und Erdmieten: Sie sind die preisgünstigsten Aufbewahrungsorte. Bedingung ist allerdings, dass keine Staunässe auftritt, Schnee- und Regenwasser gut abfließen können. Es ist zu empfehlen, die »Feldkeller« jedes Jahr neu anzulegen, um Fäulnis vorzubeugen. (Bauanleitungen gibt es in Gartenbüchern.)

Erdmiete

Einlagern in Behälter mit Sand: Diese Methode ist speziell für Wurzelgemüse (Möhren, Sellerie) geeignet. Bis zu einer Höhe von 50 cm kann das Gemüse im Sand in alten Krautfässern, Eimern usw. über den Winter lagern. Unterste und oberste Schicht ist jeweils Sand, der Behälter wird mit einem Jutesack, Holzbrett oder gelochter Folie abgedeckt.

Küchenschränke als Vorratsschränke

In vielen Wohnungen ist es notwendig, den größten Teil des Vorrats in den Küchenschränken unterzubringen. Regale im ungenutzten Raum über der Tür oder in Nebenräumen bringen zusätzlichen Stauraum. Können 60 x 60 cm Bodenfläche erübrigt werden, lohnt es sich, einen *belüftbaren*, möglichst hohen Vorratsschrank anzuschaffen oder selbst herzustellen.

Vorratsschrank mit Lüftung, eine »Speisekammer« für Wohnungen, Reihen- und Einfamilienhäuser.

Bezugsquelle: Schreinerei Hermann Eder, Hochfeldweg 19, 94342 Schambach, Tel. 09424 1065, Fax 09424 8825
www.schreiner-eder.de

Optimale Schublade zur Brotaufbewahrung in der Küche oder im Vorratsraum/Speisekammer.
Bezugsquelle: Wiedemann Werkstätten, Anton-Wagner-Straße 9, 89420 Höchsstädt/Donau,
Tel. 09074 9502 0, Fax 09074 9502 20
www.wiedemann-werkstätten.de

Für die Praxis

- ▷ Werden Lebensmittel in ungekühlten Räumen aufbewahrt, ist die Luft im Winter kalt und trocken und wird durch Heizen noch trockener. Nicht sachgemäß verpackte Lebensmittel bzw. Lebensmittel in geöffneten Verpackungen trocknen aus.
- ▷ Kochdämpfe und mangelnde Lüftung, besonders im Winter, bringen in der Küche eine wechselnde Luftfeuchtigkeit. Ungeschützte Lebensmittel klumpen zusammen, nehmen Gerüche an, Vorratsschädlinge und Mikroorganismen vermehren sich.
- ▷ Speisereste gehören nicht in die Küche, in Vorratsräume, -schränke und -regale, sie gehören sofort abgedeckt in den Kühlschrank, und zwar direkt unter das Verdampferfach. Reste werden normalerweise vor dem Verzehr nur noch erwärmt, deshalb ist die schnelle Kühlung wichtig.
- ▷ Brotfach, -kasten oder Keramiktopf erfordern eine gründliche Pflege. Auswaschen mit Essigwasser und Nachtrocknen verhindert die Schimmelbildung. Knäckebrot im Brotfach nie gemeinsam mit Frischbrot lagern, es zieht die Feuchtigkeit an. Besser im Originalpapier lassen oder offen neben das verpackte Frischbrot legen.

Speisekammer und erdgeschossige Vorratsräume

Die gute, alte Speisekammer gibt es nur noch selten. Auch in neu gebauten Häusern verzichten viele Bauherrn auf diesen für die tägliche Arbeit in der Küche so wichtigen Raum.
Die ideale Speisekammer liegt an der Nordseite des Hauses, neben der Küche, der Fußboden ist gefliest, das Fenster mit Fliegengitter versehen. Die Regale sind nicht tiefer als 30 cm, damit die Übersichtlichkeit nicht leidet. Erdgeschossige Vorratsräume für Frischvorräte benötigen eine Klimaanlage, um die Temperaturschwankungen Sommer/Winter auszugleichen.

Für die Praxis

- ▷ Wenn auch im Sommer die Temperatur in Vorratsräumen gegenüber der Außenluft kühler erscheint, beträgt sie doch meistens ca. 20 °C. Für mikrobiologisch gefährdete Lebensmittel bringt dies keine bedeutende Haltbarkeitsverlängerung.
- ▷ Optimale Raumausnutzung durch sinnvolle Ausstattung mit Regalen und Schränken sowie Ordnung und Sauberkeit sind besonders wichtig.
- ▷ In den Vorratsraum gehört auch der Vorratsplan, um eine optimale Überwachung der Vorräte zu erreichen.

Gekühlte Vorratsschränke (Kühlschränke), Kühlzellen

Die Kälte verlangsamt zwar den mikrobiellen Verderb, unterbindet ihn aber erst bei -12 °C. Werden Speisen bei 40–70 °C lange warm gehalten, leidet der Geschmack, die Vitamine C und B_1 werden zerstört. Besser ist es, diese Speisen in den Kühlschrank zu stellen, um sie später bei Bedarf schnell wieder zu erhitzen.
Dosenreste müssen immer in andere Gefäße umgeleert und in den Kühlschrank gestellt werden, da sie weniger durch Keime als durch chemische Reaktionen des Inhalts mit der Dosenwand verderben. Altgeschmack durch Fett- und Farbveränderungen wird begünstigt.
Reste von Säuglingsnahrung sollen höchstens 12 Stunden im Kühlschrank aufbewahrt werden. Besser ist es, die Portionen so zu bemessen, dass keine Reste bleiben.
Häufig überschätzt wird die Schutzwirkung von Kunststoffbehältern mit luftdichtem Deckel. Es gibt viele Keime, die ohne Sauerstoff gut gedeihen, z. B. der gefährliche Botulismuserreger.
»Schmierigwerden« ist der Anfang vom Verderb. Solche Lebensmittel müssen sofort unter fließendem heißem Wasser gründlich gespült und auf mindestens 80 °C erhitzt werden. Keimübertragungen durch hygienisches Vorgehen verhindern.
Äpfel, Artischocken, Brokkoli, Chicorèe, Kohlrabi, Lauch, Salat, alle Kohlarten werden ungewaschen in einem Frischhaltebeutel mit Lochung im Gemüsefach gelagert.
Meerrettich, Möhren, Radieschen, Rettich, Sellerie werden gewaschen, aber trocken in gelochten Beuteln oder in abgedeckten Behältern im gekühlten Vorratsschrank oder im Kühlschrank gelagert. Ungewaschen verbreiten sie Erdgeruch.
Pilze nur für kurze Zeit in abgedeckten Behältern, nicht luftdicht verschlossen, im Kühlschrank aufbewahren.

Nicht in den Kühlschrank gehören:
Zitrusfrüchte trocknen aus und verlieren an Aroma.
Birnen und Ananas verlieren ebenfalls an Aroma.
Der Geruch von Zwiebeln und Knoblauch überträgt sich auf andere Lebensmittel.
Kartoffeln werden süß.
Auberginen, Gurken, Kürbis, Melonen, Paprika, Tomaten, Zucchini sind kälteempfindlich. Sie werden besser im gekühlten Vorratsschrank bei 7–12 °C gelagert.
Bananen sollen nicht unter 12 °C lagern.

Vorratspflege

Ordnung und Übersicht erleichtern die Vorratspflege. Durch gründliche Pflege werden Verlust und Verderb gering gehalten.

Für die Praxis

▷ Haltbarkeitsangaben kontrollieren. Beim Einkauf die neue Ware genau kontrollieren, evtl. in Dosen und andere Behältnisse umfüllen, mit Datumsangabe versehen, einräumen.

▷ Selbst hergestellte Konserven immer mit genauem Datum und Inhaltsangabe versehen. Beim Verbrauch notieren, ob das Rezept der Familie zugesagt hat.

- Selbst hergestellte Konserven in den ersten 14 Tagen täglich, dann gelegentlich mit Deckelprobe kontrollieren. Offene und verschimmelte Gläser sofort entfernen.
- Kalender mit Eintragungen von Kontrollterminen, Austausch- und Verbrauchsdaten an gut sichtbarer Stelle im Vorratsraum oder -schrank anbringen.
- Thermometer und Hygrometer (Feuchtigkeitsmessgerät) gehören in jeden Vorratsraum. Sind große Temperaturschwankungen zu erwarten, leistet ein Minimum/Maximum-Thermometer gute Dienste. Sie dürfen nicht an Außenwänden und Heizungsschächten angebracht werden.
- Dringend notwendig ist eine gute Kühlschrankpflege. Täglich darauf achten, dass Verschmutzungen sofort beseitigt werden und der Kühlschrank nur geöffnet wird, wenn es notwendig ist. Wöchentlich, spätestens alle zwei Wochen mit Spülmittel auswaschen. Essigwasser wird nicht mehr empfohlen, weil häufig wegen Unachtsamkeit die Gummidichtungen der Türen in Kontakt mit Essig kommen, das macht sie porös.
- Jede Eisschicht bringt einen Mehrverbrauch an Energie. Im Tauwasserabfluss befinden sich die meisten Lebensmittel verderbenden Keime (z. B. *Aspergillus niger*).
- Kühlschrankgeruch entsteht, wenn er überladen ist, nicht alle Gefäße zugedeckt sind oder besonders geruchsverbreitende Lebensmittel unsachgemäß verpackt gelagert werden. Der Geruch wird wieder neutralisiert, wenn der Kühlschrank mit Essigwasser ausgewischt oder eine halbe Tasse Frischmilch offen eingestellt wird. Die Milch bindet den Geruch, sie muss dann aber weggeschüttet werden.
- Alte Gefriergeräte 1–2-mal jährlich mit Reinigungsmittellösung auswischen und anschließend sorgfältig trocknen. Dabei werden die Gefriervorräte in einen großen Korb gelegt, mit Zeitungspapier, Küchentüchern und Wolldecken dick eingehüllt, damit sie möglichst wenig an Kältetemperatur verlieren. Um das Abtauen zu beschleunigen, Wasser in zwei Kochtöpfen erhitzen, jeweils auf einen Teller in das vom Stromkreis ausgesteckte Gefriergerät stellen und verschlossen darin abkühlen lassen. Der Reif kann je nach Dicke der Schicht bald mit einem Kunststoffschaber entfernt werden. Beim Wiedereinlagern vorübergehend auf »Superschaltung« stellen. Bei Geräten mit Abtauautomatik Gebrauchsanweisung beachten.
- Gummidichtungen von Kühl- und Gefriergeräten nicht mit Fett lösenden Reinigungsmitteln auswaschen, auch nicht mit spitzen Gegenständen die Ritzen reinigen, sondern mit klarem Wasser putzen und mit Talkum einreiben (in Drogerien erhältlich).

- ▷ Wird mit chemischen Reinigungsmitteln (Spülmittel, Allzweckreiniger) gearbeitet, mit klarem Wasser gründlich nachwischen. Am wirksamsten gegen Schimmelpilzsporen und Bakterien, z. B. im Brotkasten, ist eine 10%ige Essigsäurelösung (= 250 ml 25%ige Essigessenz auf 1 Liter Wasser).
- ▷ Frischluftsprays oder Insektensprays nicht in Vorratsräumen und -behältern anwenden, Inhaltsstoffe können sich auf den Lebensmitteln absetzen!
- ▷ Vorratsräume regelmäßig gut lüften. Dabei alle Lichtquellen ausschalten und vor den Fenstern Fliegengitter anbringen, damit keine Schädlinge hereinfliegen.
- ▷ Abfallbehälter und Tierfutternäpfe regelmäßig leeren und reinigen. Abfälle ziehen durch den Geruch Ungeziefer an. Ebenso Tierfutter, das lange in der Wohnung offen steht.
- ▷ Es gibt viele Hausmittel gegen Schädlinge, die mehr oder weniger gut wirken, z. B. Lavendel, Zitronenmelisse, Wacholder. Das Aufhängen von Leimfallen und Auslegen von Pheromonfallen, evtl. auch Mausefallen, bringt Übersicht über das Vorhandensein von Schädlingen.

Wie werden Vorratsschädlinge bekämpft?

Vorratsschädlinge sind meistens sehr klein und lichtscheu. Sie verursachen Fraßschäden, daran kann man sie erkennen. Ihr Kot, Haare und Spinnfäden verursachen Hauterkrankungen, Allergien und Darmerkrankungen.

Befallene Lebensmittel müssen immer sofort entfernt werden. Die Vorratsschränke, -regale, Leisten und Ritzen zwischen den Schränken und am Boden müssen dringend sehr gut gereinigt werden. Dabei muss die Quelle, das Nest, aufgespürt und entfernt werden. Nicht selten kauft man sich die Schädlinge in der Packung schon ein oder sie kommen aus dem Mitbringsel des letzten Urlaubs! Deshalb sollten die Packungen beim Einkauf genau angesehen werden. Ecken, Kanten und Falten bieten Unterschlupf.

Chemische Bekämpfungsmittel dürfen nicht unkontrolliert eingesetzt werden. Die Wirkstoffe werden je nach Raumklima unterschiedlich abgebaut, sie wirken wochenlang – nicht nur auf die Schädlinge, auch auf die Menschen, die sich im Raum aufhalten (Fliegenspray ist Nervengift!).

Bei hartnäckig zu bekämpfenden Schädlingen sollte der Fachmann (Kammerjäger) geholt werden. Vor einer Behandlung immer Bedarfsgegenstände und Staub entfernen, nach der Behandlung gründlich lüften.

Vorratsschädlinge

Vorräte werden von vielerlei Ungeziefer bedroht. Zum Teil können sie bei der Erzeugung und Verarbeitung in das Lebensmittel gelangen, zum Teil werden sie durch ausländische Produkte eingeführt. Sie können aber auch im Haushalt ideale Bedingungen vorfinden: Sie sind dort vor Verfolgern und Witterungsunbilden geschützt, haben Wärme und Feuchtigkeit und können sich gut vermehren.
Fliegenarten (Große oder Gemeine Stubenfliege, Kleine Stubenfliege, 7–8 mm; Stechfliege, Graue Fleischfliege, 6–17 mm; Blaue Fleischfliege = Schmeißfliege, 9–15 mm). Sie führen durch Übertragung von Fäulnisbakterien, durch die Eiablage und Madenentwicklung zum Verderb. Auch Krankheiten können übertragen werden, z. B. Ruhr, Typhus, Cholera, Salmonellosen, Kinderlähmung, weil die Fliegen eine Vorliebe für menschliche und tierische Ausscheidungen (Schweiß, Kot, eiternde Wunden) haben.
Bekämpfung: Fliegenklatsche, Klebestreifen, Vorbeugung durch Fliegengitter an den Fenstern. Fliegensprays oder mit chemischen Mitteln getränkte Papiere sind Nervengifte. Sie sollen nur in Ausnahmefällen in der Küche verwendet werden.
Deutsche Hausschabe, Orientalische Schabe (0,2–11 mm). Sie sind Allesfresser und gehen auch an feuchte, weiche und faulende Lebensmittel. Fäulniserreger und Krankheitskeime werden verbreitet, z. B. Milzbrand, Salmonellose, Tuberkulose. Sie sind Zwischenwirte von Fadenwürmern und mitverantwortlich für den Hospitalismus in Krankenhäusern.
Bekämpfung: Chemische Mittel in Rissen und Fugen und auf die Laufstraßen.
Ameisen (Pharaoameise, bis 2,5 mm; Rasenameise, Holzameise, Wegameise, 2–9 mm; Riesen- oder Rossameise, 5–18 mm). Sie fressen an eiweißreichen und süßen Lebensmitteln. Ihre Nester sind meist weit entfernt vom »Tatort«, im Mauerwerk oder unter Steinen. Gefürchtet ist die Ameise im Haushalt, in Bäckereien und in Krankenhäusern, weil sie Krankheitskeime übertragen kann.
Bekämpfung: Aufstellen von »Fallen«, z. B. Zuckerwasser in einem Gefäß. Meistens ist dieses Mittel zu wenig wirksam, sodass chemische Langzeitmittel eingesetzt werden müssen. Sie werden in den Laufstraßen aufgetragen.
Kellerassel, Mauerassel (1–27 mm). Sie leben von pflanzlichen Produkten, sind nicht gefährlich, aber ekelerregend.
Kornkäfer (3–4 mm), **Reiskäfer** (2,3–3,5 mm), **Maiskäfer** (3,5–5 mm). Die Larven fressen die Körner leer. Das Getreide erwärmt sich und wird muffig.

Vorratsschädlinge

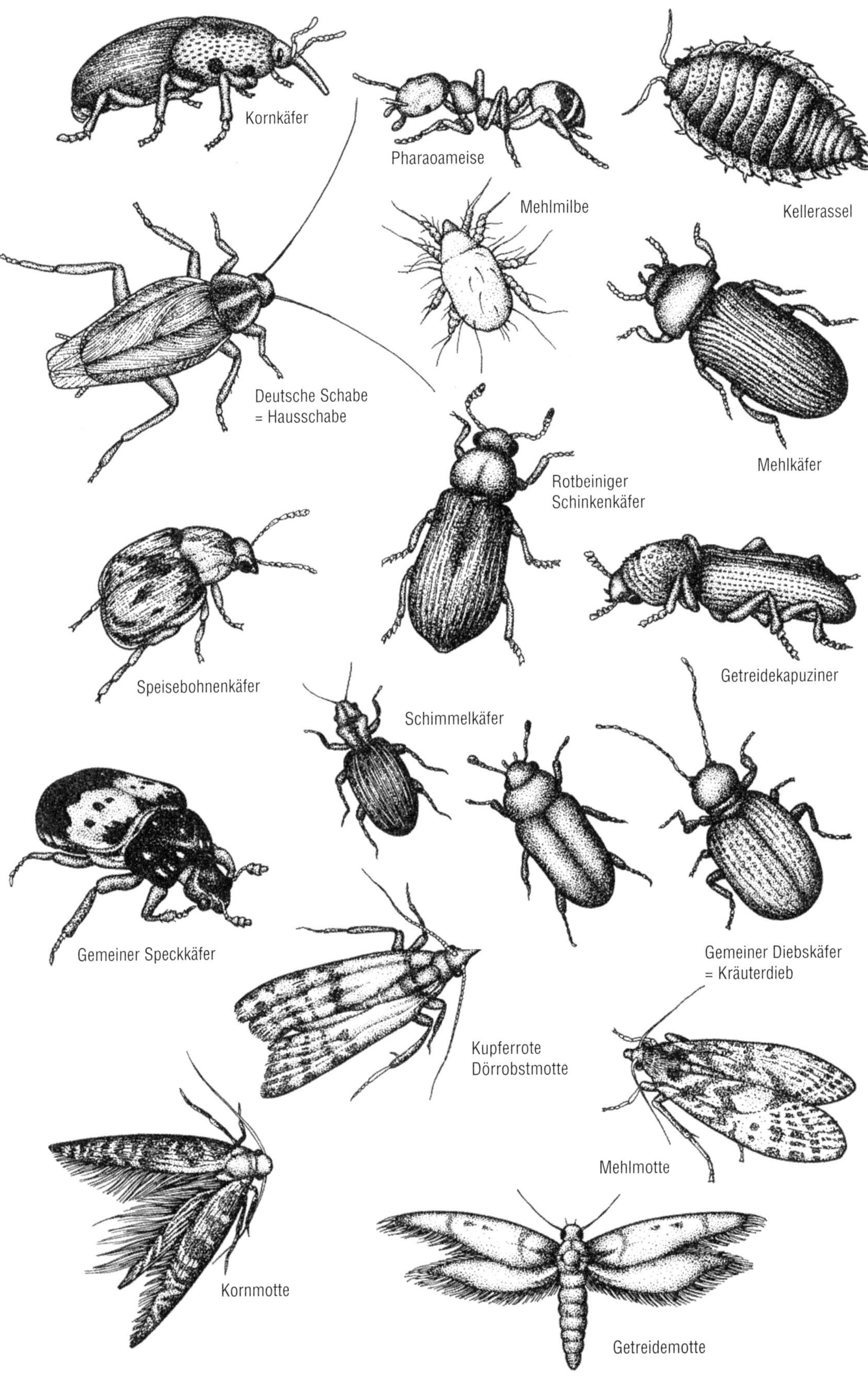

Mehlkäfer (14–23 mm; Larven: 3 cm), **Reismehlkäfer** (4–6 mm). Käfer und Larven fressen und verschmutzen Mehlprodukte, Back- und Teigwaren. Das Mehl wird klumpig und muffig.
Mehlmilbe (etwa 0,5 mm). Die befallenen Getreideprodukte sind wie mit einer Staubschicht überzogen, beim Mehl sind feine Milbengänge erkennbar. Die Produkte schmecken bitter und sind gesundheitsschädlich.
Getreidekapuziner (2–3 mm), **Brotkäfer** (6–11 mm), **Speisebohnenkäfer** (2–4 mm). Unregelmäßige Fraßstellen an Getreideprodukten, Bohnen, Backwaren, Mahlprodukten, Fertignährmitteln, Trockenpilzen, Kaffeebohnen, Kräutern und Tees.
Bekämpfung: Chemische Mittel sind im Haushalt nicht empfehlenswert. Die befallenen Lebensmittel entfernen, die Behälter und Schränke sehr gründlich reinigen und desinfizieren.
Rotbeiniger Schinkenkäfer, Blauer Schinkenkäfer (4–6 mm), **Speckkäfer** (7–9 mm). Sie ernähren sich von Schinken, Rauchwaren, Käse, Schokolade, Trockenfrüchten.
Bekämpfung: Wenn sinnvoll, die befallenen Stellen gut ausschneiden, Köder auslegen und die angesammelten Käfer vernichten, den Lagerort gründlich reinigen und desinfizieren. Bis 6 Monate die genannten Lebensmittel nicht mehr dort lagern.
Getreidemotte (2 cm Spannweite), **Mehlmotte** (20–22 mm Spannweite), **Kornmotte** (12 mm Spannweite, Raupe bis 9 mm), **Dörrobstmotte** (Raupen bis 16 mm), **Kakaomotte** (1,5–2 cm Spannweite, Raupe bis 12 mm). Sie befallen Getreide, alle Mahlprodukte, Teigwaren, Backwaren, Bohnen.
Bekämpfung: Wegwerfen des befallenen Lagergutes und gründliches Reinigen und Desinfizieren.
Diebskäfer (2–5 mm), **Schimmelkäfer** (1–2 mm), **Messingkäfer**. Larven befallen Getreide, Haferflocken, Grieß und Backprodukte.
Bekämpfung: Entfernen der befallenen Vorratsgüter, Reinigen und Desinfizieren des Lagerortes sowie durch Spritz-, Vernebelungs-, Räuchermittel und durch Begasung, weil die Eier in Bodenritzen sein können.
Hausmaus (bis 15 cm), **Ratten** (10–30 cm, Schwanz meist länger). Sie sind Überträger von vielen Krankheiten, z. B. Paratyphus, Trichinose, Cholera, Tuberkulose.
Bekämpfung: Aufstellen von Fallen. Auslegen von Giftkörnern nur dann anzuraten, wenn Kinder und Haustiere nicht hinzukönnen.

Lagerbedingungen für frische Lebensmittel

Hinweis
Alle Lebensmittel sollen lichtgeschützt lagern, weil direkter Lichteinfall fast immer Farb- und Geschmacksveränderungen hervorruft.

Lebensmittel werden entsprechend ihren Lagerbedingungen in Gruppen eingeteilt:

Kurzfristige Frischvorräte werden im Haushaltskühlschrank oder in gewerblichen Kühlgeräten und -zellen bei 0–7 °C gelagert. Beim Einkauf von verpackten Lebensmitteln steht auf dem Etikett »gekühlt lagern«.

Beispiele: Frischfleisch, Hackfleisch, Frischfisch, Milchprodukte, Geflügel, fertige Gerichte, verschiedene Backwaren.

Lagerfähige Frischvorräte werden unter Kellerklima bevorratet, d. h. bei 4–12 °C und 80–90% relativer Luftfeuchtigkeit. Beim Einkauf steht auf der Packung »kühl lagern«.

Beispiele: Kartoffeln, Obst, Wurzel- und Kohlgemüse.

Steht auf der Packung »kühl und trocken lagern«, bedeutet dies: nicht im Kühlschrank, sondern bei Temperaturen bis 12 °C, höchstens 18 °C, und bei einer relativen Luftfeuchtigkeit bis 70% lagern.

Beispiele: Rohwurst, Schinken, Hartkäse.

Konservierte Vorräte werden bei 4–12 °C und einer relativen Luftfeuchtigkeit von 70% gelagert. Werden Raumtemperaturen erreicht, treten mit fortschreitender Lagerdauer erhebliche Vitamin- und Geschmacksverluste ein.

Beispiele: Selbst hergestellte und gekaufte sterilisierte Vorräte in Gläsern und Dosen, Säfte, Konfitüren in Schraubgläsern. Bei Cellophanverschluss trocknet bei 70% relativer Luftfeuchtigkeit der Inhalt erheblich ein.

Trockenvorräte werden bei 4–18 °C und einer relativen Luftfeuchtigkeit von höchstens 70% gelagert. Steht auf der Packung »vor Wärme schützen«, darf keine Wärmequelle in der Nähe sein.

Praktischer Fliegenschrank in Maßanfertigung. Auch geeignet zur Herstellung von luftgetrockneten Schinken.

Bezugsquelle:
Winfried Hess
Allmuser Str. 16
36167 Nüsttal/Rimmels
Tel. 06652/5910
Fax 06652/2117

Frischlagerung von Lebensmitteln – Verpackung, Lagerbedingungen, Lagerdauer

Kühlschranktemperatur: 2-6 °C; gekühlter Vorratsschrank: 8-15 °C; Vorratsräume: 15-20 °C; Keller: 2-5 °C

Lebensmittel	Verpackung	Aufbewahrungsort	Temperatur	Relative Luftfeuchte	Lagerdauer	Hinweise
Fleisch und Fleischwaren						
Frischfleisch	Porzellan- oder Cromarganschüsseln, abgedeckt mit einem nicht zu dicht schließenden Deckel oder Teller	Kühlschrank, Keller	2–6 °C		2–5 Tage	Fleisch nach dem Einkauf aus der Packung nehmen, damit es nicht »stickig« wird.
Fleisch in Beize	Topf mit Deckel, Kunststoffbehälter	Kühlschrank, Keller	2–6 °C		3–5 Tage	Das Fleisch wird besonders mürbe.
Gegartes Fleisch	Topf mit Deckel, Kunststoffbehälter	Kühlschrank, Keller	2–6 °C		2–6 Tage	Fleisch nicht am Tag vor dem Verzehr anbraten, sondern durchgaren.
Hackfleisch, Innereien	Topf mit Deckel, Kunststoffbehälter	Direkt unter dem Verdampferfach im Kühlschrank	2–4 °C		Bis 24 Stunden	
Gegartes Hackfleisch	Topf mit Deckel, Kunststoffbehälter	Kühlschrank, Keller	2–6 °C		2–4 Tage	
Kochwurst, z. B. Leberwurst, Blutwurst	Kunststoff- oder Cromarganbehälter mit gut schließendem Deckel	Kühlschrank, Keller	2–4 °C		4 Tage	
Brühwurst, z. B. Bratwurst, Weißwurst, rohe Grillwürste		Kühlschrank, Keller	2–4 °C		1 Tag roh, 4 Tage vorher erhitzt	
Wiener Würstchen, Regensburger usw., Schnittwurst, z. B. Bierschinken, Gelbwurst, gekochter Schinken, Kassler	Kunststoff- oder Chromaganbehälter mit gut schließendem Deckel	Kühlschrank, Keller	2–6 °C		3–5 Tage	Sortenweise lagern.
Rohwurst	Schnittfläche mit Alufolie abdecken	Luftig und kühl, gekühlter Vorratsschrank oder Vorratsraum, wenn nicht anders möglich, Kühlschrank	10–16 °C	70%	Einige Monate	Durch Fliegengitter, -schrank vor Fliegen und anderem Ungeziefer schützen.
Roher luftgetrockneter oder geräucherter Schinken	Evtl. Leinensäckchen	Luftig und kühl	10–16 °C	70%	Einige Monate	Durch Fliegengitter, -schrank oder Leinensäckchen vor Fliegen und anderem Ungeziefer schützen. Schnittflächen mit Schweinefett vor dem Austrocknen schützen.

Fortsetzung Frischlagerung von Lebensmitteln

Lebensmittel	Verpackung	Aufbewahrungsort	Temperatur	Relative Luftfeuchte	Lagerdauer	Hinweise
Wildfleisch	Abgedeckte Schüssel	Kühlschrank	2–6 °C		2–5 Tage	Wildfleisch nicht roh verzehren und kein Hackfleisch daraus herstellen, gut durchbraten. In rohem Zustand nicht mit anderen Lebensmitteln in Berührung bringen (Salmonellengefahr!)
Wildfleisch in Beize	Abgedeckte Schüssel	Kühlschrank, Keller	2–6 °C		3–5 Tage	
Geflügel	Abgedeckte Schüssel oder auf Platte mit Folienabdeckung	Kühlschrank, Keller	2–6 °C		3 Tage	Bei der Verarbeitung besondere Vorsicht (Salmonellengefahr!).
Gegartes Geflügel		Kühlschrank, Keller	2–6 °C		2–4 Tage	
Fisch und Fischwaren						
Frischfisch	Abgedeckte Schüssel oder auf Platte mit Folienabdeckung	Kühlschrank	2–6°C		Bis 24 Stunden	Mit Kühltasche transportieren
Geräucherter Fisch, gegarter Fisch, aufgetauter Gefrierfisch	Aromadichte Behälter	Direkt unter dem Verdampferfach im Kühlschrank	2–6 °C		1–2 Tage	Mindesthaltbarkeitsdatum beachten. Manchmal ist das Herstellungsdatum angegeben. Die erste Zahl bedeutet das Jahr, die beiden anderen die Woche des Jahres.
Halbkonserven	Originalverpackung	Kühlschrank, Keller	2–6 °C			Mindesthaltbarkeitsdatum beachten! Manchmal ist das Herstellungsdatum angegeben. Die erste Zahl bedeutet das Jahr, die beiden anderen die Woche des Jahres.
Milch und Milchprodukte						
Milch, Sahne	Originalverpackung	Kühlschrank, Keller	2–6 °C		4–5 Tage	Mindesthaltbarkeitsdatum beachten!
Frische Sauermilcherzeugnisse, z. B. Joghurt, Kefir, Dickmilch	Originalverpackung	Kühlschrank, Keller	2–6 °C			Mindesthaltbarkeitsdatum beachten! Bei Überlagerung schmecken diese Produkte bitter und schimmeln.
Frischkäse, z. B. Quark, körniger Frischkäse	Originalverpackung oder abgedeckter Behälter	Kühlschrank, Keller	2–6 °C		4–6 Tage	Mindesthaltbarkeitsdatum beachten!
Schmelzkäse	Originalverpackung	Kühlschrank, Keller	2–6 °C		10–14 Tage	
	Geöffnete Packung	Kühlschrank, Keller	2–6 °C		2–3 Tage	In geöffneten Packungen trocknet er leicht aus oder schimmelt.

Lebensmittel	Verpackung	Aufbewahrungsort	Temperatur	Relative Luftfeuchte	Lagerdauer	Hinweise
Geschnittener Käse	In fester Klarsichtfolie originalverpackt	Kühlschrank Keller	10–15 °C		10–14 Tage	
	Geöffnete Packung	Kühlschrank Keller	2–6 °C		2–3 Tage	Vor Luftzutritt schützen, sonst trocknet er aus oder schimmelt.
Weichkäse	Luftdurchlässige Verpackung		15–16 °C	70%	4–10 Tage	Weichkäse ist empfindlich gegen Temperaturschwankungen.
Hartkäse, Schnittkäse am Stück	In ein feuchtes Leinentuch gewickelt, unter einer Käseglocke	Im gekühlten Vorratsschrank oder Vorratsraum, im Kühlschrank nur im Käse- oder Gemüsefach	10–15 °C	60–70%	10–14 Tage	Das Aroma wird besser, wenn der Käse vor dem Verzehr 1 Stunde bei Raumtemperatur gelagert wird. Käse darf weder austrocknen noch schimmeln. Nur der Schimmel bei Edelpilzkäse, Camembert und Brie ist nicht gesundheitsschädlich.
Eier						
Roh	Ohne	Im Eierfach im Kühlschrank oder im gekühlten Vorratsschrank	2–6 °C 10–12 °C		4–6 Wochen 3–4 Wochen	Durch die poröse Schale können Bakterien eindringen und Feuchtigkeit entwickeln. Frühstückseier schmecken besser, wenn sie sehr frisch sind, aber nicht aus dem Kühlschrank kommen.
Gekocht	Ohne	Kühlschrank	2–6 °C		14–16 Tage	
Fette						Fette verderben durch den Einfluss von Licht, Wärme, Luftsauerstoff und Metallen.
Butter, Margarine	Alufolie	Gekühlter Vorratsschrank, Kühlschrank	15 °C 7–10 °C 0 °C		20 Tage 4 Wochen 6 Wochen	Immer separat lagern, da Butter und Margarine empfindlich gegen Fremdgerüche sind.
Speiseöl	Dunkle Flaschen	Gekühlter Vorratsschrank	10–12 °C 8–10 °C		Bis 1 Jahr Bis 6 Monate	Die Lagerfähigkeit wird von der Fettsäurezusammensetzung bestimmt. Öle mit einem hohen Anteil an lebensnotwendiger Linolsäure werden schneller ranzig.
Butterschmalz, Schmelzmargarine	Originalverpackung oder Steintopf	Gekühlter Vorratsschrank	10–12 °C		3–4 Monate	
Plattenfette, frische Frittierfette	Originalverpackung	Vorratsraum,	15–20 °C		Bis 1 Jahr	Frittierfette nicht mehr verwenden, wenn sich Geruchs- und Geschmacksabweichungen zeigen.
Benützte Frittierfette	Alufolie	Kühlschrank, Keller	2–6 °C		Einige Wochen	

Fortsetzung Frischlagerung von Lebensmitteln

Lebensmittel	Verpackung	Aufbewahrungsort	Temperatur	Relative Luftfeuchte	Lagerdauer	Hinweise
Nährmittel						
Dunkle Mehle und Vollkornmehle, Weizenkleie	Leinensäcke, dunkle, verschließbare Gläser	Gekühlter Vorratsschrank	10–15 °C	50%	Bis 3 Monate	Möglichst frisch verbrauchen.
Helle Mehle	Leinensäcke, dunkle, nicht fest verschlossene Gläser	Trocken und kühl, Vorratsraum	15–20 °C	50%	Bis 6 Monate	Papiertüten sind nur für den Transport geeignet (Geruchsübertragung!). Mehl nicht luftdicht verschließen.
Haferflocken, Sojatrockenprodukte, Grieß, Teigwaren, Puddingpulver	Originalverpackung	Vorratsraum	15–20 °C	50%	Bis 6 Monate	Der Fettgehalt, bei Teigwaren der Eigehalt bestimmen die Haltbarkeit.
Kartoffeltrockenprodukte	Spezialpackstoff	Vorratsraum	15–20 °C		1–2 Jahre	
Reis		Vorratsraum	15–20 °C	50%	Bis 2 Jahre	
Brot und Backwaren						Die Lagerfähigkeit ist abhängig von den Zutaten (Roggen hält länger frisch als Weizen). Je luftdichter die Verpackung, desto besser bleibt Vitamin B_2 erhalten.
Schnittbrot	Originalverpackung	Vorratsraum	20 °C	50%	3–5 Tage	
Laibbrot	Brotfach, Brotkasten, Keramiktopf	Küche	20 °C			Behälter wöchentlich gründlich von allen Krümeln reinigen, mit einer 10%igen Essiglösung auswischen, das verhindert die Schimmelbildung.
		Kühlschrank	2–6 °C		10–14 Tage	Im Sommer ist Brot im Kühlschrank besser vor Schimmelbildung geschützt.
Brötchen	Ohne	Küche	20 °C	40%	Bis 5 Stunden	Nach 5 Stunden beginnt das Altbackenwerden.
Weißbrot	Ohne	Küche	20 °C	40%	5–8 Tage	Je höher der Fettanteil, desto länger ist es lagerfähig.
Knäckebrot	Originalverpackung	Küche	20 °C	40%	Mindestens 6 Monate	Vor Feuchtigkeit schützen! Nicht zusammen mit anderem Brot lagern!
Kekse, Weihnachtsplätzchen	Gut schließende Blechdosen, dunkle Gläser, Steinguttöpfe, Alufolie	Vorratsraum	15–20 °C	50–70%	Einige Wochen	
Torten, Kuchen	Luftdichte Hauben, Alufolie für Kastenkuchen	Gekühlte Vorratsschränke,	12–15 °C	50%	5–8 Tage	Hauben schützen vor Aromaverlusten. Torten immer zugedeckt in den Kühlschrank stellen, weil Butter und Sahne schnell fremde Gerüche annehmen.
		Kühlschrank	2–6 °C		2–3 Tage	

Lebensmittel	Verpackung	Aufbewahrungsort	Temperatur	Relative Luftfeuchte	Lagerdauer	Hinweise
Süßwaren						
Schokolade, Pralinen, Süßwaren	Originalverpackung, Blechdosen	Vorratsraum	15–20 °C	50%	Bis 6 Monate	Trocken bei gleichbleibenden Temperaturen lagern. Bei Temperaturschwankungen entsteht bei Schokoladenerzeugnissen Reif, der unappetitlich aussieht, aber nicht zu Geschmackseinbußen führt.
Vorgefertigte Lebensmittel, Fertigprodukte						
Säuglings-, Kleinkinder-, Diätnahrung	Originalverpackung	Kühlschrank	2–6 °C			Mindesthaltbarkeitsdatum beachten!
	Angebrochene Flaschen und Gläser	Kühlschrank	2–6 °C		6–12 Stunden	Spinat (Nitratgehalt!) und Pilzzubereitungen (Eiweißzersetzung!) nicht wieder aufwärmen.
Säuglingsmilch aus Milchpulver	Fest verschlossen	Kühlschrank	2–6 °C		6–12 Stunden	Nur im Notfall auf Vorrat herstellen, mit größter Sorgfalt zubereiten.
Fertigsaucen, Senf	Originalverpackung	Kühlschrank, Keller	2–6 °C		Je nach Zusammensetzung	Mindesthaltbarkeitsdatum beachten!
Gewürze und Kräuter	Aromadichte dunkle Gläser und Kunststoffbehälter	Vorratsraum, Küche	15–20 °C	50%	6–12 Monate	Große Vorräte nicht in Herdnähe aufbewahren. Kühl und trocken lagern. Lose oder in Papiertüten verpackte Gewürze in geeignete Behälter umfüllen.
Kaffee	Vakuumverpackung	Vorratsraum	15–20 °C		Bis 1 Jahr	Notvorrat!
	Fest verschließbare Dose	Kühlschrank	2–6 °C		3–4 Wochen	Das Aroma von Kaffeebohnen ist an Fett gebunden, dieses wird bei längerer Lagerung bei Raumtemperatur (Küche) ranzig.
		Gefrierschrank oder -truhe	-18 °C		3–6 Monate	
Kakao, Kakaomischpulver	Originalverpackung	Vorratsraum	15–20 °C	50%	6–12 Monate	Sie halten sich umso länger, je stärker die Kakaobohne entölt wurde.
Schwarzer Tee, Kräutertee	Aromadichte Behälter	Vorratsraum	15–20 °C	50%	6–12 Monate	
Konservendosen, Gläser		Gekühlter Vorratsschrank, Keller	8–12 °C	Bis 70%	6–12 Monate	Ab einer Lagerzeit von 1 Jahr treten starke Vitamin- und Qualitätsverluste auf.

Quelle: Lebensmittelverarbeitung im Haushalt und Aufbewahrung und Lagerung von Lebensmitteln im Haushalt.
Anmerkung: Für die Lagerung der Lebensmittel in Kühlgeräten mit Frischkühltechnik die Empfehlungen der Gerätehersteller beachten. Durch Vakuumieren im Lebensmittelgeschäft oder im Haushalt kann die Haltbarkeit verlängert werden.

Frisches Obst und Gemüse

Stapelbares Flaschen- und Obstregal. Bezugsquelle: **www.manufactum.de**

Lagerung bei 85–95% relativer Luftfeuchtigkeit im Keller. Grundprinzip der Frischhaltung von Obst und Gemüse ist das Hemmen der fruchteigenen Atmung durch so niedrige Temperaturen, wie es die sortenspezifische Kälteempfindlichkeit zulässt. Eine luftdichte Verpackung unterstützt in vielen Fällen die Frischhaltung.
Kohlarten, Birnen und Winterapfelsorten vertragen Temperaturen von 0 °C bis -1 °C, sie sind 5–7 Monate haltbar. Die Apfelsorten Cox Orange, Boskop und Jonathan werden am besten bei 3–4 °C gelagert und sind 4–5 Monate haltbar. Beerenobst, Steinobst, Kopfsalat, Lauch, Sellerie, Möhren und Spargel sind bei 0–1 °C am längsten haltbar.
Viele Gemüsearten und Südfrüchte erleiden schon bei 10 °C Kälteschäden, z. B. Ananas, Avocados, Bananen, Zitronen, Auberginen, grüne Bohnen, Tomaten und Paprika. Werden diese Produkte zu kalt gelagert, entstehen in den Zellwänden Strukturveränderungen, die zum Braunwerden und zu Geschmackseinbußen führen. Wahrscheinlich werden auch Enzyme ausgeschaltet, durch die die richtige Genussreife entwickelt würde.
Beispiel: Grüne Tomaten dürfen nicht unter 14 °C lagern, sie würden später nicht mehr saftig. Gelblich grüne Tomaten bleiben bei 10 °C lange lagerfähig (transportfähig), und rote Früchte vertragen bis 4 °C. Sie entwickeln dann bei Raumtemperatur wieder ihr volles Aroma. Diese Zusammenhänge sind wichtig, wenn im Spätherbst grüne Tomaten eingelagert werden.
Wird im Haushalt Kernobst durch Polyetylenbeutel oder Isolierung so gelagert, dass dessen eigene Atmung mit der Zeit Sauerstoffmangel hervorruft, wird die Frische länger gehalten. Es ist aber ein kleines Luftloch notwendig, weil zu starker Sauerstoffmangel und übertriebene Kälte unerwünschte Geschmacksveränderungen auslösen könnten.
Für Zitrusfrüchte liegt die ideale Lagertemperatur bei 7–10 °C, Ebenso für Nüsse und Mandeln, die bei höheren Temperaturen leicht ranzig werden. Deshalb ist eine luftdichte Verpackung empfehlenswert.
Obst und Gemüse sollten nicht gemeinsam gelagert werden, weil besonders Äpfel, Tomaten und Paprika andere Sorten in der Nachreife beschleunigen. Dies führt zum Vergilben von Blättern und rascherem Faulen, z. B. bei Salaten und Kohlarten.

Kartoffeln

Die Kartoffel atmet selbst wenig und ist kälteempfindlich. Wird sie in luftdichte Plastikfolien gepackt oder fällt Licht auf die Kartoffel, beginnt sie zu keimen. Die Keime, die grünen Stellen und beschädigte Kartoffelknollen enthalten vermehrt Solanin. Knollen mit hohem Solaningehalt haben einen bitteren, kratzenden, metallischen Geschmack. Solanin wirkt bei Mensch und Tier giftig. Es erzeugt Kopf- und Halsschmerzen, Brechreiz und Durchfälle. Es wird besondere Vorsicht bei schwangeren Frauen empfohlen. Solanin ist wasserlöslich, deshalb müssen vor dem Kochen die Keime entfernt und die grünen Stellen ausgeschnitten werden. Das Kochwasser in diesem Fall nicht mitverwenden. Die heimischen Kartoffelsorten weisen keine gesundheitlich bedenklichen Mengen an Solanin auf, wenn sie richtig gelagert werden.
Für die Verarbeitung im Haushalt ist die Qualität der Kartoffel entscheidend. Sie ist abhängig von Sorte, Bodenverhältnissen, Düngung, Schädlingsbekämpfung, Witterungsbedingungen, Ausreifung und Lagerung. Vor der Einlagerung von größeren Mengen wird ein »Probeessen« mit verschiedenen Sorten empfohlen! Die Sorte wird nach dem späteren Verwendungszweck ausgewählt.
Auf Bodenverhältnisse, Düngung, Schädlingsbekämpfung und Ausreifung haben die Verbraucher nur dann Einfluss, wenn sie ihren Bedarf direkt beim Bauern, einer bäuerlichen Genossenschaft oder im Fachhandel beziehen, die meistens auch genauer über den Produktionsprozess Bescheid wissen.
Die optimale Lagerung kann nur bei idealem Kellerklima erfolgen. Die Kartoffeln werden trocken und frostfrei bei 4–6 °C und 92–95% relativer Luftfeuchtigkeit dunkel und luftig gelagert. Sie dürfen nicht direkt auf den Boden geschüttet werden, weil auch von unten Luft herankommen muss (Luftzirkulation). Die Anschaffung von Kartoffelhorden für die Bevorratung einzelner Sorten lohnt sich.
Ist es zu warm, zu trocken oder zu hell, leidet die Qualität schnell, sodass sich eine Bevorratung nicht lohnt. Es kann nur zum Zukauf von kleinen Mengen geraten werden. Beim Einkauf von kleinen Mengen darauf achten, dass sich im Plastiksäckchen keine Feuchtigkeit (Fäulnis) angesammelt hat. Kartoffeln dürfen roh nicht im Kühlschrank liegen, sie werden bei unter 4 °C süß. Werden sie anschließend wieder im Temperaturbereich von 10–15 °C gelagert, wird der süße Geschmack zurückgebildet.

Beispiele für Kartoffelsorten und ihre Verwendung

Kochtyp	Verwendungszweck	Frühreife Sorten	Lagersorten
Typ A »festkochend«	Salate, Salz-, Schalenkartoffeln	Sieglinde, Ida, Charlotte, Exquisa	Sigma, Nicola, Erna, Selma, Stella Bamberger Hörnchen
Typ B »vorwiegend festkochend«	Pell-, Prinzess-, Rahm-, Brat-, Salz-, Schalen-, Béchamelkartoffeln, Gratins, Kartoffelgemüse, Rösti, Kartoffeln in Folie, Suppen	Christa, Ukama, Prima, Saskia, Carina, Ostara, Sirtema	Jetta, Ulla, Clivia, Désirée, Granola, Univita, Paloma, Urgenta
Typ C »mehligkochend«	Kartoffelbrei, -klöße, -kroketten, -bällchen, -puffer, -suppe, -küchlein, Fritturekartoffeln, Kartoffelstock, Gnocchi, Knödel, Baked Potatoes	Erstling, Ilona, evtl. auch Christa, Ukama, Prima	Irmgard, Juliver, Astrid, Bintje, Aula

Anmerkung: Spezielle »Pommes-frittes«-Sorten sind Prima, Désirée, Juliver, Bintje. Für Rösti Ostara, Urgenta.
Aktuelle Sortenempfehlungen: **http://www.lfl.bayern.de/iem/obst_gemuese/**

Getränke

Für alle Getränke gilt die Forderung, möglichst dunkel zu lagern. Lichteinfluss, besonders Sonnenlicht, verändert die Farbe, das Aroma und dadurch die geschmackliche Qualität.
Vitaminverluste werden umso höher, je heller und wärmer die Getränke gelagert werden. Haltbarkeitsangaben am Etikett beachten.

Bier

Todsünden sind starke Erschütterungen beim Transport, heftige Temperaturschwankungen und Kohlensäureverluste. Wenn Bier beim Transport warm wurde, auf keinen Fall gleich in den Kühlschrank stellen, sondern dunkel abkühlen lassen, mindestens 24 Stunden ruhig stellen, bevor eine Flasche geöffnet wird. Unter 5 °C entsteht eine Kältetrübung.
Haltbarkeit: ca. 6 Wochen

Wein

Wein aus dem Geburtsjahrgang des Enkelkindes ist nicht immer so hervorragend, dass er lange lagerfähig ist!

Früher führten Weinkenner Kellerbücher. Heute gibt es dazu im Fachhandel ausgeklügelte PC-Software zur Verwaltung der Vorräte.

Nach dem Einkauf und Transport muss der Wein 1-2 Wochen ruhen, bevor die erste Flasche verkostet werden kann. Wenn kein Kellerraum vorhanden ist, sollte der kühlste Raum der Wohnung genutzt werden.
Der Lagerraum soll dunkel und gut belüftbar sein (kein fensterloser Verschlag), sonst schimmeln die Korken. Weinflaschen mit Korkenverschluss immer liegend aufbewahren, dadurch ist der Korken umspült, er schrumpft nicht, der Verschluss ist luftdicht. Bei Schraubverschlussflaschen ist dies nicht erforderlich. Lagerregale aus Holz, Metall- oder Kunststoffgestelle sparen Platz. Das Regal erhält eine größere Standfestigkeit, wenn es an der Wand befestigt

wird. Nicht in die Nähe von Heizungs- und Warmwasserleitungsrohren stellen! Erschütterungen vermeiden! Mit einem gemauerten Regal oder Tonröhren lässt sich ein kühlender Effekt erzielen. Tafelweine und Landweine eignen sich nicht für eine längere Lagerung. Beim Einkauf auf Sonderangebote achten, Literflaschen sind häufig preisgünstiger. Qualitätsweine eignen sich besonders gut zur Lagerhaltung. Jeder kann aufgrund der unterschiedlichen Rebsorten und der Qualitätsstufen je nach Jahrgang seinen ganz persönlichen Weinvorrat anlegen. Es lohnt sich, direkt vom Erzeuger eine größere Flaschenzahl zu beziehen (selbstverständlich nach einer Probe!). Generelle Angaben über die Haltbarkeit gibt es nicht. Nicht jeder Wein kann in der Flasche 10 Jahre und älter werden. Es ist eine angenehme Pflicht, von Zeit zu Zeit eine Qualitätsprobe durchzuführen und zu prüfen, ob der geschmackliche Höhepunkt schon überschritten ist.

Wer Weine nur kurzfristig 1-2 Jahre lagern möchte oder einen hohen Weinumschlag hat, braucht sich über eine fachgerechte Lagerung keine großen Gedanken zu machen. Wissenschaftliche Untersuchungen haben auch bestätigt, dass es unbedeutend ist, ob eine Flasche stehend oder liegend gelagert wird.

Unbedingt zu vermeiden ist in jedem Fall eine zu warme Umgebungstemperatur.

Wer jedoch Genießer oder Sammler edler Tropfen ist oder werden möchte, sollte schon auf die richtige Lagerung achten – schon allein deshalb, weil diese dem Wert der Weine angemessen ist und nicht zuletzt Voraussetzung für den optimalen Trinkgenuss.

<u>Die richtige Lagerstätte:</u>

- ▷ Sie sollte möglichst kühl, idealerweise zwischen 10 und 16 °C sein. Größere Temperaturschwankungen sind unbedingt zu vermeiden – die Ausdehnung des Weines bei Wärme und das Zusammenziehen bei Kälte stressen den Wein.
- ▷ Sie sollte dunkel, ohne direktes Sonnenlicht und ohne dauerhafte künstliche Beleuchtung sein.
- ▷ Der gelagerte Wein sollte keinen Vibrationen ausgesetzt sein, wie sie z.B. durch vorbeifahrende Lkws oder Bahnen entstehen können.
- ▷ Gewöhnliche Haushalts- oder Getränke-Kühlschränke eignen sich deshalb nicht für eine längere Lagerung. Schwankende Temperaturen und Motorvibrationen vertragen sich nicht mit edleren Tropfen.
- ▷ Für Weinflaschen mit Naturkorken sind 60–80% Luftfeuchtigkeit empfehlenswert.

Wein-Klimaschrank.
Bezugsquelle:
www.gaggenau.com

Bei zu hoher Luftfeuchtigkeit in einem Raum kann sich Schimmel auf dem Etikett oder Korken bilden, was jedoch keine Beeinflussung der Weinqualität bedeutet. Wichtig ist in jedem Fall das Fernhalten des Weines von anderen Lebensmitteln oder auch Farben, Putzmitteln und Chemikalien, da sonst Gefahr besteht, dass der Wein durch den Korken Fremdgerüche annimmt.
Nicht nur dort, wo ein geeigneter Lagerraum nicht zur Verfügung steht, sollte man sich Gedanken über einen Wein-Klimaschrank machen. Dieser leistet zum einen wertvolle Dienste bei der Lagerung und Reifung edler Gewächse, zum anderen sorgt ein entsprechend ausgestattetes Gerät auch bei der Hinführung eines Weines zur idealen Trinktemperatur dafür, dass seine Qualitäten beim Genießen voll zur Geltung kommen.

Getränkelagerung und Serviertemperaturen

Getränk	Lagerbedingungen	Serviertemperatur		Hinweise
Bier	8–10 °C, dunkel, stehend	5 °C	Pils	Temperaturschwankungen vermeiden! Ein kühler Keller ist ideal. Bei Kühlschranktemperatur wird das Bier trüb, Schaumbildung und Geschmack leiden.
		8–10 °C	Helles Bier	
		8–10 °C	Bockbier	
		10 °C	Exportbier	
		10 °C	Festbier	
		12 °C	Dunkles Bier	
Wein	8–12 °C, dunkel, liegend, luftig			Temperaturschwankungen vermeiden!
Weißweine		10–11 °C	Leichte, trockene, spritzige Weine	Nicht im Kühlschrank herunterkühlen.
		11–13 °C	Vollmundige, würzige Weine	Besser unter fließend kaltem Wasser oder in der Wanne kühlen.
Dessertweine		13–15 °C	Schwere, süße Dessertweine	
Rotweine		8 °C	Beaujolais	Möglichst langsam erwärmen: 12–24 Stunden bei Raumtemperatur. Nicht in warmes Wasser oder auf den Heizkörper legen.
		12–14 °C	Leichte Rotweine (Deutschland, Tirol)	
		14–16 °C	Mittelschwerer Burgunder	
		18 °C	Schwere Bordeaux	
Portwein, Sherry, Wermut		14–16 °C		
Schaumwein, Sekt	8–12 °C, dunkel, stehend	6–8 °C	Konsumsekt	Kann im Kühlschrank oder mit Eiswürfeln (im Sektkübel) gekühlt werden.
		8–10 °C	Rieslingsekt, anspruchsvolle Qualitäten	
		10–12 °C	Roter Sekt	
Spirituosen	Je nach Serviertemperatur, dunkel, stehend lagern	6–8 °C	Klare Schnäpse, z. B. Kirschwasser, Steinhäger, Wodka u. a.	Im Kühlschrank an der kältesten Stelle lagern.
		10–12 °C	Liköre	
		14–16 °C	Kräuter-, Bitterliköre	
		16–18 °C	Weinbrand, Cognac, Whisky	
Fruchtsäfte, Fruchtnektare, Limonade, Tafelwasser	8–10 °C, dunkel, stehend	12–15 °C		Im Kühlschrank kühlen. Fruchtsäfte entfalten das beste Aroma zwischen 15 und 20 °C.

Trocknen und Dörren

Trocknen gehört zu den ältesten Verfahren der Lebensmittelerhaltung. Getreideprodukte, Kräuter, Fleisch und Fisch wurden in vorgeschichtlicher Zeit schon getrocknet. Vor allem in Ländern mit hierfür günstigen klimatischen Bedingungen werden heute noch Grundnahrungsmittel durch Trocknen an der Sonne hergestellt. Die Herstellung von getrockneten Feigen, Datteln, Korinthen, Rosinen, Aprikosen, Äpfeln, Birnen, Pflaumen, Tomaten, meist in Heimarbeit, ist in den Mittelmeerländern zu einem wichtigen Industriezweig geworden.
In klimatisch weniger geeigneten Zonen wird die traditionelle Methode des Trocknens von Klimaschützern und Spezialisten wieder neu entdeckt. Mit dieser Methode lassen sich Geschmack und Aroma der regionalen Produkte das ganze Jahr über erhalten und in neue kulinarische Kreationen verwandeln, mit denen sich auch Tische schmücken lassen. Das Trocknen von Obst und Gemüse kann jeder probieren und bei der Verwendung der getrockneten Produkte mit neuen Dekorationen und Rezeptzusammenstellungen experimentieren.
Für Fleisch und Fisch sollten Hobbyköche andere Verfahren zur Verlängerung der Haltbarkeit wählen. Im Haushalt lassen sich die Trocknungsprozesse nicht so genau steuern, dass die Entstehung von gesundheitsschädlichen Stoffen im tierischen Eiweiß mit Sicherheit ausgeschlossen werden kann.
Obst und Gemüse kann im Ganzen gedörrt, in Scheiben oder Streifen geschnitten, zum »Fruchtleder« oder »Esspapier« getrocknet werden. Platz dafür ist in der kleinsten Küche! Auf der Suche nach Süßigkeitenersatz und natürlichen, »alternativen« Konservierungsmethoden erlebt diese einfache, preiswerte und natürliche Konservierungsart eine Renaissance, die im Bereich Obst, Gemüse, Pilze und Kräuter zu bisher nicht erdachten Variationen führt.
Traditionsgemäß sind getrocknetes Obst und Gemüse Zutat für viele Spezialitäten, z. B. Kletzenbrot, Früchtebrot. Getrocknetes Obst wird als Süßigkeitenersatz und als Zugabe zu Müsli, Obstsalat und Hefeteiggebäck schon immer sehr geschätzt. Mit getrocknetem Gemüse werden Eintöpfe hergestellt, Saucen und Suppen verbessert. Vor dem Kochen und Backen muss das Wasser, das durch den Trocknungsvorgang entzogen wurde, wieder langsam aufgesogen werden. Nach 2–3 Stunden, bei Gemüse über Nacht, kann das aufgeweichte Gut genauso behandelt werden wie frisches.
Industriell gefertigte Produkte, die nach genau ausgeklügelten Trocknungsverfahren hergestellt werden, z. B. Kartoffelprodukte, Suppenpulver usw., gibt es im Lebensmittelangebot viele. Selbst hergestellte Spezialitäten sind besonders für Allergiker von Bedeutung.

Wirkungsweise und Definition

Das Prinzip des Trocknens und Dörrens besteht darin, den Wassergehalt des Nahrungsmittels auf unter 14% zu senken. Dadurch haben die Mikroorganismen für ihre Lebenstätigkeit kein frei verfügbares Wasser mehr, die Produkte sind lange haltbar und verschimmeln auch nicht.
Von Trocknen spricht man dann, wenn an der Luft getrocknet wird, von Dörren, wenn technische Hilfsmittel wie Backofen oder andere Dörrgeräte eingesetzt werden. Die Begriffe selbst werden aber oft synonym verwendet z. B. Dörrobst bzw. Trockenfrüchte.

Gesundheitliche Aspekte

Alle Inhaltsstoffe liegen in getrockneten Lebensmitteln in konzentrierter Form vor. Bei Eiweiß tritt eine Nährwertverbesserung ein. Die Kohlenhydrate in den Zellwänden werden so verändert, dass die Zellinhaltsstoffe besser ausgenutzt werden können. Trocknen in der Sonne begünstigt Farbveränderungen, die nicht durch Enzyme bedingt sind. Die so entstandenen Produkte werden von den Verdauungssäften nicht mehr oder nur sehr langsam aufgespalten. Bitterer Geschmack wird dabei begünstigt. Deshalb werden in der Industrie Obstarten, die die Farbe halten sollen, geschwefelt. Der Vitamin-B_1-Gehalt wird dabei völlig zerstört. Beim Trocknungsvorgang selbst ist Vitamin B_1 relativ stabil. Enzymbedingte Farbveränderungen werden vermindert, wenn die Schnittflächen des Trockengutes in Wasser mit Kochsalz, Zitronensäure oder Ascorbinsäure gelegt wurden. Trocknen in der Sonne zerstört Vitamin C zum größten Teil. Deshalb ist es sinnvoll, bei einem Trockenobstsalat durch Zugabe von Zitronensaft den Vitamin-C-Gehalt zu verbessern. Carotin, die Vorstufe von Vitamin A, ist während des Trocknungsvorganges relativ stabil, besonders wenn vor dem Trocknen blanchiert wurde. Das Chlorophyll (grüne Farbe) kann dadurch ebenfalls besser erhalten werden. Alle Mineralstoffe und Eiweiß, Fett, Kohlenhydrate bleiben erhalten und werden durch den Wasserentzug konzentriert. Volumen und Gewicht betragen nur noch 10–20% des frischen Lebensmittels. Sportler und Bergsteiger wissen dies zu schätzen. Besonders hervorzuheben ist außerdem die die Verdauung fördernde Wirkung der Trockenprodukte.
Häufig wird in industriell gefertigten Produkten durch die Zugabe von Konservierungsstoffen die Haltbarkeit zuverlässig gefördert. Ein Blick auf die Zutatenliste der Verpackung gibt Aufschluss.

Apfelscheiben auf eine Schnur gezogen und zum Trocknen aufgehängt. ▶

Kosten

Für den Trocknungsvorgang entstehen dann keine Kosten, wenn Sonne und Luft bzw. Heizkörper und Kachelofen nebenbei genutzt werden. Die Anschaffung von Dörrgeräten und deren Betriebskosten müssen extra kalkuliert werden. Getrocknete Vorräte lassen sich einfach und Platz sparend aufbewahren. Es entstehen keine nennenswerten Kosten für den Lagerraum.

Hilfsmittel und Geräte

Zum optimalen Trocknen braucht man einen Ort mit einer Temperatur von mindestens 30 °C, eine gute Belüftung, damit das verdunstete Wasser abgezogen wird, und Geduld. Ein *Trockenrahmen* mit einer durchlässigen Bespannung, auf dem man das Trockengut ausbreiten kann, ist ideal. Am einfachsten ist es, Früchte und Gemüse ganz, evtl. in Scheiben oder Stifte geschnitten, auf *Sieben* oder *Rosten* auszulegen. Abdecken mit einem Mulltuch oder Fliegengitter schützt vor Insekten. Die Roste müssen gut zu reinigen sein und sollten nicht aus Eisen bestehen (Geschmacksveränderungen). Kuchengitter, Backofengitter oder Roste eines ausgedienten Kühlschranks können gut verwendet werden. Um das Durchfallen des immer kleiner werdenden Trockengutes zu vermeiden, wird um das Gitter ein *Mulltuch* gespannt. Für Beerenobst können auch *Backbleche* verwendet werden. Mehrmaliges Wenden ist erforderlich, sonst kommt es zur Schimmelbildung.
Für das Trocknen von Samen und Körnern, die leicht durch ein Gitter fallen können, kann z. B. ein Backblech oder ein mit Backpapier belegtes Gitter verwendet werden. Das Metall heizt sich auf und unterstützt dabei den Trocknungsvorgang. Backpapier als Unterlage eignet sich besonders für die Herstellung von Fruchtleder, ein besonders schmackhafter Ersatz für Süßigkeiten.
Frisches Trocknungsgut kann auch in einen Leinenbeutel gefüllt werden, der entsprechend den Maßen der Heizquelle (z. B. Heizkörper) genäht wurde. Mehrmaliges Durchschütteln während des Trocknungsvorganges unterstützt eine gleichmäßige Trocknung.
Auf *Heizkörpern* und im *Backofen,* besonders im *Heißluftherd,* kann gut getrocknet werden. Entweder werden die Roste mit *Gaze* bespannt (Druckstellen werden vermieden und das getrocknete Gut kann nicht durchfallen), oder es werden Holz- oder Metallstäbe vorbereitet, die quer in den Backofen passen. Apfel-, Birnen- und Pfirsichringe können daran aufgehängt werden. Je nach Größe des Backofens können 6–9 Stäbe auf einmal eingesetzt werden.

Elektrische Dörrapparate lohnen sich, wenn in größerem Umfang getrocknet wird. Sie besitzen einen Thermostaten. Die gewünschte Temperatur wird über die ganze Trocknungszeit genau eingehalten. Lüftungsschlitze oder ein Ventilator sorgen für vorbeistreichende Luft. Herstellerangaben beachten!

Trockenschränke können von handwerklich begabten Bastlern zur Trocknung des Erntesegens aus dem Garten gefertigt werden. Sollen Gemüse und Obst als Spezialitäten für die Direktvermarktung erzeugt werden, lohnt sich ein Trockenschrank, dessen Energie mithilfe von Sonnenkollektoren erzeugt wird.

Professioneller Trockenschrank für Direktvermarkter, Bastler, Gartenbauvereine. Bezugsquelle: **www.bucher-trockner.ch**

Aufbewahren der Trockenprodukte

Sind die Produkte ausreichend getrocknet, können sie jahrelang aufbewahrt werden, wenn sie aus der Umgebung nicht wieder Feuchtigkeit aufnehmen können. Mais, Erbsen und Bohnen sind hart, wenn sie vollständig getrocknet sind. Kräuter und geschnittene Gemüse sind knusprig und rascheln beim Hineinfassen. Äpfel und Birnen werden ledrig, d. h., sie lassen sich biegen, ohne zu brechen; angeschnitten dürfen keine Wassertropfen erkennbar werden.

Früher wurde das Trockengut in Truhen oder Leinensäckchen aufbewahrt. Vor Staub und Schädlingen (Dörrobstmotte und Dörrobstmilbe) ist es aber dabei nicht geschützt. Besser geeignet sind fest verschließbare Dosen, dunkle Gläser mit Schraubverschluss oder das Einschweißen in Beuteln.

Nach dem Abkühlen einfüllen, beschriften, kühl, dunkel und trocken aufbewahren. In den ersten Wochen regelmäßig kontrollieren, später immer wieder mal Stichproben entnehmen.

Die Beschriftung der Behältnisse mit Inhaltsangabe und Datum der Herstellung nicht vergessen!

Allgemeine Arbeitsanleitungen

Der Trocknungsvorgang sollte mit guter Luftzirkulation, staubfrei und bei möglichst konstanten Temperaturen ablaufen. Die Trocknungszeiten sind abhängig vom Trocknungsgut und den Rahmenbedingungen. Gleichmäßige Größe bzw. Dicke erleichtert das Vorgehen; z. B. trocknen 2 mm dicke Scheiben bei 50 °C innerhalb von 2 Stunden, 6 mm dicke Scheiben brauchen 4–6 Stunden.

Erfahrungen schriftlich festhalten und bei der Wiederholung des Trocknungsvorgangs im nächsten Jahr nachlesen.

Trocknen im Freien

Ideal ist ein warmer, trockener, gut belüfteter und vor direkter Sonneneinstrahlung geschützter Ort mit 30–40 °C. Der Trocknungsvorgang sollte möglichst zügig ablaufen, denn Unterbrechungen fördern Schimmel- und Fäulnisprozesse. Wegen der höheren Luftfeuchtigkeit sollte das Trocknungsgut nachts ins Haus gebracht werden.
Die Trocknung sollte nicht länger als 4–5 Tage dauern. Wichtig ist, dass das Trockengut nicht übereinander auf den Rost kommt und dass dieser an den vier Ecken unterlegt wird, damit die Luft auch unten durchstreichen kann.

Trocknen im Haus

Dabei kann die Stauwärme an *Südfenstern* oder in *Wintergärten* genutzt werden. Ebenso lassen sich *Heizkörper* mit entsprechenden Vorrichtungen von Amateuren als Trocknungsgelegenheit nutzen. Aromatische Früchte und Kräuter bringen nebenbei auch ein spezifisches Raumklima!
Ideal ist ein gut durchlüfteter *Dachboden*, in dem sich im Herbst die Wärme gut hält. Hier ist es sinnvoll, Kräuter, Gemüse und Früchte, in Büscheln oder einzeln aufgefädelt, aufzuhängen. Der Trockenvorgang sollte nicht länger als 4–5 Tage dauern.
Auch im *Backofen* kann gut getrocknet werden. Er wird anfangs höchstens auf 50 °C gestellt und die Tür einen Spalt offen gelassen, damit die feuchte Luft entweichen kann. Um den Backofenraum gut zu nutzen, können findige Bastler Vorrichtungen entwickeln, auf die das Trocknungsgut gelegt oder daran aufgehängt werden kann. Die gleichmäßige Verteilung im Backofenraum ist wichtig, um die Luftströmung optimal zu gestalten. Das Gut muss mehrmals kontrolliert werden, besonders wenn die Temperaturverteilung im Backofen nicht gleichmäßig ist. Erst gegen Ende der Trocknungszeit kann auf 70 °C gestellt werden. Höhere Temperaturen vermindern die Qualität, die Haut wird zu hart und zäh. Das Trocknen dauert zwischen 6 und 18 Stunden.
Ist im Haushalt ein *Kachelofen* vorhanden, kann die Nachwärme zum Trocknen gut genutzt werden. Es lassen sich dazu keine genauen Anleitungen geben, weil die Öfen und das Brennmaterial sehr unterschiedlich sind. Zur Überwachung ist ein Thermometer wichtig, manchmal helfen auch aufgestellte Wassergefäße, um ein langsames und schonendes Trocknen zu erreichen. Erfahrungen sollten dokumentiert werden.

Spezielle Arbeitsanleitungen und Rezepte

Obst, Kerne, Nüsse trocknen

Ananas: Werden Sonderangebote ausgenutzt, kann daraus eine preisgünstige und köstliche Nascherei hergestellt werden. Ananas schälen, in 1½ cm dicke Scheiben schneiden, achteln und dabei die holzige Mitte entfernen, entweder auf Pergamentpapier zum Trocknen auslegen oder auffädeln und trocknen. Getrocknet in Schraubgläsern aufbewahren, Ananas zieht schnell wieder Feuchtigkeit.
Äpfel: Säuerliche, gut ausgereifte Früchte waschen, trocknen, geschält oder ungeschält verarbeiten. Blütenansatz, Stiel und Kernhaus (Apfelausstecher) entfernen. ½ -1 cm breite Ringe oder Spalten schneiden. Die helle Farbe wird besser erhalten, wenn sie nach dem Schneiden sofort kurz in Salzwasser (10 g Salz auf 1 Liter kaltes Wasser) oder in Zuckerwasser (50 g Zucker auf 1 Liter Wasser) oder in Zitronenwasser (Saft von 1 Zitrone auf ½ Liter kaltes Wasser) getaucht werden bzw. mit der heißen Lösung kurz überbrüht (blanchiert) werden. Trockentemperatur nicht über 70 °C.
Äpfel bilden auch die Grundlage für viele Variationen bei der Herstellung von Fruchtleder, z. B. kombiniert mit Erdbeeren und Aprikosen bzw. mit Brombeeren.
Apfelschalen (von unbehandelten Früchten): Apfelschalen werden getrocknet, in Dosen aufbewahrt und portionsweise ein aromatischer Tee daraus zubereitet.
Aprikosen (in Österreich **Marillen** genannt): Nur aromatische Früchte trocknen! Waschen, abtrocknen, entsteinen, eventuell in Scheiben schneiden oder im Ganzen antrocknen, wenden, trocknen lassen, bis sie hart sind, in Schraubgläsern aufbewahren. Ungeschwefelte getrocknete Aprikosen sind wesentlich dunkler als gekaufte Produkte. Werden sie vor dem Trocknen in Zuckerwasser blanchiert (500 g Zucker auf 1 Liter kochendes Wasser), halten sie die Farbe relativ gut. Weniger wirksam ist das Eintauchen in Salz- oder Zitronenwasser.
Birnen: Zum Trocknen müssen die Birnen geeignet sein. Dies ist dann der Fall, wenn sie nicht mehr ganz hart, aber auch nicht weich sind. Kontrolle in kurzen Abständen ist notwendig. Kleine Birnen können ganz, größere halbiert, in Spalten oder Ringe geschnitten getrocknet werden. Schnittflächen in Salz oder Zitronenwasser tauchen. Ganze (oder noch harte) Birnen werden bei 80–100 °C im geschlossenen Ofen so lange gedämpft, bis auch das Kernhaus mit einem Hölzchen durchstochen werden kann. Werden Birnen im Dörrapparat oder auf dem Rost gedörrt, müssen sie vorher kurz im Dampfdrucktopf oder im Kochtopf mit Siebeinsatz gedämpft wer-

den. Temperatur beim Trocknen höchstens 75 °C, sonst verkrustet die Schale zu schnell. Fertig getrocknete Birnen (»Hutzeln«) dürfen nicht hart sein, man soll sie eindrücken können. Most- oder Teigbirnen, im Ganzen getrocknet, sind Hauptzutat für »Kletzenbrot«. Honigbirnen und andere sehr süße Sorten schmecken getrocknet wie Feigen und sind, würfelig geschnitten, gute Füllungen für Hefeteiggebäcke, z. B. Rohrnudeln.

Am besten zum Dörren eignen sich die sogenannten Wasserbirnen (»Hutzelbirnen«) und die Sorte Nashi oder Asiatische Birne.

Birnenpüree ist eine gute Basis für Fruchtleder – gemischt mit Äpfeln, Himbeeren oder Aprikosen.

Erdbeeren: Kleine Früchte werden im Ganzen, größere in Scheiben geschnitten getrocknet. Der Geschmack wird besser erhalten als beim Einfrieren. Mit Kornäpfeln zur Fruchtledermasse gemischt, kann daraus eine köstliche Knabberei entstehen.

Hagebutten: Waschen, Stiel und Blütenansatz entfernen. Für die Verwendung als Tee werden die Früchte im Fleischwolf zerkleinert oder gehackt, für die Kompottbereitung werden sie halbiert und entkernt, dann zum Trocknen ausgelegt.

Heidelbeeren, Holunderbeeren, schwarze Johannisbeeren, Preiselbeeren: Waschen, abtropfen, zum Trocknen auslegen, mehrmals wenden. Getrocknet in Blechdosen aufbewahren. Sie eignen sich als Kompott und Kuchenfüllung.

Kirschen, Mirabellen, Weintrauben: Früchte entstielen, evtl. entsteinen. Festfleischige Früchte werden kurz in heißes Wasser getaucht, dann abgetropft und zum Trocknen ausgelegt. Die Früchte sind fertig getrocknet, wenn die Kerne beim Zusammendrücken nicht mehr bewegt werden können. Es empfiehlt sich, bei Trauben kernlose Sorten zu verwenden.

Große Pflaumen, Pfirsiche, Nektarinen: Sie werden halbiert, entsteint, eventuell in $^1/_2$ cm breite Ringe geschnitten, in Salz- oder Zitronenwasser getaucht und wie Äpfel getrocknet.

Getrocknete Orangenschalen

Orangenschalen (von unbehandelten Früchten): Die Orangenschalen werden mehrere Tage in Wasser gelegt, damit die Bitterstoffe aus dem weißen »Pelz« der Schalen gezogen werden. Dann werden sie in Streifen geschnitten, in Zuckerlösung gekocht (500 g Zucker auf $^1/_2$ Liter Wasser), bis sie fest und aufgequollen sind, und auf einem Blech angetrocknet. Dann fein gewiegt und fertig getrocknet, bis sie nicht mehr klebrig sind. Die getrockneten Schalen in Blechdosen aufbewahren. Sie sind hervorragend für Gebäckfüllungen geeignet.

Rhabarber: Waschen, schälen, in 1 cm lange Stücke schneiden, zum Trocknen auslegen. Es entstehen »saure Bonbons«, die als Durstlöscher geeignet sind.

Sonnenblumenkerne und Kürbiskerne: Sie werden flach ausgebreitet am besten im Freien oder auf dem Dachboden getrocknet. Mehrmals wenden. Sind zum Knabbern oder als Teigfüllung statt Nüssen gut geeignet.
Zwetschgen: Die Sorte »Hauszwetschge« ist besonders geeignet. Am Stiel eingerunzelte Früchte waschen, abtrocknen, im Ganzen zum Trocknen auslegen. Erst wenn sie angetrocknet sind, entstielen, wenn gewünscht entsteinen und mit dem Stielansatz nach oben auf Rosten auslegen, dadurch geht weniger Saft verloren. Anfangs bei höchstens 40 °C trocknen, sonst springt die Haut, der gute Saft läuft aus. Später kann die Temperatur 60 °C betragen. Die Zwetschgen sind fertig gedörrt, wenn der Stein nicht mehr bewegt werden kann.

Spruch:
Willst an, der di ned ärgern koo, dann nimm dir halt an Zwetschga-Moo.

Nürnberger Zwetschgenmandl gibt es seit dem 17. Jahrhundert. Es sind mit Draht gefertigte Figuren, die aus getrocketen Früchten, hauptsächlich Zwetschgen und Nüssen, bestehen. Ein »Zwetschgenmännla« als Geschenk zu Weihnachten symbolisiert den Wunsch, dass sich Glück und Geld beim so Beschenkten vermehren mögen. An Silvester sind auf dieselbe Weise gefertigte Schornsteinfeger besondere Glücksbringer.

Zitronen-, Limetten- oder Orangenchips: Unbehandelte Früchte gleichmäßig in dünne Scheiben schneiden, 1 Stunde in kalte Zuckerlösung (Wasser und Zucker 1:1 aufkochen und abkühlen) legen, abtropfen, auf Backpapier legen und im Backofen bei 70 °C und leicht geöffneter Tür trocknen. Als Chips oder in Streifen geschnitten als gut schmeckende Dekoration von Speisen und Getränken zu verwenden.

Zitronenschalen (von unbehandelten Früchten): Sie werden sofort getrocknet und können stückchenweise verwendet oder, fein gehackt und mit Zucker vermischt, in einem Schraubglas aufbewahrt und zur Aromatisierung von Speisen und Getränken verwendet werden.

Walnüsse: Gut ausgereift aus der grünen Schale lösen, Reinigung nicht unbedingt erforderlich. An der Sonne trocknen. Walnüsse werden in geschlossenen Räumen leicht schimmelig. Temperatur nicht über 35 °C, weil das empfindliche Nussöl leicht ranzig wird.

Aprikosen- oder Quittenbrot

1 kg Aprikosen (oder Quitten), Saft von 1 Zitrone, 1 EL Honig, 200 g gemahlene Mandeln oder Nüsse

Aprikosen entsteinen, im Mixer pürieren, Zitronensaft und Honig zugeben, Mandeln oder Nüsse darunter kneten. Auf Pergamentpapier auf dem Backblech 1/2 cm dick ausstreichen, bei 50 °C vortrocknen. Wenn die Masse schnittfest ist, in Rauten oder Quadrate schneiden. Fertig trocknen, bis sie druckfest sind. Sind sie klebrig, können sie mit Oblaten oder Zucker bedeckt werden. Im Schraubglas aufbewahren und vernaschen oder verschenken!
Werden Quitten verarbeitet, wird nicht das Fruchtfleisch püriert, sondern vorher Quittensaft gewonnen und dieser eingedickt.

Fruchtleder

Diese Konservierungsmethode ist besonders für die Verarbeitung von großen Obstmengen geeignet. Reicher Erntesegen lässt sich schnell und wenig zeitaufwändig in eine köstliche, lange haltbare Spezialität verwandeln.
Im ersten Schritt werden einwandfreie Früchte mit Schalen, Kernen und Stielen in Stücke zerkleinert, zu einem Mus eingekocht, durch ein Sieb gestrichen, um Schalen und Kerne zu entfernen. Weil die Fruchtpasten in hoher Konzentration entstehen, ist eine zusätzliche Zuckerzugabe nicht erforderlich.
Im zweiten Schritt wird die Masse unter Rühren nochmals eingedickt, bis eine streichfähige Paste entsteht. Diese wird dünn, höchstens fingerdick, auf ein mit Backpapier belegtes Blech aufgetragen. Wird die Paste direkt auf das Backblech gestrichen, muss das Blech eingefettet werden. Dann wird die Masse getrocknet, bis sie so geschmeidig ist, dass sie sich als »Blatt« vom Blech ziehen lässt.

Anschließend wird das gesamte Stück hängend weitergetrocknet, bis es tatsächlich als »Leder« abgenommen werden kann.

Beispielrezepturen
Äpfel oder Birnen mit bis zu 1/4 der Menge mit schwarzen Johannisbeeren, Himbeeren oder Mirabellen mischen.
Saure Obstsorten (rote Johannisbeeren) mit süßen Früchten (Birnen oder Trauben) mischen – falls die Masse zu trocken wird, wird durch Zugabe von Apfelsaft eine breiige Konsistenz erreicht.
Reines Apfelleder kann auch durch Zugabe von Calvados, grünem Pfeffer oder anderen Gewürzen verfeinert werden.
Erdbeerleder ist eine besondere Spezialität für Kindergeburtstage.
Ananas kann mit Zitrusfrüchten püriert, aufgekocht und dann dünn auf Backpapier gestrichen werden.

Verwendungsmöglichkeiten
Fruchtleder lässt sich durch Einweichen in Wasser, Alkohol oder Würzlösungen in kurzer Zeit wieder in eine Paste verwandeln.
Getrocknet können schmale Streifen oder kleine Würfel geschnitten werden, die als »Kaugummi« oder »Gummibärchen« gekaut oder als Bonbon gelutscht werden.
Mit Fruchtleder können Fruchtlasagne, Kuchen und Desserts verfeinert werden.
Es können zwar auch Gemüseleder hergestellt werden. Sie sind aber nur für den kurzfristigen Verbrauch bestimmt. Die lange Haltbarkeit beruht auf den Fruchtsäuren, die bei Gemüsezubereitungen fehlen.

Gemüse trocknen

Neben den aufgeführten Gemüsearten sind auch gut geeignet Petersilienwurzeln, Sellerie, Kürbisskerne und Ingwer. Diese können ohne besondere Vorbereitung im Freien oder im Haus getrocknet werden.
Bohnen: Junge, zarte Bohnen waschen, 3 Minuten in Salzwasser blanchieren, kalt überbrausen, abtropfen lassen und zum Trocknen auslegen. Trocknen nicht über 60 °C. Sie sind fertig, wenn die Hülsen brechen.
Erbsen: Enthülsen, mit 1 Eßlöffel Zucker auf 1 kg Erbsen im trockenen Kochtopf rösten, bis die Farbe stärker wird. Auf einem mit Mull bespannten Rost auslegen, bei 60 °C im Backofen bei geöffneter Tür trocknen lassen.
Kohlrabi: in 2 mm dicke Scheiben schneiden und auf einem Sieb trocknen.

Möhren: Kräftig gefärbte Sorten wählen. Mit dem Gemüsehobel in 3 mm dicke Scheiben schneiden, 2 Minuten blanchieren, kalt überbrausen, wie Erbsen auslegen. Übereinandergeschichtete Scheiben trocknen langsamer und werden leicht schimmelig.
Paprikaschoten: Sie werden vor dem Trocknen in Streifen geschnitten und auf Trockenpapier ausgelegt.
Peperoni, Gewürzpaprika, Chilischoten: Möglichst lange am Strauch lassen. Aufschneiden, Samenkerne entfernen, Schoten trocknen und im Mörser zerstoßen. In Gewürzdose verschlossen aufbewahren. Beschriften mit einem Hinweis zur Schärfe des Gewürzes. Beim Verarbeiten Handschuhe tragen.
Suppengrün: Möhren, Sellerie, Lauch, Petersilienwurzel werden gewaschen und möglichst gleichmäßig vorbereitet, 2 Minuten blanchiert und auf einem mit einem Tuch bespannten Rost zum Trocknen ausgelegt. In Dosen aufbewahren, mit getrocknetem Petersiliengrün vermischen und portionsweise verwenden.
Tomaten: Festfleischige Tomaten halbieren oder vierteln, eventuell Saft und Samenkerne entfernen, auf Dörrroste verteilen. Trockenzeit bis 15 Stunden. Ergibt ein gutes Gewürz für Suppen und Saucen.
Zwiebeln, Knoblauch: 1–2 Tage auf den Beeten in der Sonne vortrocknen lassen, vor Regen schützen. Dann entweder zu Zöpfen binden, die luftig im Schatten aufgehängt werden, oder in mit unbedrucktem Zeitungspapier ausgelegten Holzkisten zuerst noch 2–3 Wochen luftig, dann dunkel und trocken aufbewahren.
Zwiebelringe: Zwiebeln schälen, mit dem Gurkenhobel oder der elektrischen Schneidemaschine in Scheiben schneiden, im Backofen schnell trocknen. Wenn sie dabei etwas dunkel werden, brauchen sie bei der Verwendung nicht geröstet zu werden. Durch Reiben bzw. Zerstoßen im Mörser entsteht Zwiebelpulver, das zum Würzen gut geeignet ist.
Zucchini: Waschen, in ½–1 cm dicke Scheiben oder der Länge nach schneiden, zum Trocknen auslegen – eignet sich besser als Einfrieren. Vor dem Zubereiten 3 Stunden in Wasser legen.

Gemüsechips für Kinder

Kartoffeln,
Möhren, Zucchetti,
etwas Olivenöl,
nach Belieben:
Salz, Pfeffer, Zitronensaft

Das Gemüse waschen und schälen, dünn hobeln. Olivenöl auf Backpapier verteilen, Gemüsescheiben einzeln auslegen. Bei 80 °C 20 Minuten, anschließend bei 120 °C nochmal 20 Minuten bei ca. 3 cm gekippter Backofentür trocknen lassen (Kippen, damit der Dampf abziehen kann).

Gemüsechips aus Möhren und Zucchini ▶

Klare Suppe aus getrocknetem Gemüse – Gemüseconsommé

Eine beliebige Mischung aus getrocknetem Gemüse mit 1,5 l Wasser erhitzen und 10–15 Minuten leise kochen lassen. Lorbeerblatt, Nelke und Wacholderbeeren in einem Teesieb mitkochen. Salz, Pfeffer, Chilipulver, Paprika und Muskat nach Belieben zugeben. Vor dem Servieren die Suppe durch ein sehr feines Sieb oder durch Gaze abseihen.

Würzmittel für Suppen – statt Suppenpulver!

250 g verschiedene Gemüse, z. B. Paprika, Möhren, Rote Rüben, Stangensellerie, Wurzelsellerie, Petersilienwurzel, Lauch, 1 kleine Kartoffel,
200 g Tomaten,
50 g verschiedene Küchenkräuter, z. B. Petersilie, Basilikum, Thymian, wenig Liebstöckel,
nach Belieben 20 g Zwiebel,
10 g entsteinte schwarze Oliven, 50 g Meersalz

Das Gemüse vorbereiten und in kleine Würfel schneiden. Die Tomaten waschen, den Stielansatz herausschneiden und in kleine Würfel schneiden. Die Kräuter waschen, trocken tupfen, klein schneiden. Die Oliven klein hacken. Alles zusammen im Backofen bei 85 °C ca. 2 Stunden vortrocknen. Die Masse im Mixer pürieren, evtl. über Nacht trocknen lassen und dann nochmal im Backofen bei 70 °C trocknen, bis die Masse im Mixer pulverisiert werden kann. Das Pulver ist in einem dunklen und verschließbaren Gefäß ca. 10 Wochen haltbar.

Pilze trocknen

Fast alle Pilze eignen sich zum Trocknen. Pilze putzen, möglichst nicht waschen, große Pilze schneiden, kleine ganz lassen, in ein Leinensäckchen füllen oder auf Roste legen oder auffädeln. Im Freien 2–3 Tage trocknen, im Backofen 6 Stunden bei höchstens 40 °C, dabei die Backofentür geöffnet lassen, oder auf Heizkörper legen (Leinensäckchen entsprechend geformt nähen!). Sie sind fertig, wenn sie brechen. Werden sie im Mörser zerstampft (Pilzmehl), können sie zum Würzen von Saucen, Marinaden und Teigen verwendet werden. In Blechdosen dunkel aufbewahren.

Klare Suppe aus getrockneten Pilzen – Pilzconsommé

10 EL getrocknete Gemüsemischung nach Art des Hauses: geeignet sind Tomaten, Sellerie, Zwiebeln (in Butter andünsten), Lauch, Petersilienwurzeln, Möhren;
6 EL verschiedene getrocknete Pilze;
frische Kräuter wie Liebstöckel, Petersilie, Thymian;
1 Lorbeerblatt, 1 Nelke,
1½ l Wasser, Salz,
Butter bzw. Olivenöl und Rotwein nach Belieben

Die getrockneten Gemüse und Pilze im Mixer oder in der Kaffeemühle fein mahlen, mit den Kräutern, Gewürzen und kaltem Wasser verrühren, zum Kochen bringen und ca. 20 Minuten köcheln lassen. Durch ein feines Tuch abseihen und abschmecken. Soll die Suppe sehr klar werden (Consommé), mit Hühnereiweiß klären. Dazu wird von 2 Hühnereiern das Eiweiß in die kalte, entfettete Suppe gerührt, langsam aufgekocht, und die gebundenen Trübstoffe werden abgeschöpft. Die besondere Klärung wird durch die gerinnenden Eiweißstoffe erreicht.
Die Suppe kann als klare Suppe serviert oder, falls gewünscht, mit Eierstich oder fein geschnittenem Gemüse bzw. frischen Pilzen gereicht werden.

»Packerlsuppe« – nicht nur für Allergiker
Instant-Fertigsuppen gibt es in großer Auswahl in den Lebensmittelgeschäften. Allergiker können davon leider nur wenig bis gar nicht profitieren. Selbst zusammengestellte Mischungen mit verschiedenen getrockneten Gemüsen, Kräutern und Gewürzen, in dunklen Behältern portionsweise aufbewahrt, schaffen Abhilfe. Werden Sie gemahlen und mit Wasser zubereitet, ergeben sie »10-Minuten-Terrinen«, die sehr gut schmecken und schnell auf dem Tisch stehen können. Individuellen Kreationen sind hierbei keine Grenzen gesetzt!

Kräuter und Gewürze trocknen

Küchenkräuter trocknen

Basilikum, Bohnenkraut, Borretsch, Dill, Estragon (Bertram), Kerbel, Liebstöckel (Maggikraut), Majoran, Oregano, Petersilie, Pfefferminze, Rosmarin, Sellerieblätter, Thymian, Ysop, Zitronenmelisse

Vor der Blüte vormittags ernten, wenn notwendig waschen.
Staubfrei trocknen

- auf Gitter ausgebreitet, an der Luft im Schatten 3–4 Tage *oder*
- in Büscheln, auf dem Dachboden oder im Freien 4–5 Tage *oder*
- im Kachelofen, Backofen bei 50 °C 4–6 Stunden *oder*
- im Mikrowellengerät bei ca. 360 W 6–10 Minuten, hierbei wird die Farbe am besten erhalten.

Tipp: Bei Kräutern kommt es leicht zum »Heugeschmack«. Beim Einfrieren bleibt das Aroma besser erhalten.

Die getrockneten Kräuter zerkleinern, eventuell mithilfe eines Nudelholzes oder durch eine Gewürzmühle drehen, in dunklen, beschrifteten Schraubgläsern oder Dosen luftdicht aufbewahren.

Beispielrezepturen
Kräutermischung für Grillgerichte: ½ Zehe Knoblauch, ½ TL Rosmarin, ½ TL Basilikum, ¼ TL Thymian, ½ TL Oregano, ¼ TL Pfeffer mischen (ausreichend für 1 kg Fleisch).
Kräutermischung für Hackfleischgerichte: Oregano, Thymian, Bohnenkraut, Rosmarin, Salbei, Basilikum, Pfeffer und getrocknete Tomaten zu gleichen Teilen mischen.

Gewürze trocknen

Anis, Kümmel, Koriander, Wacholderbeeren

Vormittags ernten, die ganzen Stauden in alte Tücher wickeln, eventuell in der Sonne ausbreiten, sonst kopfüber zugebunden an einem luftigen Ort aufhängen. Nach 8–10 Tagen die Samen in Schraubgläser oder Dosen füllen.

Teekräuter trocknen

Brombeerblätter, Holunderblüten, Johanniskraut, Kamillenblüten, Lindenblüten, Salbei, Spitzwegerich, Thymian

Teekräuter waschen, im Schatten im Freien oder auf dem Dachboden trocknen. Von dicken Stielen befreien, mit dem Nudelholz zerkleinern, nach Bedarf mischen oder einzeln in dunklen Schraubgläsern aufbewahren.

Duftkräuter trocknen

Lavendel und Rosmarin

Zu Beginn der Blütezeit ernten, trocknen, in Säckchen füllen und im Kleiderschrank aufhängen (Duft- und Mottenmittel).

Kräuter-Schlafkissen-Füllung

Baldrian, Hopfendolden, Lavendel, Zitronenmelisse

Kräuter einzeln trocknen, mischen, ca. 200 g in 30 x 30 cm große Baumwollsäckchen geben, zunähen, als Nackenkissen benutzen.

Nudeln trocknen

500 g Hartweizenmehl oder Mischung aus 350 g Weizenschrot + 150 g Weizenmehl Type 405, 4 EL Öl, ca. 250 ml lauwarmes Wasser, nach Belieben bis zu 3 Eiern, dann weniger Wasser

Tipp: Für die Trocknung den Nudelteig nicht salzen. Salz zieht Wasser und begünstigt dadurch die Schimmelbildung.

Vom Weizenschrot die Kleie absieben. Auf einem Backbrett alle Zutaten miteinander verkneten, zu einem elastischen und glatten Teig verarbeiten. 1 Stunde ruhen lassen. Teig in 3 Teile schneiden, jeweils zu einer dünnen Teigplatte auswellen. In der Mitte durchschneiden, übereinanderlegen, nochmals in der Mitte durchschneiden, Nudeln schneiden, je nach Verwendungszweck. Auf ein Backblech legen und an der Luft (Kachelofen) 1–2 Tage trocknen lassen, in einem Schraubglas aufbewahren.
Haltbarkeit (wenn ausreichend getrocknet): 6 Monate.

Verschiedene Getrocknete Früchte und Gemüse

Milchsäuregärung

»Wer durch des Argwohns Brille schaut,
sieht Raupen selbst im Sauerkraut.«

Wilhelm Busch

Kohl, Gurken, Bohnen, Oliven, Rüben, Möhren, Lauch, Zwiebeln, Pilze, Paprikaschoten, grüne Tomaten, Milch usw. können mit Milchsäure haltbar gemacht werden, wie sie aus der Vergärung von Kohlenhydraten (Stärke, Zucker) aus den eingesalzenen Produkten gebildet wird. Es handelt sich um eine Säuerung, die durch das Wachsen der Milchsäurebakterien entsteht, also ein Konservieren mit Mikroorganismen. Dieses Verfahren ist sehr alt und stammt aus dem Orient. Die heutige chinesische und japanische Küche kennen viele Gerichte, einschließlich tierischer Produkte, die über die Milchsäuregärung hergestellt werden. In Russland und in slawischen Ländern werden mannigfaltige Mischungen von Gemüsesorten eingelegt. Auch das Getränk »Kwass«, aus eingeweichtem Roggenbrot, wird auf diese Weise in Osteuropa zubereitet.

Wirkungsweise

Die Wirkung der Milchsäure gegen Mikroorganismen ist gering. Erst bei einer Konzentration von über 0,5% kann von einer konservierenden Eigenschaft gesprochen werden. Dann unterdrücken die im sauren Milieu besonders gut wachsenden Milchsäurebakterien die Entwicklung von krankheitserregenden Keimen. Hefen und Schimmelpilze können die Milchsäure abbauen. Deshalb wird die Milchsäuregärung mit anderen Konservierungsstoffen kombiniert, z. B. mit Kochsalz, Sorbinsäure, oder das Lebensmittel wird pasteurisiert. Vielfältige biochemische Umsetzungen sind bei der Milchsäuregärung erforderlich. Es entstehen dabei andere Lebensmittel, sodass nur bedingt von einer chemischen Konservierung gesprochen werden kann; man könnte es auch als Zubereitungsverfahren bezeichnen. So enthalten viele Produkte wie Butter, Käse, Wurst (Salami) und auch bestimmte Fischkonserven Milchsäurebakterien.

Gesundheitliche Aspekte

Erkenntnisse der Ernährungswissenschaft haben über Milchsäuregärung gewonnenen Gemüsevorräten wieder die Bedeutung verschafft, die ihnen aufgrund des gesundheitlichen Wertes zusteht. Wenn Saft und Gemüse verzehrt werden, kommt es nur zu geringen Nährwertverlusten. Das Eiweiß im Gemüse wird so verändert, dass es leichter verdaulich wird. Die Milchsäure und die anderen im Gärgemüse entstandenen Säuren werden im Körper so ausgenutzt wie die ursprünglichen Kohlenhydrate. Die für die Blähungserscheinungen beim Kohlgemüse verantwortlichen Cellulosebestandteile werden so verändert, dass ihre blähende Wirkung nur bei größeren Mengen und empfindlichen Menschen wirksam ist. Die abführende Wirkung des Sauergemüses wird auf die Kombination von verschiedenen Salzen und Säuren zurückgeführt. Seit Langem wird immer wieder über diätetische Wirkungen des milchsauren Gemüses berichtet, z. B. über Magengeschwür heilende Faktoren, als Heilmittel für Diabetes mellitus und andere Stoffwechselerkrankungen. Auch bei Krebserkrankungen wird L-(+)-rechtsdrehende Milchsäure empfohlen, wie sie im vergorenen Gemüse überwiegend vorkommt. Viele dieser Erfahrungen sind wissenschaftlich nicht geklärt, aber doch manchmal zutreffend. In früheren Zeiten war Sauerkraut die wichtigste Vitamin-C-Quelle im Winter. 100 g Sauerkraut enthalten 20–30 mg Vitamin C, je nach Ausgangswert des frischen Kohls. In anderem Gärgemüse wird das Vitamin C häufig zerstört. Auch Vitamine der B-Gruppe, Cholin und Inosit sind im Sauerkrautgärsaft enthalten. Die genannten Produkte sind auch Wuchsstoffe für die Milchsäurebakterien. In gesäuerten Möhren bleibt Carotin (Vorstufe von Vitamin A) fast vollständig, in Bohnen und Erbsen zur Hälfte erhalten. Bei Mineralstoffen entstehen keine Verluste, wenn der Gärsaft mit verwendet wird. Milchsaures Gemüse wird auch wegen seines niedrigen Energiewertes geschätzt. Sauerkraut liefert pro 100 g nur 20 kcal. Deshalb wird in vielen Schlankheitskuren auf Sauerkraut nicht verzichtet.

Milchsäure unterscheidet sich in ihrer optischen Aktivität. Für die menschliche Verdauung ist die L-(+)-Milchsäure (rechtsdrehend) leichter verdaulich als die D-(–)-Milchsäure (linksdrehend).

Geräte und Hilfsmittel

Ideale Behälter sind Steinguttöpfe. Früher wurden auch Eichenholzfässer verwendet, die aber große Sorgfalt beim Leerstehen und bei der Vorbereitung zum Einfüllen verlangen. Müssen Behälter angeschafft werden, ist die Entscheidung für einen sogenannten »Kuhltopf« richtig. Rund um die Öffnung ist bei diesem Topf eine Wasserrinne angebracht, in die der Deckel eingehängt wird. Dabei wird ein luftdichter Abschluß nach außen gewährleistet, die Entnahme geht schnell und problemlos. Es muss nur darauf geachtet werden, dass das Wasser in der Rinne nicht verdunstet. Je vollkommener der Luftabschluss, desto weniger Salzzugabe ist notwendig. Diese Töpfe sind mit einem Inhalt von 10–50 Liter im Handel erhältlich. Wer noch Steingutfässer hat, braucht ein Tuch oder Plastikfolie zum Abdecken des eingeschichteten Gemüses, einen Holzdeckel, der etwas kleiner ist als der Durchmesser des Fasses, und einen Granitstein (Pflasterstein) zum Beschweren. Kalksandsteine und Zementbrocken sind nicht geeignet, weil der Sickersaft den Kalk aus dem Stein lösen könnte.

Wer nur kleine Mengen einsäuern möchte, kann auch Gläser mit Schraubdeckel verwenden. Man muss die Gläser aber an einem dunklen Ort, in Papier gehüllt, lagern, weil die Vitamine lichtempfindlich sind. Besonders für Menschen, die eine salzarme Diät einhalten sollen, sind luftdicht verschlossene Behälter günstig, weil hierin die fest eingestampften Gemüse ohne Salz gären.

Arbeitsanleitungen und Rezepte

Gärführung

Durch das Einsalzen, Einstampfen und Beschweren tritt stärke- und zuckerhaltiger Zellsaft aus. Das ist der Nährboden für das Wachstum der Milchsäurebakterien.
Durch das feste Einstampfen wird im Gärgut Sauerstoffmangel erzeugt. Mikroorganismen, die lebensnotwendig (aerob) Sauerstoff brauchen, werden gehemmt. Die anaeroben Milchsäurebakterien gewinnen langsam die Oberhand.
In den ersten Tagen entwickelt sich auch eine geringe alkoholische Gärung. Dabei entweicht Kohlendioxid, die Schaumbildung ist ein Kennzeichen dafür.
Im Gärbehälter befinden sich auch Essigsäurebakterien. In geringer Menge tragen sie zur Haltbarkeit und zur Geschmacksentwicklung bei. Zu viel Essigsäure ist unerwünscht. Gefährlich sind Fäulnisbakterien, die über Schmutz und Erde in das Gärgut gelangen. Sie werden normalerweise durch die Tätigkeit der Milchsäurebakterien unterdrückt. Nehmen sie überhand, wird das Gemüse stinkend, schleimig und ungenießbar. Übersauer und ranzig wird der Geschmack, wenn im Frühjahr schlecht gepflegte Gärbehälter halb leer stehen. Buttersäurebakterien verursachen diesen Verderb. Es ist deshalb wichtig, Gärgemüse nicht zu überlagern.
Ein besonders unangenehmer Gärgeschmack entsteht durch die Tätigkeit der Kahmhefe. Sie kann in saurer Umgebung gut gedeihen und verbraucht zu ihrer Lebenstätigkeit die Milchsäure, die eigentlich das Gärgut konservieren soll. Fäulnisbakterien können sich dadurch leichter entwickeln.
Holzfässer sind an der Oberfläche bei mangelnder Sauberkeit Brutstätten für Essigfliege und Milben.

Ideale Temperatur

Die ersten 2 Tage	
Sauerkraut:	20–22 °C
Gurken:	18–20 °C
andere Gemüse:	ca. 20 °C
Nach 2 Tagen	
Sauerkraut:	15–18 °C
andere Gemüse:	ca. 18 °C
Nach 10 Tagen kalt stellen	4–10 °C

Gärgemüse darf nicht gefrieren.
Nach 4–6 Wochen ist das Gemüse genussreif. Wird es anfangs zu lange warm gestellt, entsteht übersaures Gemüse.

Pflege und Entnahme

Sich entwickelnde Kahmhefe, die sich durch ein grauweißes Häutchen an der Oberfläche zeigt, muss entfernt werden – bei Sauerkraut alle 8–10 Tage, bei anderen Gemüsearten täglich.
Ist zu wenig Lake auf dem Gärgut, muss mit abgekochter Kochsalzlösung (10 g Salz pro Liter) aufgegossen werden, bis die Abdeckung (Holzbrett) wieder in der Lake liegt.
Während des Gärvorgangs 1–2-mal das Gefäß putzen, ohne den Stein und das Brett zu verrutschen. Dazu wird die Lake entnommen, alles mit kaltem Wasser und einem sauberen Tuch gesäubert. Ist die Lake noch gut, wieder über das Gemüse gießen; riecht sie unangenehm, durch abgekochte Kochsalzlösung ersetzen.
An der Luft verdirbt Gärgemüse. Deshalb werden beim Entnehmen die oberen Schichten weggenommen, bis gutes Gärgut kommt. Dieser Verlust ist umso größer, je öfter man entnimmt. Eine Plastikfolie ist luftdichter als das früher verwendete Tuch, es muss dann fast kein Gemüse entfernt werden. Das Gärgemüse wird schichtenweise entnommen, immer flach. Es darf kein Loch entstehen. Der Deckel muss anschließend wieder flach aufliegen.
Ganz in Salzlake eingelegtes Gemüse kann einfacher entnommen werden. Es wird abgedeckt, Auflage und Stein werden gewaschen, mit einer sauberen Zange das gewünschte Gärgut entnommen und das Gefäß wieder zugedeckt. Bei der Verwendung eines Kuhltopfes entfallen diese aufwändigen Pflegearbeiten, weil er luftdicht abschließt.
Haltbarkeit bei sachgemäßer Pflege:
Weißkraut, Rotkraut, Zwiebeln, Lauch, Tomaten: von Herbst bis Februar/März.
Alle übrigen Gemüse und Mischungen: von Herbst bis Januar/Februar.
Ist der Keller besonders kühl, kann das Gärgemüse auch länger aufbewahrt werden. Bleiben Reste von Sauergemüse im Frühjahr, können diese bei 100 °C 60 Minuten sterilisiert werden. Eingefrorenes Sauergemüse wird weich, der Geschmack leidet.

Für die Praxis

- ▷ Sorte, Reife, Düngung, Standort, Erntezeit und Erntewetter sind entscheidend, rasche Verarbeitung und Sauberkeit beim Putzen der Gemüse und Vorbereiten der Geräte und Behälter sind Voraussetzung für die richtige Gärführung.
- ▷ Gemüse, im Ganzen eingelegt, ist haltbarer als geschnittenes. Es muss in einheitlicher Größe in Salzwasserlösung eingelegt werden, damit der Gärprozess gleichmäßig verlaufen kann.

- ▷ Unbedingt scharfe Messer beim Schneiden des Gemüses verwenden, die Zellen werden dann geschnitten, nicht gerissen, es tritt weniger Saft aus, das fertige Produkt schmeckt saftig, nicht trocken.
- ▷ Ursache für gelbe und weiße Stellen im geschnittenen Gärgemüse ist ungleichmäßiges Salzen. Es ist besser, die Salzmenge mit dem geschnittenen Gut zuerst zu vermischen und dann erst das Gemüse einzustampfen.
- ▷ Die Salzmenge nicht zu großzügig bemessen, zu viel Salz macht das Gärgemüse hart und schwerer verdaulich.
- ▷ Wird ohne Salz vergoren, wenig Zucker zugeben, um den Gärprozess anzufachen.
- ▷ Die Gärung wird rasch eingeleitet, wenn wenig Salz, etwas Zucker, Molke oder saure Magermilch, fettarmer L-(+)-rechtsdrehender Milchsäure-Joghurt oder Bakterienreinkulturen verwendet werden. Rechtzeitig kühl stellen.

Sauerkraut

10 kg geputztes Weißkraut,
20–30 g Salz nach Belieben,
3–4 EL Wacholderbeeren,
2–3 EL Kümmel,
bis zu 10 Lorbeerblätter,
½ l saure Magermilch oder fettarme Dickmilch

Zum Einsäuern eignet sich das mittelspäte, nicht überdüngte Herbstkraut. Die späten Sorten sind haltbarer, müssen aber mit scharfen Messern besonders fein gehobelt werden. Gesäuertes Frühkraut soll nur 3–4 Wochen gären, schmeckt frisch und gut, ist aber nicht haltbar. Beim Putzen einige große, unbeschädigte Blätter zurücklegen. Die Krautköpfe vierteln, die Strünke entfernen. Die Viertel hobeln oder mit einem scharfen Messer dünn schneiden, mit Salz vermischen, 10–15 cm hoch in das Gärgefäß füllen, mit dem Stampfer oder mit der zur Faust geschlossenen Hand so lange pressen, bis Saft austritt. Nach Belieben Gewürze darübergeben, wieder eine Krautschicht und stampfen, Gewürze, Krautschicht, stampfen usw. Die oberste Schicht mit den ganzen Krautblättern abdecken, eine Plastikfolie darübergeben, mit Holzbrett und Stein beschweren oder nach Gebrauchsanweisung des Kuhltopfes vorgehen. Gärführung siehe Seite 251.

Variationen

In der Industrie wird Weinsauerkraut bereitet, indem zum anschließenden Sterilisieren Wein verwendet wird. Im Haushalt können während des Einstampfens ½ Liter trockener Weißwein bzw. 500 g säuerliche Äpfel statt der Gewürze zugegeben werden. Es bildet sich ein besonders feiner Geschmack.

Kuhltopf für Gärgemüse
Bezugsquelle:
www.hentschke-keramik.de

Sauerkraut kann in großen Mengen auch ohne Salz, stattdessen aber mit 200 g Zucker angesetzt werden. Sauermilch als Starthilfe zugeben.

Rotkraut (Rotkohl, Blaukraut) kann wie Weißkraut bereitet werden. Weniger Salz ist empfehlenswert, es wird sonst leicht zäh. Rotkraut zieht weniger Saft, es muss deshalb mit abgekochtem Salzwasser (10 g Salz auf 1 Liter) aufgegossen werden. Die Farbe wird besser erhalten, wenn 30 g Zucker oder 2 Esslöffel Honig zugegeben werden. Besonders gut schmeckt gesäuertes Rotkraut als Rohkost oder wenn frisches Rotkraut mit einem kleinen Teil gesäuertem Rotkraut vermischt wird. Es ist nicht so lange haltbar wie Sauerkraut, vor allem die Farbe wird stark rötlich, deshalb ist es besser, kleine Mengen einzusäuern.

Wirsing wird von den äußeren groben Blättern befreit, in 4–6 Stücke geschnitten, Strunk entfernt und gründlich gewaschen. Die Wirsingkopfstücke eng aneinander in das Gärgefäß legen, mit Salzwasserlösung aufgießen (50 g Salz auf 1 Liter Wasser), wie Sauerkraut beschweren und die Gärung führen. Nach 4 Wochen reif.

Eingesäuerte Bohnen

5 kg grüne Bohnen,
100 g Zucker, 80 g Salz,
5 l Wasser, Bohnenkraut

Zarte Bohnen eignen sich besonders gut. Waschen, ganz lassen oder in 1 cm breite Stücke schneiden. Zucker und Salz mit Wasser aufkochen, abgekühlt über die im Gärgefäß eingestampften Bohnen gießen, Bohnenkraut zugeben, mit Folie bedecken, beschweren. Gärführung siehe Seite 251.

Hinweis

Kleinere Mengen können portionsweise in Schraubgläser abgefüllt werden.

Eingesäuerte Steckrüben

10 kg Steckrüben
(Stoppelrüben),
100 g Salz, 15g Kümmel

Rüben waschen, mit besonderer Sorgfalt die anhaftende Erde entfernen, wenn nötig schälen, durch den Fleischwolf drehen, mit Salz und Kümmel mischen. Im Steintopf einstampfen, mit Plastikfolie abdecken, mit Holzbrett und Stein beschweren, bei Raumtemperatur 3 Tage reifen lassen. Dann sind die Rüben genussreif.

Hinweis

Beim Zubereiten werden die eingesäuerten Steckrüben mit wenig Wasser gekocht, mit Sahne und Mehl angedickt, mit Suppenwürzen verfeinert. Sie schmecken sehr gut zu Schweinshaxe!

Salzgurken

Für ein 5-Liter-Glas:
Ca. 2,5 kg Gurken, Dillblütenstände und Weinlaub,
2 kleine Scheiben Meerrettich,
1 Knoblauchzehe,
3 EL Salz, Wasser

Gurken waschen, bürsten, stupfen (mit der Nadel 3–4-mal einstechen), in ein Gefäß schichten, auf den Boden und zum Abdecken Dilldolden und etwas Weinlaub einlegen, Meerrettich- und Knoblauchscheiben dazwischen schichten. Salz in Wasser auflösen, darübergießen, beschweren und verschließen. 10 Tage warm, aber nicht in der Sonne stehen lassen, dann sind sie genussreif. Anschließend möglichst kühl lagern.

Sud:
1/2 l Wasser, 8 g Salz,
10 g Zucker;
250 g gelbe und rote Paprikaschoten,
200 g Tomaten,
100 g Schalotten, wenig Chilischote, Dill, Estragon

Paprika-Tomaten-Rohkost

Wasser mit Salz und Zucker aufkochen, abkühlen lassen. Gemüse waschen, mit Küchenpapier abtupfen, Paprika halbieren, Samen und eventuell Scheidewände entfernen, Tomaten halbieren. Ein entsprechendes Schraubglas vorbereiten, Gemüse, Gewürze und Kräuter einschichten, abgekühlten Sud darübergießen, eventuell mit Holzstäbchen das Gemüse im Sud festhalten, das Glas verschließen. 8–10 Tage bei 20 °C angären lassen, dann kühl stellen. Nach 6 Wochen ist die Rohkost genussreif – zwischendurch möglichst nicht öffnen.

Alles, was zum Sauerkrautbereiten gebraucht wird: Herbstkraut, Gärfass, Hobel, Stampfer, Gewürze, Abdeckung und ein großer Stein zum Beschweren.

Alkoholische Gärung

Alkohol ist die umgangssprachliche Bezeichnung für Ethanol. Früher waren auch die Bezeichnungen »Sprit« und »Weingeist« geläufig.

Die Weinbereitung im Haushalt ist für viele ein interessantes Hobby. Werden eigene Gartenerzeugnisse verarbeitet, kann es auch wirtschaftliche Vorteile bringen. Die notwendigen Hilfsstoffe werden in Drogerien und Apotheken angeboten.
Die Vergärung von zuckerhaltigen Früchten zu Wein ist schon seit mehreren tausend Jahren bekannt. Richtig erforscht wurde sie aber erst, als A. LAVOISIER 1798 erkannte, dass Zucker durch Gärung unter bestimmten Bedingungen in Alkohol und Kohlendioxid zerfällt. Es dauerte aber noch mehr als hundert Jahre, bis man die vielen Zwischenstufen entdeckt hatte. Es ist anzunehmen, dass frühere Getränke einen niedrigeren Alkoholgehalt hatten. Erst durch Züchtung der heutigen Kulturhefen entstehen höhere Alkoholgehalte.

Wirkungsweise

Alkoholische Gärung findet nur bei vergärbaren Zuckern statt. Es handelt sich dabei nur um Traubenzucker (Glukose) und Fruchtzucker (Fruktose). Rohr- und Rübenzucker müssen durch die Tätigkeit der Hefezellen (Enzym »Invertase«) zunächst in Trauben- und Fruchtzucker umgewandelt werden. Bei der Vergärung entstehen neben Alkohol und Kohlendioxid in geringen Mengen Glycerin, Bernsteinsäure, Fuselöle, Milchsäure und Aromastoffe (abhängig vom Ausgangsprodukt).

Durch Destillation kann der Alkoholgehalt erhöht werden (Spirituosen).

Das Wichtigste bei der alkoholischen Gärung ist der Alkohol (Weingeist). Die entstehende Menge hängt vom Zuckergehalt des Trauben- oder Obstmostes ab. 40–140 g Alkohol je Liter Wein können entstehen, d. h., in Ausnahmefällen kann von den Hefepilzen ein Alkoholgehalt bis 18 Vol.-% gebildet werden. Normalerweise sterben die Hefen an ihrem selbst gebildeten Alkohol je nach Heferasse bei etwa 14 Vol.-% ab und sinken in der Gärflüssigkeit zu Boden.
Aus 100 g Fruchtzucker entstehen 48 g Alkohol. Ist der Zuckeranteil im zu vergärenden Saft zu niedrig (mit Oechsle-Waage feststellbar), muss nachgezuckert werden, sonst entsteht zu wenig Alkohol, die Haltbarkeit ist nicht gewährleistet.

Durchschnittliche Alkoholgehalte
(von im Haushalt hergestellten Weinen, abhängig von der Rezeptur):
Apfel-/Birnenweine: 5–6 Vol.-%
Tischweine, z. B. Johannisbeeren: 8–10 Vol.-%
Dessertweine aus Stein- und Beerenobst: 13–15 Vol.-%

Alkohol zersetzt das Zelleiweiß der Mikroorganismen. Bakterien und Schimmelpilze sind dafür empfindlicher als Hefen. In Lebensmitteln mit einem Alkoholgehalt von 10–20% ist diese Konservierungseigenschaft ausreichend. Getränke mit einem niedrigeren Alkoholgehalt, z. B. Tafelwein, Apfelwein, werden beim Öffnen der Flasche schneller »sauer« als Weine höherer Qualitätsstufen (Flaschen möglichst schnell wieder verschließen).

Gesundheitliche Aspekte

Alkoholische Getränke können nicht als Tagesgetränke empfohlen werden, wohl aber bringen sie Behaglichkeit, Gemütlichkeit und eine gelöste Stimmung. Alkohol in der Schwangerschaft ist tabu. Alkohol ist lebensmittelrechtlich weder als giftig noch als gesundheitsschädlich bewertet. Trotzdem ist es Tatsache, dass ab etwa 0,5–1 Promille Konzentration im Blut Schwindel, Übelkeit, Orientierungslosigkeit, Aggressivität usw. ausgelöst werden können. Die täglich tolerierbare Empfehlung liegt bei 20–30 g für Männer und 10–15 g für Frauen. 10 g Alkohol sind durchschnittlich in 30 ml Schnaps, $^{1}/_{3}$ l Bier oder in einem kleinen Schoppen Wein enthalten. In Langzeitstudien ist belegt, dass Alkohol alle Zellen des Körpers schädigt, Vitaminmangelerscheinungen auslöst (Vitamin A, D, E, B_1, B_6 und Folsäure) und das Krebsrisiko vielfältig erhöht. Die positive Wirkung von Rotwein und Bier in Bezug auf Herz-Kreislauf-Erkrankungen wird von den Begleitstoffen begünstigt. Bei allen Studien über die Wirkung der Inhaltsstoffe bedarf es besonderer Wachsamkeit. Viele Studien werden von Herstellern alkoholischer Getränke in Auftrag gegeben. Sicher sind die genetische Disposition und der Lebensstil insgesamt von Bedeutung.

Geräte und Hilfsmittel

Gärballone aus Glas können leichter sauber gehalten werden als Holzfässer. Diese schimmeln leicht, dürfen aber vor Gebrauch nicht ausgeschwefelt werden, weil sich sonst die Weinhefe nicht mehr entwickeln kann. Glas wird mit Spülmittel und biegsamer Bürste gereinigt, mit klarem Wasser nachgespült. Im Haushalt lohnt sich

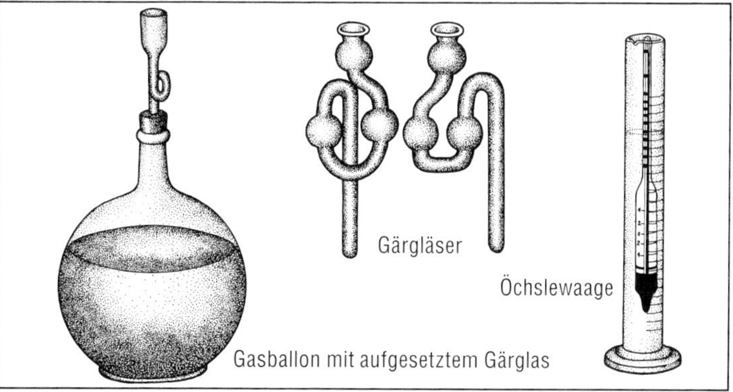

Weinbereitung im Glasballon.

die Anschaffung einer *Ballonbürste* nicht, sie ist sehr teuer. Handelt es sich um hartnäckige Verschmutzungen, können kleine Kieselsteine in den Ballon gegeben und so lange geschüttelt werden, bis

die Verunreinigungen weggerieben sind. Die Ballone werden mit Gummikappen und Gäraufsatz verschlossen.
Im Handel gibt es auch *Fässer* und *Kleintanks* aus Kunststoff mit einem Fassungsvermögen von 15–200 Liter. Am Deckel ist eine Öffnung für den Gäraufsatz vorgesehen.
Zum Abziehen der Hefe und zum Abfüllen auf Flaschen ist ein *Weinheber* notwendig. Er ist im Handel erhältlich, kann aber auch selbst hergestellt werden: Ein Kunststoffrohr, so lang wie der Ballon hoch ist, mit gleichem Durchmesser wie der Gäraufsatz, wird mit einem Gummischlauch mit gleichem Durchmesser verbunden, der etwas länger als das Kunststoffrohr ist. Das Rohr wird in den Ballon gesteckt, der Schlauch stellt die Verbindung zum tiefer stehenden neuen Behälter oder den Flaschen her.
Trichter benötigt man zum Einfüllen der Maische oder des Saftes in den Ballon. Sie können auch mit Filtervorrichtung ausgestattet sein.
Dunkle Flaschen und *Korken* mit *Verkorkapparat* – oder es werden *Flaschen* verwendet, die *mit einem Metall-Drehverschluss* schnell und unkompliziert zugeschraubt werden können. Schraubverschlüsse können wiederverwendet oder zugekauft werden.
Oechslewaage zum Bestimmen des Mostgewichtes (Zuckergehalt) und *Acidometer* zur Gesamtsäurebestimmung. Beide sind für die Weinbereitung im Haushalt nicht unbedingt erforderlich.
Durch die Maische bzw. den Saft gelangen viele Mikroorganismen in den Balloninhalt, z. B. Essigsäurebakterien, Schimmelpilze, Kahmhefen und andere wilde Hefen, Weinhefe. Alle Keime entwickeln eine rege Wachstumstätigkeit, wobei sie sich gegenseitig verdrängen. Je nach den Gärbedingungen entwickeln sich die »Sieger« und damit die Qualität des Gärgutes. Wird als Starthilfe eine besonders wachstumsfreudige *Reinzuchtweinhefe* mit einer bestimmten, sich später entwickelnden Geschmacksnote zugegeben, verläuft die Gärung sicher.
Wird der Fruchtsaft mit Wasser verdünnt, ist der Zusatz von *Hefenährsalztabletten* notwendig. Damit wird eine gute Gärung begünstigt. Zur Klärung und Schönung werden *Agar-Agar, Gelatine* oder *Antigeliermittel* eingesetzt. Die Verwendung ist relativ arbeitsaufwändig. Ist die Durchführung unbedingt notwendig, geht man am sichersten, wenn eine Probe in ein Weinlabor eingeschickt wird. Denn es besteht sehr leicht die Möglichkeit, dass der Wein »überschönt« wird und die geschmackliche Qualität leidet.
Zur Verlängerung der Haltbarkeit wird Schwefeln empfohlen. Dies ist im Haushalt bei Apfel- und Birnenwein manchmal notwendig, ebenso bei Beerenweinen mit niedrigem Alkoholgehalt. Bei Fruchtdessertweinen ist die Haltbarkeit gegeben, die Farbe bleibt im Allgemeinen erhalten.

Arbeitsanleitungen

Gärführung

Die alkoholische Gärung ist eine durch Lebensvorgänge der Hefe bewirkte Veränderung des Mostes. Die Hefen vermehren sich dabei so stark, dass sie als »Trub« mit dem Auge sichtbar werden. Die gesamte Zellsubstanz der Hefen muss aus Mostbestandteilen erzeugt werden. Das Wichtigste ist die von der Hefe bewirkte Spaltung des Zuckers in Alkohol, der im Most bleibt, und das Kohlendioxid, das durch das Gärröhrchen entweicht.
Neben Zucker braucht die Hefe Eiweiß- und Mineralstoffe zum Wachsen. Hat der Most davon zu wenig, wurde früher Hirschhornsalz oder Salmiak zugegeben, heute gibt es Hefenährsalztabletten in gut sortierten Drogerien. Es ist vorteilhaft, Reinzuchthefen und Nährsalztabletten zu verwenden, da sie die Qualität des Endproduktes gewährleisten. Alle Zutaten gemäß Rezept in die Gärgefäße geben, nur $^{2}/_{3}$ bis $^{4}/_{5}$ füllen, denn es könnte sich anfangs Schaum bilden.
Kernobstmost bei 15-18 °C, Beerenmoste bei 20-22 °C vergären. Der Behälter fasst sich wärmer an, weil bei der Vergärung Wärme frei wird. Größere Ballone können leichter vergoren werden als kleine Mengen, weil sich die Temperatur im Gärgut gleichmäßiger hält.
Temperaturschwankungen meiden. Die Gärung soll 2-3 Tage nach dem Ansetzen beginnen und ohne Unterbrechung verlaufen. Hat sich die anfänglich stürmische Gärung beruhigt, setzt die zweite Phase ein, der Jungwein vergärt.
Beerenobstweine werden Anfang November, Kernobstweine im November/Dezember das erste Mal abgezogen. Dabei wird die Hefe entfernt. Die Lagertemperatur beträgt dann 6-8 °C. Nach beendeter Nachgärung wird auf einen zweiten Ballon abgezogen. Der Trub hat sich gesetzt.
Auf Flaschen wird der Obstwein dann abgezogen, wenn er die Probe besteht:
Man stellt ein kleines Fläschchen 2-3 Tage an einem warmen Platz auf; verändert sich der Inhalt nicht, ist er flaschenreif. Die Flaschen müssen liegend aufbewahrt werden.

Saftgewinnung durch Pressen und Weinbereitung.

Apfelwein

Reiner Apfelsaft, Zucker nach Bestimmung mit Oechslewaage bis ca. 20–25 g je Liter, Reinzuchthefe, evtl. Mostmilchsäure, Weinsäure oder Zitronensäure bis 3 g je Liter (Hefenährsalztabletten sind nicht unbedingt erforderlich)

Obwohl aus allen Apfelsorten Wein bereitet werden kann, ist es vorteilhaft, solche Sorten auszuwählen, die einen ausgesprochenen Weinsäuregeschmack bei hohem Zuckergehalt besitzen, z. B. Rheinischer Bohnapfel, Kaiser Wilhelm, Reinetten, Goldparmäne oder speziell gezüchtete Mostsorten wie Hauxapfel, Börtlinger Weinapfel usw. Die Sorten sind landschaftsgebunden unterschiedlich und werden nach Erfahrung zum Cuvèe verschnitten. Die wild wachsenden Holzapfelsorten oder auch Quitten können zum Mischen mit süßen Mosten verwendet werden, weil sie einen hohen Säure- und Gerbstoffanteil besitzen. Die Säure bringt das feine, angenehme Aroma in den Apfelwein, der Gerbstoffgehalt bewirkt ein rasches und vollkommenes Klären, beide Stoffe zusammen begünstigen die Haltbarkeit.

Aus Apfelsorten, die im August/September reif werden, entstehen zwar milde, aber wenig haltbare und leicht trübe Weine. Herbstäpfel (Erntezeitpunkt: Oktober) sind am besten geeignet. Winteräpfel müssen nachreifen.

Most aus unreifen Äpfeln (vorzeitiges Fallobst) liefert beim Vergären keine befriedigenden Qualitäten. Je länger sie am Baum hängen, umso mehr Süße und ausgewogene Säure haben sie, das bringt guten Apfelwein. Deshalb werden die Apfelbäume für die Mostgewinnung immer wieder geschüttelt und nicht alle gleichzeitig abgeerntet. Gewinnung des Saftes siehe Kapitel Saft bereiten (Seite 151 ff.). Das Mahlgut muss sofort abgepresst werden. Vorvergären begünstigt die Entwicklung von Essigsäurebakterien, der Most bekommt von Anfang an einen »Stich«.

Unsere Apfelsorten haben bei sonnenreichem Sommerwetter durchschnittlich 12–18% Zucker. Die französischen Cidre-Apfelsorten erreichen bis 24% Zucker.

Der Zuckergehalt des Apfelsaftes bestimmt die spätere Alkoholmenge. Aus 2 Teilen Zucker entsteht annähernd 1 Teil Alkohol. Für Haltbarkeit und Geschmack sind 6% Alkohol im späteren Wein notwendig, also braucht der Most mindestens 12% Zucker. Apfelsaft, dessen Zuckergehalt unter 12% liegt, muss vor der Vergärung mit Rohr- oder Rübenzucker auf diesen Wert gebracht werden. Der Zuckergehalt wird mit der Oechslewaage bestimmt, und zwar gleich nach der Pressung, weil er für die weitere Behandlung ausschlaggebend ist.

Der Säuregrad der Äpfel schwankt zwischen 0,1 und 2%. Eine Mischung verschiedener Apfelsorten bringt den für die Vergärung idealen Wert von 0,8–1,5%. Viel Säure ist nicht schlimm, zu wenig begrenzt die Haltbarkeit, der Geschmack des Weines wird fade.

Der Säuregehalt kann nicht so einfach bestimmt werden, man muss sich dabei auf die Zunge verlassen.

Der Gerbstoff im Most verbindet sich mit den Eiweißstoffen und begünstigt Klärung und Haltbarkeit.

Der untersuchte und entsprechend aufbereitete Apfelsaft wird mit Reinzuchthefe nach Anweisung vermischt, in saubere Gärbehälter gefüllt, bis nur noch $^1/_{10}$ Freiraum bleibt, mit Gummikappe und Gärgefäß verschlossen und bei einer gleichmäßigen Temperatur von 10–15 °C gehalten. Während der Gärung erwärmt sich der Most um etwa 10 °C. Entstehen aber Mosttemperaturen von 30–40 °C, wird die Entwicklung der Essigsäurebakterien stark begünstigt, der Hefe wird es zu warm. Der Gärraum muss deshalb kühl sein.

In den ersten Tagen ist die Gärung meist sehr stürmisch, und es kommt vor, dass der Most den Schaum durch das Gärgefäß hindurch treibt. In diesem Fall wird die Gummikappe abgenommen, alles mit klarem Wasser gesäubert und wieder aufgesetzt. Nach einigen Wochen setzt die stillere Nachgärung ein. Zeigt die Oechslewaage 3–5 an, kann der Abstich erfolgen, denn die Qualität des Weines leidet, wenn er länger als nötig mit der absterbenden Hefe zusammen bleibt. Bleibt der Inhalt ruhig, ist es der richtige Zeitpunkt zum Abstich. Dabei wird mit dem Weinheber der klare Wein randvoll in einen kleineren Gärbehälter gefüllt, das Gärgefäß wieder aufgesetzt und bei 8–10 °C gelagert. Ist der Wein wieder ruhig geworden, das Gärgefäß abnehmen und den Gärbehälter fest

Probe: Eine kleine durchsichtige Flasche mit Wein füllen, bei Raumtemperatur 2 Tage beobachten.

verschließen. Stellt sich wider Erwarten später nochmals eine Gärung ein, ist es besser, den Wein zu pasteurisieren als zu schwefeln. Wird die Herstellung des Weines gewissenhaft durchgeführt, klärt sich der Wein von selbst. Es ist kein zusätzliches »Schönen« notwendig, denn dabei verliert der Wein auch an Kohlensäure, die den erfrischenden Geschmack bewirkt.

Den richtigen Zeitpunkt zum Abfüllen in Flaschen erkennt man am einfachsten, wenn eine Flasche abgefüllt, gut verkorkt bei Raumtemperatur gelagert wird. Bleibt sie 8-14 Tage unverändert, ist der Wein flaschenreif. Sorgfältig gereinigte, gut ausgetropfte Flaschen werden mit dem Weinheber so gefüllt, dass der am Boden entstandene Trub ruhig bleibt. Die Flaschen sollen bei der Verwendung von Schraubverschlüssen randvoll gefüllt werden, bei Korken höchstens 1 cm Luft enthalten.

Variationen
Birnenwein wird wie Apfelwein bereitet. Feine, weiche, teigige Birnen eignen sich nicht. Einen besonders guten Geschmack bringt eine Mischung aus ³/₄ Apfelsaft und ¹/₄ Birnensaft.

Beerenweine

Beeren enthalten zu viel Säure, deshalb muss Wasser zugegeben werden. Dadurch wird der Zuckergehalt gesenkt, es muss Zucker zugegeben werden.

Wasser- und Zuckerzugabe bei der Beerenweinbereitung

Beeren-/Weinsorte	Wasser je Liter Saft	Zucker je Liter Mischung
Erdbeerwein	1/4–1/2 l	330 g
Brombeerwein	1/2–3/4 l	280–300 g
Stachelbeerwein	3/4 –1 l	330 g
Schwarzer Johannisbeerwein	2–2 1/2 l	330 g
Weißer Johannisbeerwein	1 1/2 l	150–180 g
Weißer Johannisbeerlikörwein	1–1 1/4 l	300 g
Roter Johannisbeerwein	1 1/2 l	200–250 g
Roter Johannisbeerlikörwein	1 1/2 l	300–330 g
Heidelbeerwein	3/4 l	180 g
Heidelbeerlikörwein	3/4 l	250–300 g
Sauerkirschwein	1/2–3/4 l	330 g

Tischwein: 150-180 g Zucker je Liter Mischung.
Fruchtdessertwein: 250-330 g Zucker je Liter Mischung.
Jedes Kilogramm Zucker vermehrt die Flüssigkeit im Ballon um 0,6 Liter.

Weine mit viel Wasser und Zucker gären langsam, schlecht und bekommen den sogenannten Mäuselgeschmack, sie verlieren bald ihre schöne Farbe, werden braun und schlagen später leicht auf der Flasche um.

Mehr als 28% Zucker kann auch die beste Hefe nicht vergären. Es ist besser, bei Bedarf später nachzuzuckern (20-50 g Zucker/Liter).

Hinweis
Beeren immer möglichst frisch zum Gären ansetzen. Lange Lagerzeiten begünstigen wilde Hefen und andere geschmacksschädigende Mikroorganismen.

Heidelbeerwein

Heidelbeeren abpressen, ein Viertel der im Grundrezept angegebenen Wassermenge erwärmen, über die Pressrückstände geben, zugedeckt einige Stunden kühl stellen, das zweite Mal abpressen. Restliches Wasser und Zucker aufkochen, abgekühlt zugeben, Reinzuchthefe (»Portwein«) und Hefenährsalztabletten nach Gebrauchsanweisung dazumischen. Sie sind in diesem Fall besonders wichtig, denn Heidelbeersaft ist stickstoffarm. Je rascher und je schneller er durchgärt, umso besser wird das Produkt. Gärführung siehe Seite 259.

Hagebuttenwein

1 kg reife Beeren, 2 l Wasser, 800 g Zucker, Portwein-Reinzuchthefe, Nährsalztabletten

Anfang November nach dem ersten Reif vollreife Hagebutten ernten, an beiden Enden anschneiden. Wasser und Zucker aufkochen, abkühlen. Die Früchte in einen Ballon füllen, mit Zuckerlösung aufgießen, Hefe und Nährsalz nach Vorschrift zugeben und gut durchschütteln, mit Gummikappe und Gärgefäß verschließen, warm stellen.

Nach ca. 10 Wochen auf Flaschen abziehen.

Hinweise

Die Hagebuttenfrüchte können noch zweimal mit der gleichen Menge Wasser und Zucker ohne Hefe aufgesetzt werden. Der zweite Aufguss schmeckt besonders gut. Soll die Farbe des Weins kräftiger werden, 100 g Zucker karamellisieren (trocken erhitzen) und mit dem Wasser-Zucker-Gemisch dem Wein vor der Vergärung zugeben.

Stachelbeer-, Johannisbeer-, Erdbeer-, Brombeerwein

Möglichst vollreife Beeren pflücken. Waschen nur, wenn notwendig. Möglichst frisch verarbeiten, mit dem Stampfer zerdrücken oder durch die Beerenmühle drehen. Das Entsträubeln ist nicht notwendig, wenn die Beeren gleich abgepresst werden. Eventuell Antigeliermittel nach Gebrauchsanweisung zusetzen, abpressen, Saft messen. Entsprechende Menge Wasser erhitzen, Zucker darin auflösen, abgekühlt zum Saft geben, Reinzuchthefe und Nährsalztabletten (zerstoßen) nach Anweisung zusetzen, im Gärballon gut durchschütteln. Gummikappe und Gärgefäß aufsetzen, warm stellen.

Hinweise

Es ist vorteilhaft, wenn die vorbereitete Maische ohne Zucker 2–3 Tage zugedeckt bei 15–18 °C vorvergoren wird. Farbe und Geschmack werden besser. Werden keine Hefenährsalztabletten verwendet, ist es notwendig, bei Erdbeeren 0,4 g Hirschhornsalz und 3 g Mostmilchsäure je Liter Mischung zuzugeben.

Einlegen in Öl oder Butter

Diese Konservierungsmethode ist ebenfalls sehr alt. In den Mittelmeerländern wurde in Öl, meist Olivenöl, eingelegt. Dort ist diese Methode auch heute noch gebräuchlich. Bei uns wurde Schweinefett verwendet, vor allem um Austrocknungserscheinungen zu unterbinden. Mit Freude und etwas Geschick können mithilfe dieser Methode viele Würzmittel mit interessanten Geschmacksnuancen entwickelt werden.

Wirkungsweise

In wasserfreiem Fett ist kein Wachstum von Mikroorganismen möglich. Eine 2 cm dicke Fettschicht verhindert auch den weiteren Zutritt von Feuchtigkeit und Luft an das eingelegte Lebensmittel. Die Mikroorganismen werden nicht abgetötet, sie werden nur in ihrer Entwicklung gehemmt. Es ist deshalb für eine längerfristige Haltbarkeit unbedingt notwendig, dieses Verfahren mit anderen zu kombinieren, denn die Haltbarkeit ist nur so lange gegeben, solange nicht im Lebensmittel selbst Verderberscheinungen auftreten. Um dies auszuschalten, werden die Lebensmittel vorher, eventuell im Essigsud, gekocht und angetrocknet; oder es werden chemische Konservierungsmittel im engeren Sinne beigemischt, wie es bei der Herstellung von Fischkonserven in Öl notwendig ist. Das Verfahren selbst ist sehr einfach durchzuführen, es kann aber eine relativ teure Methode werden, wenn besonders hochwertige Öle zum Einsatz kommen.

Gesundheitliche Aspekte

Diese Methode bietet den Vorteil, dass die eingelegten Lebensmittel so ursprünglich wie möglich erhalten bleiben. Vorgetrocknete Produkte saugen Fett auf, sodass sich der Energiewert entsprechend erhöhen kann. Fettlösliche Vitamine (A, D, E und K) gehen in Lösung, aber das verwendete Fett wird als Geschmackszutat meist mitverwendet, sodass die gelösten Vitamine nicht verloren gehen. Vorteilhaft wirkt sich die Eigenschaft der Fette aus, die Aroma- und Geschmacksentwicklung zu begünstigen.
Die so konservierten Produkte müssen kühl, dunkel und in Steinguttöpfen gelagert werden.

Werden Schraubgläser oder Flaschen verwendet, müssen diese dunkel stehen oder mit Papier umwickelt werden, damit sie vor Lichteinwirkung geschützt sind. Nur so kann das Ranzigwerden vermieden werden. Ranzige Fette sind gesundheitsschädlich.

Thymian in Öl.
Bezugsquelle Flasche: **www.glaeserundflaschen.de** ▶

Geräte und Hilfsmittel

Besondere Geräte sind nicht notwendig. Es reichen Küchenwaage, Messbecher, Brettchen, Messer, Kochtopf, Rührlöffel und Trichter. Außerdem werden ein Steinguttopf oder dunkel gefärbte Flaschen mit entsprechendem Verschluss benötigt.

Für die Praxis

▷ Nur frische Zutaten verarbeiten, lange Lagerzeiten begünstigen die Entwicklung von unerwünschten Mikroorganismen.
▷ Öle mit wenig Eigengeschmack eignen sich am besten.
▷ Das Aroma von Kräutern wird in Öl besser erhalten als beim Trocknen.
▷ Alle Geräte und Gefäße müssen vor Gebrauch mit einer heißen Spülmittellösung gründlich ausgewaschen und mit klarem Wasser nachgespült werden. Sauberkeit ist sehr wichtig!
▷ Es empfiehlt sich, die Steinguttöpfe oder Flaschen genau zu kennzeichnen und die verwendeten Fette, Kräuter und Gewürze anzugeben, besonders bei Mischungen.
▷ Die fertigen Produkte möglichst kühl und dunkel lagern. Die Haltbarkeit beträgt 3-4 Monate.
▷ Beim Entnehmen immer darauf achten, dass der zurückbleibende Ölfilm vollständig und mindestens fingerdick ist.

Arbeitsanleitungen und Rezepte

Gemüse in Öl - Grundrezept

Auberginen, Paprika im Ganzen oder als Mark, Tomatenmark oder -ketchup, Pilze, Knoblauch, Mischungen für Suppen- oder Saucenwürze, Gewürze nach Geschmack, z. B. Pfefferkörner, Basilikum
Sud zum Garen: Essig und Wasser zu gleichen Teilen, Salz, Zucker, Knoblauch nach Geschmack

Gemüse waschen, putzen, in dem Sud garen, schneiden und vollkommen abtrocknen lassen oder pürieren und eindampfen. Gewürze zugeben, abgekühlt in passende Gefäße schichten, bis 2 cm unter dem Rand füllen, randvoll mit Öl bedecken, luftdicht verschließen, beschriften und kühl aufbewahren.

Kräuteröl

Frische oder getrocknete Kräuterrispen in eine dunkle Flasche geben, mit Öl aufgießen und 2-3 Wochen an einen warmen, sonnigen Platz stellen. Späteres Abfüllen ist nicht unbedingt erforderlich. Die Haltbarkeit des Öles leidet darunter.

Kräuter in Öl - Grundrezept

Basilikum, Bohnenkraut, Dill, Estragon, Kerbel, Pimpernelle, Petersilie, Rosmarin, Thymian, Majoran und Oregano, Schnittlauch

Kräuter nach der Ernte sorgfältig verlesen, nur falls notwendig waschen - im Freien an einem schattigen Ort antrocknen lassen. Ganz oder klein gewiegt in ein Gefäß bis 2 cm unter dem Rand schichten, mit Öl randvoll bedecken, luftdicht verschließen.

Italienische Tomaten

Kleine rote Tomaten, Peperoni, Basilikumblätter oder Oreganoblätter, Salz, nach Belieben Knoblauch, Olivenöl

Tomaten waschen, abtrocknen, so halbieren, dass die Hälften noch zusammenhängen. Auf einen Rost mit der Schnittfläche nach oben legen und 4–5 Tage im Freien oder auf einem Kachelofen trocknen lassen. Sind sie trocken, aber noch weich, die Innenflächen mit einem kleinen Stück Peperoni, Basilikum oder Oregano, Salz und eventuell Knoblauch würzen, zusammenklappen und fest aneinander in saubere Schraubgläser schichten. Mit Öl bedecken und zum Reifen 3 Monate kühl und dunkel stellen.

Hinweis

Eignet sich gut als Beilage zu Gegrilltem und Teigwaren.

Champignons in Butter und Essig

Champignons, guter Weinessig 6%, Butter

Ganz frische Champignons sauber putzen, die großen schneiden, die kleinen ganz lassen. Schnell waschen, nicht wässern, Weinessig aufkochen und abkühlen. Die Pilze in reichlich Butter 20 Minuten dünsten, noch warm in saubere Schraubgläser füllen, den kalten Essig darübergießen, bis alle Pilze bedeckt sind. Da die Butter leichter ist als Essig, setzt sie sich oben zu einer dicken, luftdicht abschließenden Schicht zusammen. Wenn sie hart ist, wird das Glas verschlossen. Im Kühlschrank lagern.

Werden nicht alle Pilze bei einer Entnahme verbraucht, wird die Butterschicht vorsichtig abgenommen und erhitzt, die Champignonportion entnommen, mit der flüssigen Butter wieder abgedeckt.

Haltbarkeit: 2–3 Monate.

Hinweis

Sind alle Champignons verbraucht, Butter und Essig zu Saucen und Ragout verwenden.

Einlegen in konservierende Lösungen

Hinweis
Einlegen in Essig siehe Kapitel Haltbarmachen durch Essig bzw. Essig und Zucker (Seite 196).

Früher spielte das Einlegen von Eiern in vielen Haushalten in Stadt und Land eine große Rolle. Bei Freilandhaltung legen die Hühner nicht das ganze Jahr über gleichmäßig. Im Frühjahr/Sommer stehen reichlich Eier zur Verfügung, der Überschuss kann für die Wintermonate durch Einlegen in Kalklösung oder Wasserglas konserviert werden. Die Verwendungsmöglichkeiten sind vielfältig.

Wirkungsweise

Einlegen in Kalklösung

Wird gebrannter Kalk angerührt, muss dieser über Nacht stehen. Am nächsten Tag wird er mit einem Holzstock aufgerührt und durch ein grobes Sieb über die Eier gegeben.
Bei der Verwendung werden die Eier nach Bedarf entnommen, gut abgewaschen und wie Frischeier verarbeitet.

Aus der wässrigen Lösung von gebranntem Kalk (Calciumhydroxid) bildet sich Calciumcarbonat, das die Eischale des im Inneren sterilen Eies verschließt. Mikroorganismen kommen nicht mehr ins Ei, wodurch es bis zu 8 Monate haltbar bleibt. Das stark basische Kalkwasser (pH 10–12) wirkt nicht Bakterien hemmend.
In Kalkwasser konservierte Eier sind brüchiger. Die Schale neigt beim Kochen zum Platzen, weil die Poren verstopft sind. Das Eiweiß ist nicht mehr so schlagfähig.

Einlegen in Wasserglas

Aus der wässrigen Lösung von Natriumsilikat bilden sich Kieselsäureausscheidungen und Calciumsilikat. Calciumsilikat verstopft die Poren der Eischale. Die Wirkung gegen die Mikroorganismen ist gering. Die Schale ist brüchiger und neigt beim Kochen zum Platzen. Das Eiklar lässt sich aber noch gut schlagen.

Gesundheitliche Aspekte

Beim Konservieren in Kalklösung treten im Inneren des Eies Veränderungen auf. Der Geschmackswert bei in Wasserglas konservierten Eiern ist aus diesem Grund besser. Der Kalkgehalt im Inneren nimmt nicht zu, sondern erstaunlicherweise ab. Nach den bisher vorliegenden Erkenntnissen gehen keine Bestandteile der Lösung ins Innere des Eies über. Die im Ei vorkommenden fettlöslichen Vitamine sind gegenüber langen Lagerzeiten nicht sehr empfindlich. Außerdem wird das Ei selbst kühl gelagert, sodass die Vitaminerhaltung optimal ist.

Geräte und Hilfsmittel

Man benötigt einen Eimer, einen Holzstock zum Rühren und ein Blech-, Stein- oder Kunststofffass mit Deckel.

Arbeitsanleitungen

Zum Konservieren muss das Kalkwasser zu wenigstens 50% mit gebranntem Kalk gesättigt sein. Günstig sind 1,25 Gramm Calciumhydroxid je Liter Wasser. Im Handel gibt es ein Spezialpräparat (Garantol), das außer Calciumhydroxid auch Eisen-, Aluminium- und Magnesiumsalze enthält. Dieses muss nach Gebrauchsanweisung verarbeitet werden.
Bei der Verwendung von Wasserglas wird 1 Teil Natriumsilikat mit 10 Teilen Wasser verdünnt.
Ein sauberes Fass wird an einem kühlen Ort (im Keller) aufgestellt. In beiden Fällen werden die frischen, nicht gewaschenen, aber sauberen Eier in nicht mehr als 5–6 Schichten übereinander vorsichtig in das Fass gelegt. Die nach Gebrauchsanweisung vorbereitete Garantol- oder Wasserglaslösung wird langsam darübergegossen, bis alle Eier bedeckt sind. Dann mit einem Deckel abdecken.
Entnehmen: Mit einem Esslöffel die Eier aus der Lösung holen, anschließend Oberfläche wieder glatt streichen.
Die Eischale ist porös, deshalb zum Trennen von Eigelb und Eiweiß Eitrenner verwenden.

Salz wird schon im Alten Testament erwähnt. In Ägypten, im Vorderen Orient und im Alten Rom war Salz als Würzmittel, aber auch als Konservierungsmittel begehrt. Im Mittelalter war Salz ein bedeutender Handelsartikel. Heute noch weisen Städtenamen und Handelsstraßen darauf hin, z. B. der »Goldene Steig«, der von Bad Reichenhall über den Bayerischen- und Böhmerwald nach Prag führte. Salz hatte damals einen hohen Preis, aber es war trotzdem der wichtigste Konservierungsstoff für Fleisch, Fisch und Gemüse.

Wirkungsweise

Kochsalz erniedrigt den Gehalt an frei verfügbarem Wasser und schränkt deshalb die Lebensmöglichkeiten für die Mikroorganismen ein. Es ist nicht möglich, nur mit Kochsalz jegliches Wachstum von Mikroorganismen zu unterbinden, weil es Salz liebende Keime gibt. Die geschmackliche Verträglichkeit bei der späteren Verwendung des Lebensmittels setzt zusätzlich Grenzen.
Bakterien, besonders die krankheitserregenden Keime, benötigen die höchsten Mengen an frei verfügbarem Wasser. Sie können mit einer Salzkonzentration von 8% gehemmt werden. Salz liebende Bakterien, z. B. Milchsäurebakterien, Schimmelpilze und Hefen, können sich in schwach salzigem Milieu noch gut entwickeln.
Kochsalz verringert die Löslichkeit von Sauerstoff im Wasser der Lebensmittel. Das wirkt zusätzlich wachstumshemmend auf die aeroben Mikroorganismen.
Kochsalz verstärkt die Wirkung der chemischen Konservierungsstoffe im engeren Sinne, d. h., werden beim Haltbarmachen mindestens 2% Kochsalz zugegeben, kann die notwendige Menge an chemischen Konservierungsmitteln, z. B. Sorbinsäure, erniedrigt werden.
Salzzugabe beim Kühlen und Trocknen bewirkt eine sicherere Haltbarkeit, ebenso beim Einsalzen von Gemüse mit anschließender Milchsäuregärung.

Gesundheitliche Aspekte

Kochsalz (Natrium und Chlor) trägt im Körper wesentlich zur Erhaltung des osmotischen Druckes außer- und innerhalb der einzelnen Zellen bei. Es erfüllt dabei eine lebensnotwendige Aufgabe: Nährstoffe in die Zelle zu transportieren und Abfallstoffe aus den Zellen abzutransportieren. Aus diesem Grund ist es notwendig, täglich 2–3 Gramm Kochsalz aufzunehmen. Diese Menge wird mit

»gutbürgerlicher« Kost weit überschritten. Ein Überangebot an Natrium bindet Wasser im Körper, die Nieren werden stärker belastet, es kann weniger Wasser ausgeschieden werden, was bei dafür empfindlichen Menschen zur Erhöhung des Blutdruckes beiträgt.
Mit Salz haltbar gemachte Lebensmittel müssen vor dem Zubereiten entsalzen (gewässert) werden, z. B. Pökelfleisch, oder es muss das beim Einmachen verwendete Salz bei der Zubereitung berücksichtigt werden, z. B. bei Suppengrün.
Muss eine streng natriumarme Kost eingehalten werden, können Lebensmittel nicht nach dieser Methode konserviert werden. Die für diese Diäten angebotenen Kochsalzersatzmittel haben keine konservierende Wirkung, ausgenommen PAN-Salz, allerdings kann es aufgrund des höheren Kalium- und Magnesiumanteils zu geschmacklichen Veränderungen kommen.
Im Handel werden wasserhaltige Fette, z. B. Margarine, mit bis zu 3% Salzzusatz, Käse und Fleischwaren mit 1–5% Salzzusatz, gesalzene Fische und Gemüseprodukte angeboten. Dabei ist Kochsalz meist eher Geschmackszutat als Konservierungsmittel.
Die Salzlake enthält zahlreiche wasserlösliche Bestandteile aus dem Lebensmittel wie Eiweiße und Vitamine. Dadurch verringert sich die biologische Wertigkeit, gemessen am frischen Produkt. Salz liebende Mikroorganismen bauen die gelösten Eiweißstoffe in der Lake weiter ab. Dieser Vorgang wird als Reifungsprozess bezeichnet, er führt langsam zum Verderb der Salzlake. Salz begünstigt unerwünschte Veränderungen in den Fettbestandteilen der Lebensmittel. Besonders bei warmer Lagerung und Lichteinfluss kommt es zu tranigem, dumpfem und ranzigem Geruch.

Geräte und Hilfsmittel

Benötigt werden Waage, Messer, Holzbrett, Küchentücher, Steinguttopf sowie eventuell ein entsprechend großes Holzbrett und ein Stein zum Beschweren.

Das verwendete Kochsalz wird aus Steinsalzlagern oder aus Meerwasser gewonnen. Zur Gewinnung von Siedesalz wird Steinsalz gelöst, gereinigt und in großen Pfannen eingedampft. Meerwasser wird in Salzgärten (flache Bassins) durch die Sonneneinstrahlung verdunstet. Bei beiden Herstellungsverfahren kann Kochsalz unterschiedlicher Körnung gewonnen werden.

Arbeitsanleitungen und Rezepte

Das Einsalzen kann »trocken« durchgeführt werden, indem die Lebensmittel bestreut oder eingerieben werden. Es wird »nass« gesalzen, indem eine Salzwasserlösung in unterschiedlicher Konzentration hergestellt wird und das Lebensmittel darin liegt. Der Salzgehalt ist so hoch, dass keine Milchsäuregärung eintreten kann.

Gemüse und Kräuter

Aufgrund des hohen Salzgehaltes müssen eingesalzene Gemüse vor der Zubereitung gewässert werden. Das bringt unnötige Verluste an Mineralstoffen und Vitaminen. Deshalb werden solche Gemüse zum Einsalzen empfohlen, die in kleinen Mengen zum »Würzen« von Gemüseeintopf, Sauce oder Suppe verwendet werden können.

Suppengrün in Salz

Petersilienwurzel mit Grün, Sellerie mit kleinen Blättern, Möhren, Liebstöckelgrün, 200 g Salz pro kg Gemüse

Gemüse waschen, in kleine Würfel schneiden oder durch den Fleischwolf drehen, mit Salz gut vermischen, in Steintopf fest einschichten, mit ½ cm dicken Salzschicht abdecken, verschließen. Schraubgläser mit Papierhülle gegen Lichteinfluss schützen.

Tomaten in Salz

Kleine, feste Tomaten, 75 g Salz pro l Wasser

Tomaten waschen, trocken tupfen, Salzwasser aufkochen und abkühlen. Tomaten in Schraubgläser füllen, mit Salzwasser aufgießen, verschließen. Im Kühlschrank etwa 2 Monate haltbar.

Tomaten in Lake

Pro Liter Aufgussflüssigkeit: 15 g Salz, Tomaten mit höchstens 6 cm Durchmesser

Tomaten vorbereiten: Stielansätze entfernen, Haut mehrmals anstechen, in kochendes Wasser legen, bis die Haut sich löst, diese dann abziehen, aber die Tomaten dabei nicht verletzen. In Einmachgläser locker schichten, mit kochender Lake auffüllen und bei 90 °C 30 Minuten pasteurisieren

Duftkräuter

Geeignet sind Rosen- und Lilienblätter

In kleine (Medizin-)Fläschchen mit Salz einschichten, mit Spitze zubinden, in den Wäscheschrank stellen.

Eier

Sollen Produkte in einer geschmacklich akzeptablen Salzlake haltbar gemacht werden, ist es unbedingt erforderlich, mit Fingerspitzengefühl die Lagerung zu überwachen, d. h. in kühlen Temperaturbereichen kurzzeitig lagern bzw. mit einem zusätzlichen Verfahren, z. B. Pasteurisieren, langfristige Sicherheit anzustreben.

Soleier

10 hart gekochte Eier, 1½ l Wasser, 30 g Salz, nach Belieben: 10 weiße Pfefferkörner, Wacholderbeeren, Lorbeerblätter, Nelken

Die Schalen von den lauwarmen Eiern rundum aufschlagen, aber nicht abschälen, die Eier in saubere Schraubgläser legen. Salzwasser und Gewürze aufkochen, etwas abgekühlt in die Gläser bis 2 cm über die Eier auffüllen, verschließen. 8 Tage im Kühlschrank reifen lassen.

Fleisch

Früher wurde das Einsalzen von Fleisch als Pökeln bezeichnet. Heute wird die Behandlung mit Nitritpökelsalz und Gewürzen als Pökeln und die Behandlung mit Kochsalz und Gewürzen als Einsalzen bezeichnet.

Hinweis

Eine mäßige Salzzugabe (bis 5%) führt zur Quellung und verstärkten Wasserbindung, zum saftigen Fleisch – es muss aber unbedingt kühl gelagert und häufig kontrolliert werden. Höhere Salzzugaben (10–12%) führen zur Entquellung, zu trockenem, festem Fleisch, das leichter haltbar bleibt.

Niederbayerisches Surfleisch

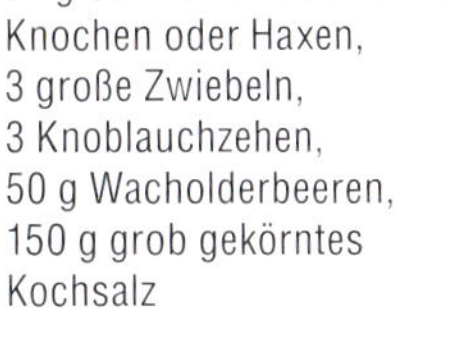

5 kg Schweinefleisch ohne Knochen oder Haxen,
3 große Zwiebeln,
3 Knoblauchzehen,
50 g Wacholderbeeren,
150 g grob gekörntes Kochsalz

Das Fleisch in Stücke schneiden. Zwiebeln und Knoblauch klein schneiden, Wacholderbeeren zerstoßen, alles mit dem Salz gut mischen, die Fleischstücke gründlich von allen Seiten einreiben. Den Boden eines Steingutfasses mit Gewürzsalz bestreuen, das Fleisch möglichst dicht einschichten, mit einer Gewürzsalzschicht abschließen, mit einem Holzbrett bedecken und mit einem Granitstein beschweren. Das Fleisch muss 2 Wochen bei 6–8 °C Raumtemperatur in der Lake liegen. Nach 2–3 Tagen nachsehen, ob sich genug Lake gebildet hat, sodass das Fleisch im Saft liegt. Wenn nicht, 1 Liter Wasser mit 8 Gramm Salz aufkochen, abgekühlt über das Fleisch gießen. Liegt das Fleisch länger als 2 Wochen in der »Sur«, muss es vor der Zubereitung unbedingt gewässert werden. Beim Zubereiten wird es gepfeffert und gebraten und mit Kartoffelgemüse serviert.

Unter Pökeln versteht man ein Verfahren, bei dem außer Kochsalz Pökelstoffe (Nitrat oder Nitrit), in manchen Mischungen auch noch Pökelhilfsstoffe zugesetzt werden, um die typische Rotfärbung, den speziellen Geschmack und Geruch der Pökelwaren zu erhalten und um die Haltbarkeit zu verlängern

Wirkungsweise

Salpeter (Nitrat) wirkt vor allem gegen Bakterien, die ohne Sauerstoff wachsen, z. B. *Clostridium botulinum*. Andere Keime werden im Wachstum eher gefördert, weil sie Nitrate als Stickstoffquelle verwerten können. Die Bakterien hemmende Wirkung kommt bei Salpeter erst zustande, wenn er in Nitrit umgewandelt ist. Diese Umwandlung im Lebensmittel erfolgt beim Pökeln durch die Tätigkeit von Mikroorganismen. Wie viel umgewandelt wird, ist unbestimmt. Deshalb ist es besser, diesen Schritt auszulassen und Nitrit mit Kochsalz zu mischen.

Mikrobiologische Hemmwirkung

Die Wirkungsweise in der Bakterienzelle ist noch nicht vollständig erforscht. Sicher ist, dass sich die aus Nitrit entstehenden Stickstoffoxide an die Zelleiweißbestandteile der Mikroorganismen binden und sie dadurch in ihrer Wirkung hemmen. Besonders die krank machenden Keime wie *Clostridium botulinum* und Salmonellen werden ausgeschaltet. Je saurer die Umgebung, desto weniger Nitrit ist notwendig. Auch Kochsalz unterstützt Nitrit in seiner Wirkung. Schimmelpilze und Hefen werden durch die Anwesenheit von Nitrit nicht beeinflusst.

Aroma- und Farbstoffbildung

Beim Einwirken von Nitrit auf die Eiweiß- und Fettbestandteile im Fleisch kommt es unter Mithilfe von Milchsäurebakterien und anderen Bakterien zum typischen, erwünschten Pökelaroma.
Das »Pökelrot« entsteht, weil sich Stickoxid aus dem Nitrit mit dem roten Blutfarbstoff aus dem Fleisch verbindet. Es entsteht eine kräftige, frische Farbe, die sich beim Erhitzen nicht verändert und unter Licht- und Lufteinfluss beständig ist. Sachgemäß gepökelte Fleischwaren werden nicht grau.

Hemmwirkung auf das Ranzigwerden der Fette

Nach F. WIRTH ist eine haltbarkeitsverlängernde Wirkung des Nitrits auf die Fette im Fleisch bewiesen. Die Fette werden nicht so schnell ranzig, der Geschmack bleibt länger erhalten.

Gesundheitliche Aspekte

Wir nehmen täglich Nitrat mit unserer Nahrung auf, besonders über Gemüse, Trinkwasser und auch über Fleischerzeugnisse. Eine krank machende Wirkung des Nitrates selbst ist nicht bewiesen. Durch die Tätigkeit von Mikroorganismen oder durch die Verdauungssäfte kann aus Nitrat das für den Menschen giftige Nitrit gebildet werden. Bei Erwachsenen geschieht dies im Darm, bei Säuglingen bereits im Speichel und Magen. Aus dem Zwölffingerdarm wird Nitrit leicht in die Blutbahn aufgenommen. Nitrit bindet sich dann an die roten Blutkörperchen, die Sauerstoffversorgung wird gehemmt, es kann Blausucht entstehen. Nitrate und Nitrite sind deshalb für Säuglinge besonders gefährlich.
Im gepökelten Fleisch selbst und über Nitrite können Nitrosamine entstehen. Einige unter ihnen gehören zu den stark Krebs fördernden Stoffen in der Ernährung. Besonders wenn gepökelte Fleischwaren bei 150–170 °C gegrillt oder gebraten werden, entstehen diese gefährlichen Stoffe. Rostbrat- und Grillwürste sollten deshalb nicht mit Nitritpökelsalz hergestellt werden. Alle hellen Wurstwaren enthalten kein Nitritpökelsalz.
Nach J. SCHORMÜLLER weicht der Nährwert von gepökeltem Fleisch hinsichtlich Mineralstoffen, Vitaminen der B-Gruppe und des Eiweißgehaltes nur geringfügig von frischer Ware ab.
Ein Verzicht auf Nitrat und Nitrit in der Fleischverarbeitung verlangt konsequente Hygiene und kühle Lagertemperaturen.

Geräte und Hilfsmittel

Zum Pökeln benötigt werden ein Steingut- oder Holzfass zum Einlegen und fester Zwirn sowie eine Nadel zum Zusammenbinden. Die Anschaffung eines Lake-Messgerätes (Salzthermometer) lohnt sich, wenn häufig gepökelt wird.
Außerdem ist ein kühler, gut zu lüftender, möglichst dunkler Kellerraum erforderlich.

Pökelstoffe und Pökelhilfsstoffe

Pökelstoffe
Salpeter (Nitrat) wird seit Jahrhunderten zum Pökeln von Fleisch, Wurst, Fisch und Käse genutzt. Unter der Bezeichnung Natron- oder Kali-Salpeter ist er im Handel, ist aber genau genommen Natrium- und Kaliumnitrat.

Bei *Nitritpökelsalz* ist 0,4–0,5% Nitrit mit 99,5–99,6% Kochsalz gemischt. Die Anwendung ist einfacher, eine Überdosierung ausgeschlossen.

Pökelhilfsstoffe

Ascorbinsäure (Vitamin C) begünstigt die erwünschte Wirkung der Nitrite und verhindert die Nitrosaminbildung.
Zucker erleichtert das Eindringen des Salzes in das Fleisch und begünstigt die Milchsäurebildung, die wiederum die Wirkung der Nitrite unterstützt.
Gewürze werden als geschmacksbestimmende Stoffe zugegeben und wirken z. T. auch bakterienhemmend. Als Dosis gilt: 5 Gramm pro Liter Lake für die Nasspökelung und $^1/_{10}$ des Salzgewichtes bei der Trockenpökelung.
Gewürzmischungen: Niederbayerisch Geräuchertes wird mit Wacholderbeeren, Knoblauch, Pfeffer und gemahlenem Kümmel gewürzt. Mischungen für Schinkenspezialitäten: Thymian, Salbei, gemahlene Nelken, Lorbeerblätter, Wacholder, gemahlener Koriander, Anissamen und Pfefferkörner *oder* Knoblauch, Piment-, Pfeffer-, Senfkörner, Zimtstangen und zerstoßener Ingwer.

Arbeitsanleitungen und Rezepte

Im Haushalt werden zwei Verfahren durchgeführt: die Nasspökelung und die Trockenpökelung. Häufig werden beide Verfahren kombiniert, dadurch entsteht nach dem Räuchern ein saftigeres Endprodukt.
Bei der gewerblichen Herstellung von Fleisch- und Wurstwaren wird den Schinken die Lake entweder in die Adern oder in den Muskel gespritzt oder im Vakuum die Lake in das Fleisch gezogen bzw. gepresst. Dieses Verfahren (= Schnellpökelung) verkürzt die Pökelzeit, dadurch werden die Fleischstücke saftiger und die Herstellungskosten sind niedriger. Nachteilig ist die kürzere Haltbarkeit der Schinken, sie sind für den Frischverzehr bestimmt.
Zum Pökeln eignet sich nur ausgemästetes, kerniges Fleisch von gesunden Tieren. Je größer die Teilstücke, umso geringer sind die Gewichtsverluste. Das abgekühlte Fleisch wird zugeschnitten, weghängende Fleischteile werden entfernt.

Für die Praxis

▷ Das Fleisch vor dem Pökeln gut ausgekühlen, große Schinken und Schulterstücke 2 Tage reifen lassen.

▷ Die Pökelzeit ist abhängig von der Dicke und dem Gewicht der Teilstücke.
▷ Liegen die Fleischstücke zu lange in der Pökellake, werden die Schinken trocken und übersalzen.
▷ Pökelfleischstücke vor dem Räuchern kurz waschen und/oder mit Küchenpapier abtrocknen. Das Räuchergut bekommt eine schönere Farbe und wird haltbarer.

Nasspökelung – Grundrezept

Vorbereitetes Fleisch, 100 g Nitritpökelsalz je Liter Wasser, 5 g Gewürze je Liter Lake

Das Fleisch wird für 3–4 Wochen bei 4–8 °C in eine Lake (»Sur«) gelegt, die aus Nitritpökelsalz, Wasser und Gewürzen besteht. Die Salzmenge richtet sich z. T. nach dem Geschmacksempfinden, es soll aber auch eine gewisse Haltbarkeit erreicht werden. In manchen Rezeptvorschlägen wird der Salzgehalt in Grad Baumè angegeben, wie es am Lake-Messgerät angezeigt wird. Für eine »eingrädige« Lake werden 8 Gramm je Liter Wasser benötigt, für mild gesalzene Ware 10–12 Grad, d. h. 80–96 Gramm je Liter Wasser. Das Messgerät gibt Auskunft, ob die Salzmenge stimmt.

Hinweise

Günstig ist die Wiederverwendung von einwandfreier Lake, weil dadurch dem neuen Pökelgut die richtige Bakterienzusammensetzung übertragen wird und die Nährstoffe nicht mehr so stark in die Lösung austreten. Das gepökelte Fleisch bleibt saftiger.
Gute Lake färbt sich goldgelb bis rötlich und ist ohne Trübung – verdorbene Lake schäumt, sie »schlägt um« und bildet unangenehme Geruchsstoffe.

Trockenpökelung – Grundrezept

10–12 kg vorbereitetes Fleisch, 500 g Salz oder Pökelsalz, 75 g Zucker, 50–80 g verschiedene Gewürze, z. B. zerdrückter Knoblauch, zerstoßene Wacholderbeeren

Die Fleischstücke mit Salz, Zucker und den Gewürzen dick und kräftig einreiben. Salzmischung auf den Fassboden streuen, Fleisch mit der Schwartenseite nach unten einschichten, mit Teller und Gewicht beschweren. Es bildet sich selten so viel Flüssigkeit, dass die Fleischstücke bedeckt sind, deshalb muss nach 2–3 Tagen mit eingrädiger Lake (8 Gramm pro Liter Wasser) aufgegossen werden. Der Pökelprozess kann 4–8 Wochen dauern. Um diese Zeit zu verkürzen, wird empfohlen, das Salz zu erhitzen und so heiß wie möglich das Fleisch damit einzureiben.

Räuchern zur Verlängerung der Haltbarkeit ist ein sehr altes Verfahren. Es wird immer in Verbindung mit Salzen oder Pökeln durchgeführt, weil Räuchern allein nicht genügt, um ein Lebensmittel haltbar zu machen. Heute wird überwiegend geräuchert, um gewisse Geschmackskomponenten zu erzielen.

Wirkungsweise

Heißräuchern ist ein kombiniertes (physiochemisches) Verfahren. Zuerst werden die Randschichten der Lebensmittel ausgetrocknet. Das schränkt vor allem Bakterien in ihrem Wachstum ein. Bei Räuchertemperaturen von über 70 °C werden an der Oberfläche die Mikroorganismen stark reduziert.
Die Wirkung der Rauchbestandteile gegen Mikroorganismen ist gering. Erst bei höheren Rauchtemperaturen steigt auch sie an. Nicht alle Mikroorganismen werden gehemmt. Besonders die Schimmelpilze der Gattung *Aspergillus* sind wenig empfindlich, sie können sich besonders gut auf Räucherwaren entwickeln, weil andere Arten gehemmt werden. Verschimmelte Räucherwaren sind für den Verzehr von Mensch und Tier nicht mehr geeignet.

Gesundheitliche Aspekte

Als der gefährlichste Stoff im Räucherrauch wird Benzpyren (genaue chemische Bezeichnung: 3,4 Benzpyren oder Benzo (a) Pyren) angesehen, dessen Krebs erzeugende Wirkung erwiesen ist.
Es trägt nicht zur Räucherwirkung bei, befindet sich aber im Rauch und dringt in die Randschichten des Fleisches ein. Als noch duldbare Höchstmenge ist eine Konzentration von 1 Mikrogramm je Kilogramm Räucherfleisch (= 1 ppb = part per billion) erlaubt.
Bei schwarzgeräuchertem Schinken werden durch die Lebensmittelüberwachung am häufigsten Überschreitungen der Höchstmenge beanstandet. Bis zu 500 ppb wurden im essbaren Anteil nach Entfernen der Randschichten gefunden. Im gewerblichen Bereich gelingt es mithilfe von elektronisch gesteuerten klimatisierten Räucherkammern, die Benzpyren-Werte zu verringern.

Stoffe im Rauch
Rauch besteht aus festen Bestandteilen (Flugasche, Ruß, Teer) und aus einem Gasgemisch (Kohlenwasserstoffe, Formaldehyd, Säuren, Phenole und vielem mehr). Nach E. LÜCK sind es 300 Einzelbestandteile, die noch nicht alle erforscht sind.

Geräte und Hilfsmittel

Früher wurden im oder am Schornstein der Häuser Räucherkammern angebracht. Dabei musste mit besonderer Vorsicht geschürt werden, denn es führte beim Überhitzen zum Ausbrennen, wobei häufig der ganze Vorrat an Geräuchertem vernichtet wurde.
Heute werden sichere Räucheröfen und -schränke, die mit Sägespäne bzw. mit Gas- oder Elektrokochern beheizbar sind, angeboten. Zum Messen der Temperatur benötigt man ein Thermometer.
Räucheröfen für Fische können auch selbst angefertigt werden. Es gibt im Handel kleine Geräte, die mit Holz, Holzkohle, Spiritus, Strom oder Gas beheizbar sind. Es wird eine Heizplatte erwärmt, worauf eine Sägmehlpfanne steht.
Für das Räuchern von Fleisch benötigt man Fleischerhaken, Schnur oder einen Rost für den Räucherofen. Für das Räuchern von Fisch werden spezielle Fischhaken oder Nadeln mit Schnur zum Aufhängen gebraucht.

Arbeitsanleitungen und Rezepte

Räucherrauch wird durch Verschwelen von naturbelassenem Eichen-, Buchen-, Ahorn-, Linden-, Birken- und Erlenholz erzeugt sowie von kleinen Zweigen von ausländischen Hölzern, z. B. Hickory. Obstgehölze werden auch eingesetzt. Nadelholz ist wegen seines Harzanteiles, der terpentinartigen Geschmack bedingt, nicht geeignet. Auf keinen Fall sollte das gemischte Sägemehl aus der Schreinerwerkstatt verwendet werden. Reste von Lacken und Holzbehandlungsmitteln sind nicht geeignet.
Für schwarzgeräucherte Spezialitäten aus Niederbayern, Franken, Schwarzwald und Hamburg (»Sottje«) werden manchmal einige mit Harz behaftete Zweige beigemischt.
Das trockene Sägemehl der genannten Hölzer wird mit Hobelspänen entzündet und am Schwelen gehalten. Feucht verwendetes Sägemehl bringt unerwünschten carbolartigen Geschmack.
Es gibt verschiedene Räucherverfahren: Kalträuchern, Warmräuchern oder Heißräuchern.
Kalt geräuchert werden gepökeltes Fleisch, Speck, Koch- und Rohwürste. Sollen besonders haltbare Fleischwaren hergestellt werden, ist es auch heute noch üblich, diese über Wochen kalt zu räuchern. Es entstehen dabei stark durchgetrocknete Produkte, die gut haltbar und geschmacklich hervorragend sind, weil die Temperatur des Rauches nicht über 20 °C steigen darf und viel Frischluft während des Vorgangs zugeführt werden muss.

Hinweis
Ursprünglich ist dieses »Selchfleisch« schwarz aus der Räucherkammer genommen worden. Es schmeckt aber auch sehr gut und ist gesünder, wenn es heller ist.

2–3 Kilogramm schwere Fleischstücke müssen 8–10 Tage geräuchert werden, sie sollen dann schön gefärbt und abgetrocknet sein. Wurst wird 2–3 Tage geräuchert und ist fertig, wenn die Haut trocken, aber nicht hart ist.
Beim *Warm- und Heißräuchern* von Würsten und Fischwaren wirken Temperaturen von 40–80 °C. Der Vorgang dauert einige Stunden und dient vor allem zur Geschmacksverbesserung.
Bei einer Raucherzeugungstemperatur von unter 700 °C wird kaum Ruß gebildet. Es befindet sich wenig Benzpyren im Rauch, das Holz bzw. Sägemehl brennt nicht, es verschwelt. Oberhalb 700 °C steigen die Rauchtemperatur und die Rußbildung, das Feuerungsmaterial brennt und flammt auf. Unter 700 °C entwickelt der Rauch im Fleisch ein gutes und kräftiges Aroma – über 700 °C steigen die Ruß- und Benzpyrenanteile, das gewünschte Aroma wird kaum noch wahrgenommen.
Schwarzgeräuchertes, das durch Verbrennen von Holzscheiten nach alter Überlieferung erzeugt wird, überschreitet fast immer die zugelassenen Höchstwerte an Benzpyren.
Starkes und langes Räuchern verursacht nicht nur eine erhöhte Schadstoffbelastung, sondern auch ein Schrumpfen und eine Qualitätsminderung.

Fleisch und Fleischwaren

Für die Praxis

- ▷ Bei Räucherwurstwaren abziehbare Kunstdärme bevorzugen. Über Naturdärme gehen 70–80% der schädlichen Stoffe in die Wurst über, bei Kunstdärmen 30%.
- ▷ Auch wenn im Verhältnis zum gesamten Lebensmittelverzehr der Anteil von Räucherwaren niedrig ist, darf diese gesundheitliche Gefährdung nicht übersehen werden.
- ▷ Räucherwaren nicht täglich verzehren! So lässt sich das Gesundheitsrisiko gering halten.
- ▷ Vor dem Verzehr sollen stark geräucherte Ränder 1 cm breit abgeschnitten werden. In der äußeren Schicht sind die Krebs fördernden Rauchbestandteile.
- ▷ Die Pökelfleischstücke ohne Rauch 1–2 Tage luftig und kühl aufhängen. Eventuell in den Räucherschrank hängen, diesen nicht ganz verschließen.
- ▷ Langsam, mit viel Luftzufuhr und nicht über 20 °C kalt räuchern, dann wird die Qualität der Räucherware optimal.
- ▷ Bei Temperaturen über 40 °C beginnt das Fett zu schmelzen, es wird später gelb und ranzig, die Eintrocknungsverluste sind hoch.

Wer Feuer für das Räuchern gefangen hat, wird experimentieren: mit Gewürzen, dem Räucherholz, der Temperaturführung usw.
Bilder: **www.metzgereiwasner.de**

- Werden Dauerwürste über 20 °C geräuchert, wird die Haut ausgetrocknet, die äußeren Schichten verhindern einen Sauerstoffausgleich, das Wurstinnere wird graugrün und im Extremfall ungenießbar.
- Wechsel von Raucheinwirkung und Abkühlung bringt gute Räucherprodukte.
- Die Fleischstücke nicht zu nah aneinander in die Räucherkammer hängen, sie trocknen sonst unregelmäßig.
- Zu langes Räuchern macht das Fleisch zäh und fasrig. Es verliert an Gewicht, ist schwer verdaulich und schmeckt salzig.
- Räucherwaren und Dauerwürste nicht im Kühlschrank lagern, sondern luftig und dunkel aufhängen.
- Vor Schädlingen (Fliegen!) schützen!

Niederbayerisches Bauerngeräuchertes

12 kg Schweinefleisch vom Schlegel oder Hals,
1 kg Nitritpökelsalz,
1 TL gemahlener Kümmel,
1 TL zerbrochene Lorbeerblätter,
1 TL zerstoßene Wacholderbeeren,
1 TL zerdrückte Knoblauchzehen

Das Fleisch in 1½-Kilogramm-Stücke teilen, abrunden, mit Salz-Gewürz-Mischung einreiben. Sauberes Steingutfass an einen kühlen, dunklen Ort stellen, den Boden mit Salzmischung bestreuen, Fleisch mit Schwarte nach unten fest einschichten, mit Teller und Gewicht beschweren. Nach 2 Tagen mit kaltem Leitungswasser aufgießen, bis das Fleisch bedeckt ist. Wenn ein Lakemesser vorhanden ist, die Lake auf 10 Grad einstellen, eventuell nachsalzen. Nach 3 Wochen das Fleisch aus der Lake nehmen, mit Fleischhaken versehen, mit Küchenpapier trocken tupfen und 1 Tag zum Trocknen luftig und kühl aufhängen. 3-4 Tage kalt räuchern.

Westfälischer Schinken – Luftgetrocknet

1 ganzer Schweinehinterschlegel (8–10 kg),
500–750 g Pökelsalz,
10 g Wacholderbeeren,
3 Lorbeerblätter,
ca. 50 g frisch gemahlener Pfeffer

Alle weghängenden Teile des Schlegels glatt zuschneiden, einsalzen, eine Schnur am schmalen Ende anbringen, in einen Steintrog legen, Wacholderbeeren und Lorbeerblätter zufügen. 3 Wochen jeden Tag den Schinken mit der entstehenden Lake übergießen und drehen, bei 6-8 °C lagern. Nach 3 Wochen den Schinken mit einem warmen, feuchten Tuch abreiben, mit Küchenpapier gut abtrocknen, kühl und luftig aufhängen. Nach weiteren 2-3 Wochen 3 Tage kalt räuchern, dick mit Pfeffer einreiben, 4-6 Wochen an einen kühlen, luftigen und trockenen Ort hängen. Ein zugiger Dachboden ist am besten geeignet.

Hinweise

Wird der Schinken angeschnitten, auf kleine Schnittflächen achten. Um das Austrocknen zu verhindern, Schnittflächen mit Schweinefett bestreichen.

Vor dem Servieren hauchdünn aufschneiden. In einem Leinensack hängend aufbewahren. In Westfalen wird der Schinken im Januar eingesalzen und in der Märzluft getrocknet.

Fisch

Zum Räuchern sauber vorbereitete Forellen.

Zum Räuchern eignen sich Forelle, Aal, Lachs und Makrele. Für den Hausgebrauch kann man es auch mit Karpfen, Renken, Brachsen und Schleien versuchen.

Für die Praxis

- ▷ Fische nach dem Schlachten besonders sorgfältig ausnehmen, Darm nicht verletzen, damit der Anfangskeimgehalt niedrig bleibt.
- ▷ Alle Innereien mit einem Löffel entfernen.
- ▷ Kiemen entfernen, weil dann beim Aufhängen kein blutiges Wasser über das Fischfleisch laufen kann.
- ▷ Die Außenhaut gründlich waschen und entschleimen, dann wird die Räucherfarbe angenehm goldgelb.
- ▷ Die Salzmenge wird durch den Geschmack bestimmt, die Haltbarkeit kann nur geringfügig beeinflusst werden.

Räucherfisch – Grundzubereitung

Pro kg Fisch 30 g Salz und 20 g Zucker – die Anzahl der in einer Charge räucherbaren Fische richtet sich nach der Größe des Räucherofens
Gewürze nach Geschmack: frisch gemahlener Pfeffer, gestoßene Wacholderbeeren, Rosmarin, Dill, Thymian, Senfkörner

Fische nach dem Schlachten sorgfältig ausnehmen, die Kiemen entfernen. Die Außenhaut gründlich waschen und entschleimen. Dann die Fische einsalzen und würzen.
Trockensalzen: Fische außen und innen nach Geschmack einreiben, Salz 30 Minuten einwirken lassen, eventuell kurz wässern.
Nasssalzen: Fische 10–12 Stunden in Kochsalzlösung legen (je Liter Wasser 50 g Salz) oder 1–2 Stunden in Kochsalzlösung legen (je Liter Wasser 400 g Salz) - anschließend kurz wässern. Die Fische müssen mit Salzlake gut bedeckt sein.
Die Fische mit Haken und Klammern am Rückgrat festhalten oder mit Nadel und Schnur am Schwanz aufhängen.
Die Fische bei 30–40 °C luftig, bei offener Räucherkammer antrocknen lassen, dann die Tür schließen, bis 110 °C aufheizen, in 30–60 Minuten, je nach Größe der Fische, garen. Temperatur auf 50–60 °C sinken lassen.
Garprobe: Rückenflosse leicht herausziehbar, schöne weiße Farbe.
Dann die Fische räuchern, dazu Sägemehl auf die Heizquelle legen (je nach Gebrauchsanweisung des Gerätes), 1–2 Stunden bei einer Raumtemperatur von 20–30 °C glimmen lassen.
Haltbarkeit: Bis zu 1 Woche im Kühlschrank oder einfrieren.

Geräucherte Forellen - Spezialrezept

Pro Person 1 Forelle (ca. 350 g), frisch geschlachtet und ca. 24 Stunden in eine Salzlake gelegt (je kg Forelle 100 g Salz und 1 l Wasser)

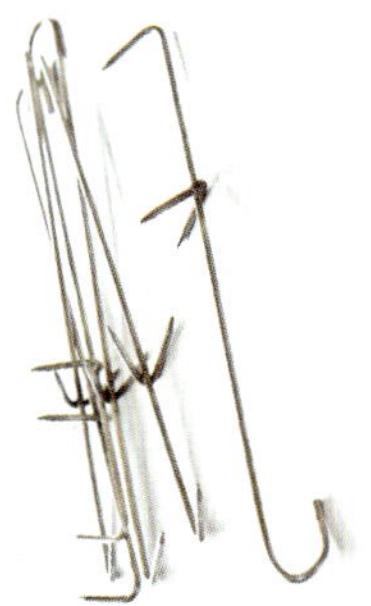

Etwa 1 Stunde vor dem Essen Fische aus der Salzlake nehmen, mit Küchenpapier innen und außen gut abtupfen, innen mit 2 Salbeiblättern und gestoßenem Wacholder einreiben, mit Fischhaken (spezieller Forellenspieß, siehe Foto) so aufhängen, dass das Salbeiblatt fest im Bauchraum bleibt. In den Räucherofen hängen.
Den Räucherofen auf 80 °C erwärmen (nicht mehr und nicht weniger!), nach 30–40 Minuten Garprobe durchführen. Der Fisch ist fertig, wenn das Fischfleisch schön weiß ist, es sich gut von der Haut löst und die Flossen leicht herausgezogen werden können.
Dazu passen gut: Erdäpfelkas, Meerrettichsauce und ein gut gekühltes Pils!

Rezept Erdäpfelkas:

500 g festkochende Kartoffeln vom Vortag (in der Schale gedämpft), 150 g Joghurt, 200 ml Sauerrahm, 100 ml Schlagrahm, 2 fein gehackte Zwiebeln, je 2 gestrichene TL Salz und frisch gemahlenen Pfeffer

Kartoffeln pellen, wie für Kartoffelsalat schneiden. Alle Zutaten vermengen, abschmecken und nach 2 Stunden servieren.

Fischhaken oben links und Räucherofen:
Idee: Robert Kapsreiter

Bezugsquelle:
Fa. F.X. und H. Fuchs GbR, Stahl- und Metallbau, Passauerstraße 10, 94330 Aiterhofen
Tel.: 09421/33615, Fax 09421/32862, Mobil 0171/4374949, fuchs-stahlbau@t-online.de

Salz

Arbeitsanleitungen

Bei der Milchverwertung steht die Herstellung von Milchprodukten »so wie es früher einmal war« im Vordergrund, insbesondere wenn Amateure Käse bereiten.
Milch, die in der »Hauskäserei« verarbeitet wird, sollte hygienisch einwandfrei sein. Am einfachsten ist es, H-Milch zu verwenden. Rohmilch und pasteurisierte Frischmilch sind zur Weiterverarbeitung nicht geeignet, sie müssen vor der Verarbeitung bis zum Kochpunkt erhitzt und anschließend abgekühlt werden.
Außer Kuhmilch kann auch Schaf- und Ziegenmilch für die Käseherstellung verwendet werden.

Sauermilch (Dickmilch)
Früher wurde die rohe Milch (direkt vom Erzeuger) in Schüsseln oder Steinguttöpfen aufgestellt. Aus der Luft fielen Milchsäurebakterien ein, die die Säuerung bewirkten. Bei Raumtemperatur entstand in 2–3 Tagen Dickmilch. Wurde das Gefäß kühler gestellt, konnte das Dickwerden verzögert werden. Untersuchungen haben gezeigt, dass durch die Verwendung von roher Milch auch Coli-Bakterien im fertigen Produkt sein können.
Heutige, insbesondere hygienischere Methode: Pasteurisierte Milch bis zum Kochpunkt erhitzen, in kaltem Wasser auf Raumtemperatur abkühlen. 1 EL gekaufte Sauermilch oder nicht erhitzten rechtsdrehenden L-(+)-Milchsäure-Joghurt zugeben. In Portionsgläser verteilen, mit Alufolie oder Schraubdeckel verschließen. Bei Raumtemperatur dick werden lassen, dann bis zum Verzehr in den Kühlschrank stellen. Frische Dickmilch kann bis zu 3-mal als neue Starterkultur verwendet werden. Nach 4–5-maliger Herstellung neue Kultur zukaufen.

Sauerrahm- und Süßrahmbutter
Früher wurde in bäuerlichen Haushalten Rahm durch Zentrifugieren der Milch gewonnen. Der Rahm, mehr oder weniger gesäuert, wurde im Butterfass zu Butter geschlagen. Diese Geräte sind neuerdings im Fachhandel wieder erhältlich. Für kleinere Haushalte ist das aber oft nicht sinnvoll.
Auf einfache Weise und mit den heutigen Hilfsmitteln wird *Sauerrahmbutter* folgendermaßen hergestellt: Wird der an der Oberfläche sich absetzende Sauerrahm bei der Dickmilchherstellung abgenommen und gesammelt, kann durch Rühren mit dem Handrührgerät oder in der Küchenmaschine Sauerrahmbutter hergestellt werden. Vorteilhaft ist es, mindestens 1 Liter Sauerrahm anzusammeln, um ein gutes Ergebnis zu bekommen.

Das Milchfett wird bei einer Temperatur von unter 10 °C verarbeitet. Es beginnt beim Schlagen zuerst in kleinen Teilchen auszuflocken, erst beim Weiterschlagen klumpen die Flocken zusammen. Die Buttermilch wird mit einem grobmaschigen Tuch abgeseiht und möglichst bald getrunken. Der frische Geschmack hält sich nicht lange. Die Butter wird in kaltem Wasser geknetet (das Wasser zweimal erneuert, denn vom gründlichen »Auswaschen« ist die Haltbarkeit abhängig), in Buttermodeln geformt und in Alufolie im Kühlschrank gelagert. Alufolie ist deshalb am günstigsten, weil sie Licht und Luft abhält, die verantwortlich für den schnellen Verderb der Butter sind.
Süßrahmbutter wird wie Sauerrahmbutter hergestellt. Wird nach dem Auswaschen Salz in die Butter geknetet, kann die Haltbarkeit verlängert werden.
Für die Herstellung von 1 Kilogramm Butter sind 25–30 Liter Vollmilch, je nach Fettgehalt, oder ca. 1200 Gramm Rahm notwendig. Sauer gewordene Schlagsahne (30% Fett) kann verwendet werden. Zugekaufte saure Sahne (10% Fett) ist nicht geeignet.

Butterschmalz
Butter, die nicht ranzig sein darf, im Topf langsam erhitzen, aber nicht bräunen. Den entstehenden Schaum abschöpfen, zum Kochen verwenden. Die klare Butterflüssigkeit in einen Steinguttopf gießen, auskühlen lassen, dann den Topf mit Alufolie verschließen. Wird die Folie sofort aufgelegt, bildet sich Kondenswasser, das Butterschmalz verschimmelt dann an der Oberfläche.

Quark (Topfen)
Quark aus Magermilch oder Vollmilch: Frischmilch mit Butter- oder Sauermilch ansäuern, auf 25 °C erhitzen, 24 Stunden bei Raumtemperatur stehen lassen, abseihen und abtropfen lassen.
Quark (Topfen) aus Sauermilch: Die »gestöckelte« saure Milch bei 24 °C 2 Tage warm stellen, mit dem Messer gitterförmig durchschneiden (schneller geht der Vorgang, wenn die übersaure Milch langsam unter Rühren auf 75 °C erhitzt wird), durch ein Mulltuch abseihen, gut abtropfen, das Tuch fest zusammenwringen, damit der Topfen trockener wird.
Buttermilchquark: Buttermilch bei 24 °C 2 Tage stehen lassen, die fest gewordene Käsemasse durch ein Tuch abseihen, 12–24 Stunden ablaufen lassen, dabei mehrmals den Inhalt des Tuches vermischen.
Joghurtquark: Milch mit Joghurt säuern und wie bei Buttermilchquark weiterverarbeiten. Mit Salz würzen.
Molkenquark: Frische Molke unter ständigem Rühren in einem großen Topf auf 78 °C erwärmen (Thermometer). Nach 15 Minuten

wird die Temperatur langsam auf 85 °C erhöht. Nach weiteren 10 Minuten die Masse durch ein Tuch abseihen und 12–24 Stunden abtropfen lassen.
Quark mit Labferment: Vollmilch, Magermilch oder Rahm mit 100 Milliliter Buttermilch je Liter unter Rühren auf 38 °C erhitzen. Labferment nach Gebrauchsanweisung verdünnen und zugeben, warm stellen, bis die Milch dick wird. Mit langem Messer die Masse würfelig schneiden, 30 Minuten stehen lassen, durch ein Tuch abseihen, 12 Stunden abtropfen lassen. Labferment gibt es in Apotheken und Drogerien.

Schichtkäse

Springformring oder Tortenrand mit einem feinen Baumwolltuch auslegen, auf einen Kuchenrost auf die Abtropffläche des Geschirrspülbeckens stellen, 3 cm hoch Quark mit Labferment (oder auf andere Art gewonnenen Quark) einfüllen, glatt streichen, salzen, nach Geschmack mit Kümmel, Pfeffer o. Ä. bestreuen, saure Sahne dünn auftragen, dann wieder Quark mit Gewürzen usw. Nach 3–4 Schichten eine Platte auflegen, von oben beschweren, damit die restliche Molke ablaufen kann. Nach ca. 6 Stunden aus der Form nehmen, kühl lagern.

Kochkäse

1 Kilogramm stark ausgepressten Quark im Wasserbad unter Rühren erwärmen, bis eine geschmeidige Masse entstanden ist. Mit Kümmel und Salz würzen, bis zu 14 Tage warm stellen (auf dem Küchenschrank), bis die Masse streichfähig geworden ist.
In manchen Regionen wird empfohlen, 30–40 Gramm Butter schaumig zu schlagen, mit der geschmeidigen Masse zu verrühren und dann zum Reifen aufzustellen. Das verbessert den Geschmack.

Handkäse

Quark aus Magermilch herstellen, mit Kümmel und Salz würzen, verkneten. Scheiben von 8 cm Durchmesser und 2 cm Höhe formen, auf einen Rost legen, mit einem Tuch zudecken, warm stellen, täglich mit Bier bestreichen. Wenn sie im Anschnitt durch und durch glasig sind, sind sie fertig.
Für »Handkäse mit Musik« wird er mit Zwiebeln, Essig und Öl angemacht.

Alte Rezepte

Kessel- oder Wellfleisch

Kopf- und Backenfleisch, nach Belieben Bauchfleisch, Herz und evtl. Lunge, Zwerchfell (Kronfleisch), Salz, Gewürze, z. B. Pfeffer, Majoran, Lorbeerblatt, Suppengrün

Alle Zutaten in köchelndem Wasser ca. 1½ Stunden sieden lassen, vor dem Servieren entweder dünne Schwarzbrotscheiben in die Kesselbrühe geben oder Suppe, Fleisch und Brot getrennt reichen. Das Fleisch wird mit Salz und Pfeffer nach Belieben gewürzt.

Schlachtschüssel

Die altbayerische Schlachtschüssel enthält 1 Scheibe Well- oder Bauchfleisch, je 1 Leber- und Blutwurst und evtl. 1 Leberknödel. Alle Bestandteile sind auf Sauerkraut angerichtet; mit Kartoffeln oder Brot und Bier schmeckt es gut. Ganz originell ist es, wenn wie früher zum Garnieren je ein Stückchen von Ohr und Niere auf die Platte gelegt wird.

Bei der westfälischen Schlachtplatte wird das Eisbein, Schweinebauch und -backe in einer würzigen Brühe (mit Pfeffer, Nelken, Lorbeerblatt und Zwiebeln) 1½ Stunden gekocht. Auf Sauerkraut werden die Portionsstücke angerichtet, mit je 1 Leber- und Blutwurst garniert, mit Kartoffeln oder Erbsenpüree gereicht. Zum Trinken gibt es Bier mit einem Klaren.

Die schwäbische Schlachtplatte ist der altbayerischen ähnlich, jedoch werden statt des Leberknödels Erbsenpüree mit gerösteten Zwiebelringen, Kartoffeln oder Spätzle gereicht. Getrunken wird Bier und Obstler.

Schweineschmalz

Früher war die Butter- und Schweineschmalzherstellung im Haushalt notwendig, heute ist sie ein Hobby. Die Haltbarkeit wird durch das Verdampfen des Wassers und das Entfernen des Eiweißes erzielt.

1 kg Flomen (Nierenfett vom Schwein) oder Flomen und Rückenspeck gemischt
Geschmackszutaten:
1 EL Kümmel,
1 große Zwiebel, 1 großer geschälter, fein geschnittener Apfel, geschälte und gepresste Knoblauchzehen

Fett steif kühlen, damit es sich besser verarbeiten lässt. Für Griebenschmalz das Fett in ½ cm große Würfel schneiden, sonst das Fett durch den Fleischwolf drehen. Bei schwacher Hitze langsam erhitzen. Die Grieben sind anfangs trüb, dann glasig, das Fett ist hell und klar. In diesem Zustand das überschüssige Fett in die vorbereiteten Steingutgefäße abgießen. Zu den Grieben die Geschmackszutaten einzeln oder gemischt geben, dann weiter ausbraten, bis die Grieben die gewünschte Farbe haben. Unter das Fett in den Gefäßen mischen. Beim Erkalten einige Male umrühren, damit die Geschmackszutaten und die Grieben im Fett verteilt bleiben.

Fleischwolf und Wurst-Einfüllstutzen sind wichtige Geräte für die Fleischverarbeitung. ▶

Leberwurst

2 kg Schweinebauch mit Schwarte, Kopffleisch, Knochenfleisch und Innereien,
300 g mageres Schweinefleisch, Kesselbrühe,
750 g Schweineleber, 2 große Zwiebeln, etwas Fett,
2 gehäufte EL Salz,
2 EL gemahlener weißer Pfeffer, 2 EL Majoran,
1 TL Muskatblüte,
1 TL Kardamom,
1 TL Thymian, 2–3 Tassen Kesselbrühe, Därme

Am besten ist die Verarbeitung von noch schlachtwarmem Fleisch. Werden die Zutaten gekauft, ist es gut, dies am Schlachttag des Schlachthofes (meist Montag) zu tun. Qualität und Aroma der Leberwurst werden besser.
Fleisch in Stücke schneiden und in der Kesselbrühe 60 Minuten leise kochen. Die Leber 15 Sekunden mit kochendem Wasser überbrühen (Bitterstoffe werden herausgezogen). Zwiebeln in wenig Fett glasig dünsten. Alle Zutaten durch die 4,5 mm Lochscheibe des Fleischwolfes drehen, die Leber zweimal, Salz und Gewürze zugeben, mit Handfülltrichter in Därme füllen, abbinden. Wasser in einem großen Kessel erhitzen, sofort nach dem Füllen die Würste in das schwach siedende Wasser legen, mit kaltem Wasser und einem

Der Magen einer Sau,
das Herz einer Frau,
der Inhalt einer Leberwurst,
die bleiben immer unerforscht.

Sterilisierthermometer auf 80 °C einstellen. Die Leberwurst muss im Inneren 70 °C erreichen, dies ist bei einem Durchmesser von 50 mm in 60 Minuten möglich. Sind die Würste dünner, genügen 30–45 Minuten. Sind die Würste fertig, zuerst in lauwarmem Wasser kühlen, dann immer mehr kaltes Wasser zugeben und wenden, damit sich das fest werdende Fett gleichmäßig verteilt. Sind sie gut gekühlt, aus dem Wasser nehmen, luftig auslegen.

Variationen

Nach dem Abtrocknen können die Würste kurz geräuchert werden, das verlängert die Haltbarkeit.

Die Masse kann auch in Dosen oder Gläsern sterilisiert oder eingefroren werden.

Bei der Westfälischen Graupenwurst werden in die Leberwurstmasse vor dem Abfüllen bis zu 1 Kilogramm Gerstengraupen gemischt. Diese werden vorher mit 1 Liter Kochwasser 40 Minuten bei schwacher Hitze aufgequollen.

Leberwurst in der Bratreine

2 kg verschiedenes Kochfleisch von Kopf, Haxe und magerem Bauchfleisch,
500 g Schwarten,
750 g Leber,
3 Zwiebeln, 2 EL Pfeffer,
2 EL Salz, 2 EL Majoran,
750 ml Brühe

Kochfleisch und Schwarten 1 Stunde in Wasser kochen, abgießen, Brühe auffangen. Leber 15 Sekunden in kochendem Wasser brühen. Alle Zutaten durch den Fleischwolf drehen, mit Gewürzen und Brühe vermischen, in Bratreine füllen und im Backofen bei 220 °C 20 Minuten garen.

Die fertige Leberwurst wird zum Teil frisch gegessen, zum Teil in Portionsstücken in Alufolie verpackt und eingefroren. Bei Bedarf im Kühlschrank auftauen.

Blutwurst

250 g Würfel vom Rückenspeck, 1 l frisches, geschlagenes Blut,
1–2 Tassen Kesselbrühe,
1 Tasse Milch, 1 gehackte Zwiebel, 1 Handvoll Leberwurstmasse, 30 g Salz,
1 EL gemahlener Pfeffer,
1 EL Majoran,
Schweinedärme

Die Speckwürfel überbrühen. Das Blut durchseihen, die heiße Brühe und die Milch unter ständigem Schlagen mit dem Schneebesen dazugeben. Speckwürfel und Gewürze untermischen, mit einem Trichter in Schweinedickdärme füllen, nach ca. 10 cm abbinden, 1 cm Zwischenraum lassen und mit der neuen Wurst beginnen. In leicht kochendes Wasser legen, dann mit kaltem Wasser und Thermometer auf 85 °C einstellen, 60 Minuten brühen.

Die Blutwurst erhält ihre Festigkeit durch Gerinnen des Eiweißes. Bei einer Wurstinnentemperatur von 75 °C wird die Wurst auch innen fest. Wird während der ersten 15 Minuten im Brühwasser die Wurst häufig um die eigene Achse gedreht, verteilt sich der Speck gleichmäßig. Abkühlen wie Leberwurst.

Variationen

Die Masse kann auch in der Bratreine bei 220 °C 30 Minuten gebacken werden. Heiß wird sie mit Kümmelkartoffeln und Sauerkraut gegessen, kalt schmeckt sie auf Brot.

Fleischkäse

12 alte Semmeln, Wasser,
3 kg mageres Fleisch,
50 g Salz,
12 Eier,
(nach Belieben Zwiebeln,
Petersilie, Basilikum)

Die Semmeln in Wasser einweichen, gut auspressen. Mit dem Fleisch zweimal durch den Fleischwolf drehen, mit Salz, Eiern und Gewürzen sehr gut durchkneten, in Alubehälter verteilen, verpacken und einfrieren. Bei Bedarf 1-1½ Stunden bei 220 °C backen, dabei öfter mit kaltem Wasser bestreichen.

Sulzpresssack

Schwarten, Halsfleisch,
½ Schweinskopf,
2 Schweinsfüße, 2 Kalbsfüße,
Zwiebeln, Wurzelwerk, Salz
und Pfeffer, Wasser,
1 Schweinemagen

Alle Zutaten in einen großen Topf schichten, mit Wasser auffüllen, bis alles bedeckt ist, 60 Minuten leise kochen lassen. Alle Fleischteile auslösen und Schwarten klein schneiden, mit der Brühe aufgießen, kräftig würzen, in einen Schweinemagen füllen und 3-4 Stunden je nach Dicke bei 80 °C brühen.

Variationen

Die Masse kann auch in Kunststoffdärme gefüllt werden, dann 2 Stunden bei 80 °C brühen. Oder in Gläser oder Dosen füllen und bei 100 °C 90-120 Minuten sterilisieren.

Beim Blutpresssack wird vor dem Abfüllen frisches Schweineblut zugegeben. Es empfiehlt sich, mit Nitritpökelsalz zu würzen, damit die Haltbarkeit gesichert ist.

Leberkäse

375 g Leber, 1 kg Schweinefleisch aus der Schulter,
1 kg Rindsbrät,
500 g Schwartenfett,
bis 375 ml Wasser, 4–5 Eier,
Salz, Pfeffer, Zwiebeln,
½ Zehe Knoblauch, Zitronenschale, evtl. Schweinsetz
zum Einschlagen

Leber 15 Sekunden in kochendem Wasser brühen, zusammen mit dem Fleisch und dem Fett zweimal durch den Fleischwolf drehen. Wasser, Eier und Gewürze zugeben und in einer feuerfesten Form 120 Minuten bei 180 °C backen. Die Masse kann auch in Dosen und Gläsern bei 100 °C 120 Minuten sterilisiert werden.

Tellersülze (Knöcherlsülze)

Für den Aspik:
2 Schweinsfüße, 1 Kalbsfuß,
1 Schweinsohr, einige
Schwarten ohne Fett, Salz,
Wurzelwerk, 5 Pfefferkörner,
2 Pimentkörner,
2 Wacholderbeeren,
1 kleines Lorbeerblatt,
4 l Wasser,
nach Geschmack 3–5 EL
Essig,
ca. 1½ kg mageres gekochtes
Fleisch (Kesselfleisch), evtl.
1 Kalbszunge, 3 Eiweiß
Garnitur: Erbsen, gekochte
Eier, Gurken, Tomaten,
Kapern, Schinkenwürfel,
Möhren, Petersilie

Alle Zutaten mit den Gewürzen 60 Minuten leise köcheln lassen. Fleisch schneiden, portionsweise in Suppenteller verteilen. Sud kräftig abschmecken, abseihen und, wenn er besonders klar werden soll, 3 Eiweiß und eine gut gewaschene zerdrückte Eischale zugeben, nochmals aufkochen, auskühlen lassen, dann fest gewordene obere Schicht abheben. Den klaren, möglichst fettfreien Sud erwärmen, bis er flüssig ist, auf alle Portionen so verteilen, dass das Fleisch bedeckt ist. Garnituren auflegen, vorsichtig restliche Sulzbrühe verteilen; kalt stellen, bis die Sülze fest ist. Vor dem Verzehr mit Salz und Pfeffer nachwürzen.

Wir feiern ein Fest mit den selbst hergestellten Spezialitäten

Selbst hergestellte Geschenke mit den Spezialitäten aus dem Vorrat für Freunde zu bereiten, bringt Freude. Noch schöner ist es, Freunde einzuladen und mit ihnen nach den Arbeitsanleitungen und Rezepten zu experimentieren und neue Spezialitäten zu kreieren. Beispiele:

- Erntedankfest, Fischessen im Anglerverein
- Namenstagsfest oder Schutzheiligenfest (z.B. Hubertus für Jäger)
- Schwammerlfest nach einer Wanderung im Herbst
- Wettstreit »Casting der selbst bereiteten Weine/Liköre« im Freundeskreis
- Brotzeit/Brunch mit Fleischwaren und Käse aus eigener Herstellung

Um ein solches Fest nicht unvorbereitet zu starten, dient der folgende 10-Punkte-Plan als allgemeine Hilfe. Natürlich kann jeder Punkt mit persönlichen Daten ergänzt werden.

10 Schritte für das Gelingen:

1. Wann und wer wird eingeladen?
Welcher Termin ist optimal?
In welchem Monat ist der Obstwein ausgereift? Wann sind die Trockenfrüchte zu Spezialitäten verarbeitet? Wann ist der Likör fertig? Wann ist der Schinken geräuchert?
Wann ist der richtige Monat, Tag; oder wann wird ein Jubiläum bzw. Geburtstag gefeiert?
Wann haben die wichtigsten Menschen, die eingeladen werden sollen, Zeit?

Wer wird eingeladen?
Eine Gästeliste mit Adresse (und Telefonnummern) von Anfang an bringt Vorteile. Gibt es Gleichgesinnte, die auch selbst bereitete Vorräte mitbringen können – vielleicht zur Weinprobe?

2. Wo ist der richtige Ort?
Ist die Wohnung, der Garten, der Keller zu klein, bieten sich andere Örtlichkeiten:
Picknick im Freien, Mieten einer Räumlichkeit (Partyzelt, Jugendheim, Gemeindehaus, Scheune u. a.), im Schrebergarten oder Absprache mit einem Gastronomiebetrieb.
Ein besonderer Rahmen ist ein ungewöhnliches Ambiente.
Wichtig sind ausreichende Parkmöglichkeiten.

3. Wie und wozu lade ich ein?

Egal, ob schriftlich (i.d.R. 4–6 Wochen vor dem Termin) oder kurzfristig mündlich:

Originell und individuell!

Ist es ein Frühschoppen, Brunch, eine Kaffeerunde, ein Grillfest, Picknick, eine Weinprobe usw.?

Termin, Uhrzeit, Ort mit genauer Adresse und Anfahrtsbeschreibung.

Rückmeldedatum für Absagen.

4. Wie sollen die Räumlichkeiten und Tische für die Feier vorbereitet werden?

Organisation von Tischen und Stühlen, Büfetttische, Geschenktische, Bistrotische.

Pro Sitzplatz 70 cm planen.

Gardarobe, Schirmständer usw. nicht vergessen.

Dekoration planen: Tischdecken, Servietten, Blumenschmuck, Kerzen usw.

Menükarten – Tischkarten – Geschirr – Besteck – Gläser.

Reinigung vorher – nachher.

Platz für Musik.

5. Welches Essen?

Die Speisenfolge wird vom Anlass, von der Jahreszeit und vom Thema des Festes bestimmt.

Entscheidend ist die Zusammensetzung der Gäste und die Frage: Welche Spezialitäten sollen geboten werden – aus der eigenen Vorratsbereitung?

Kalkuliert wird mit folgenden Mengenangaben (Erfahrungswerte!):

Prinzipiell den Schwerpunkt auf salzige Speisen (3 Teile) und süße Speisen (2 Teile), außer bei Kaffeeeinladungen, legen.

Haben mehr Männer als Frauen zugesagt, dann besser ²⁄₃ salzige und ¹⁄₃ süße Speisen einplanen.

Kinder und ältere Menschen essen z. B. weniger Fleisch, dafür mehr Süßspeisen.

<u>Menümengen pro Person</u>

Rohes Fleisch zum Braten oder Grillen: 250–300 g pro Person.

Roher Fisch: 200 g pro Person.

Gemüse und Salate (Rohware): 300 g pro Person.

Beilagen (Rohware): Kartoffeln 200 g, Reis 20 g, Teigwaren 25 g, Knödel/Klöße 1,3 pro Person.

Dessert: 200–250 g/ml

Büfett – zubereitete Mengen pro Person
150–180 g Fleisch (Braten, Schinken, Wild, Geflügel, Pasteten)
50–80 g Käse
60–100 g Fisch
120–150 g Salate
130–180 g Brot und Brötchen
1 Portion Süßspeise

Welche Getränke?
Alkoholfreie/alkoholische Getränke – Spezialitäten aus der Vorratsbereitung?
Warme/kalte Getränke (mit Kühlung)?
Für Männer – Frauen – Kinder?

6. Aufstellung des Menüplanes, kombiniert mit personenbezogenem Arbeitsplan
Was kann Tage zuvor vorbereitet werden?
Werden Hilfskräfte gebraucht?
Was kann zugeliefert werden?

7. Was wird das Fest kosten?
Wichtig: Was darf das Fest maximal kosten?
Raummiete – Dekoration – Einladungen und Danksagung
Leihgebühren.
Essen (Menü/Büfett, Kuchen, Knabberzeug) – Getränke und Kaffee/Tee – Service.
Unterhaltung.

8. Woran muss ich bei der Unterhaltung der Gäste denken?
Gibt es eine Dokumentation des Werdegangs der Spezialitäten?
Technik für Musik.
Sperrstunde/Verständigung der Nachbarn.

9. Aufstellung eines Festplaners (Organizer)
Wer tut was wann – vom Anfang bis zum Schluss.

10. Woran sollte ich nach der Feier denken?
Dank an die Helfer und eventuell an die Gäste!
Welche Erfahrungen sind für das nächste Fest wichtig?
Was ist gelungen – was nicht? War die Mengenkalkulation der Speisen und Getränke in Ordnung?
Was soll geändert werden?

Wir feiern ein Fest mit den selbst hergestellten Spezialitäten

Sprachmittler

Im deutschsprachigen Raum gibt es viele Bezeichnungen, die unterschiedliche Bedeutungen in den Regionen haben. Nicht nur Spezialitäten sind betroffen, auch gibt es unterschiedliche Namen für Gemüse und Obst, für die Teilstücke beim Fleisch und für die Verfahren bei der Verarbeitung. Einen Versuch, die Sprachschwierigkeiten zu klären, stellt diese Tabelle dar.
Beispiele:
Die französisch-schweizerische Endivie wird als Chicorée bezeichnet und Chicorée ist in der Schweiz die Endivie. Schweizer »Gschwellti« sind gekochte Kartoffeln und bayerische »Gschwollne« sind dicke Weißwürste ohne Haut, als Wollwürste – abgebräunt oder gesotten – zu essen.

Weitere Anregungen und Verbesserungen - bitte per E-mail an : rust@h-rust.org

Apfelkraut (rheinl.), dicker Sirup aus Äpfeln S. 184
Aspik, Sülze, Sulz – Gourmets lieben eine Knöcherlsulz! S. 293
ausweiden, Wild ausnehmen S. 47

bähen (schweiz.), toasten, (bayerisch) Mehl bähen für das Eindicken von Soßen
Bärme (nordd.), südd./österr. Germ
Gest (niederd.), Hefe
Bertram(skraut), Estragon
Blaubeeren, Schwarzbeere, Heidelbeere
Besinge (nordd.), Hoiba (bayer. und österr.).
Birestunggis (schweiz.), Birnen mit Kartoffeln verkocht – nordd. mit Äpfeln „Himmel und Hölle"
Blaukabis (schweiz.), Rotkohl
Blunzen (österr. und bayr.), Blutwurst
Bolle (nordd.), **Bölle** (schweiz.), Zwiebel
Bohnen: Saubohne, große, weiße Bohne
Fisolen (österr.), **Puffbohne,** große Bohne
Bouquet garni, Suppengrün - eingesalzen S. 272
Brät (schweiz.), rohe Bratwurstmasse, auch für Hackfleisch gebraucht
Braunkohl (nordd.), Grünkohl
Brüsseler Kohl, Rosenkohl
Bulette (berl.), Frikadelle, Fleischpflanzerl (österr./südd.)
Bündner Fleisch (schweiz.), luftgetrocknetes Rindfleisch

Catsup, Catchup, Schreibweisen für Tomatenketchup S. 149
Chäs (schweiz.), Käse
Chrut (schweiz.), Kraut
Chueche (schweiz.), Kuchen
chüschtig (schweiz.), würzig, herzhaft
Cornichons, kleine Essiggurken

Datschi, Dootsch (südd.), Hefeblechkuchen mit Obst
Dekagramm (österr.), 10 Gramm
Dickmilch (nordd.), Sauermilch, G`standene Milch (bayer. und österr.) S. 287
Dillenkraut (österr.), Dill
Dorsche, Dorscht`n Kohlrübe
Dragun, Dragon, Estragon

Eierfrucht, Aubergine
Eisbein (nordd.-berl.), gepökeltes Schweinedickbein, Surhax`n
Englisches Gewürz, Nelkenpfeffer, Piment
Erbsmues (schweiz.), Erbspüree
Erdapfel, Kartoffel
Erdäpfelstock (schweiz.), Kartoffelbrei
Eskariol, breitblätterige Endivie

faschieren (österr.), durch den Fleischwolf drehen

Feldhuhn, Rebhuhn
Flexe, Flechse (österr.), Sehne beim Schlachtfleisch
Fliederbeere (niederl.), Holler, Holunderbeere
Fotzgoschen (österr.-volkst.), Ochsenmaul

Gallertschüssel (sächs.), gekochte Schweins- oder Kalbsfüße in Sülze S. 293
Gelbe Rübe (österr.), **Goldrübe,** Karotte, Mohrrübe, Möhre, Rübli (schweiz.)
Gefrorenes (österr.), Speiseeis, Sorbet S.116 und 117
Gehacktes (mitteld.), Hackfleisch
Geschnetzeltes (schweiz.), in feine Scheiben geschnittenes Fleisch
Geselchtes (südd.-österr.), Rauchfleisch
Gestovtes (nordd.), Gedünstetes oder Gedämpftes, z. B. Obst
Gitzi (schweiz.), Ziegenlamm, Kitz
Glace (schweiz.), Speiseeis S. 116
Gnagi (schweiz.), gepökelte Schweineohren und -füßé
Grammeln (österr.), Grieben, Überbleibsel beim Ausbraten von Schweineschmalz S. 290
Grapefruit, Pampelmuse
Grick (schweiz.), **Gschmaß** (österr.-volkst.), Ragout aus Kalbsfüßen und -innereien
Grünkohl, Braunkohl
Gschwellti, Gesschwellte (schweiz.), Pellkartoffeln
Gschwoll(e)ne (südd.), Wollwürste (ohne Haut), etwa den Weißwürsten ohne Haut vergleichbar
Guetzli (schweiz.), kleines Gebäck
Gulyas, Gulasch in Österreich und Ungarn

Hackepeter (berl.-nordd.), Hackfleisch fertig gewürzt
Hägenmark, Hüffen- oder Hiffenmark Hagebuttenmarmelade
Hämmchen (rheinl.), gepökelte Schweinsfüße, Eisbein
Häuptesalat (österr.), Kopfsalat
Hainbutte, Hetschepetsche (österr.), Hagebutte
Herrenpilz (österr.), Steinpilz
Hesse, Kalbs- oder Rinderhaxe
Hirschenes (österr.), Hirschfleisch
Holler, Holunder (südd.)

Indian, Puter, Truthahn

Jause (österr. Zwischenmahlzeit, Vesper südd.-Brotzeit)
Jus, Bratensaft

Kabis (schweiz.), Kohl
Kaiserfleisch (österr.), gepökelter und geräucherter Bruststpeck
Kalbsmidder (niederd.), Bries, Kalbsmilch
Kalbsstelze (österr.), Kalbshaxe
Kaldaunen, Gekröse, Kuttelfleck
Kappes (rheinl.), Kohl, Sauerkraut
Karfiol (österr.), Blumenkohl
Kefen (schweiz.) Zuckererbsen
Kissel (balt.-russ.), Kompott, dessen Soße mit Speisestärke gebunden ist
Kitz (österr. und bayer.), Ziegenlamm
Kletzenbrot (österr.-südd.), Weihnachtsgebäck mit getrockneten Birnen (Kletzen) oder Äpfeln
Knöcherlsulz (südd.), gekochte Kalbs- oder/und Schweinsfüße in Sülze S. 253
köcheln (schweiz., bayerisch), auf kleinster Flamme kochen lassen
Kohlrübe, Steckrübe, Wasserrübe
Kohlsprossen (österr.), **Sprossenkohl,** Rosenkohl
Kranbeere, Kronsbeere (nordd.), Preiselbeere
Kranewittbeere, Wacholderbeere
Krautstiele (schweiz.), Mangold
Kren (österr.-südd.), Meerrettich
Krenfleisch (österr.), gekochte Schweinebrust oder -schulter mit Meerrettich

Kronfleisch (österr.), Rinderzwerchfell gehört zum Kesselfleisch S.290
Krusebeere, Stachelbeere
Kukuruz (slaw.), Mais
Kuschelemusch (rheinl.), überbackener Restetopf S. 110
Kuttelkraut (österr.), Thymian

Lachs, Salm
Laffli (schweiz.), geräucherte Schweineschulter
Landjäger, harte, flach gepresste, getrocknete und stark geräucherte Wurst
Lattich, Kopfsalat
Lauch, Porree
Laubfrosch (schweiz.), Kohlroulade, Krautwickerl
Leberkäs(e) (südd.), aus Rind-Schweinefleisch und Speck, enthält keine Leber
Liebesapfel, Paradeiser, Tomate
Löser (österr.), Kuttelfleck, Kaldaunen

Märkische Rübe, Teltower Rübchen
Magsamen, Mohn
Marillen (österr.), Aprikosen
Marinade, Beize, Salatsauce
Melanzane, Aubergine
Mint, Pfefferminze
Mögge (schweiz.), Kuchen
Molukke (schweiz.), Muskatnuss
Monatsrettich, Radieschen
Mostrich, Mostert (nordd.), Senf

Nagerl (österr.), Gewürznelke
Nektarine, Pfirsichart mit glatter Schale
Nockerl (österr.-südd.), Spätzle, kleine abgestochene Klöße
Nüßlisalat (schweiz.), **Vogerlsalat** (österr.),Feldsalat, Rapunzel

Oberrübe, Kohlrabi
Ochsenschlepp (österr.), Ochsenschwanz S. 113, 114
Ölsoße (schweiz.), Mayonnaise

Pahlerbsen, Erbsenart in Hülsen mit hartschaliger Haut
Pain, Fleischpasteten-Art
Palten (balt.), mit Schweineblut zubereitete Speckklöße
Pannhas (westf.), Gericht aus Buchweizenmehl, Wurstbrühe, Speck und Schweineblut
Passevite (schweiz.), Rührsieb zum Passieren, »Flotte Lotte« S.173
Pasteke, Wassermelone
Peperoni, kleine, sehr scharfe Paprikaschoten
Pignole, Pinienkern
Pilzling (österr.), Pilz
Pinkelwurst, Pinkel, Wurst aus roher Hafergrütze und Rindertalg, geräuchert
Platz, thüringischer Hefekuchen (ähnlich Kirchweih-Fleck`n S. 121)
Plätzli (schweiz.), dünn geklopfte Fleischstücke, Schnitzel
Plinse (ostd.), Eierkuchen, auch Buchweizen- oder Kartoffelplätzchen
Pofesen (österr.), Pavesen, mit Powidl gefüllte, gebackene Weißbrotscheiben
Porree, Lauch
Powid(e)l (österr.), Pflaumenmus S. 183, 184
Pressack (südd.), dicke Blut- oder Sulzwurst

Radi (südd.), Rettich
Räben (schweiz.), weiße Rüben
Raine, Reine (südd.), **Reindl** (süd.-österr.), Kasserolle, Bratenpfanne S. 292
Rande (schweiz.), Ranner (österr. und bayer.) rote Rübe
Rauchfleisch (nordd.), geräuchertes Rindfleisch
Ribisel (österr.), Johannisbeere
Ringlotte (österr.-volkst.), Reineclaude, Kriacherl, Pflaumenart

Rippespeer (Kasseler R.), gepökeltes Schweinekarree, leicht angeräuchert
Risi-pisi (Risibisi), Reis und Erbsen
Ritscher (österr.-schweiz.), Perlgraupen mit grünen Erbsen
Rode Grütt (nordd.), Rote Grütze (Süßspeise)
Röster (österr.), gedünstetes Obst (Zwetschgenröster S. 149)
Rote Beete, Rote Rüben, Ranner, Rannen
Rübenkraut (rheinl.), Zuckerrübensirup oder
Rübenkraut (bayer.) aus Wasserrüben hergestelltes, mild gesäuertes Kraut

Savoyerkohl, Wirsingkohl
Schabefleisch (berl.), Rinderhackfleisch
Schlegel, Schlög(e)l (österr.), Keule
Schmer, Schweineschmalz S. 290
Schmetten (schles.), Sahne
Schneerute (österr.), Schneebesen
Schöberl (österr.), Biskuits als Suppeneinlage
Schöps (österr.), Hammel
Schornblattl (bayer., österr.) dünne Teigplatten, früher aus Roggenmehl, im Rezept mit Eischwerteig Seite 119
Schotten (südd.), Topfen, Quark
schröpfen (österr.), kreuzweises Einschneiden der Schwarte beim Schweinebraten
Schübling (schweiz.), Bauernwurst
Schwamm, Schwammerl (österr.-südd.), Schwümm (schweiz.), Pilze
Schwärtelbraten (südd.), Schweinebraten, mit der Schwarte zubereitet
Schwartenmagen, Sulzwurst
Schwarzbeere, Heidelbeere
Schweinestelze (österr.), Schweinehaxe
selchen, räuchern,
Selchfleisch (österr.), geräuchertes Schweinefleisch
Selchkarree (österr.), Kasseler Rippespeer
Senf, Mostrich, S.204
Spickaal (niederd.), Räucheraal
Spickgans (nordd.), gepökelte und geräucherte Gänsebrust
Steckrübe, Kohlrübe
Stotzen (schweiz.), Keule
stoven, stowen (nordd.), dünsten, dämpfen
Suermoos (westf.), Sauerkraut S. 253
Sukkade, Zitronat S. 188
Sulperknochen, Solberknochen (hess.), gepökelte Schweineschnauze, -ohren, -bein und -schwanz
Surhaxe (südd.), gepökelte Schweinsfüße; Eisbein
Surfleisch (südd.), gepökeltes, oft auch angeräuchertes Fleisch S. 273

Tafelspitz, Rindfleisch aus dem Schwanzstück nach der österr. Teilung
Tellerfleisch (österr.), gekochtes Rindfleisch, mit etwas Brühe und Suppengemüse serviert
Topfen (südd.-österr.), Quark S. 288
Tunke (nordd.), Soße

Wädli (schweiz.), gepökelte Schweinsfüße
Wammerl (südd.), Schweinebauch
Weichsel, Sauerkirsche
Weitling (österr.), für die Sauermilchbereitung S. 287
Wellfleisch, kernig gekochtes Bauchfleisch vom frisch geschlachteten Schwein S. 290
Wruke (nordostd.), Kohlrübe
Wurstebrot (westf.), mehlhaltige Blutwurst
Wurstkraut, Majoran

Ziemer, Rücken bes. bei Wild
Zipolle, Zwiebelart
Znüni (schweiz.), zweites Frühstück, Neunerbrot, Neunuhrpause
Zvieri (schweiz.), Vesper, Vieruhrpause

Quelle: Glööck`s Küchendolmetscher, Mohnverlag, Gütersloh

Hygienekonzept für den Privathaushalt

Die Dunkelziffer von Lebensmittelinfektionen im Privatbereich wird von Fachleuten als sehr hoch bezeichnet. In nachfolgender Tabelle sind die Erreger von lebensmittelbedingten Infektionen und Intoxikationen (Vergiftungen) zusammengestellt, die bei Menschen Krankheiten auslösen, die großes Leid in den Familien sowie Krankheitskosten und Arbeitsausfall verursachen können – siehe Kapitel Lebensmittelverderb Seite 62–70).
Die *Sorgfaltspflicht im Privathaushalt* verlangt eine periodisch wiederkehrende (halbjährliche, wöchentliche bzw. tägliche) Reinigung der Küche, Vorratsschränke, Vorratsräume sowie der Kühl-, Gefrier- und anderer Küchengeräte, z. B. Kaffeemaschinen – auch wenn sie mit spezieller Reinigungs-, Abtauautomatik und No-Frost-Technik ausgestattet sind.
Beim Einkauf sollen kochfeste Wischlappen und Geschirrtücher gewählt werden, damit sie beim Waschen möglichst hohe Temperaturen vertragen. Papiertücher immer greifbar halten.
Die *persönliche Hygiene* aller mit Lebensmitteln befassten Personen, auch bei den mithelfenden Kindern, muss prinzipiell gegeben sein.
Wichtig: Hände waschen, Schmuckringe entfernen, saubere und leicht waschbare Kleidung – zu empfehlen wäre die Wiederentdeckung von Großmutters Schürze, möglichst aus Baumwollstoff, damit sie bei hohen Temperaturen häufig gewaschen werden kann.

Prinzipielles beim Lebensmitteleinkauf

- ▷ Verschmutzungen und Kontaminationen im Einkaufskorb vermeiden.
- ▷ Leicht verderbliche Lebensmittel in der Kühltasche transportieren. Kühlkette beachten!
- ▷ Fleisch und Gemüse im Kühlschrank getrennt aufbewahren.
- ▷ Fliegengitter an den Fenstern in Vorratsräumen oder -schränken anbringen (siehe Seite 214 und 222).
- ▷ In Vakuum eingeschweißte Lebensmittel brauchen schnell niedrige Kühlschranktemperaturen, um tatsächlich eine längere Haltbarkeit zu gewährleisten. Luftdicht verschlossene Behältnisse sind in Bezug auf Haltbarkeit nicht vergleichbar mit gefrorenen Produkten. Die Abwesenheit von Sauerstoff begünstigt das Wachstum von anaeroben Keimen – darunter sind gefürchtete Lebensmittelvergifter (siehe Seite 65).

Vorbereitung und Zubereitung der Lebensmittel

- ▷ Erdbehaftete Produkte von anderen Produkten trennen.
- ▷ Alle Gemüse- und Obstprodukte vor dem Schälen waschen. Überlegt beim Schälen vorgehen – nicht mit den Fingern eventuell vorhandene Erreger oder Schädlingsbekämpfungsmittel von der Schale auf die Oberflächen der geschälten Produkte übertragen. Auch industriell geputzte Salate vor der Zubereitung waschen.
- ▷ Arbeitsflächen, Schneidebretter und Messer nach Gebrauch unter fließendem Wasser gründlich waschen.
- ▷ Lange Warmhaltezeiten vermeiden – Warmhaltetemperaturen stellen für Wärme liebende Mikroorganismen optimale Wachstumsbedingungen dar (siehe Seite 67).
- ▷ Gerichte mit rohem Fleisch (Carpaccio, Tartar), rohem Fisch (Sushi) Schalen- und Krustentieren (Austern, Muscheln), rohen Pilzen, Salate und Saucen mit Mayonnaise zu essen, ist in Gastronomiebetrieben und im Privathaushalt absolute Vertrauenssache.
- ▷ Bei der Vorbereitung von Einladungen im häuslichen Kreis Gerichte durchgaren, gut verpacken (in Vakuum) bzw. abgedeckt möglichst kühl stellen.

Wichtige Erreger lebensmittelbedingter Infektionen und Intoxikationen in Deutschland (Teil 1):

Bacillus cereus:
- Weite Verbreitung in der Umwelt und in oder auf Lebensmitteln
- Bedeutender Erreger von Lebensmittelvergiftungen
- Eintrag in Küchen mit Staub- und Erdpartikeln sowie über Lebensmittel
- Sehr hitzeresistent durch Bildung von Dauerformen (Sporen)
- Toxinproduktion nach Vermehrung in unzureichend gekühlten beziehungsweise heiß gehaltenen Lebensmitteln
- Bildung von hitzestabilem Erbrechens-Toxin (fast ausschließlich in stärkehaltigen Speisen)
- Bildung von hitzelabilem Durchfall-Toxin im Darm (Toxikoinfektion)

Campylobacter:
- Weite Verbreitung, insbesondere in Geflügelbeständen
- Häufigster bakterieller Durchfallerreger des Menschen in Europa
- Eintrag in Küchen, insbesondere über rohes Geflügelfleisch
- Infektionen durch Verzehr unzureichend erhitzter oder durch Kreuzkontamination verzehrfertiger Speisen
- Keine Vermehrung in Lebensmitteln
- Empfindlich gegenüber Sauerstoffeinfluss, Säuerung, Trocknen und Salzen

Clostridium botulinum:
- Weite Verbreitung in der Umwelt
- Gefürchteter Erreger des Botulismus
- Eintrag in Küchen mit Staub- und Erdpartikeln sowie über Lebensmittel
- Sehr hitzeresistent durch Bildung von Dauerformen (Sporen)
- Vermehrung unter Sauerstoffabschluss
- Bildung von hitzelabilen Nerventoxinen im Lebensmittel
- Bei Säuglingen Besiedlung des Darms mit anschließender Toxinfreisetzung (Säuglingsbotulismus)

Clostridium perfringens:
- Weite Verbreitung im Erdboden sowie im Darmtrakt von Mensch und Tier
- Erreger von Lebensmittelvergiftungen
- Sehr hitzeresistent durch Bildung von Dauerformen (Sporen)
- Vermehrung in unzureichend gekühlten beziehungsweise heiß gehaltenen Lebensmitteln, insbesondere unter Sauerstoffabschluss
- Toxinfreisetzung im Darm (Toxikoinfektion)

Escherichia (E.) coli:
- Natürlicher Darmbewohner bei Mensch und Tier, einige Stämme pathogen
- Vorkommen in Lebensmitteln als Hinweis auf fäkale Verunreinigung
- Eintrag von EHEC in Küchen, insbesondere über rohe Lebensmittel von Wiederkäuern (Fleisch, Milch, Käse)
- Infektionen durch Verzehr roher fäkal verunreinigter Lebensmittel (Fleisch, Milch, Obst und Gemüse), unzureichende Erhitzung und Kreuzkontamination verzehrfertiger Speisen
- Vermehrung in Lebensmitteln bei unzureichender Kühlung
- Langes Überleben in Lebensmitteln und in der Umwelt

Listeria monocytogenes:
- Weite Verbreitung in der Umwelt, in Tierbeständen und in Lebensmittel verarbeitenden Betrieben
- Wichtigster Erreger der Listeriose des Menschen, einer in Deutschland zwar seltenen aber manchmal tödlichen Erkrankung
- Besonders gefährlich für Immungeschwächte und Schwangere
- Eintrag in Küchen, insbesondere über Lebensmittel (Fleisch und Fleischerzeugnisse, Rohmilch, Käse, Räucherfisch und Gemüse)
- Infektionen vor allem nach Verzehr von Lebensmitteln mit hoher Konzentration an *Listeria monocytogenes*
- Vermehrung in der Umwelt und in Lebensmitteln, auch im Kühlschrank und in Vakuumverpackungen (unempfindlich gegenüber Sauerstoffentzug)

Salmonellen, nichttyphoidal:
- Weite Verbreitung in Tierbeständen und der Umwelt
- Wichtige Erreger von Magen-Darm-Erkrankungen des Menschen
- Eintrag in Küchen über rohe Lebensmittel, insbesondere Eier, Geflügel- und Schweinefleisch, aber auch pflanzliche Lebensmittel wie Sprossen und Gewürze
- Infektionen durch Verzehr roher vom Tier stammender Lebensmittel, unzureichende Erhitzung und Kreuzkontamination verzehrfertiger Speisen
- Vermehrung in Lebensmitteln bei unzureichender Kühlung
- Langes Überleben in Lebensmitteln und in der Umwelt

Wichtige Erreger lebensmittelbedingter Infektionen und Intoxikationen in Deutschland (Teil 2):

Staphylococcus aureus:
- Natürlicher Bewohner von Haut und Schleimhäuten bei Mensch und Tier
- Einige Stämme von Bedeutung als Erreger von Lebensmittelvergiftungen
- Eintrag in Lebensmittel durch Hygienemängel
- Bildung von hitzestabilen Enterotoxinen nach Vermehrung in unzureichend gekühlten Lebensmitteln

Yersinia enterocolitica:
- Weite Verbreitung in der Umwelt, vermutlich wichtigstes Reservoir für humanpathogene Stämme ist das Schwein
- Einige Stämme von Bedeutung als Erreger der Yersiniose des Menschen
- Infektionen durch Verzehr kontaminierter Lebensmittel wahrscheinlich
- Vermehrung in der Umwelt und in Lebensmitteln bei Temperaturen bis null Grad Celsius

Noroviren:
- Weltweit verbreitetes Virus, einziges Reservoir ist der Mensch
- Bedeutender Erreger viraler Magen-Darm-Erkrankungen des Menschen
- Infektionen durch Verzehr kontaminierter Lebensmittel möglich
- Kurzzeitiges Überleben in der Umwelt und in Lebensmitteln

Hepatitis-A-Virus:
- Weltweit verbreitetes Virus, einzig relevantes Reservoir ist der Mensch
- Erreger einer akuten Leberentzündung
- Infektionen durch Verzehr kontaminierter Lebensmittel
- Ausgeprägte Umweltstabilität, hohe Thermostabilität und hohe Desinfektionsmittelresistenz

Toxoplasma gondii:
- Weltweit verbreiteter Einzeller, wichtigstes Reservoir sind Katzen
- Erreger der Toxoplasmose des Menschen, insbesondere bei Immungeschwächten
- Bei Erstinfektion der Mutter während einer Schwangerschaft unter Umständen schwere Kindsschäden
- Infektionen direkt über Katzenkot oder durch den Verzehr von verunreinigtem Obst und Gemüse beziehungsweise rohem oder unzureichend behandeltem Fleisch infizierter Tiere (z. B. Schwein, Schaf, Ziege, Geflügel, Wild)
- Hohe Umweltstabilität

Trichinellen:
- Weltweit verbreitete längliche Rundwürmer, wichtiges Reservoir sind Fleischfresser und Allesfresser
- Erreger der unter Umständen tödlichen Trichinellose des Menschen
- Infektionen durch Verzehr von rohem oder ungenügend zubereitetem trichinösen Fleisch (z. B. von Haus- oder Wildschwein) oder daraus hergestellten Produkten wie Rohwurst oder Rohschinken

aus aid »Ernährung im Fokus«, Zeitschrift für Fach-, Lehr- und Beratungskräfte, 03/10 Lebensmittelinfektionen, Dr. Heidi Wichmann-Schauer, BfR

Resteverwertung

▷ Gekochte Gerichte gut verpackt, nicht mit rohen Zutaten zusammen, im Kühlschrank lagern.

▷ Temperaturen im Kühlschrank von Zeit zu Zeit überprüfen. Kühlschrank nicht überfüllen.

▷ Standzeiten von fertigen Mahlzeiten ohne Kühlung vermeiden. Reste, die nicht tags darauf verzehrt werden, besser nach dem Abkühlen sofort einfrieren.

Wichtig: Die kritischen Punkte des privaten Hygienekonzeptes immer wieder überprüfen – aber nicht mit Desinfektionen übertreiben und »Putzteufel-Allüren« entwickeln – auch das kann krank machen!

Sachregister

Tabellenverzeichnis

Saft bereiten

Haltbarmachen durch Zucker und/oder Hitze

Frischlagern unter dem Aspekt des vorsorgenden Klimaschutzes

Alkoholische Gärung

Rezeptregister

Alle Rezepte sind in der Praxis erprobt. Mein Dank gilt vielen meiner Verwandten, Freunden und Nachbarn. Besondere Originalrezepte möchte ich hervorheben:

Hackfleischbällchen für Suppen
von Christel Swinkels-Lutz, Lieshout, Niederlande
Gewürzmischung für Konzentrierte Knochenbrühe
von Apotheker Manfred Pahlow, Bogen
Pfingstltopf
von den Urlaub-auf-dem-Bauernhof-Bäuerinnen St. Englmar
Schornblattl-Torte
von Rita Ablöscher, Lam
Markscher Nusskuchen
von Gabriele Walz, Stollberg
Mohnkuchen
von Astrid Lang, Schongau
Kirchweih-Fleck`n
von Elfriede Schreiner, Neuaign
Zwetschgenröster
von Evi Lang, Schongau
Weihnachtsfrüchtekuchen
von Maria Ziegler, Biebergmünd
Oma-Saft
von Marianne Penzkofer, Penzenmühle
Crème de Cassis und Gedicht
von Dr. Rudolf Kibler, Pfaffenhofen
Würzmittel für Suppen
von Waltraud Haase, Bad Tölz
Salatsauce auf Vorrat
von Markus Senn, Zuzwill/Schweiz
Geräucherte Forellen
von Robert Kapsreiter, Plattling
Leberwurst in der Bratreine
von Hedwig Buchner, Burgstall

Wichtige Adressen für aktuellle Informationen

Deutsche Gesellschaft für Ernährung e. V.
Godesberger Allee 18
53175 Bonn
Telefon: 02 28/37 76-6 00
Fax: 02 28/37 76-8 00
E-Mail: webmaster@dge.de
www.dge.de

Österreichische Gesellschaft für Ernährung
Austrian Nutrition Society
C/O AGES Bürotrakt WH
Spargelfeldstr. 191
1220 Wien
Telefon: +43 1/714 71 93
Fax: +43 1/718 61 46
E-Mail: info@oege.at
www.oege.at

Schweizerische Gesellschaft für Ernährung
Schwarztorstrasse 87
Postfach 8333
3001 Bern
Telefon: 031/385 00 00
Fax: 031/385 00 05
E-Mail: info@sge-ssn.ch

aid infodienst
Ernährung, Landwirtschaft, Verbraucherschutz e.V.
Heilsbachstraße 16
53123 Bonn
Telefon: 0228 8499-0
E-Mail: aid@aid.de
www.aid.de
und www.was-wir-essen.de

Verbraucherzentrale – Bundesverband mit 16 Verbraucherzentralen in den Ländern und 26 weiteren Verbänden. Mitglied von CI (Consumers International) und BEUC (Dachverband der europäischen Verbraucherorganisationen).
Markgrafenstraße 66
10969 Berlin
Telefon: 0 30/2 58 00-0
www.vzbv.de und der Länder
z.B. www.verbraucherzentrale-bayern.de

VerbraucherService im KDFB e.V.
Kaesenstraße 18, 50677 Köln
www.verbraucherservice-kdfb.de
www.verbraucherservice-bayern.de

DHB - Netzwerk Haushalt.
Coburger Straße 19
53113 Bonn
Telefon: 02 28/23 77 18
www.dhb-netzwerk-haushalt.de und die Homepages der Länder,
z.B. www.dhb-bayern.de

Die VERBRAUCHER INITIATIVE e.V.
Elsenstraße 106
12435 Berlin
Telefon: 0 30/53 60 73-3
www.verbraucher.org und
www.label-online.de

Verein für Konsumenteninformation (VKI),
1060 Wien, Mariahilfer Straße 81
Telefon: 01/58 87 70
www.konsument.at

Stiftung für Konsumentenschutz SKS
Monbijoustrasse 61
3000 Bern 23
Telefon: 0 31/3 70 24 24
www.konsumentenschutz.ch

Bundesministerium für Ernährung, Landwirtschaft und Verbraucherschutz (BMELV)
Telefon: 03 0/1 85 29 - 0
http://www.bmelv.de
Dienstsitz: Rochusstraße 1, 53123 Bonn
Dienstsitz: Wilhelmstraße 54, 10117 Berlin;
Und die Ernährungs- Gesundheits- und Verbraucherschutzministerien der Länder, z. B. in Bayern:
www.stmelf.bayern.de und
www.lfl.bayern.de

www.justiz.bayern.de/ministerium und
www.vis.bayern.de

www.stmug.bayern.de/ und
www.lgl.bayern.de

Bundesinstitut für Risikobewertung
Abteilung Risikokommunikation
Fachgruppe Presse- und Öffentlichkeitsarbeit
Thielallee 88-92
14195 Berlin
Telefon: 0 30/1 84 12-0
www.bfr.bund.de

Bundesministerium für Gesundheit (BMG)
Friedrichstraße 108
10117 Berlin
www.bundesgesundheitsministerium.de

Robert Koch-Institut
Nordufer 20
13353 Berlin
Telefon: 030/1 87 54-0
www.rki.de

Europäisches Verbraucher Zentrum Deutschland - Kiel
Andreas-Gayk-Str. 15
24103 Kiel
Tel.: 0431-59099-50
Internet: www.evz.de

Bundesamt für Gesundheit BAG
3003 Bern
Telefon: +41 (0)31 322 21 11
www.bag.admin.ch

Bundesamt für Landwirtschaft BLW
Mattenhofstrasse 5
3003 Bern
Telefon: +41 31 322 25 11
E-Mail: info@blw.admin.ch
www.blw.admin.ch

Bundesministerium für Land- und Forstwirtschaft, Umwelt und Wasserwirtschaft (BMLFUW) Österreich
Postadresse: Stubenring 1, 1012 Wien, Österreich
Telefon: +43 1/711 00-0
E-Mail:buergerservice@lebensministerium.at
www.lebensministerium.at
www.rki.de

Österreichische Agentur für Gesundheit und Ernährungssicherheit
Spargelfeldstraße 191
1220 Wien,
Telefon: +43 5/05 55-0
www.ages.at

Forschungsinstitut für biologischen Landbau (FiBL)
Ackerstrasse
CH-5070 Frick
Telefon +41 62 865 72 72
info.suisse@fibl.org
info.deutschland@)fibl.org
info.oesterreich@fibl.org

www.fibl.org

Literaturnachweis

aid – Informationsdienst für Ernährung, Landwirtschaft, Verbraucherschutz
Broschüre Lebensmittelverarbeitung im Haushalt 3953/2010
Broschüre »Achten Sie aufs Etikett!« 1140/2008
Pressemitteilung 50/10 Energiesparen beim Essen
aid »Ernährung im Fokus«, Zeitschrift für Fach-, Lehr- und Beratungskräfte, 03/10
Lebensmittelinfektionen, Dr. Heidi Wichmann-Schauer, BfR
DEUTSCHE GESELLSCHAFT FÜR HAUSWIRTSCHAFT E. V. (Hrsg.) Zacharias R., Dürr H. »Lebensmittelverarbeitung im Haushalt«, 5. Aufl. Verlag Eugen Ulmer, Stuttgart 1992
FLATNITZER, I. »Obst und Gemüse auf Vorrat« und »Das Fleisch und die Fleischdauerwaren«, Leopold-Stocker-Verlag, Graz und Stuttgart
HAHN, M. »Das Einmachen der Früchte und Gemüse im Haushalt«, Verlag M. Hahn, 1917
HEISS, R.; EICHNER, K. »Haltbarmachen von Lebensmitteln«, Springer-Verlag, Berlin 2002
HOFMANN, M. »Einkochbuch« , Birken-Verlag, München 1950
HOLFELDER, E. »Die Verwertung von Obst und Gemüse aus dem eigenen Garten«, Obst- und Gartenbauverlag, München 1978
HONIKEL, PROF. K.-O. »Zusatzstoffe in Fleisch- und Fleischwaren Europas«, Informationsdienst Fleisch 12/94
KTBL: »Datensammlung für die Kalkulation der Kosten und des Arbeitszeitbedarfs im Haushalt«, Landwirtschaftsverlag Münster-Hiltrup 1985
LORENZ-LADERER. C. 2000 »Naturkeller« 6. Auflage, Ökobuch Verlag, Staufen bei Freiburg
LÜCK, E. »Chemische Lebensmittelkonservierung«, Springer-Verlag, Berlin 1977
SCHORMÜLLER, J. »Die Erhaltung der Lebensmittel«, Ferdinand Enke Verlag, Stuttgart 1966
SINELL, H.-J. »Einführung in die Lebensmittelhygiene«, Pareys Studien texte 21
STRAUB, E. »Gefrieren – Konservieren«, BLV-Verlag, München 1973
STUDER/DAEPP/SUTER »Vorratshaltung von Obst und Gemüse«, Eugen Ulmer Verlag, Stuttgart 1983
MAX RUBNER-INSTITUT, Pressemitteilung vom 27. 07. 2009
INTERNET-WIKIPEDIA »Milch«, 2010
PRIEWE, J. »Wein«, Zabert Sandmann-Verlag, München 2007
SCHWEIZERISCHE GESELLSCHAFT FÜR ERNÄHRUNG (SGE), Zeitschrift »Tabula« Nr. 3/2010, Konsumenten im Visier
DEUTSCHE GESELLSCHAFT FÜR ERNÄHRUNG (DGE) »Ernährungsumschau« 8/2010: Keimbelastung in küchenfertigen Salaten
ÖSTERREICHISCHE GESELLSCHAFT FÜR ERNÄHRUNG »Ernährung aktuell« – LINDA/ Lebensmittelintoleranz-Datenbank
GOTTWALD, F. und FISCHER, F. »Ernährung sichern – weltweit«, Ökosoziale Gestaltungsperspektiven, Murmann Verlag GmbH, Hamburg 2007
DENKwerkzukunft, Stiftung kulturelle Erneuerung, Memorandum »Wie Essen und Trinken bei sinkendem materiellen Wohlstand zu mehr Wohlbefinden beitragen«, April 2010
DUERR, H-P. »Warum es ums Ganze geht«, Oekom Verlag, München 2010
VERBRAUCHERZENTRALE NRW Zeitschrift »Knack-Punkt«, Artikel Bio aus China 2/2010

Bildnachweis

Titel, Seite 286 istockphoto,
Seite 8, 119, 167, 177, 179, 205, 210, 241 links, 285 oben Anneliese Kompatscher, Glonn
Seite 11, 273, 291 Teubner Foodfoto, Füssen
Seite 13, 44, 63, 64 aid – Infodienst, Bonn
Seite 19 Dr. Hermann Balle, Straubinger Tagblatt Privatbesitz
Seite 22, 23 BODUM AG, Triengen (Schweiz)
Seite 25, 29, 52, 71, 97, 100, 104, 105, 108 Photodisc
Seite 26 Privatbesitz, SicherSatt AG, Wald (Schweiz)
Seite 39, 189, 196 C. P. Fischer, Baldham
Seite 49 Landesvereinigung der Bayerischen Milchwirtschaft, München
Seite 55, 58 oben Alois Knürr, München
Seite 56, 58 alle ausser ganz oben, 283, 285, 284 mitte und oben Ralf Weiss, München
Seite 57 Bayerisches Landesamt für Gesundheit und Lebensmittelsicherheit, München
Seite 61, 79 Sia-Handelsgesellschaft mbH, Salzgitter
Seite 82 oben, 83, 128, 232 Gaggenau - Hausgeräte, München
Seite 82 unten SOLIS AG, Glattbrugg/ZH (Schweiz)
Seite 87 Riedel Kältetechnik, Kulmbach
Seite 90 Heinrich Hermann GmbH & Co, Stuttgart
Seite 112, 153 ESGE, Mettlen (Schweiz)
Seite 113 Christine Swinkels, Lieshout (Niederlande)
Seite 117 Clipdealer, München
Seite 152 Thekla GmbH, München
Seite 157, 161, 170, 173, 174, 175, 180, 182, 265 Gläser und Flaschen, Berlin
Seite 166, 228 Manufactum, Waltrop
Seite 175 Opekta Köln
Seite 191 Rumhaus Hansen, Flensburg
Seite 206, 210 Ziegelei Lindner, Cham
Seite 209 Ulf und Christa Antretter, Miesbach
Seite 214 oben Hermann Eder, Schambach
Seite 214 unten Wiedemann-Werkstätten, Höchstädt
Seite 222 Redaktion Landlust, Landwirtschaftsverlag Münster
Seite 235, 240, 241, 242, 248 Sabine Hans, Hamburg
Seite 241 M.Bucher AG, Münchenbuchsee (Schweiz)
Seite 246 Annika Rust, Oberschneiding
Seite 248 rechts Tanja Reiter, Franzis print & media GmbH, München
Seite 253 Hentschke-Keramik, Falkenberg
Seite 260 Egon Binder, Grafenau
Seite 281 Wasner, Bad Birnbach

Zeichnungen:
Seite 17, 18, 24, 46, 94, 125, 130, 140, 142, 143, 144, 145, 146, 147, 151, 163, 169, 187, 213, 255,294-295, 299 Maria Thurner, Straßkirchen, E-mail: Thurner.M@t-online.de
Seite 44, 45, 68, 101, 158, 166, 220, 257 Waltraud Berger

Weitere Bücher aus dem Knürr Verlag München

Der Englische Garten in München

Umfassendstes Werk über den größten Stadtpark der Welt. 30 Fachautoren beleuchten die beliebte Münchner Freizeitoase. Gartenkunstdenkmal – Naturschönheit – Paradies der Münchner, zusammengestellt von Pankraz Frhr. von Freyberg.

Format: 19 x 23 cm, gebunden,
304 Seiten, reich bebildert
ISBN 978-3-928432-29-0 € 12,40

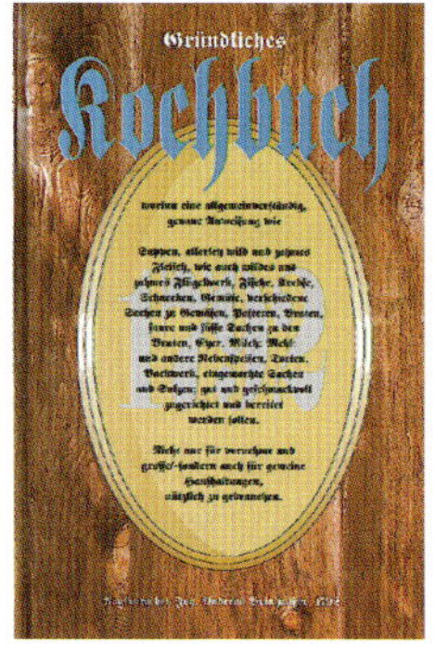

Gründliches Kochbuch

Neuauflage eines Augsburger Kochbuches aus dem Jahr 1792.

Das Kochbuch der Urgroßmutter unserer Urgroßmutter

160 Seiten, 14 x 21 cm, gebunden
ISBN 978-3-928432-15-3 € 9,90

1000 Cocktails mit Bier

von Dr. Ralph Diehl
Der „professionell Barmeister" gibt wertvolle Tipps für Barkeeper, Gastronomen und Hobbymixer. 13 Cocktailgruppen mit 1000 Rezepten

184 Seiten, 14,8 x 21 cm, gebunden, bebildert
ISBN 978-3-928432-36-8 € 19,90

Mythos Weißwurst

von Peter M. Lill und Ludwig Margraf
Geschichten, Anekdoten und Wissenswertes über die Primadonna der Würste. Köstliche Zeichnungen und historische Fotos.

160 Seiten, 14 x 21 cm, gebunden
ISBN 978-3-928432-23-8 € 9,90

Faszination Trüffel

Suchen, Finden, Kochen ...

Geschichten und Geschichte über den kostbarsten Pilz der Welt

von Klaus-Wilhelm Gérard

192 Seiten, gebunden mit vielen Farbbildern 17 x 28 cm
ISBN 978-3-928432-53-5 € 24.90

Brauchtum übers Jahr im alten Bayern

von Peter Mayer und Sigi Gehmacher
Vom Seelenzopf zur Kirtahutsch zeigt das Buch Sitten und Gebräuche der Menschen im alten Bayern, speziell im Chiemgauer Land mit vielen historischen und aktuellen Farbbildern
144 Seiten, 14,8 x 21 cm, gebunden,
ISBN 978-3-928432-45-0 € 19,90

Alois Knürr Verlags und Medien GmbH · Münchener Str. 17 · 85540 Haar
Tel. 0 89/43 76 61 00 · Fax 0 89/4 39 29 86
knuerr-verlag@t-online.de · www.knuerr-verlag.de